경시적 자료분석

R 활용

이근백 지음

자유아카데미

저자가 경시적 자료(longitudinal data)라는 개념을 처음 접하게 된 것은 박사과정 중 지도교수를 선택하던 시기인 2002년으로 기억된다. 처음 접하는 이 개념을 학위논문 주제로 지정하고 혼자서 공부하려니 처음에는 쉽지 않았던 것이 사실이었다. 왜냐하면, 그동안 배웠던 과목 중에서는 이러한 형태의 자료를 분석하기 위한 통계적 모형을 배운 적이 없었기 때문이었다. 따라서 이 분야를 이해하는 데 많은 시간과 노력이 필요했었던 것으로 기억된다. 졸업 후 Louisiana State University Health Sciences Center를 거쳐 성균관대학교에서 근무하며 여러 과목을 가르치다가 이제는 전공 분야인 경시적 자료분석을 제대로 학생들에게 알려 주고 싶다는 생각을 하게 되었다. 또한 학생들에게 내가 겪었던 어려움을 조금이라도 줄여 주고 싶다는 생각에 이 책을 집필하게 되었다.

경시적 자료는 사회과학에서 패널 자료(panel data)로 알려져 있는 자료이다. 이 자료는 각 개체(subject)에서 반복적으로 결과치를 측정함으로써 그 반복 측정된 결과치 간의 상관관계가 존재하게 된다. 기존의 모형을 이용하여 경시적 자료를 분석하면 이러한 상관관계를 제대로 설명할 수 없을 뿐만 아니라 반복 측정된 응답변수에 대한 공변량 효과의 추정에서 편향이 발생하게 된다. 따라서 경시적 자료를 분석하기 위한 모형은 반복 측정치 간의 상관관계를 어떻게 설명할 것인지에 대한 통계적 모형을 제안하는 것이다. 이 책에서는 그동안 배웠던 다양한 통계적 모형에 대한 반복 측정치들의 상관관계를 어떻게 설명하면서 모형화하는지를 보여준다. 그리고 경시적 자료를 크게 연속형 경시적 자료와 범주형 경시적 자료로 나누어 그 자료를 분석하기 위한 통계적 모형을 제시하였으며, 그 모형으로는 일반선형모형(general linear model), 선형혼합모형(linear mixed model), 일반화 추정방정식(generalized estimating equations)을 이용한 주변모형(marginal model), 일반화선형혼합모형(generalized linear mixed model), 전이모형(transition model)이 있다. 또한, 최근 많은 연구가 이루어지고 있는 다변량 경시적 자료분석을 위한 다변량 선형모형도 수록하였다. 이 모든 모형은 R 프로그램을 이용하여 실제 자료에 적용하여 분석되었고 그 결과를 각 장에서 나타내고 있다.

이 책은 통계학과 석사 및 박사과정에 있는 대학원생을 대상으로 집필한 것이다. 따라서 기본적인 수리통계학, 회귀분석, 범주형 자료분석을 마쳤다는 가정하에서 제시된 모형을 설명하고, 모수추정을 설명하였다. 즉, 위에서 언급한 과목을 마치지 못한 학생은 다소 어려울 수 있다. 이런 학생은 자세한 수식 부분을 건너뛰고 모형설명과 R 코드를 이용하여 자료분석에 집중해서 볼 것을 제안한다. R 코드를 이용한 자료분석에서는 최대한 다양한 형태의 자료분석을 보여주고 있으며 코드만을 이용하여 독자들이 만나게 되는 다양한 경시적 자료를 분석할 수 있도록 노력하였다. 추가적으로 통계학과 박사과정의 학생들을 위하여 다소 이론적인 내용(장 또는 절에 *로 표시한 부분)도 많이 넣어 두어 그들의 연구에 도움이 되도록 하였다.

좋은 책을 위해 최선을 다했지만, 오류나 부족한 부분이 있을 수 있다. 이에 대한 독자 여러분의 많은 조언을 구하며, R 코드와 출간 후 나올 수 있는 수정사항 등은 자유아카데미 홈페이지(http://www.freeaca.com) 자료실에 제공할 예정이니 참고하길 바란다.

이 책은 많은 분들의 도움을 받아 완성할 수 있었다. 초고 원고를 완성하고 나서 내용을 함께 읽어준 안동대학교 정보통계학과 장은진 교수님에게 우선 감사의 말씀을 전한다. 또한, 지도교수의 원고를 성실히 읽어준 성균관대 통계학과 대학원생 김예지, 구동현, 권민지, 권용태, 공하경 학생에게 감사의 말을 전한다. 끝으로, 주말마다 집에서 원고작성을 하느라 집안일을 거의 도와주지 못해 힘들고 스트레스 받았을 아내와 사랑스러운 딸 이채리의 변함없는 사랑과 헌신이 없었다면 이 책은 아마 기한 내에 끝내기 어려웠을 것이다. 나의 가족에게 특별한 고마움을 전하고 싶다.

2022년 2월

이근백

5장 연속형 경시적 자료분석을 위한 선형혼합모형

6장 범주형 자료분석을 위한 추정방정식

7장 주변모형

8장 경시적 이진자료분석을 위한 가능도 방법

9장 과다산포 및 상관성이 있는 자료

10장 일반화 선형혼합모형

11장 전이모형

12장 주변모형, 임의효과모형, 전이모형의 비교

1장
서론

경시적 자료(longitudinal data)는 각 개체(subject)에서 일정 시간 동안 반복 측정되는 자료이다. 그리고 경시적 자료의 개체에서 나온 결과들은 서로 독립이며, 반복 측정된 결과들은 서로 상관관계가 존재한다고 가정한다. 이러한 경시적 자료분석의 목적은 일정 시간 동안 반복 측정되는 응답변수의 개체 내(within-subject) 변화를 평가하는 것이다. 이는 경시적 자료분석이 시간에 따라 개별적으로 어떻게 변화하는지 추정하는 것과 이러한 변화가 개체들 사이의 이질성(heterogeneity)에 영향을 미치는 요소들을 조사하는 것과 관련이 있다. 이번 장에서는 경시적 자료의 기본개념 및 특성을 알아보고, 다양한 경시적 자료의 예제를 제시하고자 한다.

01 경시적 자료의 특성

경시적 자료는 앞서 설명한 것과 같이 각 개체에서 반복 측정된 자료이므로, 측정된 결과들은 서로 상관관계가 존재할 수 있다. 따라서, 경시적 자료분석에서는 공변량(covariates)의 응답변수(response variable)에 대한 효과를 설명하기 위하여 반드시 반복 측정에 의한 상관관계를 올바르게 설명해야 한다.

경시적 자료와 구분되는 자료로 횡단면 자료(cross-sectional data)가 있으며, 이는 한 개체에서 한 시점의 응답변수 값만 관측되는 자료이다. 일반적으로 우리가 통계학 수업시간에 배우는 통계적 모형인 회귀분석 및 범주형 자료분석은 대부분 이러한 횡단면 자료를 분석하기 위한 통계적 모형이다. 하지만 경시적 자료분석을 위한 통계적 모형은 앞서 언급한 반복 측정에 의한 상관관계를 설명하기 위하여 복잡한 구조를 가질 수 있고, 이것이 통계적 모형화에 걸림돌로 작용하고 있다.

경시적 자료분석에서 반복 측정에 의한 상관관계를 잘 설명해야 하는 예제로 다음의 <그림 1-1>과 <그림 1-2>에 있는 자료를 살펴보자. 이 두 그림은 횡단면 자료와 경시적 자료의 차이점을 확연히 보여주고 있다. 우선 <그림 1-1>을 보면 X가 증가함에 따라 Y는 증가하는 양의 상관관계를 가짐을 알 수 있다. <그림 1-2>는 같은 자료이며 3명의 개체가 2번씩 반복 측정되었다고 가정하자. 이 경우 각 개체는 X가 증가함에 따라 Y는 감소함을 알 수 있고, 각 개체별로 X와 Y는 음의 상관관계를 가짐

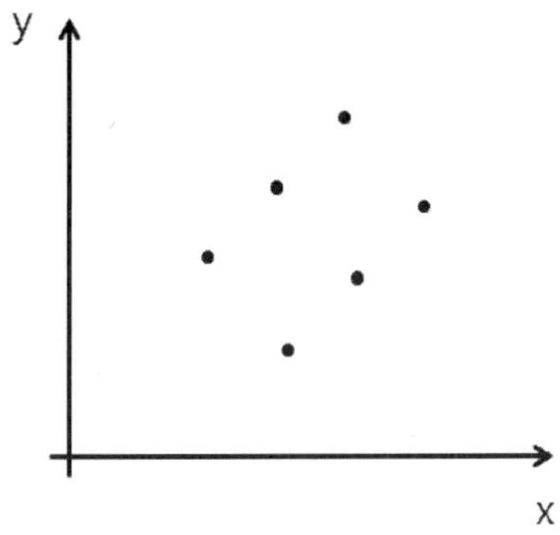

그림 1-1 X와 Y의 주변 상관

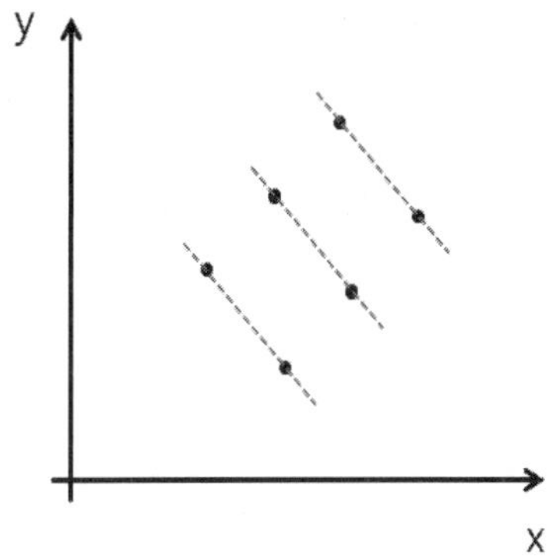

그림 1-2 X와 Y의 조건부 상관

을 알 수 있다. 이는 첫 번째 그림에서 반복이 있다는 것을 고려하지 않았던 결과와 다르다는 것을 알 수 있다.

경시적 자료와 유사한 개념으로 반복측정 자료(repeated measurement data)와 패널 자료(panel data)가 있다. 반복측정 자료는 경시적 자료와 다르게 시간에 따라 측정될 필요는 없다. 그리고 반복측정 자료는 어떤 요인의 수준에 걸쳐 반복해서 측정될 수도 있다. 예를 들면, 교차설계(cross-over disign)는 개체가 순차적으로 여러 치료를 받을 수 있으며 이러한 측정치들도 반복측정 자료이다. 패널 자료는 경시적 자료의 동의어로 쓰이며, 주로 계량경제학(econometrics)에서 주로 사용된다. 우리가 주로 쓰는 용어인 경시적 자료는 생물통계학(biostatistics)에서 쓰는 용어이다.

우리는 모든 경우에서 주어진 개체 또는 관측 단위에 대해 본질적으로 동일한 변수의 여러 측정값을 가지고 분석을 한다. 이러한 상황을 언급하기 위해 좀 더 일반적인 용어인 군집자료(clustered data)를 사용한다. 즉, 군집자료는 경시적 자료를 포함한 더 넓은 의미의 자료인 것이다. 예를 들면, 가족 구성원들의 혈압을 측정한 결과는 시간에 의한 자료가 아니므로 경시적 자료는 아니다. 하지만 아빠, 엄마, 아들, 딸의 혈압 수치들은 서로 상관관계가 있는 자료이며 이것은 군집자료가 되는 것이다.

경시적 자료는 앞서 언급한 횡단면 자료에 비하여 반복 측정으로 인한 여러 가지 장점을 가진다.

① 횡단면 자료연구는 서로 다른 시점에서 각각 다른 개체가 측정된다. 즉, 횡단면 자료연구에서 시간 효과(time effect)는 조사할 수 있지만, 개별적인 개체의 패턴에 대

한 정보는 오직 경시적 자료에서만 제공한다.

② 경시적 자료에서 시간 효과 또는 교차설계에서 처리 효과를 조사할 때, 각 개체는 "통제그룹의 역할을 할 수 있다." 즉, 개체 간의 비교가 아닌 개체 내에서 비교가 이루어질 수 있다는 것이다. 이렇게 하면 실험오차(experimental error)로부터 개체 간 변동(between-subject variability) 요인을 제거하고 추론을 보다 효율적이고 강력하게 할 수 있다.

③ 동일한 변수를 같은 개체에서 반복적으로 측정하므로 측정의 신뢰도를 평가할 수 있으며, 순수하게 측정 관점에서 신뢰도가 더 높다.

이러한 장점에도 불구하고, 경시적 자료는 반복 측정으로 인하여 몇 가지 단점을 가지게 된다. 그리고 이러한 단점은 경시적 자료에만 국한되지 않고 일반적인 군집자료에서도 나타나는 단점이다.

① 경시적 자료를 포함한 군집자료의 경우 일반적으로 군집 간에 독립성을 가정하는 것이 합리적이다. 하지만 군집 내의 측정치는 대부분 상관관계가 있어서 분석이 복잡해진다.

② 군집자료는 종종 누락된 자료(missing data) 때문에 불균형적(unbalanced)이거나 부분적으로 불완전(partially imcomplete)하기 때문에 분석을 복잡하게 만든다. 또한, 경시적 자료의 경우 추적조사의 상실로 인해 자료의 누락이 발생할 수 있으며(일부 피실험자는 이사, 사망, 약속위반 등으로 발생함), 군집자료의 경우 군집의 크기가 다를 수 있다. 예를 들어, 가족 데이터인 경우 가족의 크기는 가정마다 다를 수 있다.

③ 경시적 자료를 분석하는 통계적 모형은 많이 존재한다. 하지만 해당 모형이 아직 상업적인 소프트웨어(SAS, SPSS)에 상용화되지 않았고, 있어도 그 모형이 매우 복잡할 수 있으므로 결과를 얻고 해석하는 것이 어려울 수 있다.

02 경시적 자료의 예

경시적 자료는 일반적으로 표본의 크기에 해당하는 개체수(m)가 있고, 각 개체는 일정 수의 반복(n)에 의하여 측정되는 구조이다. 즉, 경시적 자료에서 응답변수는 y_{ij}이며, 여기서 첨자 i는 i번째 개체를, 첨자 j는 j번째 반복을 나타낸다. 따라서 $i=1,\ ...,\ m,\ j=1,\ ...,\ n$이 된다. 이 응답변수에 상응하는 공변량은 x_{ij}로 표시할 수 있다(여기서 x_{ij}는 일반적으로 벡터가 된다). 구체적인 것은 예제를 통하여 설명하고자 한다.

예제 1.1 납노출 아동 치료 연구

옛날 집의 페인트에는 납성분을 함유하고 있어 쉽게 납에 노출되었다. 특히 어린이에게 납노출은 인지기능의 손상으로 이어질 수 있으므로 매우 위험하다. 이에 따라 미국 질병관리청은 혈중 납수치가 10 μg/dL 이상인 아이들이 위험하다고 결정하였다. 이를 치료하기 위하여 새로운 먹는 치료제인 석신산염(succimer)이 나왔으며, 이것의 효과를 알아보기 위한 납노출 아동 치료 연구(Treatment of lead-exposed children trial: TLC trial)는 1990년 혈중 납농도가 20~44 μg/dL인 아이들을 succimer 치료그룹과 위약 통제그룹으로 나눈 랜덤화 실험이다. 이 연구에 참여한 아이들은 12~33개월의 나이로 등록되었고, 그룹별로 26개월마다 succimer 또는 위약을 3년 동안 복용하였다. 이 책에서 사용되는 자료는 100명의 아이들을 시간대별(0, 1, 4, 6주)로 혈중 납의 양을 측정한 것이다.

<그림 1-3>은 주 차별(0, 1, 4, 6주)로 혈중 납수준을 나타낸 것이다. 이 그림에서 4개의 선은 임의로 선택된 4명의 어린이의 시간에 따른 혈중 납수준의 변화를 나타낸다. 전체적으로 평균값은 1, 4주 차에는 줄었다가 6주 차에 약간 증가하는 것을 알 수 있다.

경시적 자료분석의 관점에서 y_{ij}는 개체(어린이) i의 j번째 주기에 속한 혈중 납 수준을 의미하고, x_{ij}에는 개체들이 속한 그룹(succimer 그룹은 $x_{ij}=1$이고, 위약 그룹은 $x_{ij}=0$)을 나타낼 수 있고, 다른 공변량도 포함될 수 있다. 자세한 x_{ij}의 구성은 자료

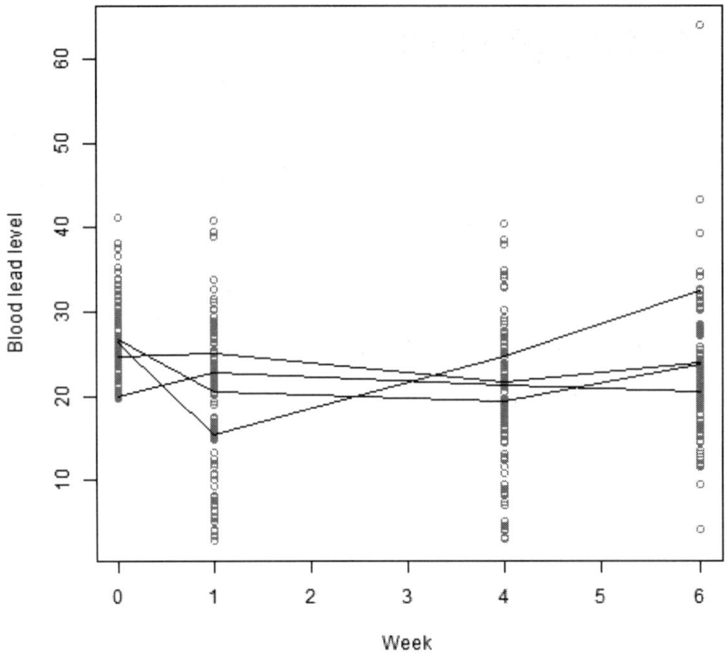

그림 1-3 주 차별 혈중 납수준

분석에서 다루도록 하겠다.

이 연구의 목적은 첫째, 주 차가 증가함에 따라 혈중 납수준의 평균에 대한 경로를 추정할 수 있다. 둘째, 두 그룹에 대한 혈중 납수준의 평균을 비교할 수 있다. 셋째, 혈중 납수준의 평균이 주 차가 증가함에 따라서 나타나는 이질성(heterogeneity) 정도의 특성을 알아보는 것이다.

예제 1.2 멀티센터 AIDS 코호트 연구

멀티센터 AIDS 코호트 연구(Multicenter AIDS Cohort Study: MACS)는 1984년과 1991년 사이에 인간 면역 결핍 바이러스(Human Immune deficiency Virus: HIV)에 관해 양성자가 된 동성애자 남성 369명의 혈청전환(seroconversion) 이후 CD4+ 숫자를 반복 측정하였다(Kaslow 등, 1987). HIV는 인간의 면역능력을 조절하는 CD4+ 세포를 공격해 인간의 면역능력을 줄어들게 하여 AIDS를 유발하게 한다. 비감염자의 경우 혈액 1 mm 당 약 1100개의 CD4+ 세포를 가지고 있다. 따라서 AIDS의 발현은 HIV 감염 이후 시간에 따른 CD4+ 세포수의 변화를 체크함으로써 알 수 있다.

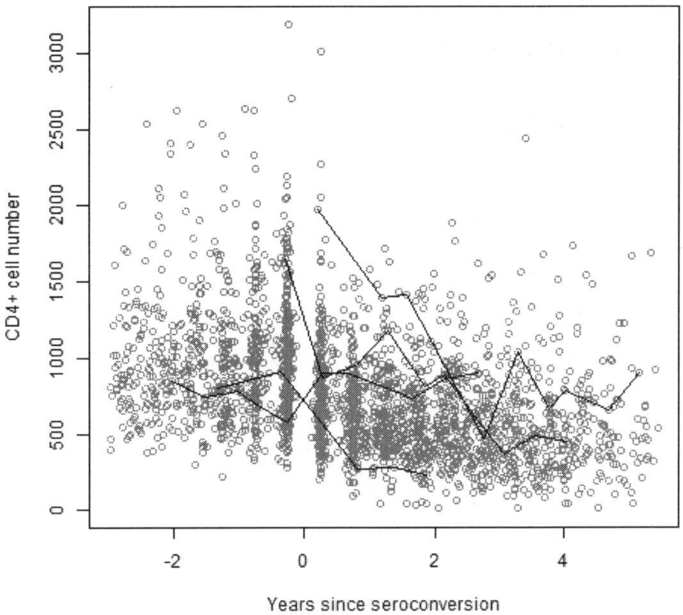

그림 1-4 혈청전환 이후 시간에 따른 CD4+

<그림 1-4>는 MACS에 등록되어 있는 369명의 감염된 남성에 대한 혈청전환(검출 가능한 HIV 항체) 이후 시간에 따라 변화하는 CD4+ 세포수 2376개의 값을 나타내는 것이다. 이 그림에서 4개의 선은 임의로 선택된 4명의 개체의 시간에 따른 CD4+ 세포수의 변화를 나타낸다. 전체적으로 혈청전환 전에는 평균 CD4+ 세포수는 일정하게 유지되었다가 혈청전환 이후에 감소함을 알 수 있다. 특히 혈청전환 이후 초기에는 더 빠르게 감소함을 알 수 있다.

이 연구에서 y_{ij}는 개체 i의 j번째 시간에 대한 CD4+ 세포수를 의미하고, x_{ij}는 혈청전환 이후 시간(Time), 연구시작 시점의 나이(Age), 하루당 피우는 담배 갑수(Pack), 마약 사용여부(Drugs), 성 접촉자수(Sex), 우울증 점수(center for epidemiological studiesdepression scale: CESD)를 포함하고 있다. 자세한 구성은 자료분석에서 다루도록 하겠다.

MACS에서 나온 경시적 자료분석의 목적은 첫째, CD4+ 세포 감소의 평균 시간 경로를 추정하는 것. 둘째, CD4+ 세포수 변화를 예측하는 요인을 식별하는 것. 셋째, CD4+ 세포수의 평균이 진행 속도에 따라서 나타나는 이질성의 정도를 설명하는 것이다.

예제 1.3 인도네시아 아동 건강 연구(ICHS)

인도네시아 아체 지방(Aceh province)에서 실시한 아동 건강 연구(Indonesian Children's Health Study: ICHS)는 취학 전 아동의 비타민 A 결핍에 대한 원인과 결과를 알아보기 위해 실시되었다(Sommer, 1982). 3000명 이상의 어린이들이 비타민 A 결핍 징후인 호흡기 질환(respiratory infection) 또는 설사병(diarrhoeal infection)과 안구건조증(xerophthalmia)을 앓고 있는지 평가하기 위해 분기별로 한 번씩 최대 6번을 방문하여 의학 검사를 받았다. 이 책에서는 Diggle 등(2002)에서 분석한 것과 같이 이 중에 275명의 어린이를 대상으로 비타민 A 결핍과 호흡기 질환 여부의 관계를 알아보고자 한다. 응답변수는 호흡기 질환 여부이고, 설명변수(explanatory variable)는 비타민 A 결핍 여부이며, 공변량은 성별, 나이를 고려하였다.

표 1-1 ICHS에 참여한 275명의 호흡기 질환, 안구건조증, 나이의 요약

안구 건조증	호흡기 질환	나이						
		1	2	3	4	5	6	7
유	유	90	236	330	176	143	65	5
	무	8	36	39	9	7	1	0
무	유	0	2	18	15	8	4	1
	무	0	0	7	0	0	0	0

출처: Diggle 등(2002)

이 연구에서 y_{ij}는 개체 i의 j번째 시간에 대한 호흡기 질환 여부(질환이 있으면 $y_{ij}=1$, 질환이 없으면 $y_{ij}=0$)를 의미하고, x_{ij}는 설명변수와 공변량을 모두 포함하는 공변량 벡터이며, 여기에는 안구건조증 여부(0/1), 성별(0/1), 나이를 넣을 수 있다.

<표 1-1>은 ICHS에 참여한 275명의 호흡기 질환과 다른 설명변수 및 공변량에 대한 요약을 나타내고 있다. ICHS 자료분석의 목적은 다른 공변량 요인을 통제하면서 비타민 A 결핍 아동에 대한 호흡기 감염 위험 증가를 추정하는 것이며, 어린이들 사이에 질병 이질성의 정도를 추정하는 것이다.

예제 1.4 정신분열증 자료(NIMSCS)

이 자료는 국립 정신 건강 정신분열증 협력 연구(National Institute of Mental Schizophrenia Collaborative Study: NIMSCS)에서 나온 자료이며, Gibbons와 Hedeker(1994)에서 분석되었다. 환자들은 무작위로 위약 또는 세 가지 다른 항정신성 약물(chlorpromazine, fluphenazine, thioridazine) 중 하나를 받았다. 환자들은 자신의 질환에 대한 심각성을 평가하기 위해 0, 1, 3, 6주에 평가를 실시하였고 추가로 2, 4, 5주에도 평가를 받았다. 주요 결과는 입원환자 다차원 정신과 척도(inpatient Multidimensional Psychiatric Scale)에 관한 79개 항목으로 측정되었고, 이는 다음과 같이 7가지 수준으로 나누어 병의 심각성을 나타내고 있다. 1 = 정상 또는 전혀 아프지 않음, 2 = 정신질환의 경계, 3 = 약간 아픔, 4 = 중간 정도로 아픔, 5 = 현저하게 아픔, 6 = 매우 아픔, 7 = 매우 심각하게 아픔을 나타낸다. 반응변수의 범주에서 피험자의 수가 크게 불균형하므로 Gibbons과 Heedker(1994)는 이진변수(≤ 3와 ≥ 4)로 나눠서 분석하였다. 이 책에서는 Archer 등(2018)이 사용한 순서화 자료를 이용하여 분석하고자 한다. 그 형태는 1과 2를 1로, 3과 4를 2로, 5를 3으로, 6과 7을 합쳐서 4로 만든 순서화 자료를 이용한다($y_{ij} = 1, 2, 3, 4$). 설명변수로는 항정신성 약물을 복용한 그룹과 위약을 복용한 그룹으로 나누는 지시자 변수를, 공변량으로는 경과한 주의 제곱근을 사용하였다. 자료에서는 437명의 환자를 대상으로 0, 1, 3, 6주에 측정된 자료만을 가지고 이 책에서 분석하고자 한다(이 자료는 R package인 mixor(https://cran.rproject.org/web/packages/mixor/)에서 제공되고 있다(Archer 등, 2018)).

표 1-2 주 차별 정신분열증의 정도

정신분열증 정도	주 차			
	0	1	3	6
1	1	23	54	101
2	54	135	132	142
3	122	124	113	49
4	257	144	75	43
합	437	426	374	335

<표 1-2>는 437명의 환자에 대한 주 차별 정신분열증 정도를 나타내고 있다. NIMSCS에서 나온 경시적 자료분석의 목적은 항정신성 약물 종류에 따른 정신분열증 정도의 변

화를 추정하는 것이며, 주 차가 증가함에 따라 정신분열증 정도의 변동을 추정하는 것이다.

예제 1.5 McKinney 노숙자 연구 프로젝트

Hurlbert 등(1996)이 처음으로 설명한 McKinney 노숙자 연구 프로젝트(McKinney homeless research project: MHRP)는 섹션 8 주택 인증서(section 8 certificate)의 사용이 심각한 정신질환을 가진 노숙자들에게 주택 선택권을 제공하는 데 효과적인지를 평가하기 위해 설계되었다. 361명의 노숙자들은 두 가지 유형의 지원 사례 관리(종합적, 전통적인)와 두 가지 수준의 독립 주택에 대한 접근(섹션 8 인증 여부) 중 하나로 무작위 배정되었다. 이 프로젝트에서 관심 응답변수인 명목수준 주택형태 결과는 노숙/피난처, 커뮤니티 주택, 독립 주택의 세 가지 다른 주거형태를 고려하였다. 그리고 응답변수들은 기저, 6, 12 및 24개월 후에 수집되었다(이 자료는 R package인 mixor에서 제공되고 있다).

이 연구에서 y_{ij}는 개체 i의 j번째 개월의 주택형태 선호($y_{ij}=0$, 노숙/피난처; $y_{ij}=1$, 커뮤니티 주택; $y_{ij}=2$, 독립 주택)를 의미하고, x_{ij}는 설명변수와 공변량을 모두 포함하는 벡터이며, 여기에는 섹션 8 주택 인증서와 개월 수를 넣을 수 있다.

<표 1-3>은 섹션 8 인증 여부 및 개월 수에 따른 주택형태의 선호도를 나타내고 있다. 단, 이 표를 통해서 주택형태의 선호도와 섹션 8 인증 여부에 대한 관계를 직관적으로 알기에는 한계가 있다.

표 1-3 섹션 8 인증 여부와 개월 수에 따른 주택형태의 선호도

주택형태	섹션 8 인증 여부	개월 수			
		0	6	12	24
노숙/피난처	유	80	15	19	19
	무	100	30	13	18
커뮤니티 주택	유	75	45	23	36
	무	61	93	85	66
독립 주택	유	26	101	115	103
	무	19	38	48	61

이 프로젝트에서는 Hedeker와 Gibbons(2006)가 고려했던 것과 같이 시간의 경과에 따라 변화하는 주택형태 결과에 대한 섹션 8 인증서의 액세스 효과를 검토하는 데 초

점을 맞추었다. 즉, 섹션 8 인증 여부에 따라서 주택형태의 선호도의 차이를 추정하고, 개월 수 증가에 따른 주택형태의 선호도 변동을 추정하는 것이 McKinney 노숙자 연구 프로젝트의 목적이다.

예제 1.6 간질 발작 자료

이 자료는 Thall and Vail(1990), Breslow와 Clayton(1993)에 의해 분석된 59명의 간질(epileptic seizure) 환자를 대상으로 한 임상 시험의 결과이다. 각 환자에 대해 간질 발작횟수를 8주의 기준기간(baseline period) 동안 조사하고, 그 이후 환자를 무작위로 항 간질성 약물 프로가비드(progabide)로 치료하거나 표준 화학 요법 외에 위약을 투여한 두 그룹으로 나눠서 2주 단위로 4번 간질 발작횟수를 기록하였다. 따라서, 응답변수는 계수형 자료(count data)로 경시적 계수형 자료(longitudinal count data)임을 알 수 있다.

이 연구에서는 y_{ij}는 개체 i의 j번째의 2주간의 간질 발작횟수를 의미하고, x_{ij}는 설명변수와 공변량을 모두 포함하는 벡터이며 여기에는 프로가비드 약물 치료 또는 위약 그룹을 나타내는 지시변수, 처음 8주의 기준기간 동안의 발작횟수, 그리고 환자의 나이가 있다.

표 1-4 주 차별 간질 발작횟수의 평균

주(Week)	baseline	2	4	6	8
평균	31.22	7.81	8.36	8.44	7.31

<표 1-4>는 주 차별 간질 발작횟수의 평균을 나타내고 있다. 처음 8주간의 기준기간(baseline) 동안 평균 발작횟수는 8주간의 긴 시간으로 인해 높은 수치를 보이지만, 2주 단위의 평균은 7.81로 다른 주 차와 비교해서 오히려 낮음을 알 수 있다. 또한, 치료가 시작된 이후(2, 4, 6, 8주 차)에는 평균 발작횟수가 떨어지고 있는 것을 알 수 있다.

2장

기본개념

이번 장에서는 횡단면 자료 또는 경시적 자료를 이용하여 통계학에서 기본적으로 사용되는 개념을 비교 설명하고자 한다. 대표적인 기본적 개념으로는 랜덤화(randomization), 편향(bias), 효율성(efficiency), 표본크기(same size) 등이 있다.

01 랜덤화

랜덤화(randomization)는 실험의 객관성을 보장하는 방법으로 개체의 배정 및 실험순서를 임의로 결정하는 것을 의미한다. 이를 통하여 잠재적 교락요인(confounding factors)과 설명변수 간의 연관성을 끊을 수 있다. 즉, 적절한 임의성을 통해 설명변수 이외의 요인으로부터 발생할 수 있는 효과에 대해 평균화 소거(averaging out)를 통하여 무시할 수 있게 된다. 예를 들면, 일원배치 완전확률화 설계(one-way ANOVA model)에서 관심있는 요인(factor)은 한 개지만, 응답변수에 영향을 줄 수 있는 요인들은 여러 개 있을 수 있다. 이러한 요인들은 실험자가 통제할 수 없는 경우가 있으므로 개체들을 랜덤하게 배치하여 다른 요인들의 효과에 대해 평균화 소거를 통하여 무시하고 관심 요인만의 효과를 확인할 수 있다.

02 편향

통계학에서 잘못된 추정치를 초래하는 실험방법이나 통계분석의 오류를 기술하기 위하여 편향(bias)이라는 단어를 사용하며, 통계학적인 정의는 다음과 같다.

정의 2.1 추정하고자 하는 모수 θ와 이 모수를 추정한 추정치를 $\hat{\theta}$이라고 할 때, 편향은 $E(\hat{\theta}-\theta)$이다.

편향은 추정값에 관한 평균과 참값의 차이를 의미하며, 이것은 편향이 작을수록 추정치 $\hat{\theta}$이 참값에 가깝다는 것을 의미한다. 예를 들면, θ를 한국 성인 남성의 평균 몸무게라 하고, $\hat{\theta}=\bar{y}$는 100명의 임의로 선택된 성인 남성에 대한 평균 몸무게라 한다면, 편향은 $E(\bar{y})-\theta$이다. 즉, 100명의 몸무게 평균에 기대치를 취한 것과 한국 성인 남성 몸무게의 모평균과의 차이를 의미한다.

편향의 종류에는 여러 가지가 있을 수 있으나 임상시험 관점에서 수행상의 편향(operational bias)과 통계적 편향(statistical bias), 이 두 가지로 분류하여 설명하고자 한다. 이 책에서는 수행상 편향을 자세히 설명하는 대신에 대표적인 하나만 설명하고, 통계적 편향에 집중하고자 한다. 우선 수행상 편향의 대표적인 것으로 선택편향(selection bias)이 있다. 예를 들면, 심장마비 환자의 생존율을 조사할 때, 심장 수술을 받은 환자와 받지 않은 환자의 생존율을 비교할 수 있다. 여기서 일부 환자들이 너무 아파서 수술을 받을 수 없고, 오직 상태가 좋은 환자들만 수술을 받게 된다. 이때, 두 그룹 사이에 생존율의 차이가 발생하게 되면, 이는 심장 수술에 의한 차이인지 수술 전 환자 상태에 의한 차이인지 구분하기 어렵다. 이 경우 우리는 선택편향이 발생하였다고 한다. 이러한 선택편향은 앞서 설명한 랜덤화를 통해서 줄일 수 있고, 다른 많은 수행상 편향도 랜덤화를 통하여 줄일 수 있는 것으로 알려져 있다.

경시적 자료는 주로 임상시험(clinical trial)하에서 생성되므로 이러한 선택편향은 적은 편이다. 하지만 경시적 자료에서 존재하는 반복된 자료들의 상관관계를 무시하고, 횡단면 자료로 취급하여 통계적 편향이 발생한다. 즉, 통계분석의 오류에 의한 편향이 발생하는 것이다. 이는 1장의 <그림 1-1>과 <그림 1-2>의 설명에서 제시한 X와 Y의 관계에서도 잘 나타나는 편향이다. 이를 좀 더 구체적으로 설명하기 위하여 간단한 선형모형의 예를 가지고 오겠다.

$$y_{ij}=\beta_0+\beta_c x_{ij}+\epsilon_{ij},\ j=1,\ldots,n;\ i=1,\ldots,m \tag{2.1}$$

여기서 β_c는 x가 1단위 변함에 따른 평균 y의 차이를 의미한다. 그런데 이 모형을 다시 표현하면

$$y_{ij}=\beta_0+\beta_c x_{i1}+\beta_c(x_{ij}-x_{i1})+\epsilon_{ij} \tag{2.2}$$

이며, 여기서 기저효과(x_{i1}의 계수 β_c)와 경시적 자료의 효과($x_{ij} - x_{i1}$의 계수 β_c)는 동일한 것을 알 수 있다. 이것을 구분하기 위해서 다음의 식을 가정하자.

$$y_{ij} = \beta_0 + \beta_c x_{i1} + \beta_L (x_{ij} - x_{i1}) + \epsilon_{ij} \tag{2.3}$$

이 경우 식 (2.2)와 (2.3)은 $j=1$일 때에 동일한 값을 가진다. 만일 모집단의 분포는 식 (2.3)을 따르는데, 우리는 식 (2.1)로 가정하여 모수들을 추정한다고 하자. 그러면 β_c의 추정치는 다음과 같다.

$$\hat{\beta}_c = \frac{\sum_{i=1}^{m}\sum_{j=1}^{n}(x_{ij} - \overline{x})(y_{ij} - \overline{y})}{\sum_{i=1}^{m}\sum_{j=1}^{n}(x_{ij} - \overline{x})^2} \tag{2.4}$$

식 (2.4)의 평균은

$$E(\hat{\beta}_c) = \beta_L + (\beta_c - \beta_L)\frac{\sum_{i=1}^{m} n(\overline{x}_{i.} - \overline{x})(x_{i1} - \overline{x}_{.1})}{\sum_{i=1}^{m}\sum_{j=1}^{n}(x_{ij} - \overline{x})^2}$$

이며, 여기서 $\overline{x}_{i.} = \sum_{j=1}^{n} x_{ij}/n$, $\overline{x}_{.1} = \sum_{i=1}^{m} x_{i1}/m$ 그리고 $\overline{x} = \sum_{i=1}^{m}\sum_{j=1}^{n} x_{ij}/mn$이다. 이때, 다음의 결과를 알 수 있다.

① $\beta_c = \beta_L$이거나 $\{x_{i1}\}$과 $\{\overline{x}_{i.}\}$가 각각 직교하면, $\hat{\beta}_c$는 불편추정량(unbiased estimator)이 된다.

② 일반적으로는 $\hat{\beta}_c$은 β_L의 추정에 있어서 편향추정량(biased estimator)이며, 그 편향은 x_{i1}과 $\overline{x}_{i.}$의 상관계수 값에 의존하게 된다.

③ 이러한 편향은 경시적 자료를 분석할 때, 식 (2.3)이 맞음에도 불구하고 식 (2.2)와 같이 기저효과와 경시적 효과가 같다고 가정함으로써 생기게 되었다. 따라서 경시적 자료는 이러한 경시적 효과를 고려한 모형이 필요함을 알 수 있다.

03 가중 추정

성공횟수와 시행횟수를 모두 가지는 자료의 경우, 즉 자료가 (y_i, N_i)로 구성되어 있고, 여기서 y_i는 성공횟수이고, N_i는 시행횟수이며, $i=1,\ldots,m$인 경우를 고려해보자. 예를 들면, 기형학 실험에서 쥐의 태아 발달에 대한 식이조절제 또는 화학약품의 영향 조사를 하는 경우 임신한 쥐의 새끼 수를 N_i로 하고, 그중에 죽은 새끼의 수를 y_i로 표시하자. 우리는 성공의 비율을 추정하고자 할 때, 어떻게 이들 자료를 합쳐서 성공의 비율을 추정할 수 있을까? 우리가 고려할 수 있는 추정치는 다음의 2가지이다.

$$\hat{p}_1 = \frac{\sum_{i=1}^{m} y_i}{\sum_{i=1}^{m} N_i}, \qquad \hat{p}_2 = \frac{1}{m}\sum_{i=1}^{m}\frac{y_i}{N_i}$$

각각의 추정치 $\hat{p}_1$과 $\hat{p}_2$은 아래와 같이 표시되는 가중 추정치(weighted estimator)이다.

$$\hat{p}_w = \frac{\sum_{i=1}^{m} w_i \frac{y_i}{N_i}}{\sum_{i=1}^{m} w_i}$$

즉, $\hat{p}_1$은 $w_i = N_i$이며, $y_i = \sum_{i=1}^{m} y_{ij}$로 표시되면 y_{ij}는 베르누이 시행인 확률변수이다. $\hat{p}_2$은 $w_i = 1$인 경우이다.

이러한 경우에 $\hat{p}_1$과 $\hat{p}_2$ 중에 어느 추정치가 최적의 추정치가 되는지를 생각해 보자. 예를 들어, 앞선 기형학 실험에서 2마리 어미 쥐의 (y_i, N_i)가 $(1,10), (2,100)$으로 주어져 있을 때, 추정치 $\hat{p}_1$과 $\hat{p}_2$의 값은 다음과 같다.

$$\hat{p}_1 = \frac{1+2}{10+100} = 0.03$$

$$\hat{p}_1 = \frac{1}{2}\left(\frac{1}{10} + \frac{2}{100}\right) = 0.06$$

이 경우에 어느 추정치가 최적의 추정치일까? 이 질문에 대한 해답은 가우스-마코프(Gauss-Markov) 정리에 의하면 어느 추정치의 가중치가 y_i/N_i에 대한 분산의 역수와 비슷한가에 달려 있다. 즉, 어미 쥐의 새끼들이 완벽하게 독립이면, $var(y_i) = N_i p(1-p)$이며 $\hat{p}_1$이 나은 추정치이다. 하지만, 어미 쥐의 새끼들이 독립이 아니면, $var(y_i) = N_i p(1-p)\{1+(N_i-1)\rho\}$이며($\rho$는 한배의 새끼들의 상관계수) $\hat{p}_2$이 나은 추정치이다.

이상의 결과에서 우리는 군집(clustered) 또는 상관관계가 있는 자료를 분석할 때, 그 자료의 의존성을 설명할 필요가 있다. 그리고 추정치의 가중치 선택은 응답변수의 분산에 의존한다는 것을 알 수 있다. 따라서 앞으로 제시할 선형 및 선형 혼합모형에서 모수의 추정치들은 대부분이 응답변수에 가중치를 곱한 것이다. 즉, 최적의 추정치를 선택할 때 반복 측정치들의 상관관계를 반드시 고려하여야 한다는 것을 알 수 있다.

04 효율성

모수를 추정한 여러 가지 추정량들 중에서 우리는 더 좋은 추정량을 구하고자 한다. 특히 그 추정량들의 분포가 참 모수 값 주위에 더 많이 집중되어있는 추정량이 더 나은 추정량일 것이다. 이러한 개념에서 두 추정량의 분산 비율을 이용하여 두 추정량 중에 상대적으로 더 나은 추정량을 찾을 수 있다. 이것을 두 추정량의 효율(efficiency)이라 하고, 다음과 같이 정의한다.

정의 2.2 주어진 모수 θ에 대한 두 추정량 $\hat{\theta}$과 $\tilde{\theta}$에서 $\hat{\theta}$에 대한 $\tilde{\theta}$의 효율은 다음과 같이 정의된다.

$$eff(\hat{\theta}, \tilde{\theta}) = \frac{var(\tilde{\theta})}{var(\hat{\theta})}$$

만일 두 추정량 $\hat{\theta}$과 $\tilde{\theta}$이 불편추정량(unbiased estimator)이면서 $eff(\hat{\theta}, \tilde{\theta})$이 1보다 크면, $\hat{\theta}$의 분산이 $\tilde{\theta}$의 분산보다 작다는 의미이며, $\hat{\theta}$이 $\tilde{\theta}$보다 더 효율적이라고 말한다.

앞의 2절에서 구한 2개의 추정량 $\hat{\beta}_C$과 $\hat{\beta}_L$을 효율성 측면에서 비교한 결과를 Diggle 등(2002)에서 제시하고 있다. 그 결과를 요약하며 다음과 같다. 우선 $\beta_C = \beta_L$이라고 가정하고, $\hat{\beta}_C$의 계산에는 첫 번째 방문($j=1$) 자료만 사용하고, $\hat{\beta}_L$의 계산에는 모든 자료를 사용한다 가정하자. 그러면 두 추정량의 분산은 다음과 같다.

$$var(\hat{\beta}_C) = \frac{\sigma^2}{\sum_{i=1}^{m}\left(x_{i1} - \bar{x}_1\right)^2}$$

$$var(\hat{\beta}_L) = \frac{\sigma^2}{\sum_{i=1}^{m}\left(X_i^T R_i^{-1} X_i\right)}$$

여기서 $\sigma^2 = var(\epsilon_{ij})$이며, R_i는 $n_i \times n_i$의 $y_i = (y_{i1}, \ldots, y_{in_i})^T$에 대한 상관계수행렬(correlation matrix)이며,

$$X_i^T = \begin{bmatrix} 1 & 1 & \cdots & 1 \\ x_{i1} & x_{i2} & \cdots & x_{in_i} \end{bmatrix}$$

이다. 여기서 n_i는 개체 i의 반복수를 나타낸다

$\hat{\beta}_L$의 $\hat{\beta}_C$에 대한 효율을 계산하면 다음과 같다.

$$eff(\hat{\beta}_L, \hat{\beta}_C) = \frac{var(\hat{\beta}_C)}{var(\hat{\beta}_L)}$$

만일 $n_i = n$으로 가정하고, $j = k$에서 $R_{jk} = 1$이고 $j \neq k$에서 $R_{jk} = \rho$이라면,

$$eff(\hat{\beta}_L, \hat{\beta}_C) = \left[\frac{\{1 + (n-1)\rho\}(1-\rho)}{n(1+\delta)\{1 - p + n\rho\delta/(1+\delta)\}}\right]^{-1}$$

이다. 여기서 δ는 x에 개체 내 변동의 평균과 x의 방문 1에서 개체 간 변동의 비율을

의미하고 다음과 같다.

$$\delta = \frac{\sum_{i,j}\left(x_{ij} - \overline{x}_i\right)^2 / \{m(n-1)\}}{\sum_i \left(\overline{x}_i - \overline{x}\right)^2 / (m-1)}$$

만일 $j = k$에서 $R_{jk} = 1$이고 $j \neq k$에서 $R_{jk} = \rho^{|j-k|}$이라면,

$$eff(\hat{\beta}_L, \hat{\beta}_C) = \left[\frac{(1-\rho^2)}{(1-\rho)\{n-(n-2)\rho\} + \delta\gamma/(n+1)} \right]^{-1}$$

이다. 여기서 $\gamma = n(n+1) - 2(n-3)(n+1)\rho + (n-3)(n-2)\rho^2$이다.

이 두 가지 경우, Diggle 등(2002)에서 제시한 것 같이 모두 $eff(\hat{\beta}_L, \hat{\beta}_C)$이 1보다 큼을 알 수 있다(Diggle 등(2002)에서는 $var(\hat{\beta}_L)/var(\hat{\beta}_C)$을 계산하여 모두 1보다 작음). 따라서 경시적 자료분석의 추정량이 횡단 자료분석의 추정량보다 더 효율적임을 알 수 있다.

3장

탐색적 자료분석

이번 장은 횡단면 자료분석에서 행하는 탐색적 자료분석(Exploratory Data Analysis: EDA)이 경시적 자료분석에서는 어떻게 이용되는지를 제시한다. 여기서 탐색적 자료분석은 통계학자 튜키(John W. Tukey)에 의하여 확립된 것으로 자료분석은 과학적 질문과 관련된 패턴을 나타내는 그림 및 통계치를 제시하는 방법들로 시작해야 하며, 이를 통하여 우리가 예상치 못한 패턴을 밝혀낼 수 있다. 즉, 이 장에서 제시하는 방법들을 통하여 경시적 자료만이 가지는 패턴을 알아낼 수 있게 된다.

탐색적 자료분석을 위한 몇 가지 지침은 다음과 같다.

- 자료의 요약만 제시하는 것이 아니라 최대한 적절한 원자료(raw data)를 많이 표시하라.
- 과학적으로 흥미를 느낄 수 있는 총체적 패턴을 강조하라.
- 횡단면 및 경시적 자료의 패턴을 구별하라.
- 특이한 개체나 관찰치를 쉽게 식별하게 하라.

이러한 지침을 바탕으로 경시적 자료분석에서는 설명변수와 응답변수의 관계를 분석하는 것이 일반적이다. 이를 위하여 주로 쓰이는 탐색적 자료분석 방법들로 산점도(scatter plot)와 이를 바탕으로 하는 플랏(스파게티 플랏(spaghetti plot))이 있다. 응답변수의 평균을 설명변수의 평균함수로 간주하여 비모수적으로 추정하고자 하는 스무딩 기법(커널 스무딩(kernel smoothing), 스무딩 스플라인(smoothing spline), loess 스무딩)이 있다. 이러한 내용은 3.1절에서 예제를 이용하여 자세히 설명한다.

경시적 자료에 존재하는 반복 측정치들의 상관관계에 대한 구조를 탐색하는 방법들(상관계수, 자기상관함수(autocorrelation function), 변이도(variogram) 등)이 있다. 이 모든 방법들은 주로 연속형 자료를 탐색하기 위하여 이용되는 방법들이며, 이러한 내용은 3.2절에서 자세히 설명한다.

범주형 자료를 탐색하기 위한 방법은 반복에 따른 범주의 주변 전이비율(marginal transition proportion)을 계산함으로써 반복 측정치들의 상관관계를 탐색할 수 있다(3장 3절).

이번 장에서는 1장에서 제시한 자료를 위의 방법들을 이용하여 탐색적 자료분석을 하고, 이를 통하여 경시적 자료분석의 필요성을 제시한다.

01 평균의 탐색적 자료분석

1. 산점도와 스파게티 플랏

경시적 연속형 자료분석에서 가장 많이 쓰는 그래픽 방법은 산점도(scatterplot)와 스파게티 플랏이다(산점도는 <그림 1-3>과 <그림 1-4>에서 이미 제시하였다). 스파게티 플랏은 각 개체들의 응답변수(Y축)와 시간(X축)에 따라 점을 찍고, 이 점들을 이어서 만든 플랏이다. 그 형태가 스파게티 같다고 해서 스파게티 플랏이라고 불린다. 이 플랏을 통하여 시간에 따라 응답변수의 값이 어떻게 변하는지 패턴을 알 수 있다.

예제 3.1 납노출 아동 치료 연구

<그림 3-1>과 <그림 3-2>는 1장에서 제시한 납노출 아동 치료 연구 자료에서 각 그룹별 환자의 혈중 납수준 값이 주 차 별로 어떻게 변하는지 나타내는 스파게티 플랏이다. 위약 그룹의 혈중 납수준에 대한 평균값은 약간 줄었다가 6주 차에 다시 약간 증가하는 경향을 보이고 있다. succimer 그룹은 1주 차에 급격히 줄었다가 다시 증가하는 경향을 보이고 있다. 그리고 succimer 그룹이 위약 그룹에 비해서 전체적으로 변동폭이 크다는 것을 알 수 있다. 이처럼 스파게티 플랏은 앞서 1장에서 제시한 산점도(그림 1-3)보다는 더 많은 정보를 주지만 두 그룹의 평균이 통계적으로 차이가 있는지는 알 수 없으므로 여전히 한계를 가지고 있다.

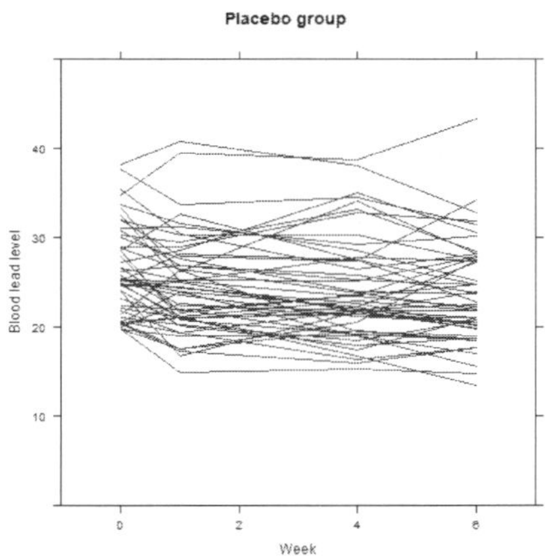

그림 3-1 위약 그룹의 스파게티 플랏

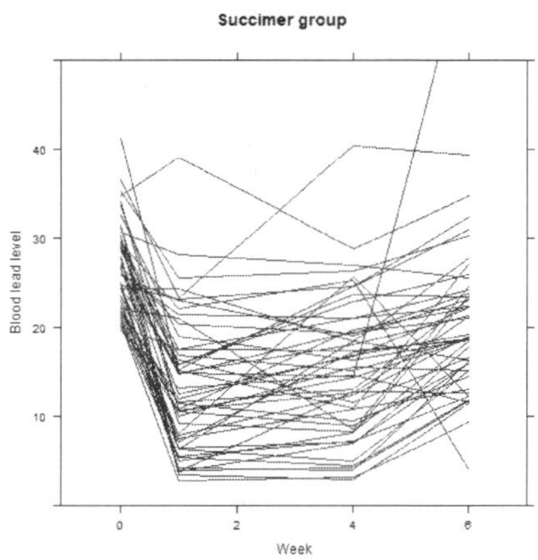

그림 3-2 Succimer 그룹의 스파게티 플랏

R 코드 납노출 아동 치료 연구

```
library(psych)
tlc<-read.table("tlc.txt",
                col.names=c("ID","Group","week.0","week.1","week.4","wkk.6"))

# long style data
tlcl <- reshape(tlc,direction="long",
                varying=list(c("week.0","week.1","week.4","week.6")),
                v.names="lead", timevar="week",
                times=c(0,1,4,6), idvar="ID")

plot(lead ~ week, data=tlcl, pch=".",
     xlab="Week",
     ylab="Blood lead level")

s <- sample(unique(tlcl$ID),size=4)
plot(lead ~ week, data=tlcl, col="gray50",
     xlab="Week",
     ylab="Blood lead level")
for(i in 1:4){
 lines(tlcl$week[tlcl$ID == s[i]],
       tlcl$lead[tlcl$ID == s[i]],lwd=1.5)
}

# Spaghetti plot
library(lattice)
tlcl.grp1 <- tlcl[tlcl$Group == "P",]
tlcl.grp2 <- tlcl[tlcl$Group == "A",]
xyplot(lead ~ week, data=tlcl.grp1,xlim=c(-1,7), ylim=c(0,50), type="l", group=ID,
       xlab="Week",
       col.line="gray20",
       ylab="Blood lead level", main='Placebo group')
xyplot(lead ~ week, data=tlcl.grp2,xlim=c(-1,7), ylim=c(0,50), type="l", group=ID,
       xlab="Week",
       col.line="gray20",
       ylab="Blood lead level", main='Succimer group')
```

예제 3.2 멀티센터 AIDS 코호트 연구(MACS)

MACS에서 CD4+ 세포수와 혈청전환 이후 시간(Time)의 관계를 설명하기 위한 <그림 1-

4>를 제시하고 있지만, 그 관계가 명확하지 않다. 그리고 MACS 자료에는 혈청전환 이후 시간 이외에 다른 공변량 변수들이 있다. 이 중에 기저 나이(Age)별 6개의 그룹으로 나누어서 CD4+ 세포수와 혈청전환 이후 시간 사이의 스파게티 플랏을 그려 보았다(그림 3-3). 전 연령대에서 혈청전환 이후 시간이 증가함에 따라서 CD4+ 세포수는 감소함을 알 수 있다.

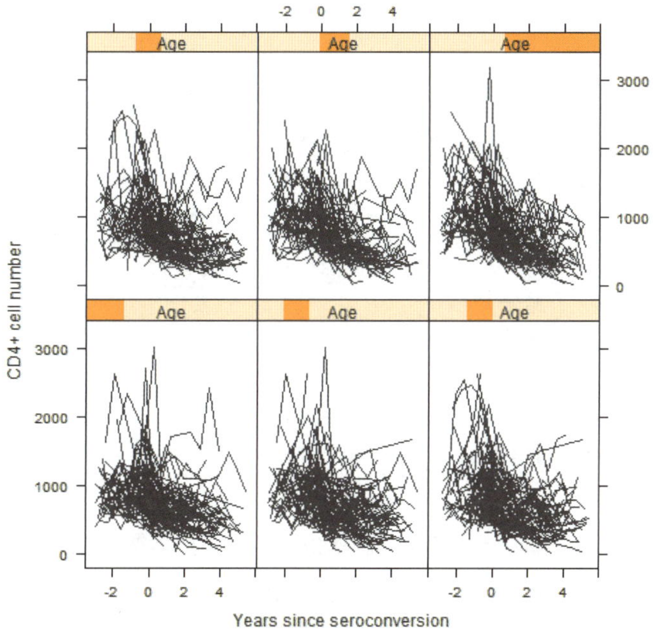

그림 3-3 기저 나이별로 CD4+세포수와 혈청전환 이후 시간 간의 스파게티 플랏

R 코드 MACS 자료 – 스파게티 플랏

```
CD4 <- read.table("cd4.dat",header=TRUE)
# Scatter plot
plot(CD4 ~ Time, data=CD4, pch=".",
     xlab="Years since seroconversion",
     ylab="CD4+ cell number")

# Choose 4 random individuals
s <- sample(unique(CD4$ID),size=4)
plot(CD4 ~ Time, data=CD4, col="gray50",
     xlab="Years since seroconversion",
     ylab="CD4+ cell number")
```

```
for(i in 1:4){
 lines(CD4$Time[CD4$ID==s[i]],
       CD4$CD4[CD4$ID==s[i]],lwd=1.5)
}

# Spaghetti plot
library(lattice)
xyplot(CD4 ~ Time, data=CD4, type="l", group=ID,
       xlab="Years since seroconversion",
       col.line="gray20",
       ylab="CD4+ cell numbers")

xyplot(CD4 ~ Time | equal.count(Age,6), data=CD4,
       type="l", group=ID,
       xlab="Years since seroconversion",
       col.line="gray20",
       ylab="CD4+ cell number",
       strip=strip.custom(var.name="Age"))
```

2. 평활기법을 이용한 평균함수 추정

평균을 시간에 대한 평균함수로 표현할 수 있고, 이를 비모수적 회귀모형(nonparametric regression model)을 이용하여 추정할 수 있다. 그 모형은 다음과 같다.

$$y_i = \mu(t_i) + \epsilon_i,\ \ i = 1, \ldots, m,$$

여기서 $\mu(t_i)$는 평균함수이며 ϵ_i는 평균이 0이고 독립인 오차이다. 비모수적 회귀모형은 원래 경시적 자료분석에만 한정된 것이 아니므로 일반적인 경우로 가정하여 설명하고자 한다.

평균함수 $\mu(t_i)$를 추정하기 위한 비모수적 회귀모형으로 평활기법(smoothing method)을 주로 이용하며, 그 방법에는 커널평활(kernel smoothing), 국소회귀(local regression: loess), 평활 스플라인(smoothing spline)이 주로 사용된다.

우선 **커널평활**은 주어진 시간 t를 중심으로 하는 시간 윈도우(time window)를 설정하고, 그 윈도우 내에 있는 모든 y값들의 평균을 구하고, 이를 $\hat{\mu}_t$으로 하여 추정치로 써 사용한다. 각 시점에 부드러운 곡선의 추정치를 구하기 위해 윈도우를 왼쪽 끝에서 오른쪽 끝으로 이동하여 윈도우 내에 있는 점들의 평균을 계산하지만 이렇게 연결된 곡선은 부드러운 곡선이 아닐 수도 있다. 따라서, 시간 t에 가까운 값일수록 가중치를 더 줄 수 있는 부드러운 가중함수(smooth weighting function)를 고려할 수 있다. 예를 들어 가우시안 커널(Gaussian kernel) $K(u)=\exp(-u^2/2)$이 있다. 이러한 가중함수를 이용한 커널 추정치(kernel estimate)는 다음과 같다.

$$\hat{\mu}(t_i)=\frac{\sum_{i=1}^{m} w(t,t_i,h)y_i}{\sum_{i=1}^{m} w(t,t_i,h)}$$

여기서 n은 시간 t를 위한 윈도우 안에 있는 y값의 수, 즉 $w(t,t_i,h)=K((t-t_i)/h)$이며, t_i는 관측된 시간이고, h는 커널의 띠너비(bandwidth)로 스무딩 정도를 결정한다. 즉, 띠너비가 클수록 부드러운 곡선을 나타내며, 작을수록 울퉁불퉁한 곡선이 된다.

loess는 커널평활의 강건한 버전으로 커널평활이 이상점(outlier)에 민감하다는 단점을 보완한 방법이다(Cleveland, 1979). 커널평활과 동일한 방법으로 윈도우를 구성하고, 그 윈도우 내에서 가중평균을 계산하는 대신에 관측값(t_i, y_i)을 이용하여 가중 최소제곱추정치를 구하고 그 잔차(residual)를 가지고 가중치를 부여한다. 따라서 이상치인 y_i에는 작은 가중치를 부여하고, 다시 적합된 선(fitted line)을 추정한다. 이러한 과정을 몇 차례 반복하게 된다면 결국에는 이상치에 덜 민감한 평활선을 만들게 된다.

평활 스플라인은 Silverman(1985)에 의해서 제안된 방법으로 일반적으로 삼차 스플라인(cubic spline) 함수를 $\mu(t_i)$로 가정하여 적용하며, 아래의 식을 최소화하는 함수 $\mu(t_i)$를 사용한다.

$$J(\lambda)=\sum_{i=1}^{m}\{y_i-\mu(t_i)\}^2+\lambda\int\{\mu''(t)\}^2dt \tag{3.1}$$

여기서 $\mu''(t)$는 $\mu(t)$의 이차 미분값이며, 식의 오른쪽의 첫 번째 항은 관측치 y_i에 대한 함수의 적합성을 정량화한 것이다. 식 (3.1)의 적분은 함수의 곡선(curvature) 또는 거침성(roughness)을 나타내는 측도로 거침성 벌점(roughness penalty)이라고 부른다. 그리고 적분에 곱해진 λ는 스플라인의 스무딩 정도를 결정하는 상수이다. λ가 작으면 거칠성 벌점에 가중을 덜 줌으로써 스플라인은 덜 매끄러워진다.

비모수적 곡선 추정에서 띠너비는 적합된 곡선의 스무딩 정도를 결정한다고 했다. 적당한 띠너비의 선택함으로써 편향(bias)과 분산(variance) 사이의 절충(trade-off)을 이루게 된다. 즉, 띠너비가 넓을수록 추정된 곡선의 분산은 작아진다. 이는 띠너비가 넓을수록 그 띠너비 안에 많은 관측치들이 가중평균에 사용되기 때문이다. 하지만 원래 추정하고자 하는 곡선보다 추정된 곡선이 너무 부드러워져서 편향이 발생하게 된다. 따라서, 띠너비와 같은 스무딩 모수(평활 스플라인의 경우 λ)는 편향과 분산의 균형을 위해 곡선 추정하여야 한다. 이러한 스무딩 모수의 선택을 위한 기준(criterion)은 일반적으로 평균예측제곱오차(average predictive squared error: PSE)를 이용하고, PSE는 교차타당성(cross-validation: CV) 기준으로 추정된다.

PSE는 다음과 같이 정의된다.

$$PSE(\lambda) = \frac{1}{m}\sum_{i=1}^{m} E\left\{y_i^* - \hat{\mu}(t_i;\lambda)\right\}^2$$

여기서 y_i^*는 시간 t_i에서의 새로운 관측값이다. 그 추정치인 교차타당성 기준은 아래와 같다.

$$CV(\lambda) = \frac{1}{m}\sum_{i=1}^{m} \left\{y_i - \hat{\mu}^{-i}(t_i;\lambda)\right\}^2$$

여기서 $\hat{\mu}^{-i}(t_i;\lambda)$는 i번째 관측치를 제외하고 추정된 예측 추정치이다.

예제 3.2 (계속)

MACS 자료분석 예제 3.2에서는 스파게티 플랏을 통하여 평균의 경향만을 알 수 있었다. 이제 앞서 배운 평활법을 이용하여 평균함수의 시간에 따른 변화의 패턴을 알아보도록 하자.

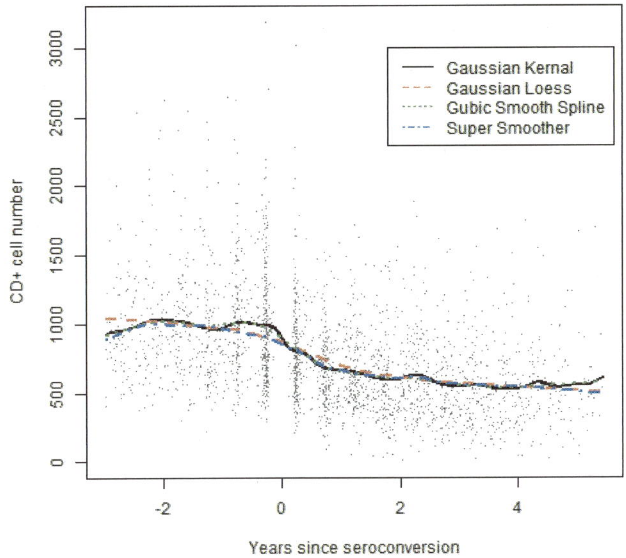

그림 3-4 커널평활, loess, 평활 스플라인에 따른 CD4+ 세포수의 평균함수 추정

<그림 3-4>는 CD4+ 세포수의 혈청전환 이후 시간에 따른 평균함수들의 추정 곡선을 그리고 있다. 커널평활, loess, 평활 스플라인 모두 전체적으로 비슷한 곡선으로 추정되고 있으며, 전체적으로 혈청전환 이전에는 1000개의 세포수를 보이다가 혈청전환 이후 시간이 증가함에 따라서 CD4+ 세포수의 평균은 줄어들고 있음을 알 수 있다.

R 코드 MACS 자료-평활법

```
# Smoothing Spline
plot(CD4 ~ Time, data=CD4, col="gray50", pch=".",
     xlab="Years since seroconversion",
     ylab="CD+ cell number")
with(CD4, {
   lines(ksmooth(Time,CD4,kernel="normal"),lty=1,col=1,lwd=2)
   lines(loess.smooth(Time,CD4,family="gaussian"),lty=2,col=2,lwd=2)
   lines(smooth.spline(Time,CD4),lty=3,col=3,lwd=2)
   lines(supsmu(Time,CD4),lty=4,col=4,lwd=2)
})
legend(1.8,3000,legend=c("Gaussian Kernal", "Gaussian Loess",
        "Gubic Smooth Spline", "Super Smoother"),
        lty=1:4,col=1:4)
```

02 상관계수 구조의 탐색

반복 측정치에 대한 공변량의 효과를 회귀식으로 상쇄시킨 후 잔차를 이용하여 반복 측정치 간 상관관계의 구조를 탐색할 수 있다. 우선 보통최소제곱추정법(ordinary least-squares)을 이용하여 y_{ij}와 x_{ij}의 회귀식을 세우고, 이를 통하여 잔차를 구한다.

$$r_{ij} = y_{ij} - x_{ij}^T \hat{\beta} \tag{3.2}$$

여기서 $\hat{\beta}$은 보통최소제곱추정량(ordinary least-squares estimator)이다.

식 (3.2)에 있는 잔차는 y_{ij}에서 공변량의 효과를 제거한 뒤에 있는 값이다. 따라서, 반복 측정된 관측치들에서 존재하는 시간에 따른 상관관계를 나타내고 있다. 이것을 확인하기 위해서 그래픽을 이용한 방법과 통계치를 이용한 방법을 제시한다.

우선 그래픽을 이용하여 상관관계를 탐색해보자. 잔차를 이용하여 **산점도 행렬**(scatter-plot matrix)을 구하면, 반복된 관측치들의 잔차에서 시간대별로 상관관계가 어떻게 되는지를 알 수 있다.

만약 잔차 r_{ij}의 평균과 분산이 상수를 가진다고 가정할 때, y_{ij}와 y_{ik}의 상관관계가 시간의 차이 $|t_k - t_j|$에만 의존한다면, 이러한 확률과정(stochastic process)은 **약정상성(weakly stationary)**이라고 한다. 확률과정이 약정상성을 만족하는지 알기 위해서는 다음과 같은 단계를 고려해야 한다.

① 관찰된 시점별로 잔차의 평균과 표준편차를 구하고, 그 값들이 서로 같은지를 체크한다. 즉, $j = 1, ..., n$별로 $r_{.j}$와 $s_{.j}$를 계산하고 $r_{.j}$와 $s_{.j}$를 각각 시간대별로 유사한지 체크한다.

② 잔차 r_{ij}를 이용하여 상관계수행렬을 계산한다. 이 상관계수행렬의 대각선 방향 요소들이 근사적으로 같은지 확인한다. 즉,

$$\hat{\rho}_{12} = \hat{\rho}_{23} = \cdots = \hat{\rho}_{n-1,n}$$

$$\hat{\rho}_{13} = \hat{\rho}_{24} = \cdots = \hat{\rho}_{n-2,n}$$

$$\vdots$$

위의 단계를 고려할 때, 주의할 점이 있다. 시계열분석(time series analysis)에서는 한 개의 확률과정을 가지고 약정상성을 체크하지만, 경시적 자료분석에서는 각각의 개체들이 모두 확률과정이다. 즉, 이들이 모두 독립이며 동일한 분포(independent and identically distributed: iid)를 가진다고 가정하는 것이다.

예제 3.1 (계속)

<그림 3-5>는 주차별 혈중 납수준에 대한 값들의 다중 상관행렬을 구하였다. 각 주의 혈중 납수준들 간의 상관관계는 양의 상관을 보임을 알 수 있다. 앞서 스파게티 플랏에서 보았던 것처럼 1주 차에서 혈중 납수준이 줄어들었다가 이후에 계속 올라가므로 Week 0과 Week 1의 상관계수보다 Week 0과 Week 6의 상관계수가 더 커지는 것이다. 이러한 결과를 보면 반복 측정의 상관관계를 설명하는 모형이 필요함을 알 수 있다.

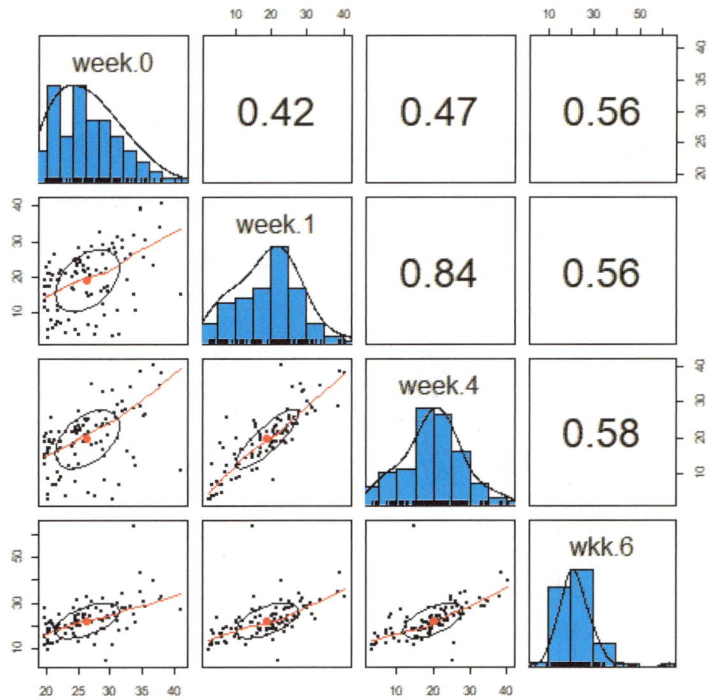

그림 3-5 혈중 납수준 잔차의 주 차별(0, 1, 4, 6) 상관관계를 나타내는 다중 상관계수행렬

R 코드 혈중 납수준의 다중 상관계수행렬

```
# Exploring Correlation structure
library(psych)
pairs.panels(tlc[,c("week.0","week.1","week.4","wkk.6")])
```

예제 3.2 (계속)

<그림 3-6>은 혈청전환 이후 시간에 따른 잔차들의 상관계수를 나타내고 있다. 여기서 혈청전환 이후의 시간을 반올림 처리하여 정수화하였고, 그 중에 6개의 시간(-2, -1, 0, 1, 2, 3)을 선택하여 상관계수를 구하였다. 이 그림에서 시차(lag)가 증가함에 따라 상관계수가 줄어들고 있음을 알 수 있다. 즉, 시간 t_k와 t_j에서 관측치들의 상관계수는 관찰된 시간의 차이 $|t_k - t_j|$가 증가함에 따라 감소한다는 것을 의미한다. 따라서, 이 자료의 분석에서 오차에 대한 공분산행렬을 고려한 모형이 필요함을 알 수 있다.

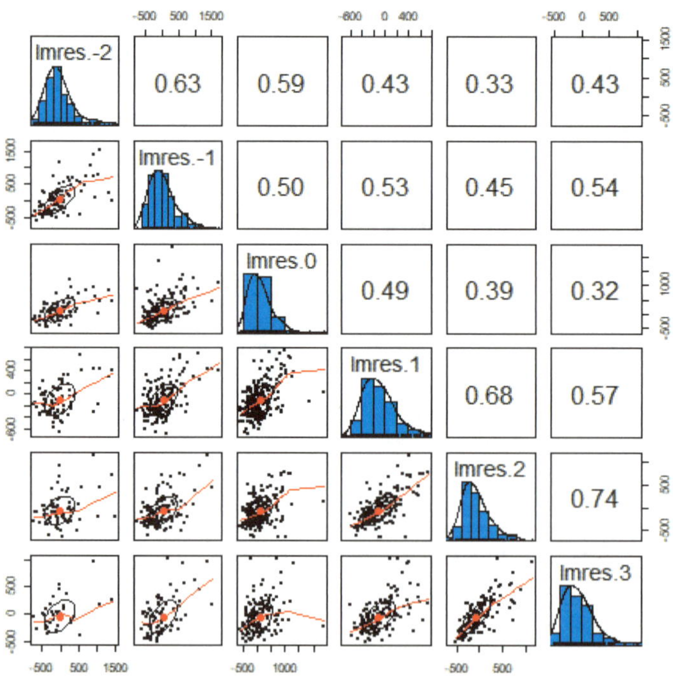

그림 3-6 혈청전환 이후 시간(-2, -1, 0, 1, 2, 3)에서 잔차들의 상관관계를 나타내는 다중 상관계수 행렬

잔차들의 시차에 따라 상관계수 값들이 대각선별로 비슷한 값을 가짐을 알 수 있다 (lag=1일 때, 0.63, 0.50, 0.49, 0.68, 0.74; lag=2일 때, 0.59, 0.53, 0.39, 0.57; lag=3일 때, 0.43, 0.45, 0.32; lag=4일 때, 0.33, 0.54; lag=5일 때, 0.43). 이를 통하여 잔차들이 약정상성을 가질 것으로 추측되며, 이 또한 상관계수 값들이 lag에 의존함을 알 수 있다.

R 코드 MASC 자료 – 다중 상관계수행렬

```
# Exploring Correlation structure
CD4.lm <- lm(CD4 ~ Time, data=CD4)
CD4$lmres <- resid(CD4.lm)
CD4$roundyr <- round(CD4$Time)
CD4w <- reshape(CD4[,c("ID","lmres","roundyr")],
                direction="wide",v.names="lmres",
                timevar="roundyr",idvar="ID")
library(psych)
pairs.panels(CD4w[,c(5,2,3,6:8)])
```

경시적 자료에서 약정상성을 만족하는 경우, 각각의 상관계수의 추정치는 시차(time lag: $u = |t_{ij} - t_{ik}|$)값에 의존하여 얻어진다. 다중 상관계수행렬(그림 3-6)에서 본 것과 같이 시차에 따라 대각선별로 존재하는 상관계수 값들을 보면 이를 알 수 있다. 이러한 개념의 상관계수를 **자기상관함수(autocorrelation function)**라 하고, 다음과 같이 정의한다.

$$\rho(u) = corr(\epsilon_{ij}, \epsilon_{ij-u})$$

여기서 $corr(,)$은 상관계수를 의미한다.

만일 MACS 자료에서처럼 정상성이 있는 것으로 생각이 될 때, 상관계수를 시차별로 잔차를 나누어 계산하는 대신에 합쳐서 추정치(pool estimate)를 계산할 수 있다. 이는 $\rho(u)$의 추정치로 사용하며 이를 경험적 자기상관함수(empirical autocorrelation function)라 하고 $\hat{\rho}(u)$로 표기한다. 예를 들어 lag 1의 경험적 자기상관함수는 $\hat{\rho}(1)$이며, 이는 계열상관(serial correlation)을 의미하고 아래와 같이 계산될 수 있다.

$$\hat{\rho}(1) = \frac{\frac{1}{3m-1}\sum_{i=1}^{m}\sum_{j=1}^{n-1}(r_{ij}-\bar{r}_{1:3})(r_{ij+1}-\bar{r}_{2:4})}{s_{1:3}s_{2:4}}$$

여기서 r_{ij}는 i번째 개체의 j번째 응답변수의 잔차를 의미한다.

$$\bar{r}_{1:3} = \frac{1}{3m}\sum_{i=1}^{m}\sum_{j=1}^{3}r_{ij}, \quad \bar{r}_{2:4} = \frac{1}{3m}\sum_{i=1}^{m}\sum_{j=2}^{4}r_{ij},$$

$$s_{1:3} = SE(r_{ij}; i=1,\dots,m, j=1,2,3), \; s_{2:4} = SE(r_{ij}; i=1,\dots,m, j=2,3,4).$$

즉, 시간 1, 2, 3에 해당되는 잔차와 시간 2, 3, 4에 해당되는 잔차를 합쳐서 상관계수를 구하는 것이다. 이러한 상관계수를 시차 $l=1,2,3,\dots$에 따라 구하고, 이를 $(l, \hat{\rho}(l))$ 도표로 나타낸 것이 상관도표(correlogram)라고 한다. 예를 들어 MACS 자료에서의 상관도표는 <표 3-1>과 같이 제시된다. 시차가 4까지 증가함에 따라 경험적 자기상관함수는 줄어들다가 시차가 더 증가하면 경험적 자기상관함수는 다시 증가함을 알 수 있다.

표 3-1 MASC 자료에서 시차에 따른 경험적 자기상관함수

시차(l)	1	2	3	4	5	6
$\hat{\rho}(l)$	0.60	0.54	0.46	0.42	0.47	0.89

자기상관함수는 개체들의 간격이 동일한 데이터에서 가장 효과적이다. <그림 3-6>과 <표 3-1>을 계산하기 위해서 시간을 반올림 처리하여 동일한 시간으로 간주하였기에 가능하였다. 하지만 개체들마다 관측시점과 횟수가 동일하지 않을 경우에 자기상관함수는 사용할 수 없다. 대신에 **변동도(variogram)**와 **준변이도(semivariogram)**를 이용하여 자기상관함수를 구할 수 있는데, 변동도는 두 관측치 간의 시점의 차이에 대한 함수이기에 가능하다.

준변이도는 확률과정(stochastic process) $Y(t)$에서 다음과 같이 정의된다.

$$\gamma(u) = \frac{1}{2}E[\{Y(t) - Y(t-u)\}^2],\ u \geq 0$$

여기서 u는 두 관측치 간 시점의 차이이다. 변동도는 $2 \times \gamma(u)$로 정의한다.

확률과정 $Y(t)$가 정상성을 만족할 때, 준변이도와 자기상관함수와의 관계는 다음과 같다.

$$\gamma(u) = \sigma^2\{1 - \rho(u)\} \tag{3.3}$$

여기서 σ^2는 $Y(t)$의 분산이다.

경시적 자료에서 준변이도는 다음의 과정을 통하여 추정되며, 이를 표본 준변이도(sample semivariogram)라고 한다.

① 개체 i의 j, k번째 관측치에 대한 잔차(r_{ij},r_{ik})와 관측시간(t_{ij},t_{ik})을 이용하여 다음을 계산한다($i = 1, \ldots, m;\ j < k = 1, \ldots, n$).

$$v_{ijk} = \frac{1}{2}(r_{ij} - r_{ik})^2, \quad u_{ijk} = t_{ij} - t_{ik}$$

② 표본 준변이도($\hat{\gamma}(u)$)는 특정한 u값에 상응하는 모든 v_{ijk}를 이용하여 평균을 계산한다. 이 경우 각 u값에 해당되는 v_{ijk}는 최소 2개 이상이여야 한다. 만일 관측시간이 비규칙적일 경우에는 (u_{ijk}, v_{ijk})와 함께 비모수적 회귀(nonparametric regression)를 이용하여 추정할 수 있다. 예를 들어, 앞에서 언급한 loess 등을 이용할 수 있다.

자료가 정상성을 만족하면, 자기상관함수의 추정치 $\hat{\rho}(u)$는 식 (3.3)을 이용하여 다음과 같이 추정된다.

$$\hat{\rho}(u) = 1 - \frac{\hat{\gamma}(u)}{\hat{\sigma}^2} \tag{3.4}$$

예제 3.2 (계속)

<그림 3-7>은 MACS 자료에서 u_k와 v_k값에 loess를 이용하여 변동도의 곡선을 추정한 것이다. 추정된 변동도는 시차에 따라서 커짐을 알 수 있다. 이 결과를 식 (3.4)에 적용하면 추정된 자기상관함수는 시차가 커짐에 따라서 줄어든다는 것을 알 수 있다. 이 결과는 앞서 <표 3-1>에서 추정한 결과와 다른 경향을 보임을 알 수 있다. 그 이유로 <표 3-1>에서는 시간을 반올림하여 계산하였고, 아래 <그림 3-7>은 원래 시간을 그대로 이용하여 변동도를 계산하고, 자기상관함수를 추정하였기에 결과가 다르게 나타남을 알 수 있다.

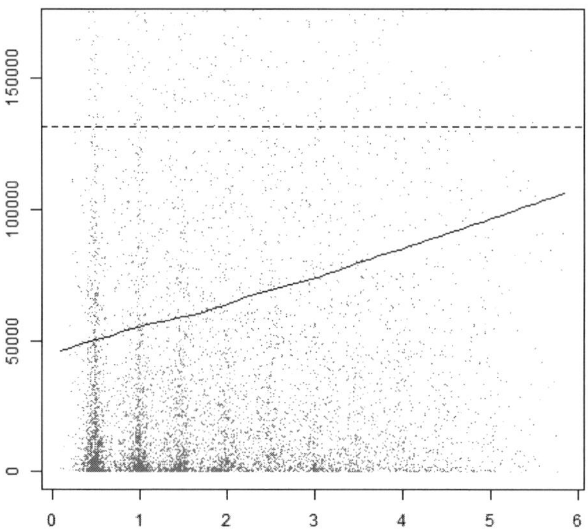

그림 3-7 CD4+세포수에 대한 잔차의 변동도

R 코드 MASC 자료 – 표본 변동도

```
# Variogram
lda.vg <- function(id,res,time,plot=TRUE,...)
{
  vv <- tapply(res,id,function(x) outer(x,x,function(x,y)(x-y)^2/2))
  v <- unlist(lapply(vv,function(x) x[lower.tri(x)]))
  uu <- tapply(time,id,function(x) outer(x,x,function(x,y)(x-y)))
  u <- unlist (lapply(uu , function (x) x[lower.tri(x)]))
  if (plot) {
```

```
    vg.loess <- loess.smooth (u,v,family="gaussian")
    plot(v~u,pch=".",col="gray50", ...)
    lines (vg.loess,lty=1)
    abline(h=var(res),lty=2)
  }
  invisible ( data.frame (v=v, u=u))
}
lda.vg(CD4$ID,CD4$lmres,CD4$Time,ylim=c(0,170000),ylab="",xlab="")
```

03 범주형 자료의 탐색

범주형 자료분석은 연속형 자료분석에서 사용하는 평균과 상관계수의 탐색적 방법(3.1절, 3.2절)을 그대로 사용할 수 없다. 이진 및 다범주 자료인 경우에 평균 대신 관측시간별 응답변수 값의 비율을 계산하여 설명할 수 있다. 그리고 반복 측정치의 상관관계는 자료의 특성에 따라서 탐색적으로 설명할 수 있다. 예를 들면, 이진자료인 경우는 오즈비(odds ratio)를 사용할 수 있다.

우선 경시적 이진자료(longitudinal binary data)인 경우 응답변수가 0과 1인 경우의 비율을 시간과 공변량의 수준별로 구하여 자료의 특성을 알 수 있다. 경시적 순서화자료(longitudinal ordinal data) 및 경시적 명목자료(longitudinal nominal data)의 경우 또한 각 범주에 해당하는 비율을 시간과 공변량의 수준별로 구하여 그 특성을 설명할 수 있다.

경시적 범주형 자료에 대한 반복 측정치의 상관관계를 설명할 때에는 우선 두 시간대별로 응답변수의 오즈비(odds ratio)를 고려할 수 있다. 예를 들어, 경시적 이진자료인 경우 두 시간대의 이진변수를 이용하여 다음과 같이 오즈비를 구할 수 있다.

$$\gamma(y_{ij}, y_{ik}) = \frac{p(y_{ij}=1, y_{ik}=1)p(y_{ij}=0, y_{ik}=0)}{p(y_{ij}=1, y_{ik}=0)p(y_{ij}=0, y_{ik}=1)} \tag{3.5}$$

여기서 $j \neq k$이다. 만일 $k > j$인 경우 $\gamma(y_{ij}, y_{ik})$는 다음과 같이 표현할 수 있다.

$$\gamma(y_{ij}, y_{ik}) = \frac{p(y_{ik}=1 \mid y_{ij}=1)/p(y_{ik}=0 \mid y_{ij}=1)}{p(y_{ik}=1 \mid y_{ij}=0)/p(y_{ik}=0 \mid y_{ij}=0)}$$

따라서 $\gamma(y_{ij}, y_{ik})$는 i번째 개체에서 j번째 응답변수의 값이 1인 경우 k번째 응답변수의 오즈와, j번째 응답변수의 값이 0인 경우 k번째 응답변수에 대한 오즈의 비를 의미한다. 즉 두 응답변수 y_{ij}와 y_{ik}의 관련성을 나타낸다는 것을 알 수 있다. 만일 $\gamma(y_{ij}, y_{ik}) = 1$인 경우, 두 응답변수는 서로 독립임을 알 수 있다.

보통 표본크기가 작거나 보통일 경우 오즈비의 표본분포는 매우 비대칭적으로 치우쳐 있다. 따라서 대칭성을 가지기 위해서 log를 취한 $\log(\gamma(y_{ij}, y_{ik}))$를 일반적으로 많이 사용한다.

예제 3.3 인도네시아 아동 건강 연구

<표 3-2>는 예제 1.3에서 본 인도네시아 아동 건강 연구(ICHS)의 비타민 결측 증후인 안구건조증 유무(비타민A 결핍 여부)에 따라 호흡기 질환에 대한 비율을 조사한 결과이다. 전체적으로 안구건조증이 없는 경우 호흡기 질환의 비율이 안구건조증이 있는 경우에 비해서 낮음을 알 수 있다. 관측시점별로 보았을 때도 안구건조증이 없는 경우의 호흡기 질환 비율이 낮음을 알 수 있다.

표 3-2 250명의 아동을 대상으로 한 안구건조증 유무에 따른 호흡기 질환의 비율(%)

안구 건조증	관측시점(주 차)						전체
	0	3	6	9	12	15	
무	23.9	25.2	29.6	25.8	28.9	30.8	27.4
유	31.9	30.8	34.1	36.3	33.0	35.2	33.5

관측시점 기준으로 두 시점에서의 오즈비 추정량($\gamma(y_{.j}, y_{.k})$)을 <표 3-3>과 같이 제시하였다. 모든 오즈비 추정량들이 독립일 때의 오즈비인 1보다 훨씬 크다는 것을 알 수 있다. 따라서 반복 측정된 이진 응답변수들 간의 관련성을 고려한 모형이 필요함을 알 수 있다.

표 3-3 두 관측시점에서의 오즈비 추정량

j (주 차)	k (주 차)				
	2 (3)	3 (6)	4 (9)	5 (12)	6 (15)
1 (0)	18.1	8.4	8.8	12.5	8.4
2 (3)		17.2	20.7	14.8	17.1
3 (6)			15.2	7.5	9.9
4 (9)				8.8	13.3
5 (12)					12.0

예제 3.4 정신분열증 자료

<표 3-4>는 예제 1.4에서 소개한 정신분열증 자료를 4개의 범주(0, 1, 3, 6)로 정리한 순서화된 응답변수의 비율을 제시하였다. 기저 주 차(0)에서 정신분열증 정도가 심할 확률이 컸지만 주 차가 증가함에 따라서 정신분열증이 점점 완화됨을 알 수 있다.

다범주 자료의 경우 반복 측정치들의 관련성을 설명하기 위한 오즈비 (3.5)를 그대로 사용할 수 없다. 이 관련성을 설명하기 위한 모형들은 일반화 추정방정식 방법(7장)과 일반화 선형혼합모형(10장)에서 자세히 설명한다.

표 3-4 주 차별 정신분열증의 범주별 비율(%)

정신분열증 정도	주 차			
	0	1	3	6
1	0.2	5.4	14.4	30.1
2	12.4	31.7	35.3	42.4
3	28.1	29.1	30.2	14.6
4	59.2	33.8	20.1	12.8

예제 3.5 McKinney 노숙자 연구 프로젝트

<표 3-5>는 예제 1.5에서 제시한 노숙자 연구 자료를 섹션 8 인증여부별로 개월 수에 따른 주택형태 선호도의 비율을 제시하고 있다. 섹션 8의 인증 유무에 상관없이 기저 개월(0)

에서는 노숙/피난처 및 커뮤니티의 비율이 높다. 하지만 개월 수가 증가함에 따라 섹션 8의 인증이 있는 경우 독립 주택 형태의 주택 선호비율이 증가함을 알 수 있다. 섹션 8의 인증이 없는 경우 커뮤니티와 독립주택에 대한 선호도의 비율이 증가함을 알 수 있다.

표 3-5 섹션 8 인증여부별로 개월 수에 따른 주택형태 선호도의 비율(%)

섹션 8 인증여부	주택형태	개월 수			
		0	6	12	24
유	노숙/피난처	44.2	9.3	12.1	12.0
	커뮤니티 주택	41.4	28.0	14.6	22.8
	독립 주택	14.4	62.7	73.2	65.2
무	노숙/피난처	55.6	18.6	8.9	12.4
	커뮤니티 주택	33.9	57.8	58.2	45.5
	독립 주택	10.6	23.6	32.9	42.1

<그림 3-8>은 각 주택형태와 개월 수에 따른 섹션 8 인증여부별로 주택형태의 비율을 제시하고 있다. 독립 주택의 주택형태는 섹션 8 인증여부별로 비슷함을 알 수 있다. 하지만 노숙/피난처와 커뮤니티 형태에서는 기저 개월(0)에서는 비율이 비슷하지만 개월 수가 증가함에 따라 그 비율이 벌어지다가 마지막에는 줄어들고 있음을 알 수 있다.

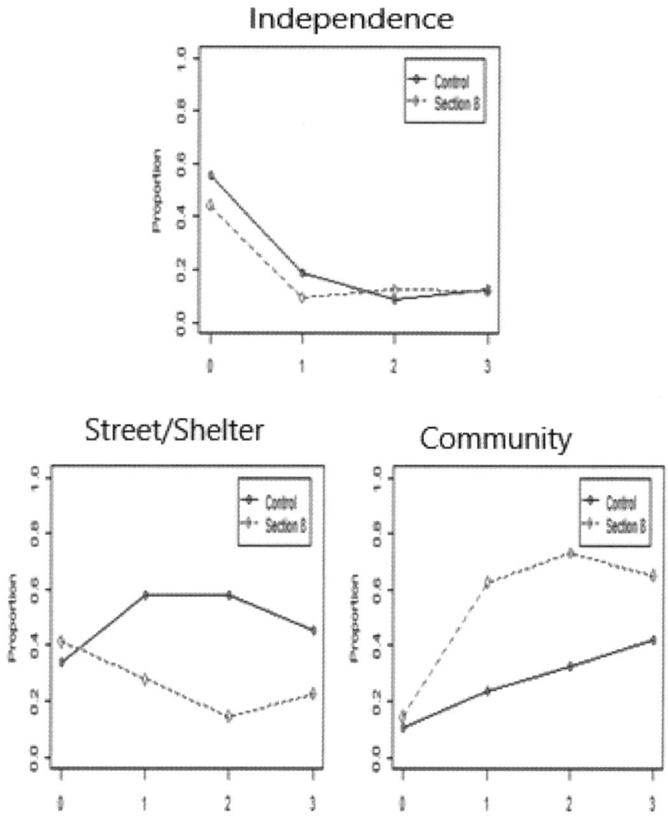

그림 3-8　주택형태에 따른 섹션 8 인증여부별 시간에 따른 주거선택의 비율

4장

연속형 경시적 자료분석을 위한 선형모형

이번 장에서는 연속형 경시적 자료분석을 위한 일반선형모형(general linear model)을 설명한다. m개의 개체 중 i의 j번째 응답변수를 y_{ij}라 할 때, 일반선형모형은 아래와 같다.

$$y_{ij} = x_{ij}^T \beta + \epsilon_{ij} \qquad i = 1, \ldots, m,\ j = 1, \ldots, n$$
$$\epsilon_{ij} \sim^{iid} N(0, \sigma^2)$$

여기서 $x_{ij}^T = (1,\ x_{ij1},\ \cdots,\ x_{ijp-1})$이며 $p \times 1$의 공변량 벡터이다. 이때, $\beta^T = (\beta_0,\ \beta_1,\ \ldots,\ \beta_{p-1})$는 공변량 벡터 x_{ij}에 상응하는 회귀계수 벡터이다. 이 모형을 개체 i의 응답벡터(response vector) y_i에 대응한 모형은 다음과 같다.

$$y_i = X_i \beta + \epsilon_i \tag{4.1}$$
$$\epsilon_i \sim^{indep} N_n(0, \Sigma)$$

여기서 y_i는 $n \times 1$의 응답벡터이며, X_i는 $n \times p$의 공변량 벡터를 포함한 디자인 행렬이고, ϵ_i는 $n \times 1$의 오차벡터이다. 이것을 각각 다음과 같이 제시한다.

$$y_i = \begin{pmatrix} y_{i1} \\ y_{i2} \\ \vdots \\ y_{in} \end{pmatrix},\ X_i = \begin{pmatrix} x_{i1}^T \\ x_{i2}^T \\ \vdots \\ x_{in}^T \end{pmatrix},\ \epsilon_i = \begin{pmatrix} \epsilon_{i1} \\ \epsilon_{i2} \\ \vdots \\ \epsilon_{in} \end{pmatrix}$$

그리고 $N_n(0, \Sigma)$는 평균벡터가 0이며 공분산행렬이 Σ인 n차원의 다변량 정규분포(multivariate normal distribution)이다. Σ는 ϵ_i의 각 요소들 간의 분산 및 공분산을 포함하고 있으며, 그 형태는 다음과 같다.

$$\Sigma = \begin{bmatrix} \sigma_{11} & \sigma_{12} & \cdots & \sigma_{1n} \\ \sigma_{21} & \sigma_{22} & \cdots & \sigma_{2n} \\ \vdots & \vdots & \ddots & \vdots \\ \sigma_{n1} & \sigma_{n2} & \cdots & \sigma_{nn} \end{bmatrix}$$

이 공분산행렬은 주대각(diagonal element) 원소는 각 응답변수의 분산을 나타내고, 비대각(off-diagonal element) 원소는 응답변수들의 공분산을 나타낸다.

경시적 연속형 자료분석을 위해서 일반적으로 다변량 정규분포를 가정한다. 그리고 공분산행렬의 적당한 구조를 가정함으로써 반복 측정치의 상관관계를 설명할 수 있고, 이를 통하여 회귀계수 β의 표준오차를 줄일 수 있다. 더 구체적인 설명은 4.2절에서 설명하고자 한다.

01 다변량 정규분포

우선 경시적 연속형 변수에서 주로 사용하는 일반선형모형은 다변량 정규분포를 가정한다.

이번 절에서는 다변량 정규분포를 좀 더 자세히 설명하고자 한다. 설명의 편리성을 위하여 첨자 i는 생략하고 설명할 것이다. $y=(y_1, y_2, \ldots, y_n)^T$은 다음의 확률밀도함수(probability density function)를 가지며, $-\infty < y_j < \infty$, $j=1,\ldots,n$이다.

$$f(y;\mu,\Sigma)=\frac{1}{(\sqrt{2\pi})^n}|\Sigma|^{-1/2}\exp\left\{-\frac{1}{2}(y-\mu)^T\Sigma^{-1}(y-\mu)\right\} \tag{4.2}$$

여기서 $\mu=(\mu_1,\mu_2,\ldots,\mu_n)^T$, Σ는 $n\times n$ 대칭(symmetric)인 행렬이며 다음과 같다.

$$\Sigma=\begin{bmatrix}\sigma_{11} & \sigma_{12} & \cdots & \sigma_{1n}\\ \sigma_{21} & \sigma_{22} & \cdots & \sigma_{2n}\\ \vdots & \vdots & \ddots & \vdots\\ \sigma_{n1} & \sigma_{n2} & \cdots & \sigma_{nn}\end{bmatrix}$$

예를 들어, $n=2$인 경우는 이변량 정규분포(bivariate normal distribution)라 한다. 특별히 $\mu_1=\mu_2=0$, $\sigma_{11}=\sigma_{22}=1$, $\sigma_{12}=0.5$인 경우의 이변량 정규분포는 <그림 4-1>과 같다. 그림에서 보는 것과 같이 평균벡터 (0,0)에서 가장 높은 확률밀도를 보임을 알 수 있다.

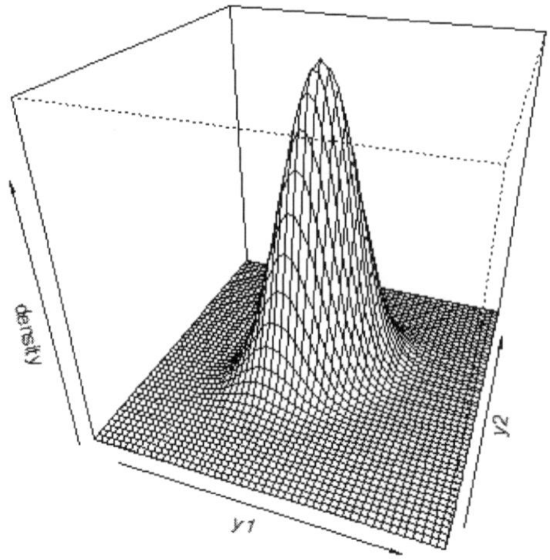

그림 4-1 상관계수 $\rho=0.5$를 가지는 이변량 정규분포의 확률밀도함수

R 코드 이변량 정규분포의 확률밀도함수

```
library(mvtnorm)
y1 <- seq(from=-5,to=5,by=0.2)
y2 <- seq(from=-5,to=5,by=0.2)
mean <-c(0,0)
sigma <-matrix(c(1,0.5,0.5,1),ncol=2)

gaussian_func <- function(x, y){
  dmvnorm(cbind(x, y),mean=mean,sigma=sigma)
}
z <- outer(y1,y2, gaussian_func)
persp(x=y1,y=y2,z=z, phi=30, theta=20,xlab="y1",ylab="y2",zlab="density")
```

확률벡터 y가 식(4.2)의 확률밀도함수를 따른다면, $y \sim N_n(\mu, \Sigma)$로 나타낸다.

확률벡터 $y \sim N_n(\mu, \Sigma)$이면 다음의 결과를 가진다.

① 평균벡터와 공분산행렬은

$$E(y) = \mu,\ \ var(y) = \Sigma$$

이다.

② 확률벡터 y의 각 요소인 확률변수 y_j는 평균이 μ_j이며, 분산이 σ_{jj}인 주변 정규분포 $N(\mu_j, \sigma_{jj})$를 따른다.

③ 공분산행렬 Σ를 아래와 같이 분할할 경우,

$$\Sigma = \begin{pmatrix} \Sigma_{11} & \Sigma_{12} \\ \Sigma_{21} & \Sigma_{22} \end{pmatrix}$$

여기서 Σ_{11}는 $n_1 \times n_1$, Σ_{22}는 $n_2 \times n_2$, Σ_{12}는 $n_1 \times n_2$인 행렬이며 $\Sigma_{12} = \Sigma_{21}^T$이고 $n_1 + n_2 = n$이다. $y = (z_1, z_2)^T$라면, $z_1 = (y_1, \ldots, y_{n_1})^T$이고 $z_2 = (y_{n_1+1}, \ldots, y_n)^T$이다. 이 경우 z_1과 z_2의 분포는 각각 다변량 정규분포 $N_{n_1}(\mu^{(1)}, \Sigma_{11})$와 $N_{n_2}(\mu^{(2)}, \Sigma_{22})$을 따른다. 여기서 $\mu^{(1)} = (\mu_1, \ldots, \mu_{n_1})^T$이고 $\mu^{(2)} = (\mu_{n_1+1}, \ldots, \mu_n)^T$이다.

④ z_2가 주어진 경우, z_1의 조건부 분포는 다변량 정규분포이며, 그 평균벡터와 공분산행렬은 다음과 같다.

$$\text{평균: } \mu^{(1)} - \Sigma_{12}\Sigma_{22}^{-1}(z_2 - \mu^{(2)}), \quad \text{공분산행렬: } \Sigma_{11} - \Sigma_{12}\Sigma_{22}^{-1}\Sigma_{21}$$

예를 들어, $n = 2$인 이변량 정규분포의 경우, y_2가 주어진 경우 y_1의 조건부 분포는 정규분포이며 다음과 같다.

$$y_1 \mid y_2 \sim N\left(\mu_1(y_2), (1-\rho^2)\sigma_1^2\right)$$

여기서

$$\mu_1(y_2) = \mu_1 + \rho\sigma_2\left(\frac{y_2 - \mu_2}{\sigma_2}\right)$$

이며, ρ는 y_1과 y_2의 상관계수이다.

⑤ 만일 $m \times n$행렬 B가 있을 경우($m \le n$), 선형변환 By의 분포는 다변량 정규분포

$$N_m(B\mu, B\Sigma B^T)$$

이다. 예를 들어, $y \sim N(X\beta, \sigma^2 I)$인 경우를 가정하자. 여기서 X는 $n \times p$의 디자인 행렬(design matrix)이며 β는 회귀계수(regression ceofficient)이다. 이 경우 β의 최대가능도 추정량(maximum likelihood estimator)은

$$\hat{\beta} = (X^T X)^{-1} X^T y$$

이며, $\hat{\beta}$의 분포는 ⑤의 결과에 의해서 다변량 정규분포 $N_p(\beta, \sigma^2(X^T X)^{-1})$이다.

⑥ 확률변수 $u = (y-\mu)^T \Sigma^{-1}(y-\mu)$는 다음의 분포를 따르게 된다.

$$u \sim \chi_n^2$$

02 반복측정 자료분석을 위한 모형

우선 전통적인 분산분석(analysis of variance; ANOVA)을 이용한 일변량 반복측정(repeated measurements) 자료분석을 소개한다. 반복측정 자료는 서로 다른 처리를 한 같은 개체로부터 반복적으로 측정하여 얻은 자료이다. 완전한 반복측정(complete repeated measurements) 자료를 분석하기 위한 모형으로 반복측정 분산분석(repeated measures ANOVA)과 다변량 분산분석(multivariate analysis of variance; MANOVA) 모형이 있다. 이 방법들은 가장 고전적인 방법으로 여러 가지 제약조건이 있어서 현재의 경시적 자료분석에서는 그다지 많이 쓰이는 방법은 아니므로 이 절에서는 개념 위주로 설명하고자 한다.

1. 반복측정 분산분석 모형

우선 반복측정 분산분석 모형은 보통의 일변량 분산분석 모형에 개체의 효과(subject

effect)를 나타내기 위해 임의효과(random effect)를 추가한 모형이다. 여기서 오차항과 임의효과는 서로 독립이며 각각 정규분포를 따른다는 가정을 한다. 이 모형의 같은 개체에서 관측된 응답변수가 상관관계를 가진다면 복합대칭(compound symmetry) 구조가 된다(4.3.1절 상관계수행렬 참조). 즉, 응답변수들 간의 상관계수가 시점에 상관없이 동일하다는 가정을 가지는 것이다.

예를 들어, i번째 개체의 j번째 응답변수를 y_{ij}라 하면($i=1,...,m;\ j=1,...,n$), 반복측정 분산분석 모형은 아래와 같다.

$$y_{ij}=x_{ij}^T\beta+b_i+\epsilon_{ij}$$

여기서 x_{ij}는 $p\times 1$의 공변량 벡터이며, β는 $p\times 1$의 회귀계수 벡터이고, b_i는 개체 특성적 임의효과(subject-specific random effect)로 $b_i\sim iid\,N(0,\sigma_b^2)$을 가정한다. ϵ_{ij}는 개체 내 측정오차(within-subject measurement error)로 $\epsilon_{ij}\sim iid\,N(0,\sigma^2)$을 가정하고 b_i와 ϵ_{ij}는 서로 독립이라 가정한다. 이 경우 y_{ij}의 주변평균(marginal mean)과 주변분산(marginal variance) 및 주변공분산(marginal covariance)은 다음과 같다.

$$E(y_{ij})=x_{ij}^T\beta,\ \ var(y_{ij})=\sigma_b^2+\sigma^2$$
$$cov(y_{ij},y_{ik})=\sigma_b^2,\ \ j\neq k$$

따라서 반복측정 분산분석 모형에서 i번째 개체의 j번째 응답변수 y_{ij}는 모집단 평균 $\mu_{ij}=x_{ij}^T\beta$에서 개체 특성적 임의효과 b_i와 개체 내 측정오차 ϵ_{ij} 만큼의 차이를 보이는 것이다. 즉, 반복측정 분산분석 모형의 경우, 개체 간 변동(between-subject variation)과 개체 내 변동(within-subject variation)으로 구성된다.

이러한 특성으로 인하여 반복측정 분산분석 모형에서 $y_i=(y_{i1},...,y_{in})^T$의 공분산행렬은 다음과 같다.

$$cov(y_i)=\begin{bmatrix}\sigma_b^2+\sigma^2 & \sigma_b^2 & \cdots & \sigma_b^2\\ \sigma_b^2 & \sigma_b^2+\sigma^2 & \cdots & \sigma_b^2\\ \vdots & \vdots & \ddots & \vdots\\ \sigma_b^2 & \sigma_b^2 & \cdots & \sigma_b^2+\sigma^2\end{bmatrix}$$

따라서, $corr(y_{ij}, y_{ij'}) = \sigma_b^2/(\sigma_b^2 + \sigma^2)$이며, j와 j'에 상관없이 상수인 상관계수를 가지고 있다. 이러한 구조는 4.3절에서 배우게 될 복합대칭(compound symmetric) 구조이다. 그리고 분산 또한 관측된 시간에 상관없이 상수이다. 일반적으로 경시적 자료에서는 상관계수가 관측시간의 차에 상관없이 상수인 경우는 현실적이지 않다. 보통은 시차가 많이 날수록 두 시점에서의 응답변수의 상관계수는 줄어드는 경향이 있다. 그리고 분산이 상수이라는 가정도 경시적 자료분석에서는 다소 맞지 않는 경우가 종종 있다. 반복측정 분산분석 모형은 반복수 n이 동일한 완비자료(complete data)이어야 하며, 공변량 x_{ij}가 이산형인 요인(대조/처리 그룹, 시간 등)만을 이용하고 있다. 따라서, 이러한 제약조건을 가지는 반복측정 분산분석 모형은 과거에는 경시적 자료분석에서 많이 쓰였지만, 지금은 컴퓨터와 통계패키지의 발전으로 인하여 이 모형보다 좀 더 일반적인 모형들이 이용되고 있다.

2. 다변량 분산분석

다변량 분산분석 모형은 일변량 분산분석 모형을 다변량으로 확장한 모형이다. y_{ij}를 i번째 개체의 j번째 응답변수라 하고($i = [1, \cdots, m]$, $j = [1, \cdots, n]$) 다음의 모형을 가정하자.

$$y_{ij} = x_{ij}^T \beta_j + \epsilon_{ij}$$

여기서 x_{ij}는 $p \times 1$ 공변량 벡터이며, β_j는 $p \times 1$ 회귀계수 벡터이고 $\epsilon_i = (\epsilon_{i1}, \ldots, \epsilon_{in})^T \sim iid\, N_n(0, \Sigma)$를 가정한다. 행렬을 이용하여 나타낸 모형은 다음과 같다.

$$Y = XB + E$$

여기서 Y, X, B, E는

$$Y = \begin{bmatrix} y_1^T \\ \vdots \\ y_m^T \end{bmatrix} = \begin{bmatrix} y_{11} & \cdots & y_{1n} \\ \vdots & \vdots & \vdots \\ y_{m1} & \cdots & y_{mn} \end{bmatrix}, \quad X = \begin{bmatrix} x_1^T \\ \vdots \\ x_m^T \end{bmatrix} = \begin{bmatrix} x_{11} & \cdots & x_{1p} \\ \vdots & \vdots & \vdots \\ x_{m1} & \cdots & x_{mp} \end{bmatrix}$$

$$B = \begin{bmatrix} \beta_1 \\ \vdots \\ \beta_n \end{bmatrix},\ E = \begin{bmatrix} \epsilon_{11} \cdots \epsilon_{1n} \\ \cdots\ \cdots\ \cdots \\ \epsilon_{m1} \cdots \epsilon_{mn} \end{bmatrix} = \begin{bmatrix} \epsilon_1^T \\ \vdots \\ \epsilon_m^T \end{bmatrix}$$

이다. 응답변수의 행렬 Y의 평균과 Y를 벡터로 전환한 후 공분산행렬을 계산하면 다음과 같다.

$$E(Y) = XB$$

$$var\begin{bmatrix} y_1 \\ \vdots \\ y_m \end{bmatrix} = I_m \otimes \Sigma$$

모수행렬 B의 추정과 검정에 관하여 많은 고전적인 연구가 있으며, 특히 모수의 효과를 체크하기 위한 검정통계량으로 Wilks의 Λ, Pillai의 Trace, Hotelling-Lawley의 Trace, Roy의 maximum root가 있다(Johnson과 Wichen, 1992). 더 자세한 내용은 다변량 통계분석 관련 책(Johnson과 Wichen, 1992)을 참고하기 바란다.

이들 통계량은 표본의 크기가 큰 경우 근사적으로 동일한 분포를 따르게 된다. 만약 비교하는 그룹의 수가 2개인 경우에는 이들 통계량은 Hotelling T^2 통계량과 동일한 검정 결과를 가진다.

다변량 분산분석 모형을 반복측정 자료분석에 적용한 모형으로 프로파일 분석 모형(profile analysis model)과 성장곡선 모형(growth curve model)이 있다. 이 모형들은 반복측정 분산분석 모형과는 달리 공분산행렬의 구형성에 대한 가정을 필요로 하지 않으며, 단지 측정오차 벡터의 다변량 정규분포성을 가정한다. 더 자세한 내용은 Davis(2002)의 4장을 참고하기 바란다.

03 일반선형모형

경시적 연속형 자료를 분석할 때, 일반적으로 일반선형모형(general linear model)을 많이 이용한다. 이러한 모형은 반복 측정된 응답변수들의 상관관계를 설명하면서 공변량의 효과를 추정하는 모형이다. 이 모형은 앞의 반복측정 분산분석 모형과는 다르게 공변량이 이산형과 연속형이 섞여 있는 경우도 사용할 수 있고, 다양한 공분산행렬의 구조를 가정하여 추정할 수 있으며, 개체들이 다른 측정시점에서 관측된 자료를 분석할 수 있다.

보통 일반선형모형은 다변량 정규분포를 가정하고, 다변량 정규분포의 공분산행렬을 이용하여 응답변수들의 상관관계를 설명할 수 있다. 이러한 상관관계를 설명하기 위하여 다음의 2가지의 방법을 이용한다.

① 반복된 응답변수들의 공분산행렬에 대한 모수적 모형을 이용하여 상관관계를 설명하면서 공변량의 효과를 추정하는 방법
② 공분산행렬의 잘못된 구조에 강건성을 가지면서 공변량에 대한 효과를 추정하는 방법

우선 공분산행렬의 모수적 모형을 가정할 때는 일반선형모형을 주로 사용한다. 설명의 편리성을 위해서 우선 관측시간(observation times)이 모든 개체에 동일하다고 가정하자(각 개체의 관측시간이 $t_{ij} = t_j$이라고 가정한다. 여기서 $i = 1, \ldots, m$, $j = 1, \ldots, n$이다).

일반선형모형을 설명하기 위하여 다음과 같이 가정한다.

- 모든 개체들은 독립적이다. 즉, 만약 공변량 행렬 X_i가 확률변수이면, 응답변수 벡터 $y_i = (y_{i1}, \ldots, y_{in})^T$를 포함한 확률변수들 $(y_1, X_1), \ldots, (y_m, X_m)$은 독립이다. 만약 공변량 행렬 X_i가 디자인에 의해서 고정된 경우이면, $y_1, \ldots, y_m$은 독립이다.
- 공변량 행렬 X_i가 주어졌을 때, 응답변수 벡터의 평균과 공분산행렬을 다음과 같이 가정한다.

$$E(y_i | X_i) = X_i \beta \tag{4.3}$$
$$var(y_i | X_i) = \Sigma_i = \sigma^2 V_i$$

여기서 σ^2은 응답변수 벡터의 각 요소인 y_{ij}에 대한 분산이며, V_i는 각 요소들 간

의 상관계수행렬이다.

- 만일 모수추정을 위하여 가능도 추정법(maximum likelihood estimation)을 이용한다면, 응답변수 벡터의 분포로 다변량 정규분포를 가정한다.

$$y_i \sim N(X_i\beta, \Sigma_i)$$

이 경우 개체 i의 j번째 반응변수에 대한 선형모형은 다음과 같다.

$$y_{ij} = x_{ij}^T\beta + \epsilon_{ij},\ \epsilon_{ij} \sim N(0, \sigma^2)$$

여기서 x_{ij}^T은 공변량 행렬 X_i의 j번째 행인 행벡터(row vector)이며, 개체 i의 j번째 시간에 대한 공변량 벡터를 의미한다.

보통 일반선형모형에서는 j번째 시에 관한 공변량은 그 해당시간의 응답변수에만 영향을 준다고 가정한다. 즉, 다음의 결과를 가정한다.

$$E(y_{ij} | x_{i1}, ..., x_{in}) = E(y_{ij} | x_{ij}) \tag{4.4}$$

그런데 시간 변동 공변량(time-varying covariates)이 있을 경우는 이 가정이 성립하지 않을 수도 있다. 예를 들어, y_{ij}를 개체 i의 j번째에 관측된 어떤 증상을 나타내고 x_{ij}는 약물의 투여 여부를 나타낸 변수라 가정하자. 그러면 과거의 증상은 현재의 약물투여에 영향을 줄 수 있다. 즉, y_{ij-1}이 x_{ij}에 영향을 줄 수 있는 경우이다. 이 경우에는 식 (4.4)는 성립하지 않는다. 이 책에서는 일반적으로 식 (4.4)가 성립한다고 가정하고 설명하고자 한다.

반복 측정된 응답변수의 공분산행렬 Σ_i를 올바르게 추정하는 것이 매우 중요한데, 그 이유는 다음과 같다. 첫째, 공분산행렬을 설명하는 것이 추정된 회귀계수의 효율(efficiency)과 정밀도(precision)를 증가시킬 수 있다. 즉, 공분산행렬의 올바른 모형을 선택함으로써 추정된 회귀계수의 표준오차를 올바르게 계산할 수 있다는 의미이다. 둘째, 반복 측정자료에 결측치가 있을 때, 공분산행렬의 정확한 모형화는 종종 회귀모수의 유효한 추정치를 얻기 위한 요구사항이다. 마지막으로 공분산행렬 Σ_i는 개체 내에서 반복 측정치들의 상관관계를 나타내며, 때로는 공분산행렬이 공변량에 따라서 달라질 수도 있다. 예를 들어, 공분산행렬이 처리/대조 그룹에 따라서 다른 값을 가지거나 또는 시간에 따라서 공분산행렬이 달라질 수 있다. 이러한 경우에 우리는 공분산행렬을 개체에 특성에 따라서 또는 시간에 따라서 다르게 가정하여야 한다. 이러한 형태의 공분산행렬의 모형화는 추후 설명하고자 한다.

설명의 편리성을 위해서 일단 모든 개체들이 결측치가 없이 측정되었다고 가정하자. 즉, 자료가 완전하고(complete) 균형된(balanced) 상태(반복수 $n_i = n$)라고 가정하자. 그러면 모든 개체(y)의 공분산행렬은 다음과 같다.

$$cov(y) = \Sigma = \begin{bmatrix} \Sigma_1 & 0 & \cdots & 0 \\ 0 & \Sigma_2 & \cdots & 0 \\ \vdots & \vdots & \ddots & \vdots \\ 0 & 0 & \cdots & \Sigma_m \end{bmatrix}$$

여기서 $y = (y_1^T, ..., y_m^T)^T$는 $mn \times 1$ 응답변수 벡터이며, Σ_i는 개체 i에서 n개의 반복된 응답변수들의 $n \times n$ 공분산행렬이다.

일반선형모형에서 공변량의 계수인 β를 추정하는 것이 목적이다. 이를 올바르게 추정하려면 응답변수 벡터의 공분산행렬인 Σ가 반복 측정된 응답변수들의 상관관계를 제대로 설명하면서 이를 추정하여야 한다. 우선 Σ의 다양한 구조를 통하여 응답변수들의 상관관계를 어떻게 설명하는지 제시하고자 한다.

1. 상관계수행렬

Σ의 주대각 요소는 $\Sigma_i = \sigma^2 V_i$이며, 여기서 V_i는 상관계수행렬이다. 즉,

$$V_i = \begin{bmatrix} 1 & \rho_{12} & \cdots & \rho_{1n} \\ \rho_{21} & 1 & \cdots & \rho_{2n} \\ \vdots & \vdots & \ddots & \vdots \\ \rho_{n1} & \rho_{n2} & \cdots & 1 \end{bmatrix}$$

이다. 상관계수행렬 V_i는 주로 몇 개의 구조로 가정한다. 특히, 교환가능(exchangeable), 지수(exponential), 가우스(Gaussian) 구조의 상관계수행렬을 가정한다. 이러한 구조를

좀 더 살펴보면 다음과 같다.

1) 교환가능 상관계수(exchangeable correlation)

$j \neq k$일 때, $\rho_{jk} = \rho$인 구조를 교환가능 상관계수라고 한다. 이 경우 상관계수행렬은 다음과 같다.

$$V = (1-\rho)I + \rho J = \begin{pmatrix} 1 & \rho & \cdots & \rho \\ \rho & 1 & \cdots & \rho \\ \vdots & \vdots & \ddots & \vdots \\ \rho & \rho & \cdots & 1 \end{pmatrix}$$

여기서 I는 $n \times n$의 단위행렬(identity matrix)이며, J는 모든 요소가 1인 $n \times n$의 행렬이다. 이러한 구조의 상관계수행렬을 균등(uniform), 교환가능(exchangeable), 또는 복합대칭(compound symmetric)의 상관관계를 가지는 모형이라고 부른다.

교환가능 상관계수 구조를 가지는 공분산행렬의 예제로는 임의효과(random effects)를 가지는 선형임의효과모형(linear random effects model)이 있다. 그 모형은 다음과 같다.

$$y_{ij} = x_{ij}\beta + b_{i0} + \epsilon_{ij}$$

여기서 b_{i0}는 임의효과로 $b_{i0} \sim iid\ N(0, v^2)$이며, ϵ_{ij}는 측정오차로 $\epsilon_{ij} \sim iid\ N(0, \sigma^2)$이며, b_{i0}과 ϵ_{ij}는 서로 독립이라고 가정한다. 이 모형에서 주변 공분산행렬의 요소는 다음과 같다.

$$var(y_{ij}) = v^2 + \sigma^2$$

$$cov(y_{ij}, y_{i'j'}) = \begin{cases} v^2, & i = i', j \neq j' \\ 0, & i \neq i' \end{cases}$$

따라서 개체 i에서 y_{ij}와 $y_{ij'}$의 상관계수는 $v^2/(v^2+\sigma^2)$이며, 교환가능 상관계수 구조를 가짐을 알 수 있다.

교환가능 상관계수의 구조를 가지는 대표적인 모형은 반복측정 ANOVA 모형이다. 가장 단순한 반복측정 ANOVA 모형은 다음과 같다.

$$y_{ij} = \mu_j + \alpha_i + \epsilon_{ij} \tag{4.5}$$

여기서 $\mu_j(j=1,\cdots,n)$는 "처리효과(treatment effect)" 또는 고정효과(fixed effect)로, $\alpha_i(i=1,...,m)$는 "개체효과(subject effect)" 또는 임의효과(random effect)로 가정한다. 또한, $var(\alpha_i)=v^2$, $var(\epsilon_{ij})=\tau^2$이며, α_i와 ϵ_{ij}는 독립이라고 가정한다. 이 경우 분산 및 공분산은

$$var(y_{ij}) = v^2 + \tau^2$$

$$cov(y_{ij}, y_{ik}) = v^2$$

이며, 따라서 상관계수는

$$corr(y_{ij}, y_{ik}) = \rho = \frac{v^2}{v^2 + \tau^2}$$

이다. 여기서 v^2은 개체별 변동(between-subject variance)이고, τ^2은 개체 내 변동(within-subject variation)이며, $\sigma^2 = v^2 + \tau^2$은 총변동(total variance)이다.

식 (4.5)를 i번째 개체에 대한 벡터로 나타내면 다음과 같다.

$$\begin{aligned} y_i &= \mu + \alpha_i 1 + \epsilon_i \\ \alpha_i &\sim iid\, N(0, v^2) \\ \epsilon_i &\sim iid\, N_n(0, \tau^2 I) \end{aligned} \tag{4.6}$$

여기서 $y_i = (y_{i1},...,y_{in})^T$, $\mu = (\mu_1,...,\mu_n)^T$, $\epsilon_i = (\epsilon_{i1},...,\epsilon_{in})^T$는 1은 1로만 이루어진 $n\times 1$ 벡터이며, I는 $n\times n$인 단위행렬(identity matrix)이다. 식 (4.6)에서 벡터 y_i의 평균 및 공분산행렬은

$$E(y_i) = \mu$$

$$var(y_i) = var(\alpha_i 1) + var(\epsilon_i) = v^2 11^T + \tau^2 I$$

이다. $var(y_i)$의 상관계수행렬은 ρ를 상관계수로 가지는 교환가능 구조를 가지게 된다.

2) 지수 상관계수(exponential correlation)

경시적 자료에서는 관측된 시간이 서로 가까운 두 응답변수의 상관계수가 시간이 서로 먼 두 응답변수의 상관계수보다 큰 것이 일반적이다. 이러한 경우에는 교환가능 구조의 상관계수는 한계를 가질 수 있다. 이를 극복하기 위하여 지수 상관계수를 가정할 수 있다. 즉, 시간상 더 가까운 응답변수들의 상관관계가 더 멀리 떨어져 있는 응답변수들의 상관관계 보다 크다는 것을 가정한다. 그러면 t_j와 t_k 시점에 관측된 두 응답변수 y_{ij}와 y_{ik}의 상관계수는 다음과 같이 가정한다.

$$\rho_{jk} = \exp(-\phi|t_j - t_k|),\ \phi > 0 \tag{4.7}$$

만약 관측시간 t_j가 등간격(equally spaced)을 유지하고 그 간격이 $|t_j - t_k| = d$이면, $|t_j - t_k| = d|j-k|$이므로 $\rho_{jk} = \rho^{|j-k|}$이다. 여기서 $\rho = \exp(-\phi d)$이다. 이러한 경우에 모형은 아래의 자기회귀(autoregressive) 모형과 동일하다.

$$\begin{aligned} y_{ij} &= x_{ij}\beta + w_{ij}, \\ w_{ij} &= \rho w_{ij-1} + \eta_{ij},\ |\rho| < 1 \\ \eta_{ij} &\sim iid\, N(0, \sigma^2(1-\rho^2)) \end{aligned}$$

여기서 w_{ij}는 이산시간 1차 자기회귀(discrete-time first-order autoregressive) 과정(process)이라 하고 AR(1) 과정이라 표시한다. 경시적 자료분석에서 자기회귀 구조의 상관계수행렬은 다음과 같다.

$$corr(y_i) = \begin{bmatrix} 1 & \rho & \rho^2 & \cdots & \rho^{n-1} \\ \rho & 1 & \rho & \cdots & \rho^{n-2} \\ \rho^2 & \rho & 1 & \cdots & \rho^{n-3} \\ \vdots & \vdots & \vdots & \ddots & \vdots \\ \rho^{n-1} & \rho^{n-2} & \rho^{n-3} & \cdots & 1 \end{bmatrix}$$

3) 가우시안 상관계수(Gaussian correlation)

지수 상관계수에서 로그 상관계수는 이산시간의 간격에 대한 선형 관계를 가진다. 하지만 시간 간격이 커짐에 따라서 더 빨리 상관계수가 줄어들 수 있다. 이 경우에 다음과 같은 상관계수를 가정할 수 있다.

$$\rho_{jk} = \exp\left\{-\phi(t_j - t_k)^2\right\},\ \phi > 0$$

4) Toeplitz 상관계수

관측시점이 동일한 경우에 Toplitz 상관계수 패턴은 시간 내에 균등하게 분리된 모든 반응 쌍이 동일한 상관관계를 갖는다고 가정한다. 즉, 모든 시점 j와 k에 대해서 $corr(y_{ij}, y_{ij+k}) = \rho_k$이며, 이를 상관계수행렬로 표현하면 다음과 같다.

$$corr(y_i) = \begin{bmatrix} 1 & \rho_1 & \rho_2 & \cdots & \rho_{n-1} \\ \rho_1 & 1 & \rho_1 & \cdots & \rho_{n-2} \\ \rho_2 & \rho_1 & 1 & \cdots & \rho_{n-3} \\ \vdots & \vdots & \vdots & \ddots & \vdots \\ \rho_{n-1} & \rho_{n-2} & \rho_{n-3} & \cdots & 1 \end{bmatrix}$$

5) 띠 상관계수(banded correlation)

띠 형태의 상관계수행렬은 상관관계가 지정된 구간을 벗어나면 0이라는 가정을 한다. 예를 들어, 크기 1의 띠 상관계수행렬은 $k \geq 2$일 때, $corr(y_{ij}, y_{ij+k}) = 0$이다. 따라서 크기 1인 Toeplitz 상관계수행렬과 동일하게 된다.

$$corr(y_i) = \begin{bmatrix} 1 & \rho_1 & 0 & \cdots & 0 \\ \rho_1 & 1 & \rho_1 & \cdots & 0 \\ 0 & \rho_1 & 1 & \cdots & 0 \\ \vdots & \vdots & \vdots & \ddots & \vdots \\ 0 & 0 & 0 & \cdots & 1 \end{bmatrix}$$

즉, Toeplitz 상관계수행렬에서 $\rho_2 = \rho_3 = \cdots = \rho_{n-1} = 0$.

앞서 제시된 상관계수행렬의 구조 이외에도 더 다양한 구조를 가질 수 있다. 예를 들어, 자기상관-이동평균(autoregressive-moving average: ARMA) 구조, 무구조(unstructed) 등이 있다.

04 일반선형모형의 추정

식 (4.1)에 주어진 일반선형모형을 고려해보자. 보통 최소제곱추정법(ordinary least squares estimation)을 이용한 회귀계수 β의 추정량은 $(y-X\beta)^T(y-X\beta)$의 값을 최소화 하는 추정량이다. 그 추정량은 보통 최소제곱추정량(ordinary least squares estimator: OLS estimator)이라 부르며 다음과 같다.

$$\hat{\beta}_{OLS} = (X^TX)^{-1}X^Ty$$

이때, OLS 추정량은 최소제곱추정량(least squares estimator)과 같이 불편추정량이지만 OLS 추정량에 대한 분산은 최소제곱추정량의 분산과는 다르다.

$$\begin{aligned} E(\hat{\beta}_{OLS}) &= (X^TX)^{-1}X^TE(y) = \beta \\ var(\hat{\beta}_{OLS}) &= var\{(X^TX)^{-1}X^Ty\} = \sigma^2(X^TX)^{-1}X^TVX(X^TX)^{-1} \\ &\neq \sigma^2(X^TX)^{-1} \end{aligned}$$

따라서 OLS 추정량인 $\hat{\beta}_{OLS}$이 불편추정량이지만, 이 추정량의 분산은 최소제곱추정량의 분산과는 다르다. 따라서 회귀분석에서 사용되는 최소제곱추정법 대신에 가중최소제곱추정법(weighted least squares method: WLS 방법)을 사용한다.

1. 가중 최소제곱추정법

일반적인 회귀분석에서 WLS 방법은 다음의 목적함수(object function)인 $Q(\beta)$를 최소로 만드는 β의 추정량이다.

$$Q(\beta) = \sum_{i=1}^{m} w_i(y_i - x_i\beta)^2$$

여기서 w_i는 가중치로 $1/\sigma_i^2$이며 σ_i^2의 추정치를 사용한다. 자세한 형태의 w_i의 추정치는 회귀분석 교과서를 참고하기 바란다.

유사하게 WLS의 다변량 자료 형태는 다음 목적함수 $Q_w(\beta)$를 최소화 하는 β에 대한 추정량이다.

$$
\begin{aligned}
Q_w(\beta) &= (y - X\beta)^T W (y - X\beta) \\
&= \sum_{i=1}^{m} (y_i - X_i\beta)^T W_i (y_i - X_i\beta)
\end{aligned}
\tag{4.8}
$$

여기서 $W = diag\{W_1, \ldots, W_m\}$이며, W_i는 $n_i \times n_i$인 양정치(positive definite)를 만족하는 대칭행렬(symmetric matrix)이다. 식 (4.8)에 있는 $Q_w(\beta)$를 최소화하기 위해 β에 대해서 미분을 한다.

$$
\begin{aligned}
U(\beta) &= -2X^T W (y - X\beta) \\
&= -2\sum_{i=1}^{m} X_i^T W_i (y_i - X_i\beta)
\end{aligned}
\tag{4.9}
$$

$U(\beta) = 0$을 만족하는 β를 WLS 추정량이고 다음과 같다.

$$
\begin{aligned}
\hat{\beta}(W) &= \left(X^T W X\right)^{-1} X^T W y \\
&= \left(\sum_{i=1}^{m} X_i^T W_i X_i\right)^{-1} \left(\sum_{i=1}^{m} X_i^T W_i y_i\right)
\end{aligned}
$$

만일 각 개체 내(within-subject) 및 개체 간(between-subject)의 의존성 없이 모두 독립이라면, 식 (4.9)의 OLS 추정량의 $W_i^{-1} = \sigma^2 I_i$인 경우 $\hat{\beta}(W)$는 보통최소제곱추정량과 동일하다.

$$
\begin{aligned}
\hat{\beta}(W) &= \left(X^T X\right)^{-1} X^T y \\
&= \left(\sum_{i=1}^{m} X_i^T X_i\right)^{-1} \left(\sum_{i=1}^{m} X_i^T y_i\right)
\end{aligned}
$$

만일 모든 개체들이 동일한 형태의 공변량 행렬과 가중치 행렬을 가질 경우(즉, $X_i = X$이고 $W_i = W$)를 가정하자. 예를 들어, 자료가 완비성(complete)과 균형성(balanced)을 가지는 디자인 행렬이라면, 이 경우에 $\hat{\beta}(W)$는 아래와 같다. 즉, 이것은 각 개체별 응답변수들의 평균을 응답변수로 하는 회귀계수에 대한 추정치와 같다.

$$\hat{\beta}(W) = (X^T WX)^{-1} X^T W \left(\frac{1}{m} \sum_{i=1}^{m} y_i \right)$$

$\hat{\beta}(W)$의 특성을 살펴보면 우선 $\hat{\beta}(W)$는 모든 W에 대해서 불편추정량이다. 즉,

$$E(\hat{\beta}(W)) = (X^T WX)^{-1} X^T WE(y) = \beta$$

이다.

$\hat{\beta}(W)$의 분산을 계산하면,

$$\begin{aligned} var(\hat{\beta}(W)) &= A^{-1}(X^T W var(y) WX) A^{-1} \\ &= A^{-1}(X^T W \Sigma WX) A^{-1} \end{aligned}$$

이고 여기서 $A^{-1} = (X^T WX)^{-1}$이며 $\Sigma = var(y)$이다.

식 (4.9)에서 W를 고정시키고, $E(y) = X\beta$라 가정하면, 가중 최소제곱 추정량인 $\hat{\beta}(W)$는 앞서 제시한 것과 같이 불편추정량이며 일치추정량(consistent estimator)이다. 또한 점근적 정규성(asymptotic normality)도 가진다.

$var(y_i)$의 일치추정량을 가지면 $\hat{\beta}(W)$는 효율성을 가진다. 만약 $W = I$ 이면,

$$var(\hat{\beta}(I)) = (X^T X)^{-1}(X^T \Sigma X)(X^T X)^{-1} \tag{4.10}$$

이다. 만약 $W = \Sigma^{-1}$이면,

$$var(\hat{\beta}(\Sigma^{-1})) = (X^T \Sigma^{-1} X)^{-1} \tag{4.11}$$

이다. $var(\hat{\beta}(I))$와 $var(\hat{\beta}(\Sigma^{-1}))$를 비교하면,

$$var(\hat{\beta}(\Sigma^{-1})) \le var(\hat{\beta}(I))$$

이다. 이 결과는 Gauss-Markov 정리에 의해서 얻어진 결과이다. 따라서 어떠한 W를 선택하더라도 $\hat{\beta}(W)$는 β에 대한 불편추정량이다. 그러나 $W=\Sigma^{-1}$인 경우에 식 (4.11)의 $var(\hat{\beta}(\Sigma^{-1}))$이 가장 작고, 이 경우에 추정량 $\hat{\beta}(\Sigma^{-1})$가 가장 효율적(most efficient)이다. 추정량 $\hat{\beta}(W)$의 상대효율(relative efficiency)은 다음과 같다.

$$eff = \frac{|var(\hat{\beta}(\Sigma^{-1}))|}{|var(\hat{\beta}(W))|}$$

여기서 $|A|$는 정방행렬(square matrix) A의 행렬식(determinant)이다. 일반적으로 $\hat{\beta}(W)$의 상대효율이 1보다 작으므로, $\hat{\beta}(W)$의 분산이 $\hat{\beta}(\Sigma^{-1})$의 분산보다 크다는 의미이다. 따라서 $\hat{\beta}(\Sigma^{-1})$이 더 나은 추정치임을 알 수 있다.

주의할 것은 양의 자기상관(autocorrelation)이 있을 때, OLS 추정량($\hat{\beta}(I)$)을 이용한다면 그것의 분산은 디자인 행렬(design matrix)에 의해서 크거나 작게 추정되는 경향이 있다. 따라서 OLS 추정량을 사용할 경우에 그것의 공분산행렬은 $\sigma^2(X^TX)^{-1}$ 대신에 식 (4.10)에 있는 $(X^TX)^{-1}(X^T\Sigma X)(X^TX)^{-1}$을 사용하여야 한다.

α를 W의 모수라고 가정하고, $W(\alpha)$가 자료에 의존한다고 하자. 그러면 W의 모수인 α는 적률방법(method of moments) 또는 앞으로 제시할 최대가능도(maximum likelihood) 방법 및 제한 최대가능도(restricted maximum likelihood) 방법을 통하여 추정할 수 있다. 이제 가중 최소제곱추정량 $\hat{\beta}(\widehat{W})$은 다음의 추정방정식(estimating equation)의 해가 된다.

$$X^T\widehat{W}(y-X\beta)=0$$

여기서 주의할 것은 $\widehat{W}$은 자료에 의해서 추정된 $\hat{\beta}(\widehat{W})$은 불편추정량이 아닐 수 있다는 것이다. 하지만 적당한 가정(mild assumptions)하에서 $\hat{\beta}(\widehat{W})$은 여전히 일치추정량이다. 그리고 $\widehat{W}\to W$라면 $\hat{\beta}(\widehat{W})$은 점근적 정규성을 가지며 그 점근적 공분산행렬은

$\hat{\beta}(W)$의 공분산행렬과 같다. 부가적으로 $var(y_i)$의 일치추정량을 가지면 $\hat{\beta}(\hat{W})$은 점근적 효율성을 가진다.

2. 최대가능도 추정법

최대가능도 추정법(maximum likelihood estimation)을 위해서 우선 응답변수의 벡터인 y가 $N(X\beta, \sigma^2 V)$의 분포를 따른다고 가정한다. 여기서 V는 V_0를 공통으로 가지는 블록 대각행렬(block diagonal matrix)이고, V_0는 $n \times n$의 상관계수행렬로서 반복측정된 자료의 의존성을 나타낸다. 이 경우에 로그-가능도(log-likelihood) 함수는 다음과 같다.

$$l(\beta, \sigma^2, V_0) = -\frac{nm}{2}\log(\sigma^2) - \frac{m}{2}\log|V_0| + \sigma^{-2}\left\{-\frac{1}{2}(y - X\beta)^T V^{-1}(y - X\beta)\right\} \tag{4.12}$$

여기서 $V = diag\{V_0, \ldots, V_0\}$이다. 로그-가능도 함수 식 (4.12)가 최대일 때, 모수들의 값을 최대가능도 추정량(maximum likelihood estimator: MLE)이라 한다.

우선 V를 안다고 가정한 경우(즉, V_0을 아는 경우)에는 식 (4.12)를 β와 σ^2에 대해서 편미분한 함수는 점수함수(score function)라 하고, 그 결과는 다음과 같다.

$$\frac{\partial}{\partial\beta} l(\beta, \sigma^2, V_0) = \sigma^{-2} X^T V^{-1}(y - X\beta) \tag{4.13}$$

$$\frac{\partial}{\partial\sigma^2} l(\beta, \sigma^2, V_0) = -\frac{nm}{2\sigma^2} + \frac{1}{2(\sigma^2)^2}(y - X\beta)^T V^{-1}(y - X\beta) \tag{4.14}$$

식 (4.13)을 0으로 놓고 β의 MLE를 구하면 다음과 같다.

$$\hat{\beta}(V_0) = (X^T V^{-1} X)^{-1} X^T V^{-1} y \tag{4.15}$$

이것은 $\Sigma = \sigma^2 V$인 경우에 WLS 추정량(식 (4.9))에서 $W = \Sigma^{-1}$인 경우 추정치인 $\hat{\beta}(\Sigma^{-1})$와 동일하다. 그리고 $\hat{\beta}(V)$는 σ^2에 의존하지 않으며 단지 V에만 의존함을

알 수 있다.

σ^2의 MLE를 구하기 위해서 식 (4.14)를 0으로 놓고, σ^2에 대해서 풀면 다음의 결과를 얻는다.

$$\widehat{\sigma^2}(V_0) = \frac{1}{nm} RSS(V_0) \tag{4.16}$$

여기서 $RSS(V_0) = (y - X\hat{\beta}(V))^T V^{-1}(y - X\hat{\beta}(V))$이며, $\hat{\beta}(V)$는 식 (4.15)에 주어져 있다.

MLE 추정량 (4.15)와 (4.16)은 V_0을 안다는 가정하에서 추정된 MLE이다. 하지만 실제로 V_0을 안다는 것은 비현실적이다. 이 경우에도 MLE는 식 (4.15)와 (4.16)인 $\hat{\beta}(V)$와 $\widehat{\sigma^2}$에 $V = diag\{V_0, \ldots, V_0\}$가 있으므로 V를 추정하여 넣어주어야 한다. V_0은 반복 측정된 응답변수의 상관계수행렬이므로 그대로 추정할 수 있지만, 일반적으로 4.3절에서 제시한 것과 같이 상관계수행렬의 특정한 구조를 가지는 것을 가정할 수 있다. 이 경우에 V_0가 모수 α에 의해서 표현된다고 가정하게 된다($V_0 = V_0(\alpha)$). 식 (4.15)와 (4.16)의 MLE $\hat{\beta}(V)$와 $\widehat{\sigma^2}$을 로그-가능도함수 (4.12)에 삽입하면 다음과 같다.

$$l(V_0(\alpha)) = -\frac{nm}{2}\log\{RSS(V_0(\alpha)\} - \frac{m}{2}\log|V_0(\alpha)| - \frac{nm}{2} \tag{4.17}$$

따라서, 식 (4.17)을 최대화시키는 모수 α를 구하게 되는 것이다. 이 모든 과정을 아래의 알고리즘으로 표현한다.

단계 1 우선 간단한 구조의 $\hat{V}_0$을 가정한다. 예를 들어, $\widehat{V_0} = I$를 가정한다면 $\hat{V}_0$을 이용하여 $\hat{V} = diag\{\widehat{V_0}, \ldots, \widehat{V_0}\}$을 구성한다.

단계 2 β의 추정량을 구한다.

$$\hat{\beta}(V_0) = (X^T V^{-1} X)^{-1} X^T V^{-1} y$$

단계 3 단계 2에서 구한 $\hat{\beta}(V_0)$를 이용하여 $RSS(\widehat{V_0})$을 구하고 식 (4.16)을 이용하

여 $\widehat{\sigma^2}$을 구한다.

단계 4 식 (4.17)을 최대화 시키는 $\hat{\alpha}$은 뉴튼-라프슨 방법(Newton-Raphson method)을 이용하여 찾는다. 이후 $\hat{\alpha}$을 이용하여 $\widehat{V}_0$을 업데이트 한다.

단계 5 단계 2~4를 수렴할 때까지 반복한다.

위의 알고리즘을 이용하여 구한 MLE는 다음의 성질을 가진다.

① σ^2과 α의 MLE인 $\widehat{\sigma^2}$과 $\hat{\alpha}$은 편향되어 있다. 특히 β의 차원이 크면(즉, 공변량 수가 많을 경우) 편향이 커진다.

② 만약 디지인 행렬 X가 올바르게 지정되지 않으면 β, σ^2, α에 대한 동시 추정은 $\hat{\beta}$, $\widehat{\sigma^2}$, $\hat{\alpha}$이 일치 추정량(consistent estimator)이 아닐 수도 있기 때문에 작동하지 않는다.

③ 이러한 경우에는 일반적으로 디자인 행렬 X에 포화모형(saturated model) 또는 과도하게 정밀한(over-elaborated) 모형을 적합하여 상관계수행렬의 일치추정량($\hat{\alpha}$)을 구한다. 그리고 좀 더 단순한 디자인 행렬을 가지고 모형을 적합시킨다. 하지만 이것은 편향을 크게 만들 수도 있다.

3. 제한 최대가능도 추정법

제한 최대가능도 추정법(restricted maximum likelihood estimation)을 설명하기 앞서 MLE $\widehat{\sigma^2}$과 $\hat{\alpha}$은 편향을 가진다고 하였다. 이러한 편향은 $\hat{\beta}$의 변이(variation)로 인하여 발생한다. 즉, 식 (4.16)과 (4.17)에 β를 $\hat{\beta}$으로 삽입함으로써 생기는 문제이다. 따라서 σ^2과 α의 불편추정량을 구하기 위해서 $\hat{\beta}$의 변이성을 반영할 필요가 있는 것이다.

단순한 예제를 통하여 이를 좀 더 자세히 설명하고자 한다. $y_i \sim iid\, N(\mu, \sigma^2)$, $i=1,\dots,n$에서 μ와 σ^2의 MLE는 다음과 같다.

$$\hat{\mu} = \frac{1}{n}\sum_{i=1}^{n} y_i = \bar{y},$$

$$\widehat{\sigma^2} = \frac{1}{n}\sum_{i=1}^{n}(y_i - \bar{y})^2 = \frac{1}{n}\sum_{i=1}^{n} y_i^2 - (\bar{y})^2$$

$\widehat{\sigma^2}$은 편향추정량이며, $E(\widehat{\sigma^2}) = \frac{n-1}{n}\sigma^2$이다. 이 결과를 이용하여 σ^2의 불편추정량을 구하면 다음과 같다.

$$\widetilde{\sigma^2} = \frac{1}{n-1}\sum_{i=1}^{n}(y_i - \overline{y})^2$$

일반적인 모형의 경우, MLE의 편향을 수정하기 위해 더 일반적인 접근법이 필요하며 이를 제한된 최대가능도(restricted maximum likelihood: REML) 방법이다.

■ 제한된 가능도 함수(restricted likelihood function)

일반 선형모형 $y \sim N(X\beta, \Sigma)$에서 REML 추정량을 구하기 위해서 y의 선형변환 $y^* = Ay$를 고려한다. 이 변환에서 y^*의 분포는 β에 의존하지 않게 하는 행렬 A를 찾는다. 그리고 y^*의 분포를 이용하여 β, σ^2, α의 MLE를 구하면 이를 REML 추정량이라고 한다. 이러한 σ^2과 α의 추정량은 행렬 A의 선택에 의존하지 않는다. 그리고 이러한 변환을 명확할 필요는 없다.

분산성분(variance component)의 모수인 σ^2과 α를 합쳐서 공분산행렬을 Σ로 나타내면, 일반선형모형의 로그-가능도 함수는 다음과 같이 표현된다.

$$l(\beta, \Sigma) = -\frac{1}{2}\log|\Sigma| - \frac{1}{2}\{(y - X\beta)^T\Sigma^{-1}(y - X\beta)\} \tag{4.18}$$

Σ가 고정된 상태에서, 식 (4.18)을 최대화 시키는 β의 추정량은 다음과 같다.

$$\tilde{\beta} = \left(X^T\Sigma^{-1}X\right)^{-1}X^{-1}\Sigma^{-1}y = Gy \tag{4.19}$$

여기서 $G = \left(X^T\Sigma^{-1}X\right)^{-1}X^T\Sigma^{-1}$이다. 식 (4.19)에 있는 $\tilde{\beta}$을 식 (4.18)에 삽입하면, 우리는 아래와 같은 Σ에 대한 프로파일 로그-가능도(profile log-likelihood)를 알 수 있다.

$$l_p(\Sigma) = -\frac{1}{2}\log|\Sigma| - \frac{1}{2}\left\{\left(y - X\tilde{\beta}\right)^T\Sigma^{-1}\left(y - X\tilde{\beta}\right)\right\} \tag{4.20}$$

$$= -\frac{1}{2}\log|\Sigma| - \frac{1}{2}\left\{y^T\Sigma^{-1}\left(I - X\left(X^T\Sigma^{-1}X\right)^{-1}X^T\Sigma^{-1}\right)y\right\}$$

식 (4.20)의 프로파일 로그-가능도를 조정한 제한된 가능도를 다음과 같이 제시한다.

$$l_R(\Sigma) = l_p(\Sigma) - \frac{1}{2}\log|X^T\Sigma^{-1}X| \tag{4.21}$$

Σ의 REML 추정량은 식 (4.21)을 최대화시키는 추정량이며 몇 가지 특성을 가진다. 첫째, REML은 β를 추정하기 위한 자유도의 손실을 고려하고, p(공변량의 수)에 비해서 표본크기가 작을 때, 적은 편향의 추정치를 가진다. 둘째, Σ는 REML로 추정한 이후에 그 REML 추정량을 식 (4.19)에 삽입하면 β의 REML 추정량을 가지지만 REML은 주로 분산성분(Σ 또는 σ^2과 α)만을 참조한다.

■ REML 방법의 유도

여기에서 우리는 식 (4.21)이 어떻게 유도되는지를 알 수 있다. 우선 행렬 A를 다음과 같이 정의한다.

$$A = I - X(X^TX)^{-1}X^T$$

여기서 행렬 A는 y의 OLS 잔차로 변환하는 행렬이다. 그리고 행렬 B는 $nm \times (nm-p)$인 행렬로 다음의 특성을 가지는 행렬로 정의한다.

$$BB^T = A_{nm \times nm}, \quad B^TB = I_{(nm-p)\times(nm-p)} \tag{4.22}$$

벡터 $Z = B^Ty$ $((nm-p)\times 1)$이면,

$$\begin{aligned} E(Z) &= B^TE(y) = B^TX\beta \\ &= B^TBB^TX\beta = B^TAX\beta \end{aligned} \tag{4.23}$$

이다. 여기서 $AX = \left(I - X(X^TX)^{-1}X^T\right)X = 0$이므로 식 (4.23)에서 $E(Z) = 0$이

된다. 부가적으로 Z와 $\tilde{\beta}$ (식 4.19)의 공분산을 계산하면, $cov(Z, \tilde{\beta}) = E\{Z(\tilde{\beta}-\beta)^T\} = 0$이다. 따라서 Z와 $\tilde{\beta}$의 결합분포에서 이들의 공분산이 0인 정규분포이므로 Z와 $\tilde{\beta}$는 독립이다.

이제 Z의 분포가 β와 행렬 B의 선택에 의존하지 않는다는 것을 보일 것이다. y의 선형변환인 Z와 $\tilde{\beta}$의 결합분포를 구하기 위해서 다음과 같이 표현할 수 있다.

$$\begin{pmatrix} Z \\ \tilde{\beta} \end{pmatrix} = \begin{pmatrix} B^T \\ G \end{pmatrix} y$$

따라서 그 결합분포는 다음과 같다.

$$f(z, \tilde{\beta}) = \frac{1}{|J|} f(y) = f(z) g(\tilde{\beta})$$

여기서 J는 야코비안(Jacobian) 행렬이다. 따라서,

$$f(z) = \frac{f(y)}{|J| g(\tilde{\beta})}$$

이다. $f(z)$의 정확한 형태를 얻기 위해서 다음의 결과를 이용한다.

$$\begin{aligned} &(y - X\beta)^T \Sigma^{-1} (y - X\beta) \\ &= (y - X\tilde{\beta})^T \Sigma^{-1} (y - X\tilde{\beta}) + (\tilde{\beta} - \beta)^T X^T \Sigma^{-1} X (\tilde{\beta} - \beta) \end{aligned}$$

y와 $\tilde{\beta}$의 확률밀도함수는 각각 다음과 같다.

$$\begin{aligned} f(y) &= \frac{1}{|\Sigma|^{1/2} (2\pi)^{nm/2}} \exp\left\{ -\frac{1}{2} (y - X\beta)^T \Sigma^{-1} (y - X\beta) \right\} \\ g(\tilde{\beta}) &= \frac{1}{|X^T \Sigma^{-1} X|^{-1/2} (2\pi)^{p/2}} \exp\left\{ -\frac{1}{2} (\tilde{\beta} - \beta)^T (X^T \Sigma^{-1} X)(\tilde{\beta} - \beta) \right\} \end{aligned}$$

따라서 Z의 확률밀도함수는 다음과 같다.

$$f(z)=\frac{1}{|J|}\frac{1}{|\Sigma|^{1/2}\left|X^T\Sigma^{-1}X\right|^{1/2}(2\pi)^{(nm-p)/2}}\exp\left\{-\frac{1}{2}(y-X\tilde{\beta})^T\Sigma^{-1}(y-X\tilde{\beta})\right\}$$

이 확률밀도함수는 β에 의존하지 않고 야코비안 행렬 J는 어떠한 모수에도 의존하지 않는다는 것을 알 수 있다. 이제 이 확률밀도 함수에 log를 취하면

$$\log f(z)=l_R(\Sigma)$$

가 된다.

REML 추정량의 특성을 알아보자. 우선, $\Sigma=\sigma^2V$일 때, σ^2의 REML 추정량은

$$\widetilde{\sigma^2}(V_0)=\frac{RSS(\widetilde{V_0})}{nm-p}$$

여기서 $V=diag\{V_0,\ldots,V_0\}$이다. 그리고 V_0의 REML 추정량은 다음의 로그-가능도 함수를 최대화하는 추정량이다.

$$l^*(V_0)=-\frac{1}{2}m\{n\log RSS(V_0)+\log|V_0|\}-\frac{1}{2}\log(|X^T\Sigma^{-1}X|)$$

V_0의 REML 추정량 $\widetilde{V}_0$을 이용하여 β와 σ^2의 REML 추정량은 각각 $\tilde{\beta}=\tilde{\beta}(\widetilde{V_0})$와 $\widetilde{\sigma^2}=\widetilde{\sigma^2}(\widetilde{V_0})$이다. REML 추정량은 p(공변량의 수)가 고정된 상태에서 $nm\rightarrow\infty$이면, 최대가능도 추정량(MLE)과 점근적으로(asymptotically) 동일하게 된다. 그리고 $p\rightarrow\infty$이면, 분산의 모수를 추정할 때, REML 추정량을 더 선호한다.

베이지안 방법을 이용하여 REML 방법의 정당성을 알 수 있다. $Z=B^Ty$를 이용함으로써 β의 대한 정보 없이 Σ에 대한 정보를 손실되지 않는다. 베이지안 관점에서, REML 방법의 β에 균일분포를 사용하여 적분한 것에 해당된다. β의 무정보적 사전분포(non-informative prior)를 가정하면, Σ의 주변분포(marginal distribution)는 β에 대해서 적분하여 얻는다.

$$f_R(\Sigma)\propto\int_{-\infty}^{\infty}L(\beta,\Sigma)\,d\beta \tag{4.24}$$

여기서 $L(\beta, \Sigma)$는 가능도 함수이며 다음과 같다.

$$L(\beta, \Sigma) \propto |\Sigma|^{-1/2} \exp\left\{-\frac{1}{2}(y - X\tilde{\beta})^T \Sigma^{-1}(y - X\tilde{\beta})\right\}$$
$$\times \exp\left\{-\frac{1}{2}(\tilde{\beta} - \beta)^T (X^T \Sigma^{-1} X)(\tilde{\beta} - \beta)\right\}$$

여기서 $\tilde{\beta}$는 (4.24)에 주어져 있고, $\tilde{\beta} = \tilde{\beta}(\Sigma^{-1})$이다. 그리고 아래의 결과를 이용하면

$$\int_{-\infty}^{\infty} \exp\left(-\frac{1}{2}t^T \Omega^{-1} t\right) dt = (2\pi)^{p/2} \mid \Omega \mid^{1/2}$$

여기서 t는 $p \times 1$ 벡터이다. 식 (4.24)는 다음과 같다.

$$f_R(\Sigma) \propto |\Sigma|^{-1/2} \exp\left\{-\frac{1}{2}(y - X\hat{\beta})^T \Sigma^{-1}(y - X\hat{\beta})\right\} \times |X^T \Sigma^{-1} X|^{-1/2}$$

REML에 대한 추가적인 개념은 선형 혼합모형(linear mixed model)에서 논의할 것이다. 그리고 REML에 관한 참고문헌은 Patterson과 Thompson(1971), Harville (1974), Cullis와 McGilchrist(1990), Verbyla와 Cullis(1990)이 있다.

4. 표준오차의 강건한 추정

앞에서 WLS나 MLE 등의 방법은 공분산행렬을 올바르게 가정한 전제하에서 모든 모수들을 추정한 결과이다. 그런데 가정한 공분산행렬이 관측 공분산행렬(observed covariance matrix)과 적합이 잘 안 된 경우에는 β의 추정량의 표준오차의 계산이 정확하지 않을 수 있다. 이 경우에 표준오차의 강건한 추정(robust estimation)이 필요하다.

식 (4.9)에서 WLS의 추정량 $\hat{\beta}(W)$는 다음과 같은 분산을 가진다.

$$var(\hat{\beta}(W)) = A^{-1} B A^{-1} \tag{4.25}$$

여기서 $A = X^T W X$, $B = X^T W \Sigma W X$이다. 일반적으로 Σ는 모르므로 그 일치추정

량(consistent estimator)인 $\hat{\Sigma}$을 식 (4.25)에 삽입하면 다음의 결과를 얻는다.

$$\widehat{var}(\hat{\beta}(W)) = A^{-1}\hat{B}A^{-1} \tag{4.26}$$

여기서 $\hat{B} = X^T W \hat{\Sigma} W X$이다. 식 (4.26)은 $\hat{\beta}(W)$의 추정된 분산이며, 점근적으로 정확한 분산으로 수렴한다.

이러한 접근방법에서 W^{-1}은 **가분산행렬**(working variance matrix)이라 부른다. 전형적으로 W^{-1}은 단순한 구조의 공분산행렬을 가정한다. W의 선택은 $\hat{\beta}(W)$와 $\widehat{var}(\hat{\beta}(W))$에 기초한 추론의 유효성에 영향을 미치지 않을 것이다. 그 결과 신뢰구간과 가설검정은 Σ의 진짜 형태에 상관없이 근사적으로 정확하게 된다는 의미이다. 하지만 W의 선택은 추정치의 효율(추정치의 분산)에 영향을 줄 수 있다. 이에 해당하는 참고문헌은 Huber(1967), White(1982), Liang과 Zeger(1986)이 있다.

식 (4.25)에 있는 Σ를 '어떤 것으로 추정해야 할까?'라는 문제가 남는다. $\hat{\beta}(W)$에 대한 분산의 강건한 추정량을 구할 때 쓰이는 Σ는 다음과 같은 형태이다.

$$\Sigma = diag\{var(y_1), ..., var(y_m)\}$$

따라서 각각의 주대각 요소인 $var(y_i)$는 다음과 같다.

$$var(y_i) = E(y_i - \mu_i)(y_i - \mu_i)^T \tag{4.27}$$

여기서 μ_i는 **정확하게 기술된**(correctly specified) (때로는 과적합한) 모형 또는 포화모형(saturated model)으로부터의 평균을 의미한다. 식 (4.27)에 있는 공분산행렬의 추정치로 $(y_i - \hat{\mu}_i)(y_i - \hat{\mu}_i)^T$을 식 (4.26)에 삽입한 $\hat{\beta}(W)$에 대한 분산의 추정치를 **샌드위치**(sandwich) 또는 **경험적**(empirical) 추정량이라 한다. 즉, $\hat{B} = X^T W \hat{\Sigma} W X$이며, $\hat{\Sigma} = diag(y_1 - \widehat{\mu_1}, ..., y_m - \widehat{\mu_m})$이다.

$\hat{\beta}(W)$의 분산의 강건한 추정치인 샌드위치 추정량을 이용하면 다음의 몇 가지 특성을 가진다. 우선 귀무가설 $H_0 : Q\beta = 0$과 대립가설 $H_1 : Q\beta \neq 0$의 가설검정을 고려하자. 여기서 Q는 $q \times p$인 완전계수(full rank)인 행렬이다($q < p$). 그러면 다음의

결과를 점근적으로 가진다.

$$Q\hat{\beta}(W) \sim N\big(Q\beta, Q\,\widehat{var}(\hat{\beta}(W))Q^T\big)$$

점근적 다변량 정규분포를 이용한 왈드 검정(Wald test) 통계량은 다음과 같다.

$$(Q\hat{\beta})^T\{Q\,\widehat{var}(\hat{\beta}(W))Q^T\}(Q\hat{\beta})$$

이 통계량은 귀무가설하에서 점근적으로 자유도 q의 χ^2분포를 따른다.

또 다른 샌드위치 추정량의 특성은 일치추정량이라는 것이다. 즉, 개체수(m)가 크면 샌드위치 추정량이 $var(\hat{\beta}(W))$로 수렴하게 된다는 의미이다. 그리고 샌드위치 추정량은 앞으로 배우게 될 경시적 범주형 자료분석을 위한 일반화 추정방정식(generalized estimating equation: GEE)에 사용되며, 그 추정방법 때문에 준모수적인(semi-parametric) 방법이라 한다.

앞서 가중 최소제곱 추정량에서처럼 α가 W의 모수일 때, GEE 방법에서는 모수 α는 관심 모수가 아니다. GEE 방법은 상관계수의 구조가 올바르게 지정되었는지 여부에 따라 효율성과 일치성이 서로 교환된다. 즉, 합리적인 가상관행렬(working correlation matrix)을 이용하면 추정치의 효율은 향상된다. GEE 방법은 개체수가 반복수보다 훨씬 많은 경우와, 자료가 완전히 균형된 상태의 디지인을 가지는 경우에 가장 적당한 방법이다.

강건한 추정량에 관한 좀 더 자세한 내용은 White(1992), Liang과 Zeger(1986) 그리고 Zeger와 Liang(1986)을 참고하기 바란다.

05 자료분석

1장과 3장에서 이미 탐색적 자료분석을 통하여 위약과 succimer 그룹별로 혈중 납수준의 평균이 주 차에 따라 다르며 그룹별로 변동도 다르다는 것을 알 수 있다.

3장의 분석에서 반복 측정자료의 상관계수가 존재한다는 것을 알았지만 이를 무시하고 모든 반복 측정자료가 독립이라는 가정하에서 회귀분석을 시행해 보고자 다음의 회귀모형을 가정한다.

$$E(y_{ij}) = \beta_0 + \beta_1 W1_{ij} + \beta_2 W4_{ij} + \beta_3 W6_{ij} + \beta_4 A_i \\ + \beta_5 W1_{ij} \times A_i + \beta_6 W4_{ij} \times A_i + \beta_7 W6_{ij} \times A_i$$

여기서 $W1_{ij}$, $W4_{ij}$, $W6_{ij}$는 각각 1주, 4주 6주를 나타내는 표시함수(indicator function)이며, A_i는 succimer 그룹을 나타내는 지시함수이다. 이 모형의 적합한 결과는 다음과 같다.

$$\hat{y}_{ij} = 26.27^* - 1.61 W1_{ij} - 2.20 W4_{ij} - 2.63^* W6_{ij} + 0.27 A_i \\ - 11.41^* W1_{ij} \times A_i - 8.82^* W4_{ij} \times A_i - 3.15^* W6_{ij} \times A_i$$

여기서 *는 5% 유의수준하에서 유의미한 것을 나타낸다. 따라서 1주, 4주, 6주와 A_i의 교호작용 항이 모두 유의미하다는 것을 알 수 있다. <그림 4-2>에 있는 QQ 플랏과 잔차플랏을 통하여 이 자료는 이상점이 존재하고 있음을 알 수 있다.

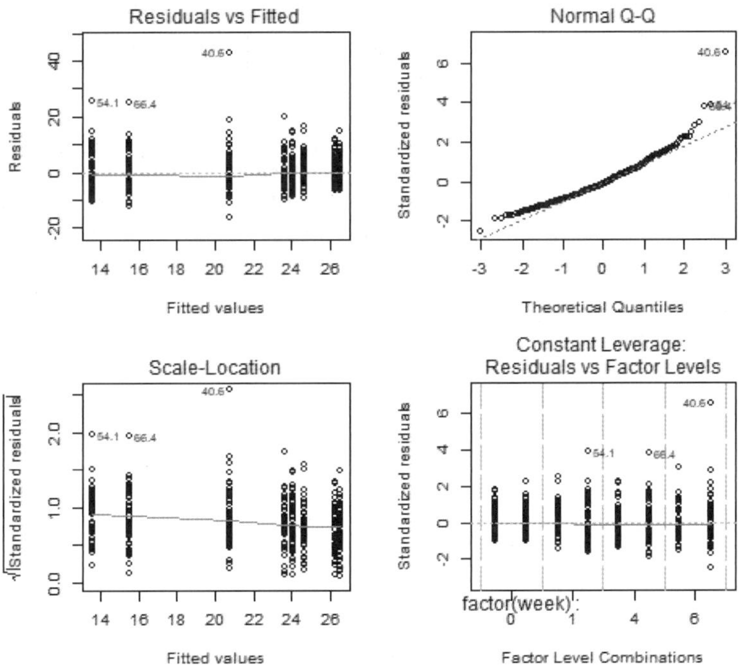

그림 4-2 납노출 아동 치료 연구 자료의 회귀진단

R 코드 혈중 납수준 자료의 회귀분석

in ▸
```
# Simple linear regression
# make referecne category for "P"
tlcl$Group.f <- relevel(factor(tlcl$Group),ref="P")
tlc.lm <- lm(lead ~ factor(week)*Group.f, data=tlcl)
summary(tlc.lm)
anova(tlc.lm)
par(mfrow=c(2,2))
plot(tlc.lm)
```

out ▸
```
Call:
lm(formula=lead ~ factor(week) * Group.f, data=tlcl)

Residuals:
    Min      1Q  Median      3Q     Max
-16.662  -4.620  -0.993   3.673  43.138

Coefficients:
                       Estimate Std. Error t value Pr(>|t|)
(Intercept)              26.272      0.937  28.038  < 2e-16 ***
factor(week)1            -1.612      1.325  -1.216   0.2245
factor(week)4            -2.202      1.325  -1.662   0.0974 .
factor(week)6            -2.626      1.325  -1.982   0.0482 *
Group.fA                  0.268      1.325   0.202   0.8398
factor(week)1:Group.fA  -11.406      1.874  -6.086 2.75e-09 ***
factor(week)4:Group.fA   -8.824      1.874  -4.709 3.47e-06 ***
factor(week)6:Group.fA   -3.152      1.874  -1.682   0.0934 .
---
Signif. codes:  0 '***' 0.001 '**' 0.01 '*' 0.05 '.' 0.1 ' ' 1

Residual standard error: 6.626 on 392 degrees of freedom
Multiple R-squared:  0.3284,    Adjusted R-squared:  0.3164
F-statistic: 27.38 on 7 and 392 DF,  p-value: < 2.2e-16
```

반복 측정의 상관관계를 고려한 일반선형모형을 이용하여 이 자료를 분석해 보자. 우선 최대가능도 방법과 제한된 최대가능도 방법을 이용하여 분석한다. 이를 위해서 R library 중에 nlme을 이용하여 분석하고자 한다. 반복 측정의 상관계수행렬은 compound symmetry를 가정하고 두 방법을 적합한 결과는 다음과 같다.

$$\hat{y}_{ij} = 26.27^* - 1.61\,W1_{ij} - 2.20^*\,W4_{ij} - 2.63^*\,W6_{ij} + 0.27A_i$$
$$- 11.41^*\,W1_{ij} \times A_i - 8.82^*\,W4_{ij} \times A_i - 3.15^*\,W6_{ij} \times A_i.$$

이 결과는 앞의 회귀분석의 결과와 비슷하다. 차이점은 $W4_{ij}$의 계수가 유의미하다는 것이다. 이것은 회귀계수 추정치의 표준오차(standard error)의 계산 차이로 인하여 나타난 것이다. 또한 $W1_{ij}$, $W4_{ij}$, $W6_{ij}$, $W1_{ij} \times A_i$, $W4_{ij} \times A_i$, $W6_{ij} \times A_i$의 표준오차는 앞의 회귀분석에서 나온 표준오차와 차이가 있음을 알 수 있다. 위약 및 succimer 그룹에서의 추정식은 각각 다음과 같다.

$$\text{위약 그룹: } \hat{y}_{ij} = 26.27 - 1.61\,W1_{ij} - 2.20\,W4_{ij} - 2.63\,W6_{ij}$$
$$\text{succimer 그룹: } \hat{y}_{ij} = 26.54 - 13.02\,W1_{ij} - 11.02\,W4_{ij} - 5.78\,W6_{ij}$$

두 추정식에서 알 수 있는 것과 같이 1, 4, 6주 차에 각각 succimer 그룹에서 혈중 납 수준이 위약 그룹보다 더 적음을 알 수 있다.

R 코드 혈중 납수준 자료의 일반선형모형

in ▸
```
# General linear model using ML & REML
library(nlme)
# sorting data by ID and week
o <- order(tlcl$Group,tlcl$ID,tlcl$week)
tlcl <- tlcl[o,]
# ML
tlc.ml <- gls(lead~factor(week)*Group.f, data=tlcl, method="ML",
              correlation=corCompSymm(form=~1|ID))
summary(tlc.ml)
# REML
tlc.reml <- gls(lead~factor(week)*Group.f, data=tlcl, method="REML",
                correlation=corCompSymm(form=~1|ID))
summary(tlc.reml)
```

out ▸
```
> # ML
> tlc.ml <- gls(lead~factor(week)*Group.f, data=tlcl, method="ML",
+               correlation=corCompSymm(form=~1|ID))
> summary(tlc.ml)
```

```
Generalized least squares fit by maximum likelihood
  Model: lead ~ factor(week) * Group.f
  Data: tlcl
       AIC      BIC    logLik
  2490.822 2530.736 -1235.411
Correlation Structure: Compound symmetry
 Formula: ~1 | ID
 Parameter estimate(s):
      Rho
0.5954401     => ρ̂ (교환가능 상관계수의 추정치)
Coefficients:
                          Value Std.Error   t-value p-value
(Intercept)              26.272 0.9370175 28.037898  0.0000
factor(week)1            -1.612 0.8428574 -1.912542  0.0565
factor(week)4            -2.202 0.8428574 -2.612542  0.0093
factor(week)6            -2.626 0.8428574 -3.115592  0.0020
Group.fA                  0.268 1.3251428  0.202242  0.8398
factor(week)1:Group.fA  -11.406 1.1919804 -9.568950  0.0000
factor(week)4:Group.fA   -8.824 1.1919804 -7.402807  0.0000
factor(week)6:Group.fA   -3.152 1.1919804 -2.644339  0.0085

Residual standard error: 6.559122
Degrees of freedom: 400 total; 392 residual

> # REML
> tlc.reml <- gls(lead~factor(week)*Group.f, data=tlcl, method="REML",
+                 correlation=corCompSymm(form=~1|ID))
> summary(tlc.reml)
Generalized least squares fit by REML
  Model: lead ~ factor(week) * Group.f
  Data: tlcl
       AIC      BIC    logLik
  2480.621 2520.334 -1230.311

Correlation Structure: Compound symmetry
 Formula: ~1 | ID
 Parameter estimate(s):
      Rho
0.5954401    => ρ̂ (교환가능 상관계수의 추정치)

Coefficients:
                          Value Std.Error   t-value p-value
(Intercept)              26.272 0.9370175 28.037898  0.0000
```

```
factor(week)1              -1.612 0.8428574 -1.912542  0.0565
factor(week)4              -2.202 0.8428574 -2.612542  0.0093
factor(week)6              -2.626 0.8428574 -3.115592  0.0020
Group.fA                    0.268 1.3251428  0.202242  0.8398
factor(week)1:Group.fA    -11.406 1.1919804 -9.568950  0.0000
factor(week)4:Group.fA     -8.824 1.1919804 -7.402807  0.0000
factor(week)6:Group.fA     -3.152 1.1919804 -2.644339  0.0085

Residual standard error: 6.625714
Degrees of freedom: 400 total; 392 residual
```

적합된 일반선형모형의 모형진단(model diagnosis)을 실시하였다. 잔차플랏을 그려 보았고, 대부분의 잔차들이 0 주위에서 임의로 퍼져 있음을 확인할 수 있다. 하지만 ID 40번 개체의 잔차가 이상점(outlier)임을 알 수 있다(그림 4-3과 4-4). 마지막으로 잔차들의 QQ 플랏을 통하여 오른쪽 꼬리부분을 제외하고 대체로 정규분포에 가깝다는 것을 볼 수 있다(그림 4-5).

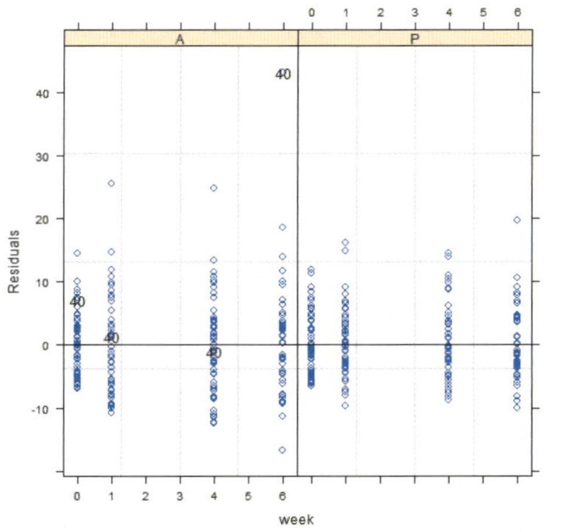

그림 4-3 그룹별 주 차 vs 잔차플랏

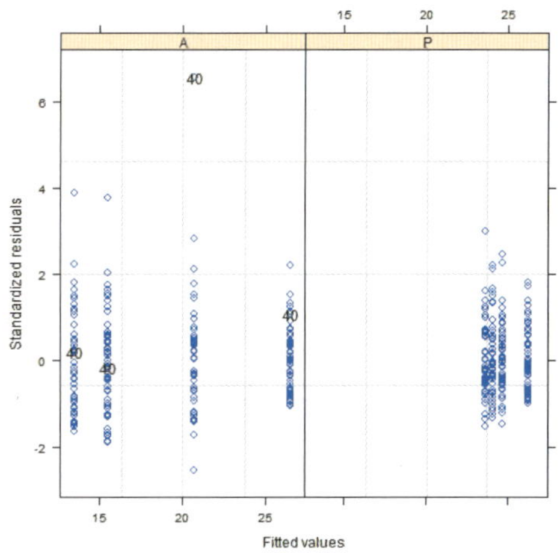

그림 4-4 그룹별 적합값 vs 잔차플랏

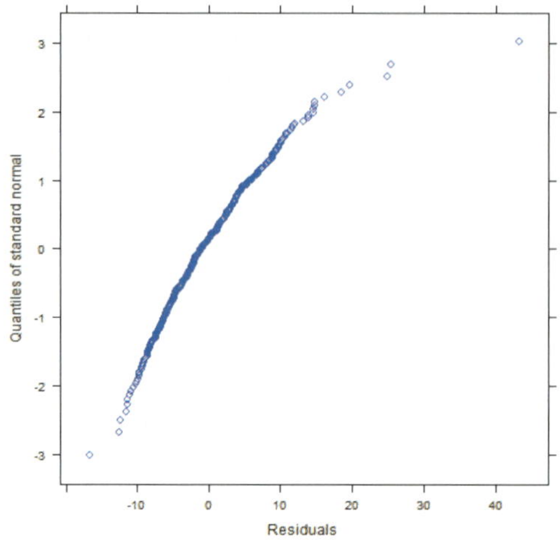

그림 4-5 잔차의 QQ 플랏

R 코드 혈중 납수준 자료의 일반선형모형의 잔차분석

```
# model diagnosis
plot(tlc.ml, resid(.)~ID, id=0.01)
png('gls_diagnosis1.png')
plot(tlc.ml,resid(.)~week | Group, abline=0, id=~ID==40)
dev.off()
png('gls_diagnosis2.png')
plot(tlc.ml,resid(.,type="p")~fitted(.) | Group, id=~ID==40)
dev.off()
```

추정량의 표준오차를 강건한 추정량을 이용하기 위해서 GEE를 이용하여 추정해 보자. R에서 GEE는 R library 중에 gee와 geepack을 이용한다. 우선 library를 이용하여 가상관행렬을 독립(independence)과 교환가능(exchangeable) 구조로 가정하여 분석한 결과는 다음과 같다. 추정된 회귀식은 앞에서 보았던 회귀분석 및 일반선형모형의 적합한 결과와 거의 동일하다.

$$\hat{y}_{ij} = 26.27^* - 1.61^* W1_{ij} - 2.20^* W4_{ij} - 2.63^* W6_{ij} + 0.27 A_i$$
$$- 11.41^* W1_{ij} \times A_i - 8.82^* W4_{ij} \times A_i - 3.15^* W6_{ij} \times A_i$$

아래 R 코드의 결과를 보면, Naive S.E.와 Robust S.E.가 각각 제시되어 있다. Naive S.E.는 모형기반 표준오차(model-based S.E.)이다. GEE 방법 중 'independece'을 선택하여 나온 결과의 Naive S.E.는 회귀분석에서 나온 S.E.와 동일하며, 'exchangeable'을 선택하여 나온 결과의 Naive S.E.는 최대가능도 방법에서 나온 결과의 표준오차와 동일함을 알 수 있다. 또한, Robust S.E.는 샌드위치 추정량을 이용한 강건한 표준오차를 의미하며, GEE 방법에서 3개의 가상관행렬(W^{-1})의 가정에 상관없이 동일함을 알 수 있다. Naive S.E.와 Robust S.E.의 값을 비교하면 일반적으로 Robust S.E.의 값이 Naive S.E.값보다는 작음을 알 수 있다. 즉, 더 효율적(efficient)이다. 일반적으로 GEE를 선택할 때는 강건한 표준오차를 이용하므로 이를 이용한 왈드 검정(wald test)을 하면, A_i의 계수를 제외하고 모두 통계적으로 유의미하다(Robust Z값의 절댓값이 A_i의 계수를 제외하면 모두 1.96보다 크다는 것을 알 수 있음). 주의할 것은 GEE 방법은 최대가능도 방법을 이용하지 않으므로 가능도비 검정(likelihood ratio test) 및 점수검정(score test)을 할 수 없다는 점이다. 마지막으로 working correlation에 제시된 값들은 GEE에서 가정한 가상관행렬의 추정치($\widehat{W}^{-1}$)를 의미한다. 'independece'는 단위행렬을 제시하고 있고, 'exchangeable'과 'unstructured'의 경우는 그것에 해당되는 모수들의 추정치를 제시하고 있다.

R 코드 혈중 납수준 자료의 GEE을 이용한 추정

in ▸
```
# General linear model using GEE
library(gee)
# independence working correlation
tlcl.gee.indep <- gee(lead ~ factor(week)*Group.f,,id=ID,
                      corstr="independence",data=tlcl)
summary(tlcl.gee.indep)

# exchangeable working correlation
tlcl.gee.exchange <- gee(lead ~ factor(week)*Group.f,,id=ID,
                         corstr="exchangeable",data=tlcl)
summary(tlcl.gee.exchange)

# unstructured working correlation
tlcl.gee.unstruct <- gee(lead ~ factor(week)*Group.f,,id=ID,
                         corstr="unstructured",data=tlcl)
```

```
summary(tlcl.gee.unstruct)
```

out ▸

```
> # independence working correlation
> tlcl.gee.indep <- gee(lead ~ factor(week)*Group.f,,
+ id=ID,corstr="independence",data=tlcl)

> summary(tlcl.gee.indep)
 GEE:  GENERALIZED LINEAR MODELS FOR DEPENDENT DATA
 gee S-function, version 4.13 modified 98/01/27 (1998)

Model:
 Link:                      Identity
 Variance to Mean Relation: Gaussian
 Correlation Structure:     Independent

Call:
gee(formula=lead ~ factor(week) * Group.f, id=ID, data=tlcl,
    corstr="independence")

Summary of Residuals:
     Min       1Q    Median       3Q      Max
-16.6620  -4.6205  -0.9930   3.6725  43.1380

Coefficients:
                      Estimate  Naive S.E.    Naive z  Robust S.E.    Robust z
(Intercept)             26.272   0.9370175  28.0378980   0.7033749  37.3513444
factor(week)1           -1.612   1.3251428  -1.2164727   0.4330325  -3.7225846
factor(week)4           -2.202   1.3251428  -1.6617077   0.4386752  -5.0196593
factor(week)6           -2.626   1.3251428  -1.9816732   0.5278091  -4.9752834
Group.fA                 0.268   1.3251428   0.2022424   0.9944085   0.2695069
factor(week)1:Group.fA -11.406   1.8740349  -6.0863327   1.1086833 -10.2878794
factor(week)4:Group.fA  -8.824   1.8740349  -4.7085569   1.1408849  -7.7343471
factor(week)6:Group.fA  -3.152   1.8740349  -1.6819324   1.2439296  -2.5339055

Estimated Scale Parameter:  43.90009
Number of Iterations:  1

Working Correlation
     [,1] [,2] [,3] [,4]
[1,]    1    0    0    0
[2,]    0    1    0    0   => W^-1(가상관행렬)
[3,]    0    0    1    0
[4,]    0    0    0    1
>
> # exchangeable working correlation
```

```
> tlcl.gee.exchange <- gee(lead ~ factor(week)*Group.f,,id=ID,
+ corstr="exchangeable",data=tlcl)
> summary(tlcl.gee.exchange)

 GEE:  GENERALIZED LINEAR MODELS FOR DEPENDENT DATA
 gee S-function, version 4.13 modified 98/01/27 (1998)

Model:
 Link:                      Identity
 Variance to Mean Relation: Gaussian
 Correlation Structure:     Exchangeable

Call:
gee(formula=lead ~ factor(week) * Group.f, id=ID, data=tlcl,
    corstr="exchangeable")

Summary of Residuals:
     Min        1Q    Median        3Q       Max
-16.6620   -4.6205   -0.9930    3.6725   43.1380

Coefficients:
                       Estimate  Naive S.E.     Naive z  Robust S.E.    Robust z
(Intercept)              26.272   0.9370175  28.0378980    0.7033749  37.3513444
factor(week)1            -1.612   0.8470380  -1.9031023    0.4330325  -3.7225846
factor(week)4            -2.202   0.8470380  -2.5996472    0.4386752  -5.0196593
factor(week)6            -2.626   0.8470380  -3.1002150    0.5278091  -4.9752834
Group.fA                  0.268   1.3251428   0.2022424    0.9944085   0.2695069
factor(week)1:Group.fA  -11.406   1.1978927  -9.5217212    1.1086833 -10.2878794
factor(week)4:Group.fA   -8.824   1.1978927  -7.3662693    1.1408849  -7.7343471
factor(week)6:Group.fA   -3.152   1.1978927  -2.6312875    1.2439296  -2.5339055

Estimated Scale Parameter:  43.90009
Number of Iterations:  1

Working Correlation
          [,1]      [,2]      [,3]      [,4]
[1,] 1.0000000 0.5914168 0.5914168 0.5914168
[2,] 0.5914168 1.0000000 0.5914168 0.5914168   => Ŵ^-1 (가상관행렬)
[3,] 0.5914168 0.5914168 1.0000000 0.5914168
[4,] 0.5914168 0.5914168 0.5914168 1.0000000
>
> # unstructured working correlation
> tlcl.gee.unstruct <- gee(lead ~ factor(week)*Group.f,,id=ID,
+ corstr="unstructured",data=tlcl)
> summary(tlcl.gee.unstruct)
```

```
 GEE:  GENERALIZED LINEAR MODELS FOR DEPENDENT DATA
 gee S-function, version 4.13 modified 98/01/27 (1998)

Model:
 Link:                      Identity
 Variance to Mean Relation: Gaussian
 Correlation Structure:     Unstructured

Call:
gee(formula=lead ~ factor(week) * Group.f, id=ID, data=tlcl,
    corstr="unstructured")

Summary of Residuals:
     Min       1Q   Median        3Q      Max
-16.6620  -4.6205  -0.9930   3.6725  43.1380

Coefficients:
                        Estimate  Naive S.E.    Naive z  Robust S.E.   Robust z
(Intercept)               26.272   0.9370175 28.0378980    0.7033749 37.3513444
factor(week)1             -1.612   0.9958441 -1.6187273    0.4330325 -3.7225846
factor(week)4             -2.202   0.9838820 -2.2380732    0.4386752 -5.0196593
factor(week)6             -2.626   0.9316319 -2.8187099    0.5278091 -4.9752834
Group.fA                   0.268   1.3251428  0.2022424    0.9944085  0.2695069
factor(week)1:Group.fA   -11.406   1.4083362 -8.0989182    1.1086833 -10.2878794
factor(week)4:Group.fA    -8.824   1.3914193 -6.3417260    1.1408849 -7.7343471
factor(week)6:Group.fA    -3.152   1.3175265 -2.3923618    1.2439296 -2.5339055

Estimated Scale Parameter:  43.90009
Number of Iterations:  1

Working Correlation
          [,1]      [,2]      [,3]      [,4]
[1,] 1.0000000 0.4352486 0.4487346 0.5057311
[2,] 0.4352486 1.0000000 0.8094551 0.6759677  => Ŵ^-1 (가상관행렬)
[3,] 0.4487346 0.8094551 1.0000000 0.6975035
[4,] 0.5057311 0.6759677 0.6975035 1.0000000
```

5장

연속형 경시적 자료분석을 위한 선형혼합모형

01. 선형혼합모형
02. 선형혼합모형의 추정
03. 선형혼합모형의 확장
04. 모형진단
05. 공분산행렬의 모수적 모형화
06. 자료분석

선형혼합모형(linear mixed model)은 경시적 자료분석에서 고정효과(fixed effects)와 임의효과(random effects)를 모두 가지는 모형이다. 이 모형은 개체적 특성(임의효과) 및 모집단 특성(고정효과)을 명시적으로 식별할 수 있다. 선형혼합모형은 결측으로 인한 자료의 어떠한 불균형(imbalance)에서도 사용할 수 있으므로 매우 유연한 모형이다. 즉, 모든 개체들이 같은 시점과 같은 반복 횟수를 가질 필요가 없다는 의미이다.

01 선형혼합모형

Laird와 Ware(1982)에서 사용된 계층적(hierarchical) 구조를 이용하면 **선형혼합모형**은 다음과 같다.

$$y_i = X_i\beta + Z_i b_i + \epsilon_i \tag{5.1}$$

여기서 $y_i = \left(y_{i1}, \ldots, y_{in_i}\right)^T$은 응답벡터(response vector)이고, X_i는 $n_i \times p$의 고정효과를 위한 디자인 행렬이다. β는 $p \times 1$의 고정효과를 위한 회귀계수이며, Z_i는 $n_i \times q$의 임의효과를 위한 디자인 행렬이다. b_i는 $q \times 1$인 개체 간 변동을 나타내는 임의효과의 벡터이다. 마지막으로 ϵ_i는 $n_i \times 1$의 오차벡터이다. 임의효과의 벡터 b_i와 오차벡터 ϵ_i는 서로 독립이며 각각의 분포는 다음과 같다.

$$b_i \sim iid\ N(0, D)$$
$$\epsilon_i \sim iid\ N(0, \sigma^2 I)$$

여기서 D는 개체 간의 변동을 설명하는 $q \times q$ 공분산행렬이다. 이러한 가정하에서, y_i의 주변분포(marginal distribution)는 다음과 같다.

$$y_i \sim N\left(X_i\beta,\ V_i(\alpha)\right) \tag{5.2}$$

여기서 $V_i(\alpha) = Z_i D Z_i^T + \sigma^2 I$ 이며, α는 분산성분(variance component) 모수로 임의

효과 b_i의 분산과 측정오차의 분산 σ^2을 의미한다. 공분산행렬 D는 대칭(symmetric)이며 양정치(positive definite)를 만족한다. 양정치는 공분산행렬 D의 모든 고윳값(eigenvalue)이 양수를 만족한다. 만일 공변량이 하나만 있다고 가정하면(식 (5.1)에 있는 $X_i = Z_i = (1, x_i)$이므로 임의절편(random intercept)과 임의기울기(random slope)로 구성된 경우), 식 (5.1)은 다음과 같다.

$$y_i = X_i(\beta + b_i) + \epsilon_i,\ \text{또는}\ y_i = X_i\beta_i + \epsilon_i$$

여기서

$$\beta_i \sim iid\, N(\beta, D)$$

$$D = \begin{pmatrix} d_{00}\ d_{01} \\ d_{10}\ d_{11} \end{pmatrix}$$

이고 $d_{00} = var(\beta_{i0})$, $d_{11} = var(\beta_{i1})$, $d_{01} = d_{10} = cov(\beta_{i0}, \beta_{i1})$이며, 오차 ϵ_i는 평균이 0, 분산이 σ^2인 iid 정규분포를 따른다.

식 (5.1)에서 행렬 Z_i의 열벡터는 전형적으로 X_i의 열벡터에 포함된 부분집합이다. 특히 $Z_i = 1_{n_i}$이면 임의절편모형(random intercept model)이라 한다. 여기서 $1_{n_i} = (1, \ldots, 1)^T$는 $n_i \times 1$인 벡터이다.

선형혼합모형인 식 (5.1)에서 계산된 y_i의 주변평균(marginal mean)은 식 (5.2)의 y_i에 대한 평균과 동일하다. 즉, 그 계산은 다음과 같다.

$$E(y_i) = E(E(y_i | b_i)) = E(X_i\beta + Z_i b_i) = X_i\beta$$

따라서 선형혼합모형 (5.1)과 일반선형모형 (5.2)에 있는 회귀계수 β의 해석은 동일하다. 하지만 비선형모형(nonlinear model)에서는 이러한 동일성이 일반적으로 성립하지 않는다. 더 자세한 것은 7장에서 다루도록 한다.

같은 그룹(임상센터, 공동체, 또는 가족)의 개체들로부터 나온 경시적 자료를 설명하기 위해서 계층적 구조에 의한 선형혼합모형은 쉽게 다중 내포 단계(multiple nested level)로 확장할 수 있고, 그 모형은 다음과 같다.

$$y_{ki} = X_{ki}\beta + Z_{ki1}b_k + Z_{ki2}b_{ki} + \epsilon_{ki} \tag{5.3}$$
$$b_k \sim iid\,N(0, D_1),\ b_{ki} \sim iid\,N(0, D_2),\ \epsilon_{ki} \sim iid\,N(0, \sigma^2 I)$$

여기서 $y_{ki} = (y_{ki1}, ..., y_{kin_i})^T$은 k번째 그룹($k=1,...,K$)에 있는 i번째 개체($i=1,...m_k$)의 응답벡터 n_i개이고, X_{ki}는 $n_i \times p$의 고정효과를 위한 디자인 행렬이다. β는 $p\times 1$의 고정효과를 위한 회귀계수이며, Z_{ki1}와 Z_{ki2}는 각각 $n_i \times q_1$와 $n_i \times q_2$의 임의효과를 위한 디자인 행렬이다. 첫 번째 단계의 임의효과인 b_k는 $q_1 \times 1$인 그룹의 변동을 나타내는 임의효과의 벡터이며, b_{ki}는 $q_2 \times 1$인 k번째 그룹 내 개체 간의 변동을 나타내는 임의효과의 벡터이며, 마지막으로 ϵ_{ki}는 $n_i \times 1$의 오차벡터이다.

식 (5.3)을 다른 말로 삼 수준 모형(three−level model)이라 하고, 다음과 같이 제시한다.

$$y_i \sim N(X_i\beta_i, \sigma^2 I)$$
$$\beta_i \sim N(Z_{i1}\gamma_{i1}, \tau_1^2 I)$$
$$\gamma_{i1} \sim N(Z_{i2}\gamma_{i2}, \tau_2^2 I)$$

02 선형혼합모형의 추정

선형혼합모형의 모수들의 추정은 처음에는 EM 알고리즘(expectation-maximization algorithm)을 이용하여 추정되었다. 그 이후로 주변모형인 식 (5.2)를 이용하여 4장에서 제시한 ML 또는 REML을 수치 최적화(numerical optimization)하여 모수를 추정하였다. 즉, 선형혼합모형(식 (5.1))을 일반선형모형(식 5.1)으로 바꾸어서 평균모수 β와 주변 공분산행렬인 $V_i(\alpha) = Z_i D Z_i^T + \sigma^2 I$를 4장에 제시한 ML 또는 REML로 추정하는 것이다. 여기서 4장의 로그 가능도 함수 식 (4.12)와 차이점은 다음과 같다.

$$l(\beta, \sigma^2, D) = -\frac{1}{2}\sum_{i=1}^{m}\log|V_i(\alpha)| - \frac{1}{2}\sum_{i=1}^{m}(y_i - X_i\beta)^T V_i(\alpha)^{-1}(y_i - X_i\beta) \quad (5.4)$$

여기서 주변 공분산행렬의 모수 α는 D와 σ^2의 모수를 의미한다. 평균모수는 4장에서의 추정치와 유사하게 다음과 같은 결과를 얻는다.

$$\hat{\beta}(\hat{\alpha}) = \left(\sum_{i=1}^{m} X_i^T V_i(\hat{\alpha})^{-1} X_i\right)^{-1}\left(\sum_{i=1}^{m} X_i^T V_i(\hat{\alpha})^{-1} y_i\right)$$

이때, $\hat{\alpha}$은 D와 σ^2의 추정치를 의미하고, 주변 공분산행렬의 모수는 수치해석적인 방법(예를 들어, 뉴턴-라프슨 알고리즘)으로 추정하게 된다. 예를 들어, R 프로그램의 lme( ) 함수에서는 EM 알고리즘과 뉴턴-라프슨 알고리즘을 이용하여 선형혼합모형의 모수를 추정한다.

$\hat{\beta}$의 경험적(강건한) 분산의 추정치 또한 이용된다. 이것은 SAS의 PROC MIXED에서 지원되고 있으나 R의 lme( )에서는 지원하지 않는다.

1. 고정효과의 추론

고정효과인 β의 대비(contrast)를 통하여 다양한 형태의 고정효과에 대한 가설검정을 할 수 있다. 예를 들어, 납노출 아동 치료 연구에서 1주 차와 4주 차, 1주 차와 6주 차의 혈중 납수준에 대한 차이의 유무를 알고자 한다면, 회귀식

$$E(y_{ij}) = \beta_0 + \beta_1 W1_{ij} + \beta_2 W4_{ij} + \beta_3 W6_{ij} + \beta_4 A_i$$

에 귀무가설 및 대립가설은 $H_0: \beta_1 - \beta_2 = 0, \beta_1 - \beta_3 = 0$와 $H_1: not\ H_0$이다. 여기서 $W1_{ij}$, $W4_{ij}$, $W6_{ij}$는 각각 1주, 4주, 6주를 나타내는 표시함수이며 A_i는 개체가 속한 그룹을 나타내는 표시함수(succimer 그룹이면 1, 위약 그룹이면 0)이다. 이러한 대비가 여러 개 있을 경우, 대비행렬(contrast matrix) L을 구성하여 귀무가설 및 대립가설을 $H_0: L\beta = 0$과 $H_1: L\beta \neq 0$을 세운다. 이 경우 왈드 통계량은

$$(\hat{\beta}-\beta)^T L^T \left\{ L \left(\sum_{i=1}^{m} X_i^T V_i(\hat{\alpha})^{-1} X_i \right)^{-1} L^T \right\}^{-1} L(\hat{\beta}-\beta) \sim approx\ \chi_\nu^2$$

이며, 여기서 $v = rank(L)$이며, 위의 귀무가설 및 대립가설하에서는 β를 0으로 놓고 계산해야 한다. 위에서 제시한 혈중 납수준 차이에서 행렬 L은 다음과 같다.

$$L = \begin{pmatrix} 0 & 1 & -1 & 0 & 0 \\ 0 & 1 & 0 & -1 & 0 \end{pmatrix}, \quad \beta = \begin{pmatrix} \beta_0 \\ \beta_1 \\ \beta_2 \\ \beta_3 \\ \beta_4 \end{pmatrix}$$

일반적으로 왈드 검정은 쉽게 기각하는 경향(liberal)이 있으므로 표본 크기가 작을 때는 $F-$검정을 주로 한다. 만약 식 (5.2)에 있는 $V_i(\alpha)$를 $V_i(\alpha) = \sigma^2 W_i^{-1}(\alpha)$이라고 가정하면, σ^2의 WLS 추정량은 다음과 같다.

$$\widehat{\sigma^2} = \frac{y^T[W - WX(X^T WX)^{-1} X^T W] y}{m - rank(X)} \tag{5.5}$$

여기서 $W = diag\{W_1(\alpha), \ldots, W_m(\alpha)\}$이다. $F-$통계량은 다음과 같다.

$$F = \frac{(\hat{\beta}-\beta)^T L^T \left\{ L \left(\sum_{i=1}^{m} X_i^T \hat{V}_i(\hat{\alpha})^{-1} X_i \right)^{-1} L^T \right\}^{-1} L(\hat{\beta}-\beta)}{rank(L)}$$

$$= \frac{(\hat{\beta}-\beta)^T L^T \left\{ L \left(\sum_{i=1}^{m} X_i^T W_i(\hat{\alpha}) X_i \right)^{-1} L^T \right\}^{-1} L(\hat{\beta}-\beta)}{rank(L)\, \widehat{\sigma^2}} \sim approx\ F_{\nu_1, \nu_2}$$

여기서 $\nu_1 = rank(L)$과 ν_2는 자료로부터 추정된 자유도이며, 식 (5.5)인 경우는 $\nu_2 = m - rank(X)$이다.

왈드 검정은 모수추정이 한 번 수행된 후 특정 회귀계수에 대한 검정을 할 때, 모형의 다른 장애모수(nuisance parameter)에 대한 추정의 조건부로 수행된다.

내포모형(nested model)의 경우 가능도비 검정(likelihood ratio test)을 사용할 수도

있다. 이 경우 REML 대신에 ML을 이용하여 추정된 최대가능도 추정량으로 가능도비 검정을 수행한다. 그런데 최대가능도비 검정은 표본의 수가 작은 경우에는 p-값이 너무 작게 계산되어서 쉽게 기각하는 경향이 있다고 한다(Pinheiro와 Bates, 2000). 회귀계수에 대한 신뢰구간은 t분포를 이용하여 구성할 수 있고, 다변량 t분포와 붓스트랩에 기초한 방법들이 개발되고 있다.

2. 공분산행렬 모수의 추론

최대가능도 방법을 이용하여 회귀계수 β와 공분산행렬의 모수 α를 추정한 MLE는 점근적으로 무상관(uncorrelated)이다. 따라서 $\hat{\alpha}$의 분산은 관측 정보행렬(observed information matrix)의 역행렬을 이용하여 계산할 수 있다. 이를 이용하여 공분산행렬의 모수인 α의 신뢰구간을 구할 수 있다. 하지만 실제로 α에 대한 신뢰구간보다는 원래의 모수인 σ^2과 D에 대한 신뢰구간에 관심이 있는 것이 사실이다. 이 경우 σ^2과 D는 α의 함수이므로 최대가능도 추정량의 불변성 특성(invariance property of MLE)에 의해서 $\widehat{\sigma^2}$과 $\hat{D}$을 구하고 그 분산은 Delta method를 이용하여 구하면 된다. 이를 통하여 σ^2과 D의 각각의 모수들의 신뢰구간을 구할 수 있다.

관측 정보행렬의 역행렬을 통하여 추정치($\widehat{\sigma^2}$, $\hat{D}$)를 구하고, 왈드 검정을 통하여 가설검정을 할 수 있다. 그런데 간혹 모수공간(parameter space)의 경계선에서 모수의 참값이 존재할 경우가 있다. 예를 들면, $\sigma = 0$인 경우는 모수공간의 경계선 위에 모수 σ가 존재하는 경우이다. 이 경우에는 왈드 검정은 유효하지 않다. 가능도비 검정은 ML과 REML에서 두 모형이 내포모형일 경우에 사용된다. 하지만 축소모형(reduced model)은 더 큰 모형에서 공분산행렬의 모수 중 일부가 0인 경우를 의미하며, 이는 앞서 언급한 모수공간의 경계선에 그 모수에 대한 참값이 있을 경우를 의미한다. 이 경우에는 가능도비 검정에 의한 p-값이 너무 커서 귀무가설을 기각시키지 않는 경향이 있다.

이 경우에는 가능도비 검정의 자유도를 조정할 필요가 있다(Stram과 Lee, 1994). 선형혼합모형에서 임의절편모형(random intercept model)을 고려해보자.

$$y_{ij} = \beta_0 + \beta_1 x_{ij} + b_{i0} + \epsilon_{ij}$$

$$b_{i0} \sim iid\, N(0, \tau^2)$$

여기서 임의절편의 분산을 $var(b_{i0}) = \tau^2$이라고 할 때, 우리가 임의절편 b_{i0}의 필요성 여부를 가설검정하고자 한다면, 다음의 귀무가설 및 대립가설을 생각할 수 있다.

$$H_0 : \tau = 0\,, \quad H_1 : \tau > 0$$

이때, 가능도비 통계량은 두 분포 χ_0^2와 χ_1^2에 대해 0.5의 확률을 가지는 혼합분포(mixture distribution)이다. 즉, 가능도비 통계량 $\sim 0.5\,\chi_0^2 + 0.5\chi_1^2$이다. 또 다른 예제로 임의절편 및 기울기 모형(random intercept and slope model)을 고려하자. 이 경우 임의의 절편과 기울기의 벡터인 b_i의 공분산행렬은

$$var(b_i) = \begin{pmatrix} \tau_0^2 & \rho\tau_0\tau_1 \\ \rho\tau_0\tau_1 & \tau_1^2 \end{pmatrix}$$

이다. 이때, 임의 기울기의 필요성에 대한 가설검정을 하고자 한다면, 다음의 귀무가설 및 대립가설을 세운다.

$$H_0 : \tau_1 = 0 \text{와 } H_1 : \tau_1 > 0$$

귀무가설하에서 상관계수 ρ는 퇴화분포(degenerate distribution)이어야 한다. 따라서 가능도비 통계량의 분포는 χ_1^2와 χ_2^2의 1:1 혼합분포이다.

이를 일반적으로 설명하면, 두 개의 내포모형이 있다. 첫 번째 모형은 $q+1$개의 상관관계가 있는 임의효과를 가지며, 다른 모형은 q개의 상관관계가 있는 임의효과를 가진다. 이 경우에 가능도비 통계량의 분포는 χ_q^2와 χ_{q+1}^2의 1:1 혼합분포이다. 하지만 만일 두 개의 내포모형에서 첫 번째 모형은 $q+k$의 임의효과($k > 1$)를 가지고, 다른 모형은 q개의 임의효과를 가질 때, 가능도비 통계량의 분포는 잘 정의되지 않는다. 즉, 임의효과에 대한 가능도비 통계량의 분포를 제안할 일반적인 법칙이 없다는 것이다. R 프로그램의 nlme library는 일반적으로 고정효과에서 쓰는 가능도비 검정의 자유도

를 이용한다. 따라서, 기존의 통계패키지에서 제공하는 p-값을 이용하려면 유의수준을 5% 대신에 10%로 사용할 것을 권고하고 있다(Fitzmaurice 등, 2011). 이는 앞서 기술한 것 같이 이 상황에서 가능도비 검정이 귀무가설을 쉽게 기각시키지 않기 때문이다.

앞서 설명한 가능도비 검정은 두 모형이 내포모형일 때에 사용된다고 하였다. 그런데 현실에서는 비내포모형(nonnested model)을 비교할 경우가 종종 있다. 이 경우에는 가능도에 벌점 항목(penalty term)을 추가한 기준(criterion)으로 모형들을 비교할 수 있다. 대표적으로 많이 사용되는 것이 Akaike Information Criterion(AIC)와 Bayesian Information Criterion(BIC)가 있다. 이것의 정의는

$$AIC = -2l(\hat{\theta}|y) + 2n_{par}$$

$$BIC = -2l(\hat{\theta}|y) + n_{par}\log(N)$$

이다. 여기서 θ는 모든 모수(β, σ^2, D)를 의미하고 $\hat{\theta}$은 이 모수의 MLE이며, $l(\hat{\theta}|y)$는 최대 로그 가능도 값, n_{par}은 전체 모수의 수 $N = \sum_{i=1}^{m} n_i$이다. 즉, AIC와 BIC는 작을수록 그 모형의 적합이 더 좋다는 의미이다. REML 추정치를 이용한 AIC와 BIC는 $l(\hat{\theta}|y)$을 $l_R(\hat{\theta}|y)$로 바꿔서 이용하며, 이 경우에는 N 대신에 $N-p$이며 p는 고정효과 모수의 수를 의미한다. AIC와 BIC와 같은 정보기준(information criterion)은 가능도비 검정보다 더 유연하게 적용될 수 있다. 하지만 이 기준은 정확한 통계적 검정이라기보다는 주먹구구식의 방법을 제공한다. 즉, 서로 다른 정보기준에 따라서 다른 결론에 도달할 수도 있다.

3. 임의효과에 대한 추론

선형혼합모형은 많은 경우가 회귀계수인 β의 추정에 초점이 맞춰져 있다. 이러한 회귀계수 β의 추정은 시간에 따른 응답변수 평균 변화와 설명변수의 응답변수 평균 효과에 초점이 맞춰져 있다. 하지만 간혹 개체 특성에 대한 응답변수의 프로파일(profile)에 관심이 있을 때가 있다. 선형혼합모형은 고정효과와 임의효과를 명시적으로 구별하기 때문에 시간에 따른 개별 특성의 반응변수 궤적을 추정(또는 예측)할 수도 있다. 이 경우에 임의효과 b_i는 모수가 아닌 확률변수이므로 추정하는 것이 아니라 예측

하는 것이다.

일반적으로 확률변수를 예측하기 위해 자료가 주어진 상태에서 그 확률변수의 조건부 평균을 이용한다.

정의 5.1 선형혼합모형에 대한 임의의 두 벡터 s와 t에서 **최량선형비편향예측량**(best linear unbiased predictor: BLUP)은 $\tilde{\beta}$와 $\tilde{b}$이며, 이 예측량은 $E(s^T X\tilde{\beta}+t^T Z\tilde{b})=E(s^T X\beta+t^T Zb)$을 만족하며 예측오차(prediction error)인 다음의 식을 최소화하는 것이다.

$$E\{(s^T X\tilde{\beta}+t^T Z\tilde{b})-(s^T X\beta+t^T Zb)\}^2 \qquad (5.6)$$

선형혼합모형에서 β와 b의 BLUP는 다음과 같다.

$$BLUP(\beta)=\tilde{\beta}=\left(X^T V^{-1}X\right)^{-1}X^T V^{-1}y$$
$$BLUP(b)=\tilde{b}=DZ^T V^{-1}(y-X\tilde{\beta})$$

여기서 $V=diag\{V_1,\ldots,V_m\}$이며 $V_i=Z_i D Z_i^T+\sigma^2 I$이다. 그리고 $\tilde{b}=E(b|y)$을 의미한다.

$\tilde{\beta}$와 $\tilde{b}$의 특성은 다음과 같다. 첫째, BLUP $\tilde{\beta}$는 일반적인 최소제곱추정량(GLS estimator)과 동일하며 이는 최량선형비편향추정량(best linear unbiased estimator: BLUE)이다. 둘째, BLUP $\tilde{b}$는 최량선형예측량(best linear predictor: BLP)에서 β를 $\tilde{\beta}$로 바꾼 결과이다. 여기서 b의 BLP는 다음과 같다.

$$BLP(b)=DZ^T V^{-1}(y-X\beta)$$

마지막으로 $\tilde{\beta}$와 $\tilde{b}$에서 D와 V는 ML 또는 REML을 통하여 추정되어야 한다. 실질적으로 β와 b의 BLUP에서 D와 V의 추정치로 바꿔서 이를 **추정** BLUP(estimated BLUP) 또는 **경험적** BLUP(empirical BLUP)이라 하고, 그 결과는 다음과 같다.

$$\hat{\beta} = \left(X^T \hat{V}^{-1} X\right)^{-1} X^T \hat{V}^{-1} y$$

$$\hat{b} = \hat{D} Z^T \hat{V}^{-1} (y - X\hat{\beta})$$

BLUP의 한 가지 간단한(임시적인) 정당성은 Henderson 등(1959)이 다음의 분포 가정을 통하여 제시하였다.

$$y|\, b \sim N(X\beta + Zb, R) \qquad (5.7)$$

$$b \sim N(0, D)$$

이 분포에서 β와 b를 모수와 같이 간주하고, (y,b)에 대한 가능도를 최대화 시키면 다음의 기준(criterion)을 얻는다.

$$(y - X\beta - Zb)^T R^{-1} (y - X\beta - Zb) + b^T D^{-1} b$$

이것은 (β, b)의 BLUP의 추정이 일반적 최소제곱추정(GLS)에 벌점항(penalty term)을 가지는 것과 관련이 있다. 따라서 이 결과는 능형회귀(ridge regression)와 관련 있다.

4. 경험적 베이즈(empirical Bayes)와 축소(shrinkage)

베이지안 통계 관점에서 주어진 자료 y에 대한 b의 사후분포(posterior distribution)는

$$f(b|y) = \frac{f(y|b)f(b)}{\int f(y|b)f(b)db}$$

이다. 여기서 $f(y|b)$와 $f(b)$는 식 (5.7)에 주어진 형태이며, 모수 θ는 편의상 생략하였다. 위의 결과에 따라 계산하면 $f(b|y)$는 다변량 정규분포가 된다. 따라서, b는 사후평균(posterior mean)에 의해서 추정될 수 있다.

$$\begin{aligned}\hat{b}(\theta) &= E(b|y) \\ &= \int b f(b|y) db \\ &= DZ^T V^{-1}(y - X\beta)\end{aligned}$$

실제로는 모수 θ의 요소인 β와 α를 모르고 있으므로 이 모수들의 ML 또는 REML 추정치를 이용하게 된다. 그 결과로 계산된 $\hat{b}(\hat{\theta})$을 **경험적 베이즈**(empirical Bayes: EB) **추정량**이라 한다.

개체 i의 임의효과 b_i의 예측치와 고정효과 β에 대한 추정치를 이용한 예측 응답 프로파일(predicted response profile)은

$$\begin{aligned}\hat{y}_i &= X_i\hat{\beta} + Z_i\hat{b}_i \\ &= X_i\hat{\beta} + Z_iDZ_i^TV_i^{-1}(y_i - X_i\hat{\beta}) \\ &= \left(I_{n_i} - Z_iDZ_i^TV_i^{-1}\right)X_i\hat{\beta} + Z_iDZ_i^TV_i^{-1}y_i \\ &= \Sigma_iV_i^{-1}X_i\hat{\beta} + \left(I_{n_i} - \Sigma_iV_i^{-1}\right)y_i\end{aligned} \tag{5.8}$$

이다. 여기서 $\Sigma_i = V_i - Z_iDZ_i^T$이며, 개체 i의 전체 변동 V_i에서 Z_ib_i의 개체 변동을 뺀 것은 개체 내 변동(within-subject variation)을 의미하며 이를 잔차분산(residual variance)이라 부른다.

식 (5.8)의 결과에서 예측 응답 프로파일인 $\hat{y}_i$은 모집단의 평균 추정치 $X_i\hat{\beta}$과 관측된 자료 y_i의 가중평균으로 해석될 수 있다. 만일 잔차분산 Σ_i가 개체 간 변동(between-subject variability)에 비해서 클 경우, $X_i\hat{\beta}$에 더 큰 가중치를 두게 된다. 반대로 개체 간 변동이 개체 내 변동(잔차분산)에 비해서 클 경우에는 관측된 자료 y_i에 더 큰 가중치를 둔다. 베이지안 관점에서 이것을 축소(shrinkage)라 부른다(Carlin과 Louise, 2009). 임의효과의 평균이 0이기 때문에 관측된 자료는 사전평균(이 경우, $X_i\hat{\beta}$)으로 축소된다.

03 선형혼합모형의 확장

임의효과의 공분산행렬 D는 일반적으로 대칭이며 양정치를 만족해야 하므로 단순

한 구조를 가정한다. 그래서 때때로 항등행렬(identity matrix)이나 대각행렬(diagonal matrix) 등을 가정하기도 한다. 특히 이수준(two-level) 임의효과모형의 첫 번째 수준(one-level)에서 임의효과에 블록 복합대칭(block compound symmetry)을 가지게 한다. 여기서, 임의효과 공분산행렬 D는 대칭 및 양정치를 만족하게 된다. 하지만 이러한 단순한 구조의 공분산행렬은 너무 강한 가정일 수 있다. 이로 인하여 회귀계수의 추정치의 효율이 떨어지는 경향이 있다.

측정오차 벡터 $\epsilon_i = (\epsilon_{i1}, \dots, \epsilon_{in_i})^T$의 공분산행렬에서 기존의 단순한 구조 대신에 일반적인 구조로 확장할 수 있다. 기존의 공분산행렬은 $\sigma^2 I$를 가정함으로써 개체 i 내에 각각의 측정오차들에 대해 서로 무상관을 가정하였다. 하지만 이러한 무상관 가정은 강한 가정일 수 있다. 따라서 좀 더 일반적인 형태의 측정오차에 대한 공분산행렬을 가정할 수 있다. 이 경우 선형혼합모형을 다음과 같이 가정한다.

$$y_i | b_i \sim N\left(X_i\beta + Z_i b_i,\, \sigma^2 \Lambda_i\right)$$

여기서 Λ_i는 $n_i \times n_i$의 대칭이자 양정치인 행렬이며 그 모수는 λ로 나타낸다.

Pinheiro와 Bates(2000)는 행렬 Λ_i를 다음과 같이 분해하였다.

$$\Lambda_i = B_i C_i B_i \tag{5.9}$$

여기서 B_i는 대각행렬이며 C_i는 상관계수행렬이다. 유일성(uniqueness)을 만족시키기 위해서 대각행렬 B_i의 주대각 요소(diagonal element)들은 모두 양수이다. 따라서

$$var(\epsilon_{ij}) = \sigma^2 [B_i]_{jj}^2$$

$$corr(\epsilon_{ij}, \epsilon_{ik}) = [C_i]_{jk}$$

이다. 여기서 $[B_i]_{jj}$는 행렬 B_i의 j번째 주대각 요소이며, $[C_i]_{jk}$는 상관계수행렬의 (j,k)번째 요소이다. 식 (5.9)를 통하여 Λ_i를 **분산구조 요소**(variance structure component)와 **상관계수 구조 요소**(correlation structure component)로 분해하였다.

상관계수행렬 C_i의 구조는 4장에서 제시한 상관계수의 구조를 가질 수 있다. 대표

적인 구조로는 복합대칭 구조, 자기상관 구조, 자기상관-이동평균 구조 등이 있다.

임의효과 b_i가 주어진 상태에서 y_i의 조건부 공분산행렬은 $\sigma^2 \Lambda_i$이다. 여기서 주대각 요소인 분산의 구조를 고려해 보자. 일반적인 분산함수모형(variance function model)은

$$var(\epsilon_{ij}|b_i) = \sigma^2 g^2(\mu_{ij}, v_{ij}, \delta) \tag{5.10}$$

이다. 여기서 $\mu_{ij} = E(y_{ij}|b_i)$이며, v_{ij}는 공변량 벡터이고 δ는 분산의 모수벡터인데, $g()$는 분산함수(variance function)이다. 예를 들어, $var(\epsilon_{ij}|b_i)$를 다음과 같이 가정한다.

$$var(\epsilon_{ij}|\,b_i) = \sigma^2 |v_{ij}|^{2\delta}$$

따라서, $g(v_{ij}, \delta) = |v_{ij}|^{2\delta}$이다.

분산함수 식 (5.10)에서 실제로 μ_{ij}를 $\hat{\mu}_{ij}$으로 놓고, 모수의 추정은 다음 단계를 수렴될 때까지 반복한다.

- $\beta^{(t)}$와 $\delta^{(t)}$가 주어진 상태에서 $\mu_{ij}^{(t)}$를 추정한다.
- $\mu_{ij}^{(t)}$가 주어진 상태에서 $\beta^{(t+1)}$과 $\delta^{(t+1)}$을 추정한다.

04 모형진단

이번 절에서는 선형혼합모형에서 여러 가지 가정을 확인하는 방법에 대해 알아볼 것이다. 일반적으로 적합된 모형의 정확성을 확인하기 위해서 잔차가 이용되며, 또한 잔차를 통하여 자료의 이상점 유무를 확인할 수 있다.

1. 잔차분석

선형혼합모형은 두 가지 단계에서 잔차를 정의할 수 있다. 첫 번째 잔차는 모집단

단계(주변 단계)의 잔차(population level residual)가 있으며 다음과 같다.

$$r_i^0 = y_i - X_i\hat{\beta}$$

여기서 $\hat{\beta}$은 앞에서 제시한 다양한 추정치(WLS, ML, REML 추정치)들이 될 수 있다. 모집단 단계에서 잔차의 분산은 추정될 수 있으며, 추정된 분산을 이용하여 r_i^0을 표준화할 수 있다. 그리고 추정 분산의 표준화된 r_i^0에 대한 효과는 개체수(m)가 큰 경우에 그다지 크지 않다. 평균의 구조인 $X_i\beta$는 모집단 단계의 잔차를 통하여 조사할 수 있다.

두 번째 잔차는 개체 특성(조건부 단계)의 잔차(subject-specific residual)가 있으며 다음과 같이 정의한다.

$$r_i^1 = y_i - X_i\hat{\beta} - Z\hat{b}_i$$

여기서 $\hat{b}_i$은 b_i의 BLUP이며 이 개체 특성의 잔차는 반복수 n_i가 작을 때에 b_i와 함께 잘 추정되지 않는다. 따라서 이 경우에는 r_i^1을 사용할 때에 주의해야 한다.

2. 임의효과의 정규성 가정

임의효과는 일반적으로 정규분포를 가정한다. 만일 이 정규성 가정을 만족하지 않을 때, 주변모형에 대한 추론, 특히 고정효과에 대한 추론은 여전히 유효하게 된다. 그렇지만 임의효과의 경험적 베이즈 추정량은 임의효과의 분포가정에 영향을 많이 받을 수 있다. 특히, 모집단에서 임의효과 b의 이질성(heterogeneity)은 축소된 $\hat{b}$에서 보존되지 않을 수 있다. 따라서 임의효과에 관심이 있을 경우에는 임의효과 b_i의 정규성을 체크하는 것이 중요하다. 정규성을 확인하기 위해서 $\hat{b}_i$의 히스토그램을 이용할 수 있지만, 이것은 유용하지 않다. 그 이유는 $\hat{b}_i$이 동일하게 분포하지 않으며 $\hat{b}_i$의 축소(shrinkage)로 인하여 모집단의 b_i보다 더 작은 분산을 가지게 되게 때문이다.

히스토그램 대신에 $\hat{b}_i$의 QQ 플랏을 이용하여 정규성 및 동질성(homogeneity)의 가정을 확인할 수는 있지만 이러한 가정을 확인하는 것은 사실상 쉽지 않다.

05 공분산행렬의 모수적 모형화

이번 절에서 일반선형모형에서 공분산행렬을 모수적 모형에 의하여 모형화 하고자 한다. Diggle 등(2002)은 경시적 자료에서는 임의변동(random variation)을 임의효과(random effects), 계열상관(serial correlation), 측정오차(measurement error)로 나누었다. 임의효과는 모집단에서 개체가 임의로 표본 추출될 때, 개체들 사이의 확률적 변화를 보여주는 것이다.

계열상관은 관측된 측정 프로필이 적어도 일부는 해당 개체 내에서 작동하는 시간에 따른 확률적 프로세스에 대한 반응이다. 이러한 유형의 확률적 변동은 측정치들 간의 시간 차에 따라서 동일한 개체의 측정치 간의 상관관계를 다르게 만든다. 일반적으로 시간 차가 증가할수록 상관관계가 약해진다. 마지막으로 측정오차는 개별 측정에서 개체 내 특정 종류의 표본추출이 포함된 경우, 측정 프로세스 자체가 데이터에 변동 성분을 추가할 수 있는데 이를 측정오차라고 한다.

4장에 보았던 일반선형모형을 다음과 같이 고려해 보자.

$$y_{ij} = x_{ij}^T \beta + \epsilon_{ij}$$

여기서 오차항 ϵ_{ij}을 다음과 같이 분해하여 쓸 수 있다.

$$\epsilon_{ij} = \epsilon_i(t) = b_i + w_i(t_{ij}) + z_{ij} \tag{5.11}$$

이 분석에서 오차항 ϵ_{ij}의 변동을 식 (5.11)에서와 같이 3개로 분해한다. b_i는 임의절편으로 임의효과를 나타내며, $w_i(t_{ij})$는 계열상관이며, 마지막으로 z_{ij}는 측정오차이다. 3장에서 설명한 준변이도를 다음과 같이 제시한다.

$$\gamma(u) = \frac{1}{2} E\{\epsilon_i(t) - \epsilon_i(t-u)\}^2$$

식 (5.11)에서 우리는 몇 가지 다른 경우를 고려할 수 있다.

$b_i \sim iid\,N(0,\sigma_b^2)$, $w_i(t_{ij}) \sim iid\,N(0,\sigma_w^2)$, $z_{ij} \sim iid\,N(0,\sigma_z^2)$이고 이들 사이가 서로 독립인 경우($cov(b_i, w_i(t_{ij})) = 0$, $cov(b_i, z_{ij}) = 0$, $cov(w_i(t_{ij}), z_{ij}) = 0$)이다. 우선 응답변수의 분산, 공분산, 준변이도를 계산하면 다음과 같다.

$$\begin{aligned} var(y_{ij}) &= var(\epsilon_{ij}) = \sigma_b^2 + \sigma_w^2 + \sigma_z^2 \\ cov(y_{ij}, y_{ik}) &= cov(\epsilon_{ij}, \epsilon_{ik}) = var(b_i) = \sigma_b^2 \\ \gamma(d_{ijk}) &= (\sigma_w^2 + \sigma_z^2) \end{aligned} \tag{5.12}$$

여기서 $d_{ijk} = |t_{ij} - t_{ik}|$이다. 따라서 준변이도 $\gamma(d_{ijk})$는 시차 d_{ijk}에는 의존하지 않음을 알 수 있다.

$b_i \sim iid\,N(0,\sigma_b^2)$, $w_i(t_{ij}) \sim N(0,\sigma_w^2)$, $z_{ij} \sim iid\,N(0,\sigma_z^2)$, $cov(b_i, w_i(t_{ij})) = 0$이고 $cov(b_i, z_{ij}) = 0$, $cov(w_i(t_{ij}), z_{ij}) = 0$, $cov(w_i(t_{ij}), w_i(t_{ik})) = \sigma_w^2 \rho^{|t_{ij} - t_{ik}|}$ 이다. 여기서 ρ는 일반적으로 0과 1 사이의 값이다. 응답변수의 분산, 공분산, 준변이도를 계산하면 다음과 같다.

$$\begin{aligned} var(y_{ij}) &= var(\epsilon_{ij}) = \sigma_b^2 + \sigma_w^2 + \sigma_z^2 \\ cov(y_{ij}, y_{ik}) &= var(b_i) + cov(w_{ij}, w_{ik}) = \sigma_b^2 + \sigma_w^2 \rho^{|t_{ij} - t_{ik}|} \\ \gamma(d_{ijk}) &= \left\{\sigma_w^2 (1 - \rho^{d_{ijk}}) + \sigma_z^2\right\} \end{aligned}$$

이 경우에 준변이도 $\gamma(d_{ijk})$는 시차 d_{ijk}에 의존함을 알 수 있다. 또한, 시차 d_{ijk}가 0에 가까워질 때 변동 $\gamma(d_{ijk})$는 σ_z^2이 됨을 알 수 있다. 여기서 σ_z^2 을 덩어리 효과(nugget effect)라고 한다.

이 경우를 좀 더 일반적인 형태로 가정하면 다음과 같다.

$$\begin{aligned} & var(b_i) = \sigma_b^2 \\ & cov(w_i(s), w_i(t)) = \sigma_w^2 \rho(|s - t|) \\ & var(z_{ij}) = \sigma_z^2 \end{aligned}$$

그러면 $\epsilon_i(t)$와 $\epsilon_i(t-u)$의 공분산은 다음과 같다.

$$cov(\epsilon_i(t), \epsilon_i(t-u)) = \begin{cases} \sigma_b^2 + \sigma_w^2 \rho(u),\ u > 0 \\ \sigma_b^2 + \sigma_w^2 + \sigma_z^2,\ u = 0 \end{cases}$$

여기서 $\rho(u)$는 자기상관계수이다. 일반적으로 많이 쓰는 자기상관계수 모형은 지수 상관함수(exponential correlation function)와 가우시안 상관함수(Gaussian correlation function)이며 그 형태는 다음과 같다.

$$\text{지수 상관함수:} \qquad \rho(u) = \exp(-\phi u)$$
$$\text{가우시안 상관함수:} \quad \rho(u) = \exp(-\phi u^2)$$

여기서 모수 $\phi > 0$이다. 두 함수 모두 u가 증가하면 $\rho(u)$가 줄어드는 구조이다.

준변이도 $\gamma(u)$를 계산하면 분산성분인 σ_b^2, σ_w^2, σ_z^2의 특성을 지정할 수 있다. 이 모형을 이용하여 준변이도는 다음과 같이 정의한다.

$$\begin{aligned} \gamma(u) &= \frac{1}{2} E\{\epsilon_i(t) - \epsilon_i(t-u)\}^2 \\ &= \sigma_w^2(1-\rho(u)) + \sigma_z^2 \end{aligned}$$

$u \to 0$인 경우 $\rho(u) \to 1$이고, $u \to \infty$인 경우 $\rho(u) \to 0$이라 가정하면, 준변이도의 결과는 다음과 같다.

$$\gamma(u) \to \begin{cases} \sigma_z^2, & u \to 0 \\ \sigma_w^2 + \sigma_z^2, & u \to \infty \end{cases} \tag{5.13}$$

따라서 측정오차에서 계열상관인 $w_i(t_{ij})$가 상관관계를 가지고 있다면 준변이도는 시차 d_{ijk}에 따라서 달라진다. 즉, 측정오차의 상관관계가 존재할 때는 측정치들의 상관관계를 무시하면 안 된다는 것을 의미한다.

식 (5.12)에서 ϵ_{ij}의 분산은 $\sigma_b^2 + \sigma_w^2 + \sigma_z^2$이며, 식 (5.13)에서 시차가 증가함에 따라

서 준변이도는 $\sigma_w^2 + \sigma_z^2$이다. 그리고 이 두 값의 차이를 silt라고 하며, 이는 개체의 임의효과에 대한 분산 σ_b^2이 된다.

06 자료분석

이번 절에서는 실제 자료를 가지고 분석하고자 한다. 회귀분석과는 다르게 경시적 자료를 분석할 때에 평균모형과 분산모형 둘 다 주의할 필요가 있다. 이러한 분석을 위한 일반적인 지침을 아래와 같이 제시한다.

① 평균모형에 관심이 있을 때는 단순한 분산모형을 고려하고 가설검정을 위해서는 강건한 분산 추정량을 이용해야 한다. 하지만 적절한 분산모형을 가지면 평균모형의 모수추정에 대한 효율은 증가한다. 경시적 자료에서 결측치가 있는 경우에는 결측치에 대한 비현실적인 가정하에서도 강건한 분산 추정량은 유효할 수 있다.

② 평균모형과 더불어 분산모형에도 관심있는 경우 두 모형의 가정에 주의해야 한다. 이 때 평균모형이 틀린 경우에는 분산의 추정량은 일치성을 만족할 수가 없으므로 평균모형에 중점을 두어야 한다.

③ 너무 제한적인 공분산행렬의 가정이 맞지 않을 경우 공분산행렬의 추론을 유효하지 않게 한다. 반면, 공분산행렬의 구조에 과모수화(overparameterization)되어 추정하게 되면 비효율적인 추정과 표준오차의 정확도가 떨어지게 된다(Altham, 1984).

④ 전형적으로 모형을 구성하는 과정은 다음의 단계를 따른다.

㉠ 단순한 공분산행렬의 구조(예를 들면 독립인 구조)를 가진 포화모형(saturated model) 또는 과도하게 정밀한(over-elaborated) 모형을 적합한다.

㉡ 모형의 잔차를 이용하여 분산의 구조를 조사하고 적당한 공분산행렬을 선택한다.

㉢ 모형의 적합도(goodness-of-fit)를 만족하는지 알아보기 위해 앞에서 선택된 공분산행렬을 가지고 포화모형 또는 과도하게 정밀한 모형을 다시 적합한다.

㉣ 선택된 공분산행렬이 만족되면, 평균모형의 변수선택을 통하여 모형을 단순화한다. 만일 선택된 공분산행렬이 만족하지 않으면 위에서 제시한 ②와 ③의 과

정을 반복한다.

⑤ 적절한 평균모형을 만들었다고 하여 끝나는 것은 아니며, 모형의 적합도 역시 모형 선택을 위한 궁극적인 기준이 아니다. 단순성과 해석 가능성 또한 모형의 적합도에 비하여 중요하지는 않다. 다만, 선택된 모형이 관심 있는 과학적 문제를 해결한다는 점에서 단순성과 해석 가능성을 유의할 필요는 있다.

1. 멀티센터 AIDS 코호트 연구 자료분석

1.2절과 3.2절에서 다룬 AIDS 코호트 연구 자료를 선형 및 선형혼합모형을 이용하여 분석하고자 한다. 3장에서는 탐색적 자료분석을 통하여 반복 측정의 상관관계를 설명하는 모형의 필요성과 응답변수의 단위가 커서 제곱근 변환을 한 결과를 응답변수로 사용해야 하는 것을 알 수 있었다. 3장의 <그림 3-4>와 같이 CD4+ 세포수의 혈청전환 이전에는 1000개의 세포수를 보이다가 혈청전환 이후 시간이 증가함에 따라서 CD4+ 세포수의 평균은 줄어들고 있다는 것을 알았다. 즉, 혈청전환 전의 효과와 혈청전환 후 시간의 효과를 다르게 처리할 필요가 있다. 그리고 혈청전환 후 시간의 효과에 관심이 있기 때문에 혈청전환 전 시간(음수로 표시된 시간)을 모두 0으로 처리하고 혈청전환 후 시간은 그대로 둔 상태에서 분석하고자 한다. 아래의 회귀분석 결과를 통하여 잔차의 정규분포는 어느 정도 만족하는 것 같으나 표준화 잔차의 값들이 ±3을 벗어난 값들이 많이 있음을 알 수 있다(그림 5-1).

이제 선형혼합모형을 이용하여보다 정확한 분석을 하고자 한다. 가정된 모형은 다음과 같다.

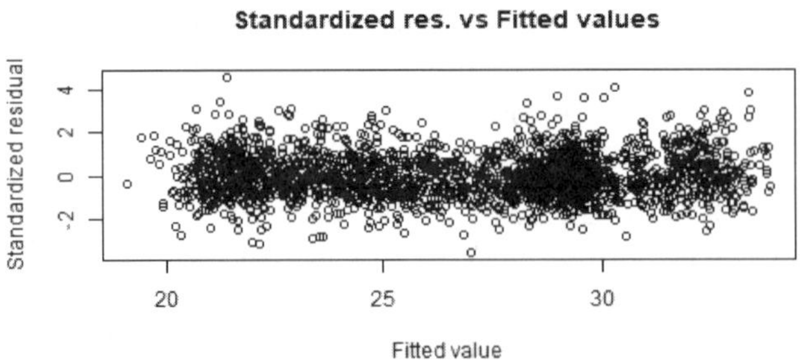

그림 5-1 회귀분석 후 잔차분석

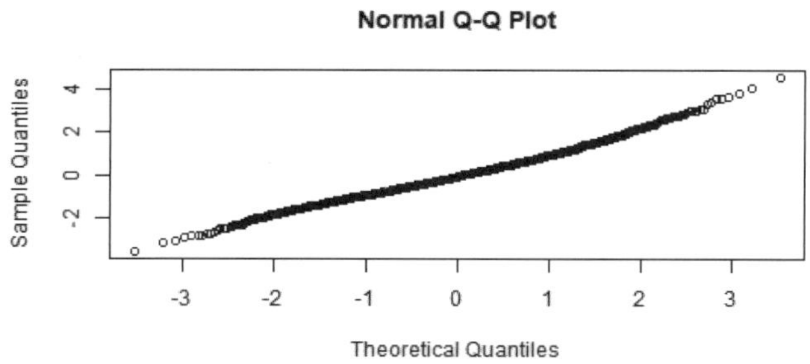

그림 5-1 회귀분석 후 잔차분석(계속)

$$y_{ij} = \beta_0 + \beta_1 Cesd_{ij} + \beta_2 Drug_{ij} + \beta_3 Sex_{ij} + \beta_4 Pack_{ij}$$

$$+ \beta_5 Time2_{ij} + \beta_6 Time2_{ij}^2 + b_{i0} + \epsilon_{ij}$$

$$b_{i0} \sim iid\, N(0, \tau^2),\ \epsilon_{ij} \sim\ iid\, N(0, \sigma^2)$$

여기서 $Cesd_{ij}$는 우울증 점수, $Drug_{ij}$는 마약 사용여부, Sex_{ij}는 성 접촉자수, $Pack_{ij}$는 하루에 피우는 담배갑수이다. $Time2_{ij}$는 앞서 제시한 혈청전환 전은 0으로 혈청전환 후의 값은 그대로 둔 시간이다(단, 임의절편을 가정하였다). 이 모형을 적합시키기 위해서 R 함수 lme( )를 이용하여 적합한 결과는 다음과 같다.

$$\hat{y}_{ij} = 29.19^* - 0.05^* Cesd_{ij} + 0.36 Drug_{ij} + 0.07^* Sex_{ij} + 0.61^* Pack_{ij}$$

$$- 4.53^* Time2_{ij} + 0.60^* Time2_{ij}^2 + b_{i0}$$

$$b_{i0} \sim iid\, N(0, 4.24^2),\ \epsilon_{ij} \sim\ iid\, N(0, 4.35^2)$$

여기서 우선 오차항은 독립이라 가정하였다. 이 가정이 맞는지 확인하기 위해서 잔차의 자기상관함수 ACF( )를 이용한 자기상관계수 값의 결과 시차(lag)가 증가함에 따라서 상관계수는 급격히 줄어들면서 음의 상관으로 변환됨을 알 수 있다. 그리고 준변이도의 추정치들은 대체로 1 주변의 값을 유지하지만 lag가 10 이상이 되면 떨어짐을 알 수 있다. 식 (5.12)에 제시된 응답변수 y_{ij}의 변동도인 $\gamma(u) = \sigma^2(1 - \rho(u)) + \tau^2$을 이용하여 추정 준변이도를 계산한다. 이를 그래프로 나타내면 <그림 5-2>에 있는 실선이다. 이를 통하여 반복 측정치들의 오차항에서 상관관계의 존재성을 확인할 수 있었다. 이는 오차항에 대한 상관관계를 가지는 모형의 필요성을 제시하고 있다. R 프로그램의 lme 패키지에서 제공하는 Variogram( ) 함수를 이용하여 준변이도를 계산할 수 있다.

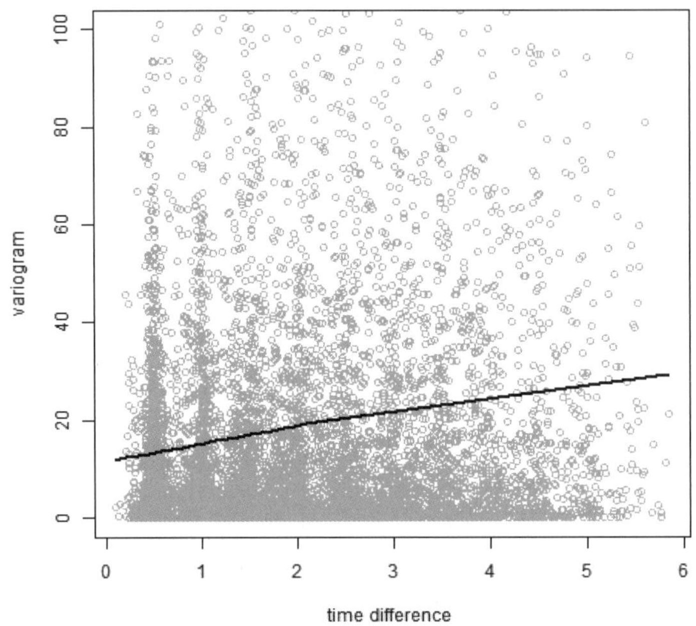

그림 5-2 시차에 따른 준변이도

R 코드

```
in ▸   library(nlme)
       CD4 <- read.table("cd4.dat",header=TRUE)
       CD4$Time2 <- ifelse(CD4$Time <0, 0, CD4$Time) # 혈청전환 전을 0으로 변환함
       CD4g <- groupedData(CD4 ~ Time | ID, data=CD4, FUN=median,
                                    labels=list(x="Time since
       seroconversion",
                                    outer= ~Age,
                                    labels=list(y="CD4+ Cell Number")),
                                    units=list(x="(yr)",y=""))

       gsummary(CD4g, FUN=function(x) max(x,na.rm=TRUE))[1:5,]
       gsummary(CD4g, FUN=function(x) min(x,na.rm=TRUE))[1:5,]

       CD4.lm <- lm(I(sqrt(CD4)) ~ Cesd+Drugs+Sex+Packs+Time2+I(Time2^2),
```

```
data=CD4)
summary(CD4.lm)

library(MASS)
par(mfrow=c(2,1))
plot(fitted(CD4.lm),stdres(CD4.lm),xlab="Fitted
value",ylab="Standardized residual",
      main="Standardized res. vs Fitted values")
qqnorm(stdres(CD4.lm))

temp <- subset(CD4, Time <4)
cd4.lmt <- lm(I(sqrt(CD4)) ~ Time2+I(Time2^2), data=temp)
temp$fitted <- fitted(cd4.lmt)^2
temp <- temp[order(temp$Time),]
plot(CD4 ~ Time, data=temp, col="gray50", pch=".",
     xlab="Years since seroconversion", ylab="CD4+ cell number")
lines(temp$fitted ~ temp$Time)

# Linear mixed model
CD4.lme <- lme(I(sqrt(CD4))~ Cesd+Drugs+Sex+Packs+Time2+I(Time2^2),
                          data=CD4g, random=~1|ID)
summary(CD4.lme)

# autocorrelation function using residuals
ACF(CD4.lme)
plot(ACF(CD4.lme), alpha=0.01 )
# variogram using residuals
Variogram(CD4.lme)

r  <- tapply(resid(CD4.lme),CD4$ID, function(x) x)
dt <- tapply(CD4$Time, CD4$ID,
  function(x){
    tmp <- outer(x, x, "-")
    abs(tmp[lower.tri(tmp)])
  }
)

non.singles <- which(sapply(r,length) != 1)
r <- r[non.singles]
dt <- dt[non.singles]
CD4.v <- mapply(function(x,y) Variogram(x,y), r, dt, SIMPLIFY=FALSE)

CD4.v <- do.call("rbind", CD4.v)
temp <- loess.smooth(x=CD4.v$dist, y=CD4.v$variog, family="gaussian")
```

```
# $\gamma(u) = \sigma^2(1-\rho(u)) + \tau^2$ 그리기
plot(variog ~ dist, data=CD4.v, ylim=c(0,100),col="gray70",
                              xlab="time difference", ylab="variogram")
lines(temp, lty=1, lwd=2)
```

out ▸

```
> gsummary(CD4g, FUN=function(x) max(x,na.rm=TRUE))[1:5,]
           Time  CD4  Age  Packs  Drugs  Sex  Cesd     ID     Time2
20089  2.332649  641 6.31      3      1    5     8  20089  2.332649
40445  4.917180  356 0.02      0      1    0     4  40445  4.917180
20498  1.806982  823 4.78      0      1    5    17  20498  1.806982
10915  4.123203  773 0.32      0      1    5    16  10915  4.123203
20014  1.872690  913  .79      1      1   -2    11  20014  1.872690
> gsummary(CD4g, FUN=function(x) min(x,na.rm=TRUE))[1:5,]
           Time  CD4  Age  Packs  Drugs  Sex  Cesd      ID  Time2
20089 -0.251882   52 6.31      0      0   -2    -5   20089      0
40445 -0.394251  187 0.02      0      0   -5    -5   40445      0
20498 -0.273785  123 4.78      0      0   -3     4   20498      0
10915 -0.758385  139 0.32      0      0   -4    -6   10915      0
20014 -1.341547  224 1.79      0      1   -4     1   20014      0
>
> CD4.lm <- lm(I(sqrt(CD4))~Cesd+Drugs+Sex+Packs+Time2+I(Time2^2),
data=CD4)
> summary(CD4.lm)

Call:
lm(formula=I(sqrt(CD4)) ~ Cesd + Drugs + Sex + Packs + Time2 +
    I(Time2^2), data=CD4)

Residuals:
     Min       1Q   Median       3Q      Max
-21.5151  -4.0749  -0.4008   3.7172  27.9015

Coefficients:
             Estimate Std.   Error    t value    Pr(>|t|)
(Intercept)    28.63913   0.30257    94.654   < 2e-16 ***
Cesd           -0.03455   0.01310    -2.637   0.00842 **
Drugs           0.93519   0.29720     3.147   0.00167 **
Sex            -0.05574   0.03698    -1.507     0.13186
Packs           0.97146   0.08753    11.099   < 2e-16 ***
Time2          -4.98658   0.27770   -17.957   < 2e-16 ***
I(Time2^2)      0.75434   0.06654    11.337   < 2e-16 ***
---
```

```
Signif. codes:  0 '***' 0.001 '**' 0.01 '*' 0.05 '.' 0.1 ' ' 1

Residual standard error: 6.04 on 2369 degrees of freedom
Multiple R-squared:   0.27,     Adjusted R-squared:  0.2681
F-statistic:   146 on 6 and 2369 DF,  p-value: < 2.2e-16

> library(MASS)
> par(mfrow=c(2,1))
>plot(fitted(CD4.lm),stdres(CD4.lm),xlab="Fitted value",
+        ylab="Standardized residual",
+        main="Standardized res. vs Fitted values")
> qqnorm(stdres(CD4.lm))

> temp <- subset(CD4, Time <4)
> cd4.lmt <- lm(I(sqrt(CD4)) ~ Time2+I(Time2^2), data=temp)
> temp$fitted <- fitted(cd4.lmt)^2
> temp <- temp[order(temp$Time),]
> plot(CD4 ~ Time, data=temp, col="gray50", pch=".",
+        xlab="Years since seroconversion", ylab="CD4+ cell number")
> lines(temp$fitted ~ temp$Time)
>
> # Linear mixed model
> CD4.lme <- lme(I(sqrt(CD4))~ Cesd+Drugs+Sex+Packs+Time2+I(Time2^2),
+                          data=CD4g, random=~1|ID)
> summary(CD4.lme)
Linear mixed-effects model fit by REML
  Data: CD4g
       AIC      BIC    logLik
  14458.52 14510.45 -7220.261

Random effects:
 Formula: ~1 | ID
        (Intercept) Residual
StdDev:    4.237735 4.349483  => τ̂²= 4.24²과 σ̂²= 4.35²

Fixed effects:  I(sqrt(CD4)) ~ Cesd + Drugs + Sex + Packs + Time2 +
I(Time2^2)
                Value  Std.Error   DF   t-value   p-value
(Intercept) 29.194329  0.3904274 2001  74.77530    0.0000
Cesd        -0.050820  0.0140008 2001  -3.62980    0.0003
Drugs        0.359554  0.3180973 2001   1.13033    0.2585
Sex          0.074187  0.0371871 2001   1.99497    0.0462
Packs        0.611049  0.1230691 2001   4.96509    0.0000
```

```
Time2        -4.527128  0.2235104  2001  -20.25466    0.0000
I(Time2^2)    0.600922  0.0517042  2001   11.62231    0.0000
 Correlation:
           (Intr) Cesd   Drugs  Sex    Packs  Time2
Cesd       -0.055
Drugs      -0.634 -0.015
Sex        -0.034 -0.051 -0.142
Packs      -0.331 -0.048 -0.033 -0.018
Time2      -0.286 -0.012  0.035  0.382  0.032
I(Time2^2)  0.188 -0.005 -0.001 -0.283 -0.001 -0.933

Standardized Within-Group Residuals:
        Min          Q1         Med          Q3         Max
-4.20671697 -0.56388389  0.00678614  0.56113461  4.50474956

Number of Observations: 2376
Number of Groups: 369
>
> # autocorrelation function using residuals
> ACF(CD4.lme)
   lag         ACF
1    0  1.00000000
2    1  0.08833151
3    2 -0.08371956
4    3 -0.17492743
5    4 -0.24008472
6    5 -0.27737470
7    6 -0.30436789
8    7 -0.36217774
9    8 -0.27276383
10   9 -0.41424255
11  10 -0.44944595
> plot(ACF(CD4.lme), alpha=0.01 )
> # variogram using residuals
> Variogram(CD4.lme)
     variog  dist  n.pairs
1  1.1926927    0      346
2  0.8642451    1     2298
3  1.0158060    2     1659
4  1.0052477    3     1177
5  1.0066143    4      817
6  0.9856498    5      577
```

```
7  0.9705400    6     387
8  1.0874431    7     260
9  1.0043419    8     161
10 0.7068785    9      86
11 0.6551067   10      41
12 0.6369616   11       8
>
> r   <- tapply(resid(CD4.lme),CD4$ID, function(x) x)
> dt <- tapply(CD4$Time, CD4$ID,
+   function(x){
+     tmp <- outer(x, x, "-")
+     abs(tmp[lower.tri(tmp)])
+   }
+ )
>
> non.singles <- which(sapply(r,length) != 1)
> r <- r[non.singles]
> dt <- dt[non.singles]
> CD4.v <- mapply(function(x,y) Variogram(x,y), r, dt, SIMPLIFY=FALSE)
>
> CD4.v <- do.call("rbind", CD4.v)
> temp <- loess.smooth(x=CD4.v$dist, y=CD4.v$variog, family="gaussian")
>
> #  그리기
> plot(variog ~ dist, data=CD4.v, ylim=c(0,100),col="gray70",
+                               xlab="time difference", ylab="variogram")
> lines(temp, lty=1, lwd=2)
```

오차항의 상관계수 구조를 지수 상관함수로 적용하려면 R의 lme( ) 함수에서 'correlation=corExp( )'을 추가하면 된다. 즉, $\rho(u) = \exp(-\phi u)$ 형태의 상관계수를 가진다. 구체적인 R 코드는 아래에 주어져 있다. 추정된 회귀식은 다음과 같다.

$$\hat{y}_{ij} = 29.24^* - 0.04^* Cesd_{ij} + 0.40 Drug_{ij} + 0.05 Sex_{ij} + 0.54^* Pack_{ij}$$

$$- 4.69^* Time2_{ij} + 0.63^* Time2_{ij}^2 + b_{i0}$$

$$b_{i0} \sim iid\, N(0, 3.91^2),\ \epsilon_{ij} \sim N(0, 4.67^2)$$

앞에서 적용한 오차항이 독립인 모형과 비교하여 추정치에서 약간 차이를 보이고 있지만 크게 변하지는 않았다. 단지 Sex_{ij}의 회귀계수가 왈드 검정 결과 유의미하지 않게 된 것이 차이점이다. 오차항이 독립인 모형과 지수 상관함수를 가지는 모형의 비교를 위하여 가능도비 검정을 수행하였다. 그 결과 가능도비 검정통계량이 143.7077이며 p-값이 <0.0001로 귀무가설 $H_0 : \phi = 0$을 기각하게 된다. 따라서 추정된 $\hat{\phi} = 0.506$이며 추정된 오차항의 상관계수행렬은 다음과 같다.

$$\widehat{corr}(\epsilon_i) = \begin{bmatrix} 1 & e^{-0.506} & e^{-2\times 0.506} & \cdots \\ e^{-0.506} & 1 & e^{-0.506} & \cdots \\ e^{-2\times 0.506} & e^{-0.506} & 1 & \cdots \\ \vdots & \vdots & \vdots & \ddots \end{bmatrix}$$

R 코드

in ▸
```
# Linear mixed model with error having exponential correlation
CD4.lme2 <- lme(I(sqrt(CD4))~ Cesd+Drugs+Sex+Packs+Time2+I(Time2^2),
                     data=CD4g, random=~1|ID,
                     correlation=corExp(form=~Time,value=0.1))
summary(CD4.lme2)

# LRT test for two models
anova(CD4.lme2, CD4.lme)
intervals(CD4.lme2)
```

out ▸
```
> # Linear mixed model with error having exponential correlation
> CD4.lme2 <- lme(I(sqrt(CD4))~ Cesd+Drugs+Sex+Packs+Time2+I(Time2^2),
+                      data=CD4g, random=~1|ID,
+                      correlation=corExp(form=~Time,value=0.1))
> summary(CD4.lme2)
Linear mixed-effects model fit by REML
  Data: CD4g
       AIC      BIC    logLik
  14316.81 14374.52 -7148.407

Random effects:
 Formula: ~1 | ID
        (Intercept) Residual
StdDev:    3.911596 4.674125 => τ^2= 3.91^2과 σ^2= 4.67^2
```
(위 마지막 줄 주석: $\widehat{\tau^2} = 3.91^2$과 $\widehat{\sigma^2} = 4.67^2$)

```
Correlation Structure: Exponential spatial correlation
 Formula: ~Time | ID
 Parameter estimate(s):
    range
0.5057515
Fixed effects: I(sqrt(CD4)) ~ Cesd + Drugs + Sex + Packs + Time2 +
I(Time2^2)
                  Value Std.Error   DF   t-value  p-value
(Intercept)  29.243415 0.3957184 2001  73.89956   0.0000
Cesd         -0.044401 0.0137543 2001  -3.22812   0.0013
Drugs         0.404451 0.3158650 2001   1.28046   0.2005
Sex           0.050519 0.0380137 2001   1.32897   0.1840
Packs         0.539562 0.1246222 2001   4.32958   0.0000
Time2        -4.686629 0.2698153 2001 -17.36976   0.0000
I(Time2^2)    0.626022 0.0625696 2001  10.00522   0.0000
 Correlation:
           (Intr)   Cesd  Drugs    Sex   Packs  Time2
Cesd       -0.061
Drugs      -0.611  -0.019
Sex        -0.050  -0.046 -0.132
Packs      -0.324  -0.025 -0.046  -0.011
Time2      -0.321  -0.009  0.022   0.325  0.025
I(Time2^2)  0.209  -0.003  0.002  -0.238  0.002  -0.930

Standardized Within-Group Residuals:
         Min           Q1          Med           Q3          Max
-3.616635203 -0.546364399  0.005226372  0.563678216  4.387458255

Number of Observations: 2376
Number of Groups: 369
>
> # LRT test for two models
> anova(CD4.lme2, CD4.lme)
         Model  df      AIC      BIC    logLik   Test  L.Ratio p-value
CD4.lme2     1  10 14316.81 14374.52 -7148.407
CD4.lme      2   9 14458.52 14510.45 -7220.261 1 vs 2 143.7077  <.0001
> intervals(CD4.lme2)
Approximate 95% confidence intervals

 Fixed effects:
                  lower         est.       upper
(Intercept) 28.46735160 29.24341477 30.01947795
```

```
Cesd        -0.07137503 -0.04440069 -0.01742635
Drugs       -0.21500758  0.40445104  1.02390966
Sex         -0.02403141  0.05051916  0.12506973
Packs        0.29515938  0.53956233  0.78396528
Time2       -5.21577709 -4.68662868 -4.15748028
I(Time2^2)   0.50331403  0.62602233  0.74873063
attr(,"label")
[1] "Fixed effects:"

 Random Effects:
  Level: ID
                   lower     est.    upper
sd((Intercept)) 3.519623 3.911596 4.347222

 Correlation structure:
          lower      est.     upper
range 0.4303439 0.5057515 0.5943725
attr(,"label")
[1] "Correlation structure:"

 Within-group standard error:
   lower     est.    upper
4.480867 4.674125 4.875718
```

6장

범주형 자료분석을 위한 추정방정식

응답변수가 이항(binary), 순서(ordinal), 명목(nominal) 및 계수형인 경시적 자료는 앞의 장에서 소개한 일반선형모형 또는 선형혼합모형으로는 평균 및 반복 측정된 응답변수의 상관관계를 제대로 설명할 수가 없다. 대신에 일반화 추정방정식(generalized estimating equation: GEE)을 이용한 일반화 선형모형(generalized linear model: GLM)과 일반화 선형혼합모형(generalized linear mixed model: GLMM)을 이용하여 평균 및 상관관계를 설명할 수 있다. 이번 장에서는 7장에서 다룰 GEE를 이용한 일반화 선형모형에 앞서 일반화 선형모형과 준가능도(quasi-likelihood) 방법에 대한 설명을 하도록 한다.

01 일반화 선형모형

GEE는 일반화 선형모형(GLM)의 경시적 자료분석을 위한 버전이다. 따라서 GEE를 설명하기 전에 GLM에 대해서 먼저 설명하고자 한다. GLM의 설명을 위해서 반복이 없고 독립인 범주형 응답변수와 공변량을 고려해보자. 즉, y_i는 i번째 개체의 스칼라 응답변수이며, x_i는 $p\times 1$인 공변량 벡터이다. 여기서 $i=1,\dots,m$이다. GLM은 임의성분(random component), 체계적 성분(선형 예측식(linear predictor)), 연결함수(link function)의 3가지 요소를 가진다.

- 임의성분(random component): GLM의 임의성분은 응답변수 y_i에 대한 확률밀도함수는 지수산포족(exponential dispersion family)에 속하며, 지수산포족은 다음의 형태의 확률밀도함수이다.

$$f(y_i;\theta_i,\phi)=\exp\left\{\frac{y_i\theta_i-b(\theta_i)}{a(\phi)}+c(y,\phi)\right\} \tag{6.1}$$

  여기서 θ_i는 정준모수(canonical parameter)라 하고, $\phi>0$는 척도(산포)모수(scale (dispersion) parameter)라 하며, $a(\phi)$와 $c(y,\phi)$는 척도모수의 함수이다. 이들 함수

는 자주 $a(\phi)=1$와 $c(y,\phi)=c(y)$이거나, $a(\phi)=\phi$ 또는 $a(\phi)=\phi/\omega_i$ ($\phi>0$, ω_i는 아는 값)의 형태를 가진다. y_i의 확률밀도함수 (6.1)이 주어지면 y_i의 모평균과 모분산을 구할 수 있다. 지수산포족에 속하는 분포는 정규분포, 이항분포, 포아송 분포 등이 있다.

- 체계적 성분(systematic component): GLM의 체계적 성분은 설명변수(공변량)를 명시하고, 그 변수들이 다음의 선형식을 구성한다. 그래서 이를 선형 예측식이라고도 하며 다음과 같다.

$$\eta_i = x_i^T\beta = \beta_0 + \beta_1 x_{i1} + \cdots + \beta_{p-1}x_{i,p-1}$$

이 모형에 대한 통계적 추론은 설명변수들을 고정된 값으로 간주한 조건부 추론이다.

- 연결함수(link function): 임의성분에서 응답변수 y_i의 평균 $\mu_i = E(y_i)$와 체계적 성분인 선형식 η_i를 연결하는 함수 g이며, 다음과 같이 명시한다.

$$g(\mu_i) = \beta_0 + \beta_1 x_{i1} + \cdots + \beta_{p-1}x_{i,p-1}$$

연결함수 g로 많이 쓰이는 함수는 항등, 로짓, 로그 함수가 있다. 자세한 연결함수에 대한 설명은 뒤에 소개하겠다.

1. 지수산포족

지수산포족에 속하는 확률밀도함수는 다음의 특성을 가진다. y의 확률분포가 지수산포족 (6.1)에 속하면, y의 평균과 분산은 다음과 같다.

$$E(y_i) = \mu_i = b'(\theta_i) \tag{6.2}$$

$$var(y_i) = b''(\theta_i)a(\phi)$$

여기서 $b'(\theta_i)$와 $b''(\theta_i)$는 $b(\theta_i)$의 θ_i에 대해서 각각 한 번, 두 번 미분한 함수이다.

지수산포족에 속하는 확률밀도함수로는 포아송 분포, 이항분포, 가우시안 분포 등이 있으며, 그 구체적인 형태를 지수산포족 (6.1)의 형태로 표현해 보도록 하자. 우선 포아송 확률밀도함수의 경우, y_i는 어떤 사건의 발생횟수라 하고, 그 확률밀도함수는 다음과 같이 표현할 수 있다.

$$f(y_i;\theta_i,\phi) = \frac{e^{-\lambda_i}\lambda_i^{y_i}}{y_i!} = \exp\{y_i \log\lambda_i - \lambda_i - \log(y_i!)\}$$

따라서 정준모수 $\theta_i = \log\lambda_i$, $b(\theta_i) = \lambda_i = \exp(\theta_i)$, $c(y_i,\phi) = -\log(y_i!)$, $a(\phi) = 1$로 표현할 수 있으므로 이 확률밀도 함수는 지수산포족에 속한다. 이때, 식 (6.2)를 이용하여 y_i의 평균과 분산을 구하면 다음과 같다.

$$\mu_i = b'(\theta_i) = \exp(\theta_i) = \lambda_i$$

$$var(y_i) = b''(\theta_i)a(\phi) = \exp(\theta_i) = \lambda_i$$

이 결과는 일반적인 포아송 분포의 평균과 분산하고 일치하는 것을 알 수 있다.

다음으로 이항분포를 살펴보자. 즉, $n_i y_i \sim indep\ Bin(n_i, \pi_i)$인 경우, y_i는 n_i번 시행횟수에서 성공할 비율을 의미하며, y_i의 확률밀도함수는 다음과 같다.

$$\begin{aligned} f(y_i;\theta_i,\phi) &= \binom{n_i}{n_i y_i}\pi_i^{n_i y_i}(1-\pi_i)^{n_i - n_i y_i} \\ &= \exp\left\{\frac{y_i \log(\pi_i/(1-\pi_i)) + \log(1-\pi_i)}{1/n_i} + \log\binom{n_i}{n_i y_i}\right\} \end{aligned}$$

따라서

$$\theta_i = \log(\pi_i/(1-\pi_i)) = logit(\pi_i)$$

$$b(\theta_i) = -\log(1-\pi_i) = \log\{1+\exp(\theta_i)\}$$

$$c(y_i,\phi)=\log\binom{n_i}{n_iy_i},\ a(\phi)=1/n_i$$

으로 표현될 수 있으므로 이 확률밀도함수는 지수산포족에 속한다. 마찬가지 방법으로 y_i의 평균과 분산을 구하면 다음과 같다.

$$\mu_i=b'(\theta_i)=\frac{\exp(\theta_i)}{1+\exp(\theta_i)}=\pi_i$$
$$var(y_i)=b''(\theta_i)a(\phi)=\frac{\pi_i(1-\pi_i)}{n_i}$$

이 결과는 이항분포의 평균과 분산하고 일치함을 알 수 있다.

y_i가 가우시안 분포를 따르는 경우에는 그 확률밀도함수는 다음과 같다.

$$\begin{aligned}f(y_i;\theta_i,\phi)&=\frac{1}{\sqrt{2\pi\sigma^2}}\exp\left\{-\frac{(y_i-\mu_i)^2}{2\sigma^2}\right\}\\&=\exp\left\{\frac{y_i\mu_i-\mu_i^2/2}{\sigma^2}-\frac{y_i^2}{2\sigma^2}-\frac{1}{2}\log(2\pi\sigma^2)\right\}\end{aligned}$$

따라서 $\theta_i=\mu_i,\ b(\theta_i)=\mu_i^2/2,\ a(\phi)=\sigma^2,\ c(y_i,\phi)=-\frac{y_i^2}{2\sigma^2}-\frac{1}{2}\log(2\pi\sigma^2)$이다. 마찬가지로 y_i의 평균 및 분산은 다음과 같다.

$$\mu_i=b'(\theta_i)=\mu_i$$
$$var(y_i)=b''(\theta_i)a(\phi)=\sigma^2$$

이 결과 또한 우리가 알고 있는 가우시안 분포의 평균과 분산하고 일치함을 알 수 있다.

연결함수는 평균 μ_i와 체계적 성분인 선형식 η_i를 연결하는 함수라고 하였다. 이 함수는 여러 가지를 고려할 수 있다. 이 중에서 $\eta_i=g(\mu_i)=\theta_i$를 만족하면, 이 연결함수 g를 **정준 연결함수**(canonical link function)라 한다. 즉, GLM에서 $g(\mu_i)$와 같이 정준모수를 이용하는 연결함수이다. 앞에서 제시한 포아송 분포, 이항분포, 가우시안 분포에서 정준 연결함수는 다음과 같다.

$$\text{가우시안 분포: } g(\mu_i) = \mu_i \qquad \text{(항등 연결함수)}$$

$$\text{포아송 분포: } g(\mu_i) = \log(\mu_i) \qquad \text{(로그 연결함수)}$$

$$\text{이항분포: } g(\mu_i) = \log\left(\frac{\mu_i}{1-\mu_i}\right) \qquad \text{(로짓 연결함수)}$$

다른 연결함수를 사용하는 것도 가능하지만 일반화 선형모형은 통계 프로그램에서 분석할 때, 디폴트로 정준 연결함수를 사용한다. 다른 연결함수의 예제로는 이항분포의 경우 프로빗(probit)과 보 로그-로그(complementary log-log) 연결함수가 있다.

$$\text{프로빗 연결함수: } g(\mu_i) = \Phi^{-1}(\mu_i)$$

$$\text{보 로그-로그 연결함수: } g(\mu_i) = \log(-\log(1-\mu_i))$$

응답변수 y_i의 분산을 $var(y_i) = v(\mu_i)a(\phi)$로 표시하며 여기서 함수 $v(\mu_i)$를 **분산함수**(variance function)라고 한다. 보통 $a(\phi) = \phi/\omega_i$일 때, 여기서 ϕ를 척도(산포)모수이며 ω_i는 알고 있는 가중치이다. 앞에서 제시한 포아송 분포, 이항분포, 가우시안 분포의 분산함수는 다음과 같다.

$$\text{가우시안 분포: } v(\mu_i) = 1$$

$$\text{포아송 분포: } v(\mu_i) = \lambda_i$$

$$\text{이항분포: } v(\mu_i) = \pi_i(1-\pi_i)$$

2. 모형진단 및 잔차

일반화 선형모형에서 가정한 모형을 M라고 하자. 그러면 M에서 얻은 로그 가능도 함수의 최댓값을 l_M이라 하고, l_S를 가능한 모형 중에서 가정 복잡한(가장 많은 수의 모수를 갖는) 모형인 포화모형(saturated model)하에서 로그 가능도 함수의 최댓값이라고 하자. 일반화 선형모형의 **이탈도**(deviance) **통계량**은 다음과 같이 정의한다.

$$Dev = -2(l_M - l_S)$$

이탈도 통계량은 포화모형 S와 가정한 모형 M을 비교하기 위한 가능도비 통계량이다. 또한, 포화모형에 있는 모수 중에서 모형 M에 포함되지 않는 모수들이 모두 0이라는 귀무가설을 검정하기 위한 통계량이다. 따라서 가정한 모형 M이 주어진 자료를 얼마나 잘 적합시키는지를 나타내는 수치이다. 즉, 모형적합(goodness of fit)의 척도로 사용되는 값으로 이탈도가 작을수록 가정한 모형이 잘 적합된다는 것을 의미한다.

지수산포족에 속하는 확률밀도함수 (6.1)을 이용하여 이탈도를 계산하면 다음과 같다.

$$D(y;\hat{\mu}) = 2\sum_{i=1}^{m}\left\{y_i(\tilde{\theta}_i - \hat{\theta}_i) - \left(b(\tilde{\theta}_i) - b(\hat{\theta}_i)\right)\right\}/a(\phi)$$

여기서 $\tilde{\theta}_i$는 포화모형하에서의 $\tilde{\mu}_i = y_i$에 상응하는 자연모수 θ_i의 추정치이며, $\hat{\theta}_i$은 모형 M하에서 θ_i의 MLE이다. 만일 $a(\phi) = \phi/\omega_i$이면 **척도 이탈도**(scaled deviance)는 다음과 같다.

$$D(y;\hat{\mu})/\phi = 2\sum_{i=1}^{m}\omega_i\left\{y_i(\tilde{\theta}_i - \hat{\theta}_i) - \left(b(\tilde{\theta}_i) - b(\hat{\theta}_i)\right)\right\}$$

척도 이탈도 $D(y;\hat{\mu})/\phi$는 χ^2분포를 따른다. 여기서 자유도는 포화모형과 모형 M에 대한 모수의 수 차이를 의미한다.

앞서 제시한 것과 같이 이탈도는 모형적합(goodness of fit)의 척도로 사용된다는 것을 알 수 있다. 또 다른 척도로서 **피어슨** χ^2이 있다. 그 정의는 다음과 같다.

$$\chi^2 = \sum_{i=1}^{m}\frac{(y_i - \hat{\mu}_i)^2}{v(\hat{\mu}_i)}$$

피어슨 χ^2은 피어슨 잔차의 제곱의 합이다.

정규분포를 따르는 선형모형에서 이탈도와 피어슨 χ^2은 둘 다 정확한 χ^2분포를 따른다. 다른 분포를 따르는 경우에는 이탈도와 피어슨 χ^2은 근사적으로 χ^2분포를 따른다.

지수산포족에 속하는 정규분포, 포아송 분포, 이항분포의 경우 이탈도와 피어슨 χ^2을 계산하면 다음과 같다.

① $y_i \sim indep\ N(\mu_i, \phi)$**인 경우**

$$\log f(y_i;\theta_i,\phi) = -\frac{(y_i-\mu_i)^2}{2\phi}$$

이므로 이탈도와 피어슨 χ^2은 다음과 같다.

$$D(y,\hat{\mu}) = \sum_{i=1}^{m}(y_i-\hat{\mu}_i)^2 = SSE$$

$$\chi^2 = SSE$$

여기서 SSE는 잔차제곱합을 의미한다.

② $y_i \sim indep\ Poisson(\mu_i)$**인 경우**

$$\log f(y_i;\theta_i,\phi) = y_i \log\mu_i - \mu_i$$

이므로 이탈도는 다음과 같다.

$$D(y,\hat{\mu}) = 2\sum_{i=1}^{m}\left\{y_i\log\left(\frac{y_i}{\hat{\mu}_i}\right) - (y_i-\hat{\mu}_i)\right\}$$

$$= 2\sum_{i=1}^{m}\left\{y_i\log\left(\frac{y_i}{\hat{\mu}_i}\right)\right\}$$

$$\chi^2 = \sum_{i=1}^{m}(y_i-\hat{\mu}_i)^2/\hat{\mu}_i$$

여기서 $D(y,\hat{\mu})$에서 두 번째 식은 $\sum_{i=1}^{m}(y_i-\hat{\mu}_i)=0$이기 때문이다.

③ $m_iy_i \sim indep\ B(m_i,\pi_i)$ **인 경우**

$$\log f(y_i;\theta_i,\phi) = m_i\{y_i\log\mu_i + (1-y_i)\log(1-\mu_i)\}$$

이탈도는 다음과 같다.

$$D(y,\hat{\mu}) = 2\sum_{i=1}^{m}\left\{m_i y_i \log\left(\frac{y_i}{\hat{\mu}_i}\right) - m_i(1-y_i)\log\left(\frac{1-y_i}{1-\hat{\mu}_i}\right)\right\}$$

$$\chi^2 = \sum_{i=1}^{m}(y_i - \hat{\mu}_i)/\left[\hat{\mu}_i(1-\hat{\mu}_i)\right]$$

이탈도는 뒤에서 배우게 될 이탈도 잔차의 제곱의 합이다.

연속형 자료를 위한 선형모형에서처럼 일반화 선형모형에서도 **잔차**(residual)를 이용하여 모형적합을 평가할 수 있다. 즉, 잔차의 QQ 플랏, 잔차와 적합된 값 및 공변량의 플랏을 이용하여 모형적합을 평가할 수 있다. 또한, 평균의 체계적 성분(선형예측치) 및 분산함수의 검정을 통하여 가정이 맞는지를 검정할 수 있다. 이를 위하여 일반화 선형모형의 잔차를 고려하며 이들 잔차에는 4가지 종류가 있다.

① **응답변수 잔차**: 회귀분석 시 일반적으로 쓰이는 잔차인 응답변수의 관측치에서 평균의 추정치를 뺀 값으로 다음과 같다.

$$r_i = y_i - \hat{\mu}_i \tag{6.3}$$

하지만 이 잔차는 척도에 의존하기 때문에 척도에 의존하지 않는 잔차가 필요하다.

② **피어슨 잔차**(Pearson residual): 식 (6.3)에 제시된 잔차의 측도에 의존하지 않게 다음과 같은 잔차를 계산한다.

$$e_i = \frac{y_i - \hat{\mu}_i}{\sqrt{v(\hat{\mu}_i)}}$$

피어슨 잔차는 분산함수 $v(\mu_i)$가 정확하게 구성되었다는 전제하에서 평균이 0이며 분산이 상수(<1)이다. 따라서, 피어슨 잔차는 분산이 잘못 가정되었는지를 체크할 때 유용하며 피어슨 잔차의 절댓값이 ± 3을 벗어나면 이상점인 것을 알 수 있다.

③ **표준화 잔차**(standardized residual): 식 (6.3)에 제시된 잔차의 표준오차로 나누어 만든 오차이며 그 식은 다음과 같다.

$$r_i = \frac{y_i - \hat{\mu}_i}{\sqrt{v(\hat{\mu}_i)(1-\hat{h}_{ii})}} = \frac{e_i}{\sqrt{1-\hat{h}_{ii}}}$$

여기서 $\hat{h}_{ii}$은 i번째 일반화 해트 행렬(generalized hat matrix)의 추정치로 지렛대(leverage)이다. r_i는 평균이 0이며 분산이 1인 잔차이다. 표준화 잔차도 피어슨 잔차와 마찬가지로 그 잔차의 절댓값이 ±3을 벗어나면 이상점인 것을 알 수 있다.

④ **이탈도 잔차**(deviance residual): 이탈도(deviance)의 계산에서 i번째 개체에 대한 기여도의 제곱근을 취하여 계산하는 잔차로 다음과 같다.

$$r_{Di} = sign(y_i - \hat{\mu}_i)\sqrt{d_i}$$

여기서 $d_i = 2\omega_i\left[y_i(\tilde{\theta}_i - \hat{\theta}_i) - b(\tilde{\theta}_i) + b(\hat{\theta}_i)\right]$이다. 이 잔차의 제곱의 합은 이탈도가 된다. 이때, 이탈도 잔차는 피어슨 잔차보다 더 정규분포에 가깝고 이상점의 존재 여부를 체크할 때에 유용하다.

3. 일반화 선형모형의 최대가능도 추정

일반화 선형모형에서 모수 β를 추정하기 위해서 최대가능도 방법을 이용한다. 확률밀도함수 (6.1)을 이용한 로그 가능도 함수는 다음과 같다.

$$l = \sum_{i=1}^{m}\left\{\frac{y_i\theta_i - b(\theta_i)}{a(\phi)} + c(y_i, \phi)\right\} = \sum_{i=1}^{m} l_i \tag{6.4}$$

로그 가능도 함수를 최대로 하는 모수의 값인 MLE를 찾기 위해서 식 (6.4)를 β에 대해서 미분하고, 그 식을 0으로 놓으면 된다. 이러한 식을 **점수방정식**(score euqation)이라고 한다. $j=0, \ldots, p-1$에 대해서 β_j에 대한 점수방정식은 다음과 같다.

$$S_j(\beta)=\frac{\partial l}{\partial \beta_j}=\sum_{i=1}^{m}\frac{\partial l_i}{\partial \theta_i}\frac{\partial \theta_i}{\partial \mu_i}\frac{\partial \mu_i}{\partial \eta_i}\frac{\partial \eta_i}{\partial \beta_j}=0$$

여기서

$$\frac{\partial l_i}{\partial \theta_i}=\frac{1}{a(\phi)}(y_i-b'(\theta_i))=\frac{1}{a(\phi)}(y_i-\mu_i)$$

$$\frac{\partial \theta_i}{\partial \mu_i}=\left(\frac{\partial \mu_i}{\partial \theta_i}\right)^{-1}=\frac{1}{b''(\theta_i)}=\frac{1}{v(\mu_i)}$$

$$\frac{\partial \mu_i}{\partial \eta_i}=\frac{1}{g'(\mu_i)}$$

$$\frac{\partial \eta_i}{\partial \beta_j}=x_{ij}$$

따라서

$$S_j(\beta)=\sum_{i=1}^{m}\frac{x_{ij}}{g'(\mu_i)}[a(\phi)v(\mu_i)]^{-1}(y_i-\mu_i) \tag{6.5}$$

이다. 이때, 고정된 ϕ에 대해서 점수방정식 (6.5)는 μ_i와 $v(\mu_i)$에만 의존한다.

피셔 정보행렬(Fisher information matrix)을 구하기 위해서 β의 점수방정식은 다음과 같이 나타난다.

$$S(\beta)=\sum_{i=1}^{m}\left(\frac{\partial \mu_i}{\partial \beta}\right)^T[a(\phi)v(\mu_i)]^{-1}(y_i-\mu_i)=0 \tag{6.6}$$

피셔의 정보행렬의 요소는 각각 다음과 같이 계산된다.

$$I(\beta)=E\left(-\frac{\partial S(\beta)}{\partial \beta}\right)=\sum_{i=1}^{m}\left(\frac{\partial \mu_i}{\partial \beta}\right)^T[a(\phi)v(\mu_i)]^{-1}\left(\frac{\partial \mu_i}{\partial \beta}\right)$$

$$I(\beta,\phi)=E\left(-\frac{\partial S(\beta)}{\partial \phi}\right)=0$$

이를 이용하여 피셔의 정보행렬은 다음과 같다.

$$\begin{pmatrix} I(\beta) & 0 \\ 0 & I(\phi) \end{pmatrix}$$

이 결과로부터 $\hat{\beta}$과 $\hat{\phi}$은 점근적으로 독립임을 알 수 있다.

- **피셔-스코어링 알고리즘**: 점수방정식 (6.6)을 만족하는 MLE $\hat{\beta}$을 구하기 위해서는 반복적인 방법을 요구한다. 그 방법은 뉴턴-라프슨(Newton-Raphson) 알고리즘과 피셔-스코어링(Fisher-scoring) 알고리즘이 있다. 뉴턴-라프슨 알고리즘은 점수함수(score function)의 모수에 대한 미분을 한 후에 음수를 붙여(관찰 정보행렬: observed information matrix) 이용한 알고리즘이며, 피셔-스코어링 알고리즘은 점수함수의 모수에 대한 미분을 한 후 음수를 붙인 평균(피셔 정보행렬: Fisher information matrix)을 이용한 알고리즘이다. 그 알고리즘은 다음과 같다.

① β의 초깃값을 $\hat{\beta}^{(0)}$으로 놓는다.

② $j+1$번째 단계에서 β를 다음과 같이 업데이트한다.

$$\hat{\beta}^{(j+1)} = \hat{\beta}^{(j)} + \left(\hat{I}_n^{(j)}\right)^{-1} S(\hat{\beta}^{(j)})$$

여기서 $\hat{I}_n^{(j)}$은 뉴턴-라프슨인 경우 관찰 정보행렬이며, 피셔-스코어링 알고리즘인 경우 피셔 정보행렬을 이용한다.

③ 로그 가능도값($\log L$)이나 $\|\hat{\beta}^{(j+1)} - \hat{\beta}^{(j)}\|$의 변화값을 이용하여 수렴성을 평가한다.

④ 단계 3에서 제시한 수렴성을 만족할 때까지 단계 2와 3을 반복한다.

- **반복재가중최소제곱 알고리즘**: 점수방정식 (6.5)의 해인 MLE를 찾는 다른 알고리즘으로 반복재가중최소제곱(iterative reweighted least squares: IRLS) 알고리즘이 있다. 이 알고리즘은 다음과 같다.

① 우선 일반선형모형에서 즉 연결함수 g가 항등함수인 경우($g(\mu) = \mu = X\beta$), 점수방정식 (6.5)는 즉각적으로 반복가중최소제곱(iterative weighted least squares: IWLS) 알고리즘을 이용하여 점수방정식을 풀 수 있다.

㉠ 주어진 $\hat{\beta}$에 대해서 가중치를 다음과 같이 계산한다.

$$w_i = v(\hat{\beta})^{-1}$$

㉡ 다음의 방정식에 대한 근을 구한다.

$$\sum_{i=1}^{m} X_i^T w_i (y_i - X_i\beta) = 0$$

㉢ w_i를 업데이트한다.

② 고정된 ϕ에서 연결함수 g가 비선형인 경우, 앞서 제시한 IWLS 알고리즘은 가응답(working response) Z를 구성하여 수정할 필요가 있다.

$$z = \hat{\eta} + (y - \hat{\mu})\frac{\partial \eta}{\partial \mu}$$

그리고 y로부터 z로 변환을 설명하기 위해서 가중치를 다음과 같이 수정한다.

$$w_i = \frac{1}{v(\hat{\mu}_i)} \frac{1}{g'(\hat{\mu}_i)^2}$$

가응답 z와 가중치 w를 이용하여 다음의 점수방정식을 구한다.

$$\sum_{i=1}^{m} X_i^T w_i (z_i - X_i\beta) = 0$$

여기서 $\eta_i = X_i\beta$이다.

위의 과정을 반복하여 MLE를 구하는 과정을 반복재가중최소제곱이라 하고, 이 알고리즘은 피셔-스코어링 알고리즘과 동일함을 알 수 있다.

4. 과대산포

포아송 분포에서 $y_i \sim Poisson(\mu_i)$인 경우, $var(y_i) = \mu_i$이다. 하지만 이 가정이 맞지 않을 때, 즉 **과대산포**(overdispersion)는 $var(y_i)$가 μ_i보다 큰 경우를 말한다. 즉, 일반화 선형모형에서 $var(y_i)$가 GLM의 분산인 $\phi v(\mu_i)$보다 큰 경우를 의미한다. 이항분포에서도 과대산포가 일어날 수 있다. 즉, $m_i y_i \sim Bin(m_i, \mu_i)$인 경우, $var(y_i) > \mu_i(1-\mu_i)/m_i$인 경우에 과대산포가 있다고 한다.

이제 과대산포가 어떠한 상황에서 나타나는지 알아보자. 포아송 분포의 경우 모집단에 이질적(heterogeneous)으로 구성되어 있는 경우에 과대산포가 일어난다. 만일 응답변수가 2개의 그룹에 따라서 다른 포아송 분포를 따른다고 가정하자. 이 경우 다음의 모형을 고려할 수 있다.

$$y_i | z_i = 0 \sim Poisson(\lambda_0)$$

$$y_i | z_i = 1 \sim Poisson(\lambda_1)$$

여기서 z_i는 이진 확률변수로 $z_i \sim Bernoulli(\pi)$을 따른다. 이 경우에 y_i의 주변평균과 주변분산은 다음과 같다.

$$E(y_i) = \pi\lambda_1 + (1-\pi)\lambda_0 = \mu$$

$$var(y_i) = \mu + (\lambda_1 - \lambda_0)^2 \pi(1-\pi)$$

이 결과로 $var(y_i) > E(y_i)$임을 알 수 있다. 따라서 만일 z_i가 관측되지 않으면 이 생략된 요인은 응답변수의 변동을 증가시키게 된다.

이항분포의 경우, 확률변수의 구성을 위한 각각의 베르누이 시행들이 서로 독립이 아닌 경우에 과대산포가 일어난다. 즉,

$$m_i y_i = \sum_{i=1}^{m_i} x_{ij}$$

이다. 여기서 $x_{ij} \sim Bernoulli(\mu_i)$이며, 이 경우에 x_{ij}들이 독립을 만족하지 않을 때,

$E(y_i)$와 $var(y_i)$는 다음과 같다.

$$E(y_i) = \frac{1}{m_i}\sum_{j=1}^{m_i} E(x_{ij}) = \frac{1}{m_i}\sum_{j=1}^{m_i} \mu_i = \mu_i,$$

$$var(y_i) = \frac{\mu_i(1-\mu_i)}{m_i}(1+\rho(m_i-1)),$$

여기서 $\rho = corr(x_{ij}, x_{ij'})$, $j \neq j'$이다. 이 결과에서 $var(y_i) > \mu_i(1-\mu_i)/m_i$이므로 과대산포가 일어난다.

포아송 분포 또는 이항분포를 따르는 경우에 과대산포가 일어날 수 있음을 알았다. 만일 과대산포가 있는 경우에는 준가능도 방법을 이용하여 모수를 추정할 수 있다. 구체적인 설명은 6.2절에서 다루도록 하겠다.

02 준가능도*

일반화 선형모형은 반응변수 y_i의 확률분포를 가정하고, 평균 $E(y_i) = \mu_i$가 공변량에 의해 어떻게 영향을 받는지 모형화하기 위하여, μ_i와 공변량의 선형식을 연결해 주는 연결함수를 사용한다. 일반화 선형모형에서에서 가능도 방정식(likelihood equations)은 식 (6.5)이며, 이 방정식을 구성하고 앞에서 제시한 알고리즘을 이용하여 MLE를 찾는다. 준가능도(Quasi-likelihood) 방법은 기존의 가능도 추정 방법을 일반화한 것이다.

1. 모형 오지정(model misspecification)의 영향

Huber(1967)과 White(1982)는 모형이 잘못 지정되었을 때, MLE의 특성을 연구하였다. F_θ는 독립인 자료 y_i $(i=1,\ldots,m)$의 가정된 분포이고, 로그 준가능도(log quasi-likelihood)는 다음과 같다.

$$l_m(y,\theta)=\frac{1}{m}\sum_{i=1}^{m}\log f(y_i,\theta)$$

여기서 $f(y_i;\theta)$는 분포함수 $F_\theta(y_i)$의 미분으로 만들어지는 확률밀도함수이다. $\hat{\theta}_m$은 $y_1,\ldots,y_m$을 이용한 F_θ의 모수 θ에 대한 준최대가능도 추정량(quasi-maximum likelihood estimator: QMLE)이라 정의한다. 즉, $\hat{\theta}_m$은 가정된 F_θ에서 구해진 아래의 점수 방정식을 푼 해이다.

$$\sum_{i=1}^{m}S_i^F(\hat{\theta}_m)=0$$

하지만 y_i의 참분포(true distribution)는 G이다(즉, $y_i\sim G$).

가정한 분포(F_θ)와 참분포(G)가 다른 경우에 어떤 결과가 일어나는지 알아보고자 한다. 우선 몇 가지를 정의를 하고 그 결과를 보여줄 것이다. 우선 θ^*은 Kullback-Leibler information criterion인 $E_G[\log(g(y_i)/f(y_i;\theta))]$을 최소화하는 θ의 값이다. 만약 가정된 분포(F_θ)가 참분포(G)와 같은 경우, $g(y)=f(y;\theta_0)$이다. 여기서 $g(y)$는 참분포 G를 미분한 확률밀도함수이다. 이 경우에 θ_0는 모수공간 Θ안에 있는 특정한 값이다. 이러한 경우에 다음의 결과를 가진다.

① $E_G\left(\sum_{i=1}^{m}S_i^F(\theta^*)\right)=0$의 조건하에서 $\hat{\theta}_m\to\theta^*$을 만족한다. 이 결과는 추정함수인 $\sum_{i=1}^{m}S_i^F(\theta^*)$가 불편향(unbiased)이면 오지정된 분포 F_θ하의 MLE인 $\hat{\theta}_m$은 θ^*에 대해서 여전히 일치추정량을 만족한다는 의미이다.

② $\hat{\theta}_m$은 점근적 정규성을 만족한다.

$$\sqrt{n}(\hat{\theta}_m-\theta^*)\to N(0,A^{-1}BA^{-1})$$

여기서

$$A = -\lim_{m \to \infty} \frac{1}{m} \sum_{i=1}^{m} E_G \left[\frac{\partial}{\partial \theta} S_i^F(\theta) |_{\theta^*} \right]$$

$$B = \lim_{m \to 0} \frac{1}{m} \sum_{i=1}^{m} var_G \left[S_i^F(\theta) |_{\theta^*} \right] = \lim_{m \to 0} \frac{1}{m} \sum_{i=1}^{m} E_G \left[S_i^F(\theta) |_{\theta^*} \right]^2$$

주의할 것은 행렬 A는 가정된 분포인 F하에서 관측 정보행렬(observed information matrix)의 참분포 G에 의한 기댓값이다. 그리고 행렬 B는 $S_i^F(\theta)$의 참분포 G에 의한 분산이다. 그런데 B는 $-S_i^F(\theta)$에 대한 미분의 기댓값과는 다르다. 왜냐하면 가정한 분포 F_θ는 참분포가 아니기 때문이다.

③ 일반적으로 $\hat{\theta}_m$은 θ_0에 대한 일치추정량이 아니다. 그런데 $\theta^* = \theta_0$인 경우에는 오지정된 분포(F_θ)에서도 $\hat{\theta}_m$은 θ_0에 대한 일치추정량이 된다. 만일 오지정된 분포(F_θ)에서 $\theta^* = \theta_0$과 $A = B$이면, 오지정된 분포가 $\hat{\theta}_m$의 표준오차에 영향을 주지 않게 된다.

④ 일반화 선형모형에서 평균 $E(y_i) = \mu_i$에 대해 회귀계수 β를 이용하여 모형화 하는 경우에 $\hat{\beta}$은 다음의 식을 만족하는 해로 확률 수렴하게 된다.

$$E_G[S(\beta)] = 0$$

여기서

$$S(\beta) = \sum_{i=1}^{m} \left(\frac{\partial \mu_i}{\partial \beta} \right)^T [a_i(\phi) v(\mu_i)]^{-1} (y_i - \mu_i) \tag{6.7}$$

$E_G(y_i) = \mu_i$를 만족하며 $y_i \sim G$이면, 식 (6.7)$= 0$을 만족하는 추정량은 일치추정량이다. 여기서 우리가 가정한 분포가 포아송 또는 이항분포일 필요는 없다.

2. 준가능도 함수

모형이 오지정되었을 때에 나타나는 현상을 앞에서 제시하였다. 즉, 가정된 분포가 오지정되어도 일반화 선형모형에서 점수함수의 기댓값이 0을 만족하면 그 점수함수를 이용한 추정량이 여전히 일치추정량임을 알 수 있었다.

준가능도 방법은 참분포를 가정하지 않고 평균과 분산만을 다음과 같이 특성화 한다(McCullagh와 Nelder, 1989).

$$E(y_i) = \mu_i(\beta)$$

$$var(y_i) = \sigma^2 v(\mu_i)$$

여기서 σ^2은 모르는 산포모수(dispersion parameter)이며, v는 알려진 분산함수(variance function)이다.

평균과 분산을 이용한 함수는 다음과 같다.

$$U(\mu_i; y_i) = \frac{y_i - \mu_i}{\sigma^2 v(\mu_i)}$$

이 함수 $U(\mu; y)$는 점수함수와 공통적으로 다음과 같은 특성을 가진다.

$$E(U_i) = 0,\ var(U_i) = \frac{1}{\sigma^2 v(\mu_i)}$$

$$E\left(-\frac{\partial U_i}{\partial \mu_i}\right) = \frac{1}{\sigma^2 v(\mu_i)}$$

따라서 함수 U_i의 적분은 다음과 같다.

$$Q(\mu_i; y_i) = \int_{y_i}^{\mu_i} \frac{y_i - t}{\sigma^2 v(t)} dt$$

만일 이 적분이 존재하면, μ_i에 대한 로그 가능도 함수처럼 작용한다. 그리고 $Q(\mu_i; y_i)$는 자료 y_i를 기초로 μ_i에 대한 **준가능도**(quasi-likelihood) 또는 **로그 준가능도**(log quasi-likelihood)라 언급하고, 그 식은 다음과 같다.

$$Q(\mu; y) = \sum_{i=1}^{m} Q(\mu_i; y_i)$$

이 로그 준가능도가 로그 가능도 함수와 동일할 필요충분조건은 응답변수의 확률밀도 함수가 지수족(exponential family)에 속하는 경우이다. 이 결과는 다음의 정리를 통하여 알 수 있다.

결과 6.1 1개의 응답변수 y의 평균과 분산을 각각 $E(y)=\mu$과 $var(y)=v(\mu)$이라 할 때, 로그 가능도 함수(log-likelihood function) l은 다음의 식을 만족한다.

$$\frac{\partial l(\mu;y)}{\partial \mu}=\frac{y-\mu}{v(\mu)}$$

이 식을 만족할 필요충분조건은 y의 확률밀도함수가 다음의 형태를 취하는 경우이다.

$$\exp\{y\theta-g(\theta)\}$$

여기서 $\theta=\int \frac{d\mu}{v(\mu)}$이며, g는 θ의 함수이다.

■ **준가능도 추정방정식(quasi-likelihood estimating equations)**: 자료 $y_1,\cdots,y_m$을 이용하여 준가능도 회귀모수의 추정량 $\hat{\beta}$은 다음의 준점수방정식(quasi-score equations)의 해를 얻는다.

$$U(\beta)=D^T V^{-1}(y-\mu) \tag{6.8}$$

여기서

$$D=(D_{ij}),\ D_{ij}=\partial\mu_i/\partial\beta_j$$
$$V=diag\{\sigma^2 v(\mu_1),\cdots,\sigma^2 v(\mu_m)\}$$
$$y=(y_1,\ldots,y_m)^T,\ \mu=(\mu_1,\ldots,\mu_m)^T$$

이다.

준가능도 추정방정식 (6.8)은 다음의 특성을 가진다.

① $U(\beta)$에 대한 공분산행렬은 $\hat{\beta}$의 근사적 분산에서 피셔 정보행렬로 같은 역할

을 한다.

$$var(\hat{\beta}) \approx I_m(\beta)^{-1}$$

여기서 $I_m(\beta) = D^T V^{-1} D$이다.

② $\hat{\beta}$은 점근적 정규성을 가진다.

$$\sqrt{m}(\hat{\beta} - \beta) \rightarrow N(0, I_m(\beta)^{-1})$$

③ 이러한 특성은 y_i의 평균과 분산의 올바른 기술을 기초로 하고 있다.

④ σ^2의 추정을 위한 준가능도는 로그 가능도와 같지 않다. 이때, σ^2을 추정하기 위해서 적률법(method of moment)을 이용한다.

$$\widehat{\sigma^2} = \frac{1}{m-p}\sum_{i=1}^{m}\frac{(y_i - \hat{\mu}_i)^2}{v(\hat{\mu}_i)}$$

03 추정함수*

준가능도는 추정함수(estimating functions)를 논하기 위해서 일반적으로 이용된다 (Heyde, 1997). 그러나 이 책에서는 분산함수에 대해 아래와 같은 일반화 선형모형으로 한정하여 준가능도를 이용한다.

$$var(y) = a(\phi)v(\mu)$$

추정방정식(estimating equations)의 특별한 경우로 준점수방정식(quasi-score equations)을 취급하였고, 여기서 분산은 $var(y) = v(\mu, \phi)$인 경우이다. 추정함수는 자료와 모수의 함수이고 $g(y, \theta)$로 표기한다.

정의 6.1 불편향 추정함수와 추정함수

1. 만일 모든 $\theta \in \Theta$에서 추정함수 $g(y, \theta)$가

$$E_\theta[g(y, \theta)] = 0$$

을 만족할 때, 추정함수를 **불편향**이라 한다.

2. 불편향 추정함수에 대해서, $\hat{\theta}$이 방정식

$$g(y, \hat{\theta}) = 0$$

을 만족할 때, 이 방정식을 **추정방정식**이라 한다.

우리는 이미 많은 형태의 추정방정식을 보아 왔다. 예를 들면, 회귀분석의 최소제곱 추정법에서 다음의 정규방정식(normal equations)은 대표적인 추정방정식이다.

$$X^T(y - X\hat{\beta}) = 0$$

또 다른 예로 최대가능도 추정법에서 로그 가능도에 미분을 한 다음의 가능도 방정식(likelihood equations) 또는 추정방정식이다.

$$\sum_{i=1}^{m} \frac{\partial}{\partial \theta} \log f(y_i; \theta) = 0$$

1. 최적 추정함수

선형모형 가우스-마코프 정리에 의해 유한개의 표본크기에서 최소제곱추정량은 β의 선형 불편향 최소분산 추정량(linear unbiased minimal variance estimator)이다. 그리고 최소가능도 방법에서 추정된 MLE가 점근적으로 불편향(asymptotically unbiased)이며 효율적인(efficient) 추정량이라는 사실을 알고 있다. 즉, MLE가 점근적으로 불편향 추정량 중에서 분산이 가장 작다는 의미이다.

이번 절에서 우리는 불편향 추정방정식 중에서 최적의 추정방정식을 찾도록 하겠다. 우선 Godambe(1960)에 서술된 최적 추정함수(optimal estimating function)라는 개념을 소개하자. 불편향 추정방적식의 그룹을 G라고 하자. 즉, 모든 $\theta \in \Theta$에서

$$G = \{g(y;\theta): E_\theta[g(y;\theta)] = 0\}$$

이다. 다음의 정의는 Godambe(1960)에 의해서 정의된 개념이다.

정의 6.2 G에 속하는 g^*에서 만일 g^*가 다음의 식

$$W = \frac{E\{g(y,\theta)^2\}}{\{E(\partial g/\partial\theta)\}^2} = E\left[\frac{g(y,\theta)}{E(\partial g/\partial\theta)}\right]^2 \quad (6.9)$$

을 최소화하면, g^*를 최적 추정함수(optimal estimating function)라고 정의한다.

식 (6.9)의 분자는 $var(g)$이며, 분모는 불편향 추정방정식 g의 평균 경사(averaged gradient)의 제곱이다. 따라서 최적의 g는 작은 분산을 가지며 참값인 θ 근처에서 g의 기울기가 가능한 가파르게 하는 추정방정식이다. 여기서 참값 θ의 기울기 평균은 $\hat{\theta}$에 대한 점근분산과 관련이 있다. 마지막으로 식 (6.9)에서 $g(y,\theta)/E(\partial g/\partial\theta)$는 추정방정식 g를 표준화(standardization)한 것이다.

Godambe(1960)는 로그 가능도 함수에서 모수 θ에 대한 점수함수가 최적 추정함수임을 보였다. 즉, $l(\theta, y)$가 로그 가능도 함수일 때, 그것의 점수함수는 다음과 같다.

$$\dot{l}(\theta, y) = \frac{\partial l(\theta, y)}{\partial\theta}$$

$E(\dot{l}(\theta, y)) = 0$이며, 식 (6.9)를 계산하면 다음과 같다.

$$W^* = \frac{1}{E[\dot{l}(\theta, y)^2]}$$

W^*는 θ에 대한 Cramer−Rao 하한(lower bound)과 동일하다. 따라서 $\dot{l}(\theta, y)$는 W^*를 최소로 만드는 불편향 추정방정식이므로 최적 추정함수이다.

Godambe와 Heyde(1987)는 준점수함수가 자료에서 선형인 불편향 추정함수 최적이라고 보였다. 이 준점수함수는 다음과 같다.

$$\sum_{i=1}^{m}\left(\frac{\partial \mu_i}{\partial \beta}\right)^T v_i^{-1}(y_i - \mu_i(\beta)) \tag{6.10}$$

여기서 $v_i = var(y_i)$이다. 이 결과는 식 (6.10)을 다음과 같이 자료에 대한 선형함수로 표현할 수 있다.

$$\sum_{i=1}^{m} a_i(\beta)(y_i - \mu_i(\beta))$$

이 결과에 대한 증명은 이 책의 범위를 벗어나므로 생략한다. 자세한 증명은 Godambe와 Heyde(1987)를 참고하기 바란다.

최량 불편향 선형 추정함수(best unbiased linear estimating functions)는 항상 좋은 것은 아니다. 평균함수를 아는 경우($g(\mu_i) = x_i^T\beta$), 선형 추정함수는 불편향이 됨을 보증하므로 때로는 비선형 추정함수가 더 좋은 경우가 있다.

장애모수(nuisance parameter) ϕ가 있는 경우, 즉, 가능도 함수가 $f(y;\theta,\phi)$일 때, Godambe(1976)는 ϕ의 완비충분통계량(complete sufficient statistic) T를 고려하였다. 이 경우 $f(y|T=t,\theta)$는 더 이상 장애모수 ϕ에 의존하지 않게 된다. 그리고 다음의 조건부 점수함수를 고려하자. 이 조건부 점수함수는 θ에 대한 최적 추정함수이다.

$$\frac{\partial \log f(y|T=t;\theta)}{\partial \theta}$$

장애모수가 있지만 가능도를 기술할 수 없다면 어떻게 해야 할까? 장애모수에 대한 논의는 다음 절에서 좀 더 자세하게 설명한다.

2. 장애모수와 관심모수의 추정함수

장애모수가 있는 경우는 관심모수 θ에 대한 추정함수를 구성하는 것은 쉽지 않고 해결하는 방법에서 몇 가지 조건이 필요하다. 그 조건은 다음과 같다.

① 조건부 점수함수(conditional score function)는 장애모수 ϕ에 대한 완비 충분통계량

T를 요구한다. 여기서 T는 관심모수인 θ에는 의존하지 않아야 한다.

② 만일 $var(y) = v(\mu, \phi) \neq a(\phi)v(\mu)$이면, 준점수함수는 더 이상 최적이 아니다.

③ 만일 ϕ의 차원이 표본크기 m에 따라서 증가하면, θ의 MLE는 일치추정량이 아닐 수도 있다.

Liang과 Zeger(1995)는 장애모수가 존재하고 완전히 기술된 가능도가 존재하지 않을 때에 관심모수를 위한 추정함수를 어떻게 구성할지 제안하였다.

자료 $y = (y_1, ..., y_m)^T$은 n개의 층(strata)으로 나누어지고, y_i는 서로 무상관이라 가정하자. 그리고 모수 θ는 모든 층에서 공통이며 m개의 층 각각에 대한 불편향 추정함수 $g_i(y; \theta)$가 존재한다고 가정한다. 즉, 모든 θ, ϕ, i에 대해서 다음의 결과를 가정한다.

$$E(g_i; \theta, \phi) = 0$$

g_i의 불편향성은 $E(g_i | A_i) = 0$을 만족하는 통계량 A_i를 정의함으로써 검정될 수 있다. 예를 들면, $A_i = (y_1, ..., y_{i-1})$이라면, $j < i$인 경우,

$$cov(g_i, g_j) = E(g_i g_j) = E(g_j E(g_i \mid A_i)) = 0$$

이다. 따라서, 무상관 조건은 자동으로 만족하게 된다. g_i를 가중평균하여 합치면 다음의 식을 얻는다.

$$\sum_{i=1}^{m} a_i(\theta, A_i) g_i$$

여기서 가중치 $a_i(\theta, A_i)$는 A_i의 함수이다. 따라서, 이러한 최적 선형조합은

$$g = \sum_{i=1}^{m} E\left(\frac{\partial g_i}{\partial \theta} | A_i\right)^T var(g_i | A_i)^{-1} g_i \tag{6.11}$$

이며, 이 추정방정식의 해는 최소 점근적 분산을 가진다. 여기서 식 (6.11)에 있는

$var(g_i|A_i)^{-1}$의 항은 큰 분산을 가지는 g_i의 비중을 줄이는 데 사용된다. 그리고 첫 번째 항인 $E(\partial g_i/\partial\theta\,|A_i)^T$은 자료에 의해서 생성된 공간을 모수공간(space spanned by the data)으로 변환한다.

회귀분석에서 $E(y_i)=\mu_i$, $g_i=y_i-\mu_i(\beta)$로 하면, 식 (6.11)은 다음과 같이 된다.

$$g=\sum_{i=1}^{m}\left(\frac{\partial\mu_i}{\partial\beta}\right)^T var(y_i)^{-1}(y_i-\mu_i(\beta)) \tag{6.12}$$

식 (6.11)를 **일반화 추정방정식**(generalized estimating equation: GEE1)이라 한다. 여기에서 우리는 군집(clustered) 또는 상관자료(correlated data)에 대해서 이야기를 시작하고 있다. 그리고 GEE1은 이러한 극단적으로 유연한 추론의 틀을 위한 특별한 경우이다. 보다 자세한 GEE1에 관한 설명은 7장에서 다룰 것이다.

단순한 예제를 통하여 위의 내용을 설명하고자 한다. 독립이고 과산포된 자료(포아송 또는 이항분포의 자료)를 위한 준점수함수를 알아보자. m개의 2×2인 교차표를 아래와 같이 고려해보자.

y_{i1}	$n_{i1}-y_{i1}$	n_{i1}
y_{i2}	$n_{i2}-y_{i2}$	n_{i2}

여기서 $i=1,\ \dots\ ,m$이다. 관심모수는 공통 오즈비인

$$\theta=\pi_{i1}(1-\pi_{i2})/\pi_{i2}(1-\pi_{i1})$$

라고 할 때, 각 i에서 g_i를 다음과 같이 정의한다.

$$g_i(y_{i1},y_{i2};\theta)=y_{i1}(n_{i2}-y_{i2})-\theta y_{i2}(n_{i1}-y_{i1})$$

그러면 g_i는 불편향이다. 즉,

$$E(g_i) = n_{i1}n_{i2}\pi_{i1}(1-\pi_{i1}) - \theta n_{i2}n_{i1}\pi_{i2}(1-\pi_{i2}) = 0$$

추정함수는 다음과 같다.

$$\sum_{i=1}^{m} E\left[\frac{\partial g_i}{\partial \theta}\right]^T var(g_i)^{-1} g_i(y_{i1}, y_{i2}; \theta)$$

$$\approx \sum_{i=1}^{m} \frac{1}{n_{i1}+n_{i2}} g_i(y_{i1}, y_{i2}; \theta)$$

이 추정함수의 해는

$$\hat{\theta} = \frac{\sum_{i=1}^{m} y_{i1}(n_{i2}-y_{i2})/(n_{i1}+n_{i2})}{\sum_{i=1}^{m} y_{i2}(n_{i1}-y_{i1})/(n_{i1}+n_{i2})}$$

이며, 이 해는 θ의 MLE보다 우수한 Mantel-Haenszel 추정량이다. 왜냐하면 모든 i에 대해서 $n_{i1} = n_{i2} = 1$이며 $m \to \infty$인 경우, θ의 MLE는 θ^2으로 수렴하지만, Mantel-Haenszel 추정량은 여전히 일치추정량이다.

3. 장애모수를 위한 추정함수

함수 형태에 ϕ를 포함하지 않는 함수 g_i를 선택하여도 g_i의 분포는 일반적으로 ϕ에 의존한다. Liang과 Zeger(1995)는 장애모수의 추정함수 g에 대한 영향과 그 추정방정식 $g=0$의 해에 대한 영향이 적다는 것을 보였다. 왜냐하면, 다음의 3가지 직교 특성 때문이다.

① 모든 θ, ϕ, ϕ^*에 대해서 $E(g(\theta, \phi^*); \theta, \phi) = 0$이다. 여기서 ϕ^*는 ϕ에 대한 부정확한 값이다. 이 특성은 장애모수의 부정확한 값 ϕ^*에서 조건부 점수함수의 불편향은 보존된다. 예를 들면, $\hat{\theta}(\phi^*)$이 $g(\theta, \phi^*) = 0$의 해일 때, $\hat{\theta}(\phi^*)$은 일치추정량이다.

② 모든 θ, ϕ, 그리고 ϕ^*에 대해서

$$E\left(\frac{\partial g(\theta,\phi^*)}{\partial \phi^*};\theta,\phi\right)=0$$

이다. 이 특성은 특성 ①의 점근적 버전이며, $\sqrt{n}$-일치성($\sqrt{n}\,(\hat{\phi}-\phi)\rightarrow^{p} 0$ 확률 수렴)을 가지는 모든 $\tilde{\phi}$의 값에 대해서 $E\left(g(\theta,\tilde{\phi});\theta,\phi\right)=0$을 의미한다.

③ 모든 θ, ϕ에 대해서

$$cov\left(g(\theta,\phi),\ \frac{\partial \log f(y;\theta,\phi)}{\partial \phi}\right)=0$$

이다. 이 특성은 고정된 θ에서 ϕ의 MLE인 $\hat{\phi}_\theta$에 대해서 $E\left(g(\theta,\hat{\phi}_\theta);\theta,\phi\right)=0$을 의미한다.

이상의 결과에서 ϕ의 $\sqrt{n}$-일치추정량 $\tilde{\phi}$이 이용될 때, $g(\theta,\tilde{\phi})=0$의 해인 $\hat{\theta}$의 점근적 분산은 ϕ의 참값을 아는 경우와 동일하다는 의미이다.

4. 추정치의 점근적 특성

지금까지 최적 추정함수는 유한표본의 특성(불편향성과 최소분산)에 의해서 정의되었다. 하지만 최적 추정함수에 의해서 추정된 추정량의 긍정적인 점근적 특성들은 아직 제시되지 않았다. 이번 절에서 이에 대한 특성을 제시할 것이다(Fahrmeir와 Kaufman, 1985).

선형모형 $y_i \sim indep\ N\left(x_i^T\beta,\sigma^2\right)$에서 OLS 추정량 $\hat{\beta}$의 약일치성(weak consistency) 또는 강일치성(strong consistency)의 필요충분조건은

$$\lim_{m\rightarrow\infty}\lambda_{\min}\sum_{i=1}^{m}x_i x_i^T\rightarrow\infty$$

이다. 여기서 $\lambda_{\min}$은 $\left(\sum_{i=1}^{m}x_i x_i^T\right)$의 고윳값의 최솟값이다. 이러한 결과를 **일반화 선형모형**으로 확장하려면 다음의 조건이 필요하다.

(D) **발산성**(divergence): $\lambda_{\min} I_m \to \infty$, 여기서 $I_m = I_m(\beta_0) = cov_{\beta_0}(S_m(\beta_0))$, $S_m(\beta_0)$은 점수함수이며, $\lambda_{\min}$은 I_m의 최소 고윳값이며, 그리고 β_0는 β의 참모수값이다.

(C) **아래로부터의 유계**(boundedness from below): 모든 $\delta > 0$에서 모든 $\beta \in N_m(\delta)$, $m \geq m_1(\delta)$일 때, $I_m(\beta) - cI_m$이 양반정치(positive semidefinite)이다. 여기서 $N_m(\delta)$이 β_0의 δ 반경의 근방(neighborhood)이며 $c > 0$는 δ와 독립이다. 즉 $N_m(\delta) = \left\{\beta : \| I_m^{1/2}(\beta - \beta_0) \| \leq \delta \right\}$, $m = 1, 2, \ldots$이다.

(N) **수렴과 연속성**(convergence and continuity): 모든 $\delta > 0$, $\max_{\beta \in N_m(\delta)} \| V_m(\beta) - I \| \to 0$, 여기서 $V_m(\beta) = I_m^{-1/2} I_m(\beta) I_m^{-T/2}$는 표준화한 정보행렬이며, I는 항등행렬이다(단, 조건 (N)은 조건(C)를 의미한다).

결과 6.2 조건 (D)과 (C)하에서 다음 두 개의 특성을 가지는 일반화 선형모형 점수방정식인 (6.7)에 대한 해의 수열 $\{\hat{\beta}_m\}$이 존재한다.

(i) 점근적 존재성(asymptotic existence): $P(S_m(\hat{\beta}_m) = 0) \to 1$, 여기서 $S_m(\beta)$는 점수함수이다.

(ii) 약 일치성(weak consistency): $\hat{\beta}_m \to^p \beta_0$.

결과 6.3 조건 (D)과 (N)하에서 아래에 제시된 노름 점수함수(normed score function)는 점근적으로 정규성을 가진다.

$$I_m^{-1/2} S_m \to^d N(0, I)$$

여기서 $I_m = I_m(\beta_0) = cov_{\beta_0}(S_m(\beta_0))$이며, I는 항등행렬이며, β_0는 모수 β의 참값이다.

결과 6.4 조건 (D)과 (N)하에서 다음의 노름 MLE(normed MLE)의 점근적인 정규성을 의미한다.

$$I_m^{1/2}(\hat{\beta}_m - \beta_0) \to^d N(0, I)$$

위의 결과 주의할 것은 일반화 선형모형에서 연결함수가 정준 연결함수(canonical link function)라는 것이다. 그리고 앞에서 제시한 것과 같이 $I_m = I_m(\beta_0)$이며, 실제 자료분석에서는 I_m을 $I_m(\hat{\beta})$로 바꿔서 사용하게 된다.

앞에서 제시한 일반화 선형모형에서 점근적 특성들을 추정방정식으로 확장을 하도록 하자. 일반적인 추정방정식에서 추정량의 일치성을 위한 조건은 일반화 선형모형에서처럼 정보행렬(information matrix)에 의해 표현된다. 여기서 정보행렬은 모형 기반 정보행렬(model based information matrix)과 참값 기반 정보행렬(true information matrix) 모두를 포함하고 있다. 더 자세한 것은 Crowder(1986)을 참고하기 바란다.

추정방정식의 해로 이루어진 순열의 점근적인 분포는 추정방정식의 테일러 전개(Taylor expansion)를 통해서 유도할 수 있다.

$$
\begin{aligned}
0 &= S_m(\hat{\theta}) = \sum_{i=1}^{m} S_i(\hat{\theta}) \\
&\approx S_m(\theta_0) + S_m'(\theta_0)(\hat{\theta} - \theta_0) \\
&\Rightarrow 0 = \sqrt{m}\,\frac{1}{m}\sum_{i=1}^{m} S_i(\theta_0) + \frac{1}{m} S_m'(\theta_0)\sqrt{m}(\hat{\theta} - \theta_0)
\end{aligned}
$$

이 식에서 첫 번째 항과 두 번째 항은 중심극한정리(central limit theorem)와 대수의 법칙(law of large number)이 함께 각각 다음의 점근적 특성을 가진다.

결과 6.5 (1) 중심극한정리와 대수의 법칙에 의해서 다음의 결과를 얻는다.

$$
\sqrt{m}\,\frac{1}{m}\sum_{i=1}^{m} S_i(\theta_0) \to^d N(0, B)
$$
$$
-\frac{1}{m} S_m'(\theta_0) \to A
$$

(2) 위의 결과 (1)에 의해서 다음의 점근적 정규성을 가진다.

$$
\sqrt{m}(\hat{\theta} - \theta_0) \to^d N(0, A^{-1}BA^{-1}) \qquad (6.13)
$$

여기서

$$
A = -\lim_{m \to \infty} \frac{1}{m} E_{\theta_0}(S_m'(\theta_0))
$$

$$B = \lim_{m \to \infty} \frac{1}{m} \sum_{i=1}^{m} var_{\theta_0}(S_i(\theta_0))$$

이다.

식 (6.13)에서 추정량의 점근적 공분산행렬은 샌드위치 형태인 $A^{-1}BA^{-1}$이다. 그리고 A와 B에는 참모수 값인 θ_0에서의 평균값이다. 실제 자료분석에서는 추정량의 분산 $\hat{A}^{-1}\hat{B}\hat{A}^{-1}$을 이용한다. 그리고 이를 **경험적 분산 추정량**(empirical variance estimator)이라 부른다. $\hat{A}$과 $\hat{B}$은 θ_0 대신에 $\hat{\theta}$을 이용하고, 평균은 취하지 않은 형태이다. 더욱 자세한 형태는 다음과 같다.

$$\hat{A} = -\frac{1}{m} \sum_{i=1}^{m} S_i'(\hat{\theta})$$

$$\hat{B} = \frac{1}{m} \sum_{i=1}^{m} S_i(\hat{\theta}) S_i(\hat{\theta})^T$$

표본의 크기가 작거나 중간 정도의 크기에서 효율적인 분산의 추정치를 위하여 분산함수를 선택할지도 모른다. 하지만 약간의 정칙조건(mild regularity condition)하에서 경험적 분산 추정량은 명시적인 분산함수를 고려하지 않은 상태에서도 $\hat{\theta}$의 분산에 대한 일치추정량을 유도한다. 마지막으로 가정한 모형이 맞을 경우에 $A = B$이기 때문에 $\hat{A}^{-1}$은 **모형 기반 분산 추정량**(model-based variance estimator)이다.

04 자료분석

1장의 예제 1.6에서 사용된 간질 발작 자료는 경시적 계수형 자료이었다. 치료가 시작된 이후 4주 차의 자료만 가지고 일반화 선형모형에 적합하여 설명하고자 한다. 우선 i번째 환자의 4주 차의 간질 발작횟수(y_i)의 평균을 이용한 일반화 선형모형과 준가능도 방법을 이용한 로그 선형모형을 각각 적합하였다.

$$\text{GLM 모형: } \log\hat{\mu}_i = 0.776 + 0.014\,Age_i + 0.022^*\,Base_i - 0.270^*\,Prog_i$$

$$\text{준가능도: } \log\hat{\mu}_i = 0.776 + 0.014\,Age_i + 0.022^*\,Base_i - 0.270\,Prog_i$$

여기서 Age_i는 나이, $Base_i$는 기준기간 동안 발작횟수, $Prog_i$는 프로가비드와 위약 그룹을 나타내는 지시변수이다. *는 유의수준 5%하에서 유의미한 경우를 나타낸다. 두 모형에 평균의 모수인 β에 적합된 값은 동일하다. 하지만 추정된 β의 표준오차는 준가능도에서 더 크기 때문에 5% 유의수준하에서 유의미한 계수의 차이가 있는 것이다. 이러한 차이는 일반화 선형모형에서의 표준오차는 $\hat{A}^{-1}$을 이용하여 계산한 것이며, 준가능도 방법의 표준오차는 $\hat{A}^{-1}\hat{B}\hat{A}^{-1}$을 이용하여 계산한 결과이기 때문이다. 준가능도 방법에 기초한 결과를 보면 $Base_i$의 계수만이 유의수준 5%하에서 유의미하다. 즉, 기준기간 동안의 발작횟수가 1 증가함에 따라 평균 발작횟수는 $e^{0.022} = 1.02$배 증가함을 알 수 있다. 마지막으로 $var(y_i) = \sigma^2 v(\mu_i)$에서 산포모수 σ^2의 추정치는 2.484378이다.

R 코드

in ▸

```
library(gee)
library(geepack)

seize<-read.table("seize.data",col.names=c("id","seizure","week","progab
ide",
       "baseline8","age"))

# generalized linear model using Poisson distribution
seize.glm <- glm(seizure~age+baseline8+progabide,
                 data=seize,subset=week==4,family=poisson)
summary(seize.glm)

# quasi-likelihood approach
seize.glm2 <- glm(seizure~age+baseline8+progabide,
                 data=seize,subset=week==4,
                 family=quasi(link=log,variance="mu"))
summary(seize.glm2)
```

out ▸

```
> # generalized linear model using Poisson distribution
```

```
> seize.glm <- glm(seizure~age+baseline8+progabide,
+                  data=seize,subset=week==4,family=poisson)
> summary(seize.glm)

Call:
glm(formula=seizure ~ age + baseline8 + progabide, family=poisson,
    data=seize, subset=week==4)

Deviance Residuals:
    Min       1Q   Median       3Q      Max
-3.1636  -1.0246  -0.1443   0.4865   3.8993

Coefficients:
               Estimate  Std. Error  z value   Pr(>|z|)
(Intercept)    0.775574   0.284598    2.725   0.00643 **
age            0.014044   0.008580    1.637   0.10169
baseline8      0.022057   0.001088   20.267   < 2e-16 ***
progabide     -0.270482   0.101868   -2.655   0.00793 **
---
Signif. codes:  0 '***' 0.001 '**' 0.01 '*' 0.05 '.' 0.1 ' ' 1

(Dispersion parameter for poisson family taken to be 1)

    Null deviance: 476.25  on 58  degrees of freedom
Residual deviance: 147.02  on 55  degrees of freedom
AIC: 342.79

Number of Fisher Scoring iterations: 5
>
> # quasi-likelihood approach
> seize.glm2 <- glm(seizure~age+baseline8+progabide,
+                  data=seize,subset=week==4,
+                  family=quasi(link=log,variance="mu"))
> summary(seize.glm2)

Call:
glm(formula=seizure ~ age + baseline8 + progabide, family=quasi(link=log,
    variance="mu"), data=seize, subset=week==4)

Deviance Residuals:
    Min       1Q   Median       3Q      Max
-3.1636  -1.0246  -0.1443   0.4865   3.8993

Coefficients:
               Estimate  Std. Error  t value   Pr(>|t|)
```

```
(Intercept)     0.775574   0.448580    1.729   0.0894 .
age             0.014044   0.013524    1.038   0.3036
baseline8       0.022057   0.001715   12.858   <2e-16 ***
progabide      -0.270482   0.160563   -1.685   0.0977 .
---
Signif. codes:  0 '***' 0.001 '**' 0.01 '*' 0.05 '.' 0.1 ' ' 1

(Dispersion parameter for quasi family taken to be 2.484378)

    Null deviance: 476.25  on 58  degrees of freedom
Residual deviance: 147.02  on 55  degrees of freedom
AIC: NA

Number of Fisher Scoring iterations: 5
```

7장

주변모형

경시적 자료에서 주변모형(marginal model)은 개체 간(between-subject) 그리고 개체 내(within-subject) 공변량 효과의 모형화를 분리한다. 개체 간 공변량 효과는 주변평균(marginal mean) $E(y_{ij})$를 통해서 모형화한다. 반면 개체 내 공변량 효과는 공분산 구조(covariance structure) $cov(y_{ij}, y_{ik})$를 통해서 모형화한다. 따라서 주변모형은 모집단 평균(population average)에 대한 공변량의 효과를 모형화하는 모집단 평균모형(population average model)이며 모집단의 특성을 추정하고자 할 때 주로 사용하는 모형이다. 이와 대비되는 모형으로 개체 특성 모형(subject-specific model)이 있다. 이 모형의 경우 각 개체의 평균에 대한 공변량의 효과를 추정하는 모형이다.

물론 주변모형화 방법은 횡단면 자료(cross-sectional data)인 경우에 우리가 할 수 있는 유일한 방법이다. 예를 들어 $y_i = (y_{i1}, \ldots, y_{in_i})^T$는 i번째 개체의 응답벡터라 하면, 여기서 n_i는 i번째 개체가 n_i번 응답을 한 경우를 의미한다. x_{ij}는 응답변수 y_{ij}에 상응하는 $p \times 1$의 공변량이다. 주변모형은 다음의 요소들을 가지고 있다.

① **평균모형**(mean model): 주변모형은 연결함수를 통해서 공변량에 의존한다.

$$E(y_{ij} | x_{ij}) = \mu_{ij}$$
$$g(\mu_{ij}) = x_{ij}^T \beta.$$

일반화 선형모형에서 본 응답변수의 평균과 연결함수와 같은 형태를 보이고 있다.

② **상관계수 모형**(correlation model): 장애모수에 해당되는 것으로 아래와 같이 가정한다.

$$var(y_{ij} | x_i) = v_{ij} = \phi v(\mu_{ij})$$
$$corr(y_{ij}, y_{ik} | x_i) = \rho_{ijk}$$
$$cov(y_i | x_i) = V_i(\phi, \alpha) = C_i^{1/2} R_i C_i^{1/2}$$

여기서 R_i는 $n_i \times n_i$의 상관계수행렬이며 $C_i = diag\{v_{i1}, \ldots, v_{in_i}\}$이다. 모수 α는 상관

계수를 설명하는 것이며, ϕ는 분산의 척도모수(scale parameter)이다.

범주형 경시적 자료분석을 위한 응답벡터 y_i의 결합 확률밀도함수는 구성하기가 어려운 것이 일반적이다. 따라서 이것을 기술하기 위해서 추가적인 가정이 필요하다.

y_i의 결합 확률밀도함수를 통한 가능도 함수를 구성하지 않고, 모수에 대한 추정과 타당한 추론은 불편향 추정함수를 구성함으로써 가능하다. 이번 장에서 이러한 방법 중에서 경시적 자료분석에서 많이 쓰이는 일반화 추정방정식(generalized estimating equations)을 설명한다.

01 GEE1

우리가 평균모수 β의 추정에 관심이 있고, 나머지 분산의 척도모수 ϕ와 상관계수 모수 α는 장애모수인 경우에는 일반적으로 GEE라고 불리는 GEE1을 사용한다.

1. 모수추정

우선 **상관계수와 분산의 척도모수인 α와 ϕ를 아는 경우**, 평균모수인 β를 추정하기 위한 추정방정식을 다음과 같이 정의한다.

$$0 = \sum_{i=1}^{m} U_i(\beta) = \sum_{i=1}^{m} D_i^T V_i^{-1} \{y_i - \mu_i(\beta)\} \tag{7.1}$$

여기서 $y_i = \left(y_{i1}, \ldots, y_{in_i}\right)^T$, $\mu_i(\beta) = \left(\mu_{i1}(\beta), \ldots, \mu_{in_i}(\beta)\right)^T$, $D_i = \dfrac{\partial \mu_i}{\partial \beta} = \left(D_i(j,k)\right)$이고 $D_i(j,k) = \dfrac{\partial \mu_{ij}}{\partial \beta_k}$, $j = 1, \ldots, n_i$, $k = 0, \ldots, p-1$, $V_i = V_i(\beta, \alpha, \phi) = C_i^{1/2} R_i(\alpha) C_i^{1/2}$이다.

이 공식 (7.1)을 경시적 이진자료 분석을 위한 로짓모형에 적용해보자. 우선 평균은 다음과 같다.

$$\mu_{ij} = \frac{\exp(\beta_0 + \beta_1 x_{ij})}{1 + \exp(\beta_0 + \beta_1 x_{ij})}$$

그러면 식 (7.1)에 있는 D_i, C_i, R_i는 다음과 같다.

$$D_i = \begin{bmatrix} \frac{\partial \mu_{i1}}{\partial \beta_0} & \frac{\partial \mu_{i1}}{\partial \beta_1} \\ \vdots & \vdots \\ \frac{\partial \mu_{in_i}}{\partial \beta_0} & \frac{\partial \mu_{in_i}}{\partial \beta_1} \end{bmatrix},\ C_i = diag\{\mu_{i1}(1-\mu_{i1}), \ldots, \mu_{in_i}(1-\mu_{in_i})\},\ R_i = \begin{bmatrix} 1 & \alpha & \cdots & \alpha \\ \alpha & 1 & \cdots & \alpha \\ \vdots & \vdots & \ddots & \vdots \\ \alpha & \alpha & \cdots & 1 \end{bmatrix}$$

추정방정식 (7.1)의 해인 $\hat{\beta}$은 일치성과 점근적 정규성을 가진다. 만일 상관계수 모형(correlation function)이 맞다면(correct), $\hat{\beta}$의 분산을 위한 모형 기반 추정치는

$$\widehat{var}(\hat{\beta}) = \hat{A}^{-1}$$

이다. 여기서 $\hat{A} = \sum_{i=1}^{m} D_i^T(\hat{\beta}) V_i^{-1}(\hat{\beta}, \phi, \alpha) D_i(\hat{\beta})$이다.

만일 상관계수 모형이 맞지 않다면(not correct), $\hat{\beta}$의 분산은 다음과 같은 경험적 분산 추정치(empirical variance estimate)를 이용할 수 있다.

$$\widetilde{var}(\hat{\beta}) = \hat{A}^{-1} \hat{B} \hat{A}^{-1}$$

여기서

$$\hat{B} = \sum_{i=1}^{m} U_i U_i^T = \sum_{i=1}^{m} D_i^T(\hat{\beta}) V_i^{-1}(\hat{\beta}, \phi, \alpha) \widehat{cov}(y_i) V_i^{-1}(\hat{\beta}, \phi, \alpha) D_i(\hat{\beta})$$

$$\widehat{cov}(y_i) = (y_i - \hat{\mu}_i)(y_i - \hat{\mu}_i)^T$$

이다. 주의할 것은 $\widehat{cov}(y_i)$는 $cov(y_i)$의 어설픈 추정량이다. 그렇지만 우리는 각 $cov(y_i)$의 추정량이 좋을 필요는 없다. 충분히 독립적인 반복을 가진 상태에서 평균 공분산은 잘 추정될 수 있기 때문이다.

이제 **상관계수와 분산의 척도모수인 α와 ϕ를 둘 다 모르는 경우**, 우리는 이 두 모

수를 어떻게 추정해야 할까? 그리고 이 추정치들이 β의 추정에 어떤 영향을 미칠까를 생각해보자. 우선 α와 ϕ를 추정량을 구해보자.

우선 $var(y_{ij}|x_i) = \phi v(\mu_{ij})$임을 기억하자. 여기서 v는 아는 함수이다. 그러면 척도 모수 ϕ을 적률방법(method-of-moments)을 이용하여 다음과 같이 추정한다.

$$\hat{\phi} = \frac{1}{N-p} \sum_{i=1}^{m} \sum_{j=1}^{n_i} \frac{(y_{ij} - \hat{\mu}_{ij})^2}{v(\hat{\mu}_{ij})} \tag{7.2}$$

여기서 $N = \sum_{i=1}^{m} n_i$이며, p는 β의 차원이며, $\hat{\mu}_{ij}$은 $\hat{\beta}$을 이용하여 계산된 것이다. 이항 분포와 포아송 분포의 경우, 식 (7.2)의 각 요소들은 다음과 같다.

이항분포: $v(\hat{\mu}_{ij}) = \hat{\mu}_{ij}(1-\hat{\mu}_{ij})$

포아송 분포: $v(\hat{\mu}_{ij}) = \hat{\mu}_{ij}$

상관계수 모수 α를 추정하기 위해서 우선 r_{ij}를 다음과 같이 정의한다.

$$r_{ij} = \frac{y_{ij} - \hat{\mu}_{ij}(\hat{\beta})}{\hat{V}_{ij}^{1/2}}$$

여기서 $\hat{V}_{ij} = \widehat{var}(y_{ij}) = \hat{\phi}\hat{v}_{ij}$이다. 이때, 잔차 r_{ij}를 사용한 적률방법을 이용하여 모수를 추정할 수 있다. 예를 들면, 비구조화 상관계수와 교환 가능 상관계수 구조의 경우 다음과 같이 추정한다.

비구조화: $\hat{R}(j,k) = \dfrac{1}{m-p} \sum_{i=1}^{m} r_{ij} r_{ik},\ j \neq k$

교환가능: $\hat{\alpha} = \dfrac{1}{\sum_{i=1}^{m} n_i(n_i - 1) - p} \sum_{i=1}^{m} \sum_{j \neq k} r_{ij} r_{ik}$

이상에서 제시한 추정방법을 알고리즘으로 제시하면 다음과 같다.

■ **GEE1의 모수추정**: $(\hat{\beta}, \hat{\phi}, \hat{\alpha})$을 찾기 위한 반복 알고리즘

① β의 추정치를 가지고 시작하며, 여기서 y_{ij}는 모두 독립이라 가정한다.

② 주어진 $\hat{\beta}^{(j)}$을 가지고 α와 ϕ를 위에서 제시한 적률방법을 이용하여 추정한다.

③ 추정된 α와 ϕ를 다음의 피셔-스코어링 알고리즘 상의 추정방정식에 넣고 이 방정식을 풀어서 β의 추정치를 구한다.

$$\hat{\beta}^{(j+1)} = \hat{\beta}^{(j)} + \left(\sum_{i=1}^{m} D_i^T V_i^{-1} D_i \right)^{-1} \sum_{i=1}^{m} D_i^T V_i^{-1} (y_i - \mu_i)$$

④ 위의 과정을 모수의 추정치들이 수렴할 때까지 반복한다.

■ **가설검정**: 일반화 선형모형(6장)에서 가설검정을 위해 사용되었던 왈드 검정과 점수검정이 GEE에서도 사용된다. 하지만 일반화 선형모형에서 사용되었던 가능도비 검정은 GEE에서는 가능도 함수를 구성할 수 없기에 사용할 수 없다.

왈드 검정에 앞서 $\hat{\beta}$은 점근적 정규성을 가진다.

$$\sqrt{m}(\hat{\beta} - \beta) \to^d N(0, A^{-1} B A^{-1}) \tag{7.3}$$

여기서 A와 B는 다음과 같다.

$$A = \sum_{i=1}^{m} D_i^T(\beta)\, V_i^{-1}(\beta, \phi, \alpha) D_i(\beta)$$

$$B = \sum_{i=1}^{m} D_i^T(\beta)\, V_i^{-1}(\beta, \phi, \alpha) cov(y_i)\, V_i^{-1}(\beta, \phi, \alpha) D_i(\beta)$$

행렬 A와 B는 β, α, ϕ의 추정치 $\hat{\beta}$, $\hat{\alpha}$, $\hat{\phi}$으로, $cov(y_i)$는 $\widehat{cov}(y_i) = (y_i - \hat{\mu}_i)(y_i - \hat{\mu}_i)^T$으로 대체함으로써 추정될 수 있다. 따라서 이렇게 만든어진 $\hat{A}^{-1}\hat{B}\hat{A}^{-1}$을 **경험적 분산 추정량**(empirical variance estimator) 또는 **샌드위치 분산 추정량**(sandwich SE estimator)이라고 한다.

왈드 검정은 점근적 정규성 (7.3)을 바탕으로 각 평균함수의 모수인 β에 대한 가설검정에서 사용된다. 특정한 스칼라 β_j를 위한 가설검정은 다음과 같다.

$$H_0 : \beta_j = 0,\ H_1 : \beta_j \neq 0$$

이 경우의 왈드 통계량은 $\hat{\beta}_j / se(\hat{\beta}_j)$이며, H_0하에서

$$\frac{\hat{\beta}_j}{se(\hat{\beta}_j)} \sim^{approx} N(0,1)$$

이다. 또 다른 경우로 $\beta = (\beta_1^T, \beta_2^T)^T$에서 β_1은 $r \times 1$인 평균모수 벡터이고, β_2는 $(p-r) \times 1$인 평균모수 벡터이다. 이 경우에 다음의 귀무 및 대립가설을 고려하자.

$$H_0 : \beta_1 = 0,\ H_1 : \beta_1 \neq 0$$

이 경우의 왈드 통계량은 H_0하에서 다음의 결과를 가진다.

$$\hat{\beta}_1^T V_1^{-1} \hat{\beta}_1 \sim^{approx} \chi_r^2$$

여기서 V_1은 $\hat{\beta}_1$에 상응하는 추정 공분산행렬이다.

점수검정의 경우, $\beta = (\beta_1^T, \beta_2^T)^T$에서 동일한 귀무 및 대립가설을 고려할 때,

$$H_0 : \beta_1 = 0,\ H_1 : \beta_1 \neq 0$$

점수검정 통계량은 H_0하에서 다음의 결과를 가진다.

$$\frac{1}{m} U_1(0, \hat{\beta}_2)^T \Sigma_1^{-1} U_1(0, \hat{\beta}_2) \sim^{approx} \chi_r^2$$

여기서 $U_1(0, \hat{\beta}_2)$는 GEE (7.1)에서 $\beta_1 = 0$을 $\beta_2 = \hat{\beta}_2$을 삽입한 식이며, Σ_1은 $\widehat{var}(\hat{\beta}_1)_{\beta_1 = 0}$이다.

2. 일반화 추정방정식의 성질

앞에서 GEE 추정량을 보았다. 이번에는 GEE 추정량의 성질을 알아보자. 경시적 자료에서 정확한 결합분포(joint distribution)를 아는 경우에 가능도함수에 기초한 추정방법을 이용한다. 그런데 정확한 결합분포를 모르고 단지 응답변수 y_{ij} 각각의 주변분포만 아는 경우는 GEE 방법에 의한 추론이 매우 유용하다. 즉, GEE 방법은 준가능도 추정방법이 다변량으로 확장된 것을 알 수 있다.

개체들의 반복수가 동일한 균형자료(balanced data)인 경우($n_i = n$), 독립을 가정한 가상관계수행렬(working correlation matrix)의 사용은 $\hat{\beta}$의 효율성 손실을 크게 가져오지 않는다. 하지만 불균형 자료(unbalanced data)인 경우, 효율성이 많이 떨어지게 된다. 자세한 것은 다음 절에서 설명할 것이다.

GEE의 모수추정 알고리즘을 이용하여 구한 $\hat{\beta}$은 다음의 특성을 가진다. $\hat{\beta}$은 β에 대한 일치추정량이라면, 여기서 $\hat{\beta}$의 일치성은 평균모형이 정확하게 기술된 경우에는 상관계수행렬에 올바르게 가정되지 않아도 유지된다. 이를 GEE 추정량의 강건성 특성(robustness property)이라 한다.

식 (7.3)에서 제시한 것과 같이 $\hat{\beta}$은 점근적 정규성을 가진다. 경험적 분산 추정량 또는 샌드위치 분산 추정량은 공분산을 위한 가정이 올바르지 않아도 유효한 추정량의 표준편차를 제공한다는 의미에서 강건성을 가진다. 따라서 표본크기가 큰 경우에는 경험적 분산 추정량을 이용한 표준오차가 적절한 표준오차인 것이다.

개체수가 많지 않은 경우, 자료가 불균형 자료인 경우, 또는 동일한 공변량 디자인 행렬을 기준으로 개체들이 그룹화할 수 없는 경우에는 경험적 분산 추정량 대신에 모형 기반 분산 추정량(model-based variance estimator)($\widehat{var}(\hat{\beta}) = \hat{A}^{-1}$)을 사용하는 것이 바람직하다.

GEE 방법은 결측치가 완전 임의결측(missing completely at random: MCAR)인 경우에만 사용할 수 있다. 하지만 경시적 자료분석에서 많이 있는 임의결측(missing at random: MAR)이나 비임의결측(missing not at random: MNAR)인 경우에는 바로 사용할 수 없다. 더 자세한 결측치 및 결측치 관련 모형은 13장에서 다루도록 하겠다.

■ 가상관계수(working correlation): 일치성과 점근적 정규성을 만족하는 평균모수 β

의 유효한 추정치 $\hat{\beta}$을 얻기위해서는 참 상관계수(true correlation)가 필요하지 않다는 것을 6장에서 알았다. 그래서 상관계수행렬 $R_i(\alpha)$을 위해 선택된 모형을 **가상관계수**(working correlation)라 한다. 만약 $R_i(\alpha)$가 올바르게 선택되었다면, 모형기반 분산 추정량을 이용하여 $\hat{\beta}$의 표준오차를 사용할 수 있다. 그렇지 않으면, **경험적 분산 추정량**을 이용한 $\hat{\beta}$의 표준오차를 사용한다.

$\alpha(\phi)$를 어떤 일치추정량으로 대치하는 것은 $\hat{\beta}$의 대표본 특성에 영향을 주지 않는다. 그리고 $\hat{\beta}$의 점근적 분산은 α를 알고 있는 경우와 같다(Liang과 Zeger, 1986). 따라서 상관계수 $R_i(\alpha)$를 완전히 알 수 없을 경우에는 단순한 가상관계수를 이용하는 것이 더 실용적인 것이다. 하지만 $R_i(\alpha)$를 근사적으로 참 상관계수와 가까운 값을 사용하면($corr(y_i)$에 근사적으로 가까운 좋은 가상관계수를 사용), β의 추정량의 효율성이 독립을 가정한 가상관계수를 사용할 때보다 높다. 즉, 좋은 가상관계수를 사용한 경우의 $\hat{\beta}$에 대한 표준오차는 독립을 가정한 가상관계수를 사용한 $\hat{\beta}$의 표준오차보다 작다는 것을 의미한다. 하지만 개체 간 공변량과 적당한 수준의 상관관계를 가진 경우 그 효율성의 손실은 그리 크지 않다.

02 GEE1.5와 GEE2

GEE1에서 모수 α와 ϕ는 단순한 적률방법을 이용하여 추정한다. 보통 척도모수 ϕ는 장애모수로 고려되고, 평균모수 β의 추정에 영향을 주지 않는다. 그런데 상관계수 모수 α는 관심모수일 수도 있다. 만일 공분산행렬도 주요 관심이라면, GEE1은 불충분할 수 있다. 그리고 (β, α)를 동시에 추정함으로써 GEE1에서 α를 틀리게 가정하여도 $\hat{\beta}$이 일치성을 유지한다는 특성은 더 이상 만족하지 않을 수 있다. 하지만 α의 올바른 추정이 β의 추정을 향상시킬 수 있다. 즉, 연속형 경시적 자료에서는 공분산행렬을 좀 더 유연하게 가정할 수 있고, 경시적 범주형 자료분석에서는 반복 측정 응답변수들의 관계를 더 잘 설명할 수 있는 모형을 가정할 수 있다. 이번 절에서는 모수 (β, α)에 관심이 있어서 이를 동시에 추정하기 위한 방법들을 설명한다. 이 방법들에는 $\hat{\beta}$의 강건성을 희생시키지 않고, α를 추정함에 있어서 더 효율적인 추정량을 구하는 방법(GEE1.5와 교대 로지스틱 회귀(alternating logistic regression: ALR))과 (β, α)를 동시에 추정함과 동시에 둘 다 효율적인 추정량을 구하는 방법(GEE2와 가능도 방법)에 대해서 설명한다.

1. GEE1.5

Prentice(1988)은 경시적 이진자료 분석에서 GEE1을 수정하여 주변 평균모형(marginal mean model)과 쌍별 상관계수 모형(pairwise correlation model)은 다음과 같이 제안하였다.

$$\text{주변 평균모형: } logit(\mu_{ij}) = x_{ij}^T \beta$$

$$\text{쌍별 상관계수 모형: } g_2(\rho_{ijk}) = z_{ijk}^T \alpha$$

여기서 z_{ijk}는 개체 및 시점 j와 k에 의존할 수 있는 공변량이며, g_2는 상관계수를 위한 2번째 연결함수로, 예를 들면 피셔의 Z-변환이 있으며 다음과 같다.

$$g_2(\rho_{ijk}) = \log\left(\frac{1+\rho_{ijk}}{1-\rho_{ijk}}\right)$$

피셔의 Z-변환과 같이 반복 측정된 응답변수들 간의 의존성을 나타내는 다양한 모형을 고려할 수 있다.

쌍별 상관계수 모형에서 알 수 있는 것과 같이 디자인 행렬 Z_i는 $(n_i(n_i-1)/2) \times q$ 차원의 행렬이다(여기서 q는 모수벡터 α의 차원이다).

GEE1.5는 모수인 β와 α의 추정에 각각 일반화 추정방정식을 제안하였다. β의 추정을 위해서 중심화된 1차 적률인 $(y_i - \mu_i)$를 기반으로 한 추정방정식 U_1을 이용하였고, α의 추정을 위해서 중심화된 2차 적률인 $(y_{ij}-\mu_{ij})(y_{ik}-\mu_{ik}) - \sigma_{ijk}$를 기반으로 한 추정방정식 U_2를 이용한다. 이들 추정방정식은 다음과 같다.

$$U_1(\beta,\alpha)=\sum_{i=1}^{m}D_i^T(\beta)V_i^{-1}(\beta,\alpha)\{y_i-\mu_i(\beta)\} \tag{7.4}$$

$$U_2(\beta,\alpha)=\sum_{i=1}^{m}E_i^T(\beta,\alpha)W_i^{-1}(\beta,\alpha)\{S_i-\sigma_i(\beta,\alpha)\}$$

여기서

$$S_i=(y_i-\mu_i)\otimes(y_i-\mu_i)=vec((y_{ij}-\mu_{ij})(y_{ik}-\mu_{ik}))$$

$$\sigma_i=E(S_i)=vec(\sigma_{ijk})$$

$$E_i=\frac{\partial\sigma_i}{\partial\alpha}$$

$$W_i\approx cov(S_i)$$

이다. $cov(S_i)$를 적절하게 모형화하려면 더 높은 차수의 적률을 위한 모형이 필요하다. 실제적으로 단순한 가상관계수행렬과 $\hat{\alpha}$을 위한 경험적 분산을 이용할 수 있다.

식 (7.4)를 이용한 쌍별 추정방정식(paired estimating equations)은 다음과 같다.

$$U_1(\beta,\alpha)=0$$

$$U_2(\beta,\alpha)=0$$

이 두 방정식을 만족하는 해를 반복적으로 구하는 것이 GEE1.5의 알고리즘이다. 이를 구체적으로 표현하는 다음과 같다.

① β와 α의 초깃값 $(\hat{\beta}^{(k)},\hat{\alpha}^{(k)})$을 가지고 시작한다.

② 고정된 $\hat{\alpha}^{(k)}$에서 $U_1(\beta,\hat{\alpha}^{(k)})=0$의 해 $\hat{\beta}^{(k+1)}$을 찾는다.

③ 고정된 $\hat{\beta}^{(k+1)}$에서 $U_2(\hat{\beta}^{(k+1)},\alpha)=0$의 해 $\hat{\alpha}^{(k+1)}$을 찾는다.

④ 과정 ②와 ③을 수렴할 때까지 반복한다.

GEE1.5 알고리즘을 이용하여 찾은 GEE1.5 추정량 $(\hat{\beta},\hat{\alpha})$은 정확한 모형의 가정하에서 일치추정량이며 점근적 정규성을 만족한다. 그리고 GEE1의 추정량과 유사하게

α에 대한 모형이 잘못 가정되었음에도 불구하고 $\hat{\beta}$은 여전히 일치추정량이다.

앞의 Prentice(1988)의 GEE1.5에서는 상관관계를 통하여 반복된 응답변수의 의존성을 설명하고 있다. 하지만 상관계수와 평균 사이의 관계로 인하여 상관계수가 제한되는 경우가 있다. 예를 들면, 이진 응답변수에 대한 모형의 상관관계는 응답변수 평균에 의해서 제한된다. y_1과 y_2를 이진 스칼라 응답변수라고 하며, $E(y_1)=\mu_1$, $E(y_2)=\mu_2$, 그리고 $E(y_1 y_2)=\pi_{12}$인 경우,

$$\pi_{12} \le \min(\mu_1, \mu_2)$$

$$\rho_{12}^2 \le \min\left\{\frac{\mu_1(1-\mu_2)}{\mu_2(1-\mu_1)}, \frac{\mu_2(1-\mu_1)}{\mu_1(1-\mu_2)}\right\}$$

이다. 예를 들면, $E(y_1)=0.3$, $E(y_2)=0.1$, 그러면 $\rho^2 \le 0.26$이다.

따라서 범주형 자료에서는 상관관계보다는 반복 측정된 응답변수들 간의 오즈비를 이용하여 의존성을 설명할 수 있다. 경시적 이진자료인 y_{ij} $(j=1,\ldots,n_i)$에서 오즈비의 모형은 다음과 같다.

$$\begin{aligned}\Psi_{ijk} &= \frac{P(y_{ij}=1, y_{ik}=1)P(y_{ij}=0, y_{ik}=0)}{P(y_{ij}=1, y_{ik}=0)P(y_{ij}=0, y_{ik}=1)} \\ &= \frac{P(y_{ij}=1 \mid y_{ik}=1)/P(y_{ij}=0 \mid y_{ik}=1)}{P(y_{ij}=1 \mid y_{ik}=0)/P(y_{ij}=0 \mid y_{ik}=0)}\end{aligned}$$

이 오즈비에 관하여 다음의 주의할 것이 있다.

① 로그 오즈비 $\log\Psi_{ijk} \in (-\infty, \infty)$는 0을 중심으로 대칭이며, 주변평균의 의해서 제한되지 않는다.

② Ψ_{ijk}의 해석: $\Psi_{ijk}=1$ 또는 $\log\Psi_{ijk}=0$은 (Y_1, Y_2)가 무상관이다.

③ μ_1과 μ_2의 주변모형의 기술에 대해서 오즈비는 불변하다. 예를 들면, 사례-대조 연구(case-contrl study)에서 적용된다.

오즈비 Ψ_{ijk}와 주변평균 μ_{ij}와 μ_{ik}는 $E(y_{ij}y_{ik})=\pi_{ijk}$, 상관계수 ρ_{ijk}, 분산 $V_i(\beta, \alpha)$

를 결정한다. 즉,

$$\Psi_{ijk} = \frac{\pi_{ijk}(1-\mu_{ij}-\mu_{ik}+\pi_{ijk})}{(\mu_{ij}-\pi_{ijk})(\mu_{ik}-\pi_{ijk})}$$

$$\pi_{ijk} = \frac{A-\left[A^2-4(\Psi_{ijk}-1)\Psi_{ijk}\mu_{ij}\mu_{ik}\right]^{1/2}}{2(\Psi_{ijk}-1)}$$

$$A = 1-(\mu_{ij}+\mu_{ik})(1-\Psi_{ijk})$$

따라서 오즈비를 이용한 모형을 이용하여 α를 추정할 수 있는 것이다.

Lipsitz 등(1991)은 Prentice(1988)가 제안한 쌍별 상관계수 모형(pairwise correlation model) 대신에 **오즈비를 위한 쌍별 모형**(paired models for odds ratios)을 제안하였다.

$$\text{주변 평균모형: } logit(\mu_{ij}) = x_{ij}^T\beta$$

$$\text{오즈비 모형: } \log(\Psi_{ijk}) = z_{ijk}^T\alpha \qquad (7.5)$$

추정방정식은 식 (7.4)를 이용하여 추정량을 구한다.

Carey 등(1993)은 **교대 로지스틱 회귀**(alternating logistic regression: ALR)를 제안하였다. 여기서 Lipsitz 등(1991)에서 제안된 오즈비 모형 (7.5) 대신에 쌍별 조건부 평균을 위한 모형을 제안하다.

$$logit\,E(y_{ij}|y_{ik}, x_i) = \Delta_{ijk} + \gamma_{ijk}y_{ik},$$

여기서 $\gamma_{ijk} = \log\Psi_{ijk} = z_{ijk}^T\alpha$이며, $\Delta_{ijk} = \log\left(\frac{\mu_{ij}-\pi_{ijk}}{1-\mu_{ij}-\mu_{ik}+\pi_{ijk}}\right)$이다. 모수 α를 위한 추정방정식은 다음과 같다.

$$U_\alpha(\beta,\alpha) = \sum_{i=1}^{m} F_i^T(\beta,\alpha)\widetilde{W}_i^{-1}(\beta,\alpha)T_i(\beta,\alpha)$$

여기서

$$F_i = \partial\zeta_i/\partial\alpha,\ \ T_i(\beta, \alpha) = vec(y_{ij} - \zeta_{ijk}),\ \ \zeta_{ijk} = E(y_{ij} \mid y_{ik})$$

$$\widetilde{W}_i^{-1}(\beta, \alpha) = diag(var(y_{ij} \mid y_{ik})) = diag(\zeta_{ijk}(1 - \zeta_{ijk}))$$

ALR의 모수 α는 Lipsitz 등(1991)의 모형보다 더 효율적이다. 특히 개체수가 많은 경우 계산적으로 더 효율적이다. 왜냐하면 큰 차원에 대한 행렬의 역행렬 계산을 요구하지 않기 때문이다. ALR의 추정치인 $(\hat{\beta}, \hat{\alpha})$은 일치추정량이며 점근적 정규성을 가지며 샌드위치 분산 추정량을 계산할 수 있다.

ALR의 모수추정 알고리즘은 다음과 같다.

① 이진자료 y_{ij}의 x_{ij}에 대한 로지스틱 회귀에서 $\hat{\beta}$을 얻는다.

② 상쇄항(offset) Δ_{ijk}를 가지는 y_{ij}의 $z_{ij}^T y_{ik}$에 대한 로지스틱 회귀에서 $\hat{\alpha}$을 얻는다. 여기서 상쇄항 Δ_{ijk}는 α와 β 둘다에 의존하므로 현재의 $\hat{\alpha}$과 $\hat{\beta}$을 가지고 Δ_{ijk}를 계산한다.

③ 과정 ①과 ②를 수렴할 때까지 반복한다.

척도모수 ϕ가 중요할 때가 있다. 예를 들면 과산포나 이분산성(heteroscadasticity)을 가질 경우가 이에 해당된다. 이 경우 Yan과 Fine(2004)은 척도모수 ϕ를 위한 3번째 모형을 다음과 같이 제안하였다.

$$\text{척도모수 모형: } g_3(\phi_{ij}) = T_{3i}^T \gamma,$$

이것에 해당하는 추정방정식은 다음과 같다.

$$U_\phi = \sum_{i=1}^{m} D_{3i}^T V_{3i}(s_i - \phi_i) = 0$$

여기서 $s_{ij} = (y_{ij} - \mu_{ij})^2 / v_{ij}$이다. 이 방법은 R library인 geepack에서 사용가능하다.

2. GEE2 – 결합 추정방정식(joint estimating equations)

Prentice와 Zhao(1991)은 모수 $\delta = (\beta, \alpha)$를 위한 최적 추정함수를 고려하였다.

GEE1.5는 이 두 모수에 대한 각각의 추정방정식을 구하였는데, GEE2는 결합 추정방정식을 고려하였다.

우선 경시적 자료 $y_i = (y_{i1}, \ldots, y_{in_i})^T$와 y_{ij}에 상응하는 $p \times 1$인 공변량 벡터 x_{ij}를 고려하자. 이러면 GEE2의 쌍을 이루는 모형은 다음과 같다.

$$g_1(\mu_{ij}) = x_{ij}^T \beta$$

$$g_2(\sigma_{ijk}) = z_{ijk}^T \alpha$$

여기서 $\sigma_{ijk} = cov(y_{ij}, y_{ik})$이다. 이 모형의 모수 $\delta = (\beta, \alpha)$을 구하는 최적 추정방정식은 다음과 같다.

$$\begin{aligned} U(\delta) &= \sum_{i=1}^{m} D_i^T(\delta) V_i^{-1}(\delta) T_i(\delta) \\ &= \sum_{i=1}^{m} \begin{bmatrix} \dfrac{\partial \mu_i}{\partial \beta} & \dfrac{\partial \sigma_i}{\partial \beta} \\ 0 & \dfrac{\partial \sigma_i}{\partial \alpha} \end{bmatrix}^T \begin{bmatrix} V_i(1,1) & V_i(1,2) \\ V_i(1,2)^T & V_i(2,2) \end{bmatrix}^{-1} \begin{bmatrix} y_i - \mu_i \\ S_i - \sigma_i \end{bmatrix} \end{aligned} \tag{7.6}$$

여기서 $\mu_i = (\mu_{i1}, \ldots, \mu_{in_i})^T$, $\sigma_i = (\sigma_{ijk})$, $V_i(1,1) = cov(y_i)$, $V_i(1,2) = cov(y_i, S_i)$, $V_i(2,2) = cov(S_i)$, $S_i = (S_{ijk})$, $S_{ijk} = (y_{ij} - \mu_{ij})(y_{ik} - \mu_{ik})$이다.

$V_i(1,2)$와 $V_i(2,2)$를 구하기 위해서 1차와 2차 적률 모형은 충분하지 않다. 만일 모든 적률을 기술할 수 있다면 최대가능도 방법을 이용할 수 있다. GEE2는 2차 지수족(quadratic exponential family: QEF) 모형을 위한 점수방정식으로 유도될 수 있다. 2차 지수족 모형은 다음과 같다.

$$l_i = \theta_{1i}^T y_i + \theta_{2i}^T S_i + \delta_i + c_i(y_i)$$

여기서 θ_{1i}와 θ_{2i}는 정준모수(canonical parameters)이며, δ_i는 모수들의 함수이고, $c_i(y_i)$는 정규화 상수이다.

Prentice와 Zhao(1991)에서 가 3차/4차 적률 모형(working 3rd/4th moment models)을 제안하였다. 독립 가모형(independence working models)과 가우시안 가모형(Gaussian working models)은 다음과 같다.

- **독립 가모형**:

$$V_i(1,2)=0,\ \ V_i(2,2)=\text{대각행렬}$$

- **가우시안 가모형**:

$$V_i(1,2)=0,\ \ V_i(2,2): cov(S_{ijk}, S_{ilm})=\sigma_{ijl}\sigma_{ikm}+\sigma_{ijm}\sigma_{ikl}$$

추정방정식 (7.6)을 이용한 추정은 피셔-스코어링 알고리즘을 이용한다. 그리고 샌드위치 분산 추정량은 3차/4차 적률 모형이 잘못되어도 강건성을 유지한다. 즉 $\hat{\beta}$과 $\hat{\alpha}$ 둘 다의 일치성은 평균모형과 공분산모형이 올바르게 구성되는 것에 달려 있다. 식 (7.6)에 있는 행렬 V_i는 $M_i\times M_i$ 차원이다(여기서 $M_i=n_i+n_i(n_i-1)/2$이다). 또한, V_i의 역행렬도 요구되어진다. 마지막으로 GEE1.5와 비교하여 GEE2에서 모수추정의 효율은 3차/4차 적률의 정확한 기술에 의존한다.

Liang 등(1992)은 이진자료 분석에서 오즈비를 이용한 GEE2 모형을 제안하였다. 여기에서 3차와 4차의 로그 오즈비를 0으로 고정시킨 상태에서 가 3차/4차 적률 모형을 이용하였다. 따라서 고차원의 다항 방정식의 해를 찾아야 한다.

GEE2는 모수추정에서 3차/4차 적률의 정확한 기술이 있다면, GEE1.5나 GEE1보다 효율적이며, 더 나은 추정치를 제공한다. 하지만 이렇게 고차의 적률을 가정하면서 GEE 방법을 이용할 필요가 있을까라는 의문이 드는 것이 사실이다. 이러한 고차의 적률을 위한 가정을 고려할 때, 차라리 응답변수 벡터 y_i의 결합 확률밀도함수를 가정하여 가능도 방법을 이용하는 것이 더 유용할 것이다. 이러한 이유로 인하여 사실 GEE1.5나 GEE2에 비해서 GEE1이 주로 많이 쓰이고 있는 것이 현실이다. 따라서 앞으로 따로 기술하지 않으면 GEE는 GEE1을 의미하는 것으로 하겠다.

03 모형선택

우선 GEE 모형에서 평균모형이 맞다는 전제하에서 어떤 상관행렬을 선택할지를 고려해야 한다. 하지만 GEE는 결합 확률밀도함수를 가지지 않으므로 일반적인 가능도 기반 모형선택 기준을 이용할 수 없다. 대신에 Pan(2001)에서 제안한 QIC(quasi-likelihood under the independence model criterion)가 있다. QIC는 독립인 가상관계수행렬하에서 준 로그가능도 함수를 구하고 이를 기반으로 추정량을 구한다. 이후 이를 이용하여 준 로그가능도 값을 구한 결과와 벌점(penalty)을 합친 모형선택 기준이다. 그 식은 다음과 같다.

$$QIC(R,\phi) = -2\,Q(\hat{\beta}(I),\phi) + 2\,tr\left(\hat{V}_I^{-1}\hat{V}_R\right)$$

여기서 $\hat{\beta}(I)$는 독립인 가상관계수행렬을 이용하여 구한 GEE 추정량이며, $\hat{V}_I$과 $\hat{V}_R$은 각각 독립과 가정된 상관계수하에서 $\hat{\beta}$의 강건 분산 추정량을 의미한다. QIC 식 (7.7)의 오른쪽 첫 번째 항은 모형의 적합도(goodness-of-fit)을 나타내며, 두 번째 항은 모형의 복잡도를 나타내는 벌점을 의미한다. 만일 상관계수행렬 $R=I$이면, 두 번째 항은 $2tr(\hat{V}_I^{-1}\hat{V}_R)=2p$이 된다. 여기서 p는 모수벡터 β의 길이이다.

만일 공분산행렬이 맞다는 전제하에서 서로 다른 평균모형을 비교할 때는 QIC와 비슷한 변수선택 기준인 QIC_u를 사용한다. 이 경우 벌점항은 항상 $2p$가 된다.

R 프로그램의 geepack 패키지에 있는 함수 geeglm( )에서 QIC와 QIC_u를 계산할 수 있다.

04 자료분석

이번 절에서는 GEE를 이용하여 1장에 제시된 다양한 경시적 범주형 자료를 분석하고자 한다.

1. 교차시행

1장에 제시되지 않은 자료인 이 자료는 교차시행(crossover trial)에서 나온 것으로 Jones와 Kenward(1987)가 일차성 월경통(primary dysmenorrhea)(월경경련)으로 인한 통증을 완화하기 위한 진통제의 3개 주기의 교차시행에서 보고된 것이다. 이 시행에서 진통제의 양에 따라 3단계(위약, 낮음, 높음)로 나누어 86명의 여성에게 각각 투여하였다. 이 3가지 진통제 수준을 6가지의 가능한 순서 조합으로 만들었다. 이때, 그 6가지 조합 중 하나에 86명의 여성을 무작위로 배치하여 이전 치료가 현재 반응 또는 이월 효과(carry-over-effect)에 미치는 영향을 평가하였다. 6가지 조합과 그 조합에 속하는 각각의 여성수를 <표 7.1>에 제시하였다.

표 7.1 치료순서에 활당된 여성수 (1 = 위약, 2 = 낮음, 3 = 높음)

치료순서	123	132	213	231	312	321	총합
여성수	15	16	15	12	14	14	86

이 자료는 Diggle 등(2002)에서도 소개된 자료로 응답변수(y_{ij})는 통증완화가 있으면 1이고, 없으면 0으로 코딩되었다. 여기서 $i = 1, \cdots, 86$, $j = 1, 2, 3$이다. $tx2$와 $tx3$은 각각 진통제 양에 따른 3단계 중 낮음과 높음을 나타내는 지시변수이다. $p2$와 $p3$은 각각 3개의 주기 중의 주기 2와 3을 나타내는 지시변수이다. R 프로그램 결과 (1)과 (2)로부터 진통제 치료의 두 가지 다른 복용량(낮음과 높음)은 모두 위약보다 진통효과가 더 나은 것으로 보인다. 고용량 진통제는 저용량보다 약간 더 진통효과가 좋음을 알 수 있다. 이월효과는 저용량 진통제가 주기 1보다 더 나은 것으로 보이지만 지난 두 주기 동안 더 나쁜 것으로 보인다.

이제 GEE를 이용하여 2개의 모형을 적합해 보도록 하자. 여기서 가상관계수행렬은 각각 독립과 무구조(unstructured)를 고려하였다. 가정된 주변모형은 다음과 같다.

$$logit\, P(y_{ij} = 1) = \beta_0 + \beta_1 p2 + \beta_2 p3 + \beta_3 tx2 + \beta_4 tx3 + \beta_5 co2 + \beta_6 co3$$

여기서 $co2$는 앞의 치료가 저용량 진통제인지를 나타내는 지시변수이며, $co3$는 앞의 치료가 고용량 진통제인지를 나타내는 지시변수이다.

R 코드

in ▸

```
xover3 <- read.table("xover3.data",col.names=c("id","class","relief",
 "intercept","tx2","tx3","p2","p3","ptx1","ptx2","ptx3"))
xover3$period <- ifelse(xover3$p2==1,2, ifelse (xover3$p3==1,3,1))
xover3$treatment <- ifelse(xover3$tx2==1,2, ifelse(xover3$tx3==1,3,1))
with(xover3,ftable(period,relief,treatment))

xover3$ptx <- ifelse(xover3$ptx1==1,1,
               ifelse(xover3$ptx2==1,2,3))
xover3$ptx[xover3$period==1]<-0
with(xover3,ftable(ptx,relief,treatment))

library(gee)

# gee with default working correlation matrix (independence)
xover.gee <- gee(relief~p2+p3+tx2+tx3+ptx2+ptx3,
                 data=xover3,scale.fix=TRUE,id=id,family=binomial)
summary(xover.gee)

# gee with unstructred working correlation matrix
xover.gee.unstr <- gee(relief~p2+p3+tx2+tx3+ptx2+ptx3,
                 data=xover3,scale.fix=TRUE,id=id,family=binomial,
                 corstr="unstructured")
summary(xover.gee.unstr)
```

out ▸

```
> xover3 <- read.table("xover3.data",col.names=c("id","class","relief",
+  "intercept","tx2","tx3","p2","p3","ptx1","ptx2","ptx3"))
> xover3$period <- ifelse(xover3$p2==1,2, ifelse (xover3$p3==1,3,1))
> xover3$treatment <- ifelse(xover3$tx2==1,2, ifelse(xover3$tx3==1,3,1))
> with(xover3,ftable(period,relief,treatment))
              treatment  1  2  3
period relief
1      0                24  4 10
       1                 7 19 22
2      0                20 11  5
       1                 9 18 23
3      0                20  7  5
       1                 6 23 25
>
```

결과 (1)

```
> xover3$ptx <- ifelse(xover3$ptx1==1,1,
+                      ifelse(xover3$ptx2==1,2,3))
> xover3$ptx[xover3$period==1]<-0
> with(xover3,ftable(ptx,relief,treatment))
           treatment  1  2  3
ptx relief
0   0                24  4 10
    1                 7 19 22
1   0                 0  6  5
    1                 0 23 26
2   0                20  0  5
    1                 9  0 22
3   0                20 12  0
    1                 6 18  0
>
> library(gee)
>
```

결과 (2)

독립 가상관계수행렬을 가정한 결과

```
> # gee with default working correlation matrix (independence)
> xover.gee <- gee(relief~p2+p3+tx2+tx3+ptx2+ptx3,
+                  data=xover3,scale.fix=TRUE,id=id,family=binomial)
Beginning Cgee S-function, @(#) geeformula.q 4.13 98/01/27
running glm to get initial regression estimate
(Intercept)          p2          p3         tx2         tx3        ptx2
 -1.0864970   0.4123752   0.5866249   2.1055755   2.0683345  -0.1284182
       ptx3
 -0.9285768
> summary(xover.gee)

 GEE:  GENERALIZED LINEAR MODELS FOR DEPENDENT DATA
 gee S-function, version 4.13 modified 98/01/27 (1998)

Model:
 Link:                      Logit
 Variance to Mean Relation: Binomial
 Correlation Structure:     Independent

Call:
gee(formula=relief ~ p2 + p3 + tx2 + tx3 + ptx2 + ptx3, id=id,
    data=xover3, family=binomial, scale.fix=TRUE)

Summary of Residuals:
       Min          1Q      Median          3Q         Max
```

```
-0.8328140 -0.2522785  0.1819871  0.2652069  0.8323952

Coefficients:
               Estimate  Naive S.E.    Naive z  Robust S.E.   Robust z
(Intercept)  -1.0864970   0.3282391 -3.3100778    0.3180752 -3.4158489
p2            0.4123752   0.4608082  0.8948955    0.4118732  1.0012187
p3            0.5866249   0.4750698  1.2348183    0.4560502  1.2863166
tx2           2.1055755   0.4017464  5.2410563    0.4191703  5.0231983
tx3           2.0683345   0.3830991  5.3989548    0.4185131  4.9421017
ptx2         -0.1284182   0.5016688 -0.2559821    0.5022616 -0.2556799
ptx3         -0.9285768   0.4872822 -1.9056242    0.4457959 -2.0829638

Estimated Scale Parameter:  1
Number of Iterations:  1

Working Correlation
     [,1] [,2] [,3]
[1,]    1    0    0
[2,]    0    1    0
[3,]    0    0    1
```

무구조 가상관계수행렬을 가정한 결과

```
> # gee with unstructred working correlation matrix
> xover.gee.unstr <- gee(relief~p2+p3+tx2+tx3+ptx2+ptx3,
+                   data=xover3,scale.fix=TRUE,id=id,family=binomial,
corstr="unstructured")
Beginning Cgee S-function, @(#) geeformula.q 4.13 98/01/27
running glm to get initial regression estimate
(Intercept)          p2          p3         tx2         tx3        ptx2
 -1.0864970   0.4123752   0.5866249   2.1055755   2.0683345  -0.1284182
       ptx3
 -0.9285768
> summary(xover.gee.unstr)

 GEE:  GENERALIZED LINEAR MODELS FOR DEPENDENT DATA
 gee S-function, version 4.13 modified 98/01/27 (1998)

Model:
 Link:                      Logit
 Variance to Mean Relation: Binomial
 Correlation Structure:     Unstructured

Call:
gee(formula=relief ~ p2 + p3 + tx2 + tx3 + ptx2 + ptx3, id=id,
```

```
     data=xover3, family=binomial, corstr="unstructured",
     scale.fix=TRUE)

Summary of Residuals:
       Min         1Q     Median         3Q        Max
-0.8289259 -0.2496275  0.1798135  0.2631610  0.8308251

Coefficients:
               Estimate Naive S.E.    Naive z Robust S.E.   Robust z
(Intercept) -1.10060006  0.3260360 -3.3757006   0.3217271 -3.4209122
p2           0.37925136  0.4755893  0.7974346   0.4099182  0.9251879
p3           0.54843106  0.4614023  1.1886181   0.4512896  1.2152530
tx2          2.10098624  0.3905658  5.3793404   0.4219768  4.9789141
tx3          2.13020321  0.3792224  5.6172930   0.4199083  5.0730204
ptx2        -0.09101728  0.4777062 -0.1905298   0.5041583 -0.1805331
ptx3        -0.87013747  0.4635191 -1.8772417   0.4336075 -2.0067400

Estimated Scale Parameter:  1
Number of Iterations:  3

Working Correlation
            [,1]        [,2]       [,3]
[1,]  1.00000000 -0.17244343 0.02875624
[2,] -0.17244343  1.00000000 0.03688866
[3,]  0.02875624  0.03688866 1.00000000
```

적합된 모형은 다음과 같다.

- **독립상관**:

$$logit\,\hat{P}(y_{ij}=1) = -1.086 + 0.412\,p2 + 0.587\,p3 + 2.106^{*}\,tx2 + 2.068^{*}\,tx3$$
$$-0.128\,co2 - 0.929^{*}\,co3$$

- **무구조상관**:

$$logit\,\hat{P}(y_{ij}=1) = -1.101 + 0.379\,p2 + 0.548\,p3 + 2.101^{*}\,tx2 + 2.130^{*}\,tx3$$
$$-0.091\,co2 - 0.870^{*}\,co3$$

두 모형의 적합한 회귀계수는 매우 비슷하다. 그래서 무구조상관인 가상관을 가지는

GEE 모형에 집중한다. 위의 식에 제시된 모형의 결과는 고용량 진통제 치료에 대한 교차 효과($\hat{\beta}_6 = -0.870$, 경험적 $SE = 0.434$)에 대한 증거가 있음을 시사한다. R 프로그램 결과에서 Naive SE는 모형기반 표준오차이며, Robust SE는 강건 분산 추정량에서 유도된 표준오차이다. 일반적으로 GEE에서는 Robust SE을 이용하여 왈드 검정을 한다.

2. 인도네시아 아동 건강 연구(ICHS)

앞서 3장에서 ICHS 자료를 관측시점 기준으로 두 시점에서의 오즈비 추정량($\gamma(y_{.j}, y_{.k})$)을 <표 3-3>에서 보았다. 모든 오즈비 추정량들이 1보다 훨씬 크다는 것을 알 수 있었고, 반복 측정된 이진 응답변수들 간의 상관관계를 고려해야 함을 알았다. GEE를 이용한 모형에서 가상관계수행렬에 대한 교환가능(exchangeable) 구조를 가정하여 R library인 gee와 geepack을 이용하여 적합하였다. 예제 1.3에서 제시한 것과 같이 공변량으로 안구건조증 여부(비타민A 결핍 여부)(안구건조증 있음: $VITA_i = 1$, 없음: $= 0$), 나이와 나이의 제곱(Age_i, Age_i^2), 성별(여자: $Gender_i = 1$, 남자:$= 0$), 관측 주차($Time_{ij}$)와 그것의 제곱($Time_{ij}^2$)을 고려하였다. 반복 측정된 이진 응답변수들이 상관관계를 무시하고 일반화 선형모형인 로지스틱 회귀와 상관관계를 생각한 GEE 모형을 고려하였다. 이들 모두의 주변모형은 다음과 같다.

$$
\begin{aligned}
logit P(y_{ij} = 1) = \ & \beta_0 + \beta_1 Vita_i + \beta_2 Age_{ij} + \beta_3 Age_{ij}^2 + \beta_4 Gender_i \\
& + \beta_5 Time_{ij} + \beta_6 Time_{ij}^2
\end{aligned}
$$

GEE 모형에서 R 함수 gee에서 가상관계수 행렬의 구조는 “교환가능(exchangeable)”, “자기상관(AR)”, “무구조”를 고려하였다. 이들 모형의 모수 추정치는 <표 7-2>에 주어져 있다. 모든 모형의 평균모수 추정치값이 매우 비슷함을 알 수 있다. 하지만 GLM과 GEE 모형에 대한 추정치는 차이가 있다. GLM의 회귀계수들은 β_5와 β_6을 제외한 모든 회귀계수들이 유의하지만 GEE 모형에서의 회귀계수는 β_0와 β_4만 유의하다는 것을 알 수 있다. 이것은 회귀계수의 추정치는 비슷하지만 표준오차의 차이로 인하여 나타난 결과이다. 이때, GEE에서 회귀계수 추정치들의 표준오차는 강건 분산 추정량에서 유도된 표준오차이다. 그리고 GEE 모형들 간의 비교를 위한 QIC 값들은 매우 비슷함을 알 수 있다. 따라서 절약성의 원리(principle of parsimony)로 인하여 교환가능 또는 AR 구조의 가상관계수행렬을 가지는 모형을 선택한다.

표 7-2 일반화 선형모형과 GEE 모형의 평균모수의 추정치와 QIC

평균모수	GLM	GEE(교환가능)	GEE(AR)	GEE(무구조)
β_0	-1.107* (0.257)	-1.108* (0.448)	-1.090* (0.442)	-1.133* (0.445)
β_1	0.236* (0.119)	0.221 (0.223)	0.236 (0.224)	0.228 (0.220)
β_2	0.337* (0.141)	0.347 (0.253)	0.326 (0.250)	0.364 (0.252)
β_3	-0.055* (0.019)	-0.057 (0.032)	-0.054 (0.032)	-0.059 (0.032)
β_4	-0.581* (0.116)	-0.579* (0.217)	-0.548* (0.217)	-0.556* (0.216)
β_5	0.025 (0.040)	0.025 (0.029)	0.020 (0.029)	0.023 (0.029)
β_6	-0.001 (0.003)	-0.001 (0.002)	-0.000 (0.002)	-0.000 (0.002)
QIC		1787.7	1787.9	1787.6

GEE 모형 중에서 교환가능 구조를 가진 GEE 모형의 적합된 회귀계수를 식으로 나타내면 다음과 같다.

$$logit\,\hat{P}(y_{ij}=1) = -1.108 + 0.221\,Vita_i + 0.347Age_{ij} - 0.057Age_{ij}^2 - 0.579^* Gender_i$$
$$+ 0.025\,Time_{ij}\beta - 0.001\,Time_{ij}^2,$$

여기서 *는 5% 유의수준하에서 유의미한 회귀계수를 의미한다. 이 결과 성별(Gender)만이 통계적으로 유의미하며, 여자아이가 호흡기 질환에 걸린 확률이 남자아이에 비해 낮음을 알 수 있다. 그리고 안구건조증(비타민A 결핍) 유무의 호흡기 질환에 대한 영향은 통계적으로 유의하지 않음을 알 수 있다.

R 코드

in ▸

```
# GLM
ig.glm <-glm(RESPONSE~VITA+AGE+I(AGE^2)+GENDER+TIME+I(TIME^2),
          data=ICHS,family="binomial")
summary(ig.glm)

# GEE model using library gee
library (gee)

# exchangeable working correlation
ig.exc <- gee(RESPONSE~VITA+AGE+I(AGE^2)+GENDER+TIME+I(TIME^2),
          scale.fix=TRUE,cor="exchangeable",
          id=ID,data=ICHS,family="binomial")
summary(ig.exc)

# AR working correlation
ig.ar <- gee(RESPONSE~VITA+AGE+I(AGE^2)+GENDER+TIME+I(TIME^2),
          scale.fix=TRUE,cor="AR-M",
          id=ID,data=ICHS,family="binomial")
summary(ig.ar)

# Unstructured working correlation
ig.un <- gee(RESPONSE~VITA+AGE+I(AGE^2)+GENDER+TIME+I(TIME^2),
          scale.fix=TRUE,cor="unstructured",
          id=ID,data=ICHS,family="binomial")
summary(ig.un)

# GEE model using library geepack
library (geepack)
ig2.exc <- geeglm(RESPONSE~VITA+AGE+I(AGE^2)+GENDER+TIME+I(TIME^2),
            id=ID,corstr="exchangeable",data=ICHS,family="binomial")
QIC(ig2.exc)

ig2.ar <- geeglm(RESPONSE~VITA+AGE+I(AGE^2)+GENDER+TIME+I(TIME^2),
            id=ID,corstr="ar1",data=ICHS,family="binomial")
QIC(ig2.ar)

ig2.un <- geeglm(RESPONSE~VITA+AGE+I(AGE^2)+GENDER+TIME+I(TIME^2),
            id=ID,corstr="unstructured",data=ICHS,family="binomial")
QIC(ig2.un)
```

out ▸

```
> # GLM
> ig.glm <-glm(RESPONSE~VITA+AGE+I(AGE^2)+GENDER+TIME+I(TIME^2),
+           data=ICHS,family="binomial")
```

```
> summary(ig.glm)

Call:
glm(formula=RESPONSE ~ VITA + AGE + I(AGE^2) + GENDER + TIME +
    I(TIME^2), family="binomial", data=ICHS)

Deviance Residuals:
    Min        1Q   Median       3Q      Max
-1.1368  -0.8614  -0.7356   1.3494   1.9660

Coefficients:
              Estimate Std.        Error  z value     Pr(>|z|)
(Intercept)     -1.1071681    0.2566737   -4.314     1.61e-05 ***
VITA             0.2360480    0.1189761    1.984     0.04726 *
AGE              0.3374780    0.1409397    2.394     0.01664 *
I(AGE^2)        -0.0548290    0.0185135   -2.962     0.00306 **
GENDER          -0.5808245    0.1155841   -5.025     5.03e-07 ***
TIME             0.0249863    0.0403973    0.619     0.53624
I(TIME^2)       -0.0005285    0.0025646   -0.206     0.83672
---
Signif. codes:  0 '***' 0.001 '**' 0.01 '*' 0.05 '.' 0.1 ' ' 1

(Dispersion parameter for binomial family taken to be 1)

    Null deviance: 1822.3  on 1499  degrees of freedom
Residual deviance: 1773.5  on 1493  degrees of freedom
AIC: 1787.5
Number of Fisher Scoring iterations: 4

> # GEE model using library gee
> library (gee)
>
> # exchangeable working correlation
> ig.exc <- gee(RESPONSE~VITA+AGE+I(AGE^2)+GENDER+TIME+I(TIME^2),
+             scale.fix=TRUE,cor="exchangeable",
+             id=ID,data=ICHS,family="binomial")
Beginning Cgee S-function, @(#) geeformula.q 4.13 98/01/27
running glm to get initial regression estimate
  (Intercept)          VITA           AGE      I(AGE^2)        GENDER
-1.1071681059  0.2360480102  0.3374780043 -0.0548290461 -0.5808244758
         TIME     I(TIME^2)
 0.0249863323 -0.0005285361
> summary(ig.exc)
```

```
 GEE:  GENERALIZED LINEAR MODELS FOR DEPENDENT DATA
 gee S-function, version 4.13 modified 98/01/27 (1998)

Model:
 Link:                      Logit
 Variance to Mean Relation: Binomial
 Correlation Structure:     Exchangeable

Call:
gee(formula=RESPONSE ~ VITA + AGE + I(AGE^2) + GENDER + TIME +
    I(TIME^2), id=ID, data=ICHS, family="binomial", corstr="exchangeable",
    scale.fix=TRUE)

Summary of Residuals:
       Min         1Q     Median         3Q        Max
-0.4751476 -0.3092661 -0.2373356  0.5952528  0.8596809

Coefficients:
                 Estimate  Naive S.E.     Naive z  Robust S.E.   Robust z
(Intercept) -1.1077203785 0.435203082 -2.5452953 0.448021579 -2.4724710
VITA         0.2211277915 0.222612016  0.9933327 0.223274883  0.9903836
AGE          0.3471462874 0.263699430  1.3164469 0.252813294  1.3731330
I(AGE^2)    -0.0566719852 0.034669589 -1.6346310 0.031893068 -1.7769374
GENDER      -0.5791466168 0.216144184 -2.6794458 0.216864474 -2.6705463
TIME         0.0249671660 0.028572074  0.8738311 0.029395526  0.8493526
I(TIME^2)   -0.0005279881 0.001813595 -0.2911279 0.001858689 -0.2840647

Estimated Scale Parameter:  1
Number of Iterations:  2

Working Correlation
          [,1]      [,2]      [,3]      [,4]      [,5]      [,6]
[1,] 1.0000000 0.5002811 0.5002811 0.5002811 0.5002811 0.5002811
[2,] 0.5002811 1.0000000 0.5002811 0.5002811 0.5002811 0.5002811
[3,] 0.5002811 0.5002811 1.0000000 0.5002811 0.5002811 0.5002811
[4,] 0.5002811 0.5002811 0.5002811 1.0000000 0.5002811 0.5002811
[5,] 0.5002811 0.5002811 0.5002811 0.5002811 1.0000000 0.5002811
[6,] 0.5002811 0.5002811 0.5002811 0.5002811 0.5002811 1.0000000
>
> # AR working correlation
> ig.ar <- gee(RESPONSE~VITA+AGE+I(AGE^2)+GENDER+TIME+I(TIME^2),
+            scale.fix=TRUE,cor="AR-M",
+            id=ID,data=ICHS,family="binomial")
```

```
Beginning Cgee S-function, @(#) geeformula.q 4.13 98/01/27
running glm to get initial regression estimate
  (Intercept)          VITA           AGE      I(AGE^2)        GENDER
-1.1071681059  0.2360480102  0.3374780043 -0.0548290461 -0.5808244758
         TIME     I(TIME^2)
 0.0249863323 -0.0005285361
> summary(ig.ar)

 GEE:  GENERALIZED LINEAR MODELS FOR DEPENDENT DATA
 gee S-function, version 4.13 modified 98/01/27 (1998)

Model:
 Link:                      Logit
 Variance to Mean Relation: Binomial
 Correlation Structure:     AR-M , M=1

Call:
gee(formula=RESPONSE ~ VITA + AGE + I(AGE^2) + GENDER + TIME +
    I(TIME^2), id=ID, data=ICHS, family="binomial", corstr="AR-M",
    scale.fix=TRUE)

Summary of Residuals:
       Min         1Q     Median        3Q       Max
-0.4765333 -0.3076758 -0.2414736 0.5998251 0.8541576

Coefficients:
                Estimate  Naive S.E.     Naive z Robust S.E.    Robust z
(Intercept)-1.089972000 0.366758696 -2.97190499 0.442008392 -2.46595318
VITA        0.235954419 0.182068719  1.29596352 0.224392988  1.05152314
AGE         0.326003667 0.215589321  1.51215128 0.250259720  1.30266136
I(AGE^2)   -0.054042155 0.028344921 -1.90659043 0.031868813 -1.69576930
GENDER     -0.547531566 0.176827133 -3.09642279 0.217303383 -2.51966425
TIME        0.020465223 0.037211142  0.54997567 0.029470210  0.69443763
I(TIME^2)  -0.000171237 0.002302186 -0.07438015 0.001828241 -0.09366215

Estimated Scale Parameter:  1
Number of Iterations:  3

Working Correlation
           [,1]       [,2]      [,3]      [,4]       [,5]       [,6]
[1,] 1.00000000 0.52450018 0.2751004 0.1442902 0.07568025 0.03969431
[2,] 0.52450018 1.00000000 0.5245002 0.2751004 0.14429023 0.07568025
[3,] 0.27510044 0.52450018 1.0000000 0.5245002 0.27510044 0.14429023
[4,] 0.14429023 0.27510044 0.5245002 1.0000000 0.52450018 0.27510044
```

```
[5,] 0.07568025 0.14429023 0.2751004 0.5245002 1.00000000 0.52450018
[6,] 0.03969431 0.07568025 0.1442902 0.2751004 0.52450018 1.00000000

> # Unstructured working correlation
> ig.un <- gee(RESPONSE~VITA+AGE+I(AGE^2)+GENDER+TIME+I(TIME^2),
+           scale.fix=TRUE,cor="unstructured",
+           id=ID,data=ICHS,family="binomial")
Beginning Cgee S-function, @(#) geeformula.q 4.13 98/01/27
running glm to get initial regression estimate
  (Intercept)          VITA          AGE      I(AGE^2)        GENDER
-1.1071681059  0.2360480102  0.3374780043 -0.0548290461 -0.5808244758
         TIME     I(TIME^2)
 0.0249863323 -0.0005285361
> summary(ig.un)

 GEE:  GENERALIZED LINEAR MODELS FOR DEPENDENT DATA
 gee S-function, version 4.13 modified 98/01/27 (1998)

Model:
 Link:                      Logit
 Variance to Mean Relation: Binomial
 Correlation Structure:     Unstructured

Call:
gee(formula=RESPONSE ~ VITA + AGE + I(AGE^2) + GENDER + TIME +
    I(TIME^2), id=ID, data=ICHS, family="binomial", corstr="unstructured",
    scale.fix = TRUE)

Summary of Residuals:
       Min         1Q     Median          3Q         Max
-0.4787802 -0.3111141 -0.2404040  0.5967182  0.8604518

Coefficients:
                 Estimate  Naive S.E.     Naive z  Robust S.E.   Robust z
(Intercept) -1.1327537242 0.433573903 -2.6125966 0.444581059 -2.5479127
VITA         0.2276875193 0.220946038  1.0305119 0.220462877  1.0327703
AGE          0.3643576192 0.262143308  1.3899177 0.251557650  1.4484060
I(AGE^2)    -0.0593580079 0.034495275 -1.7207577 0.031762617 -1.8688009
GENDER      -0.5559420357 0.214580862 -2.5908277 0.215354375 -2.5815219
TIME         0.0225989956 0.029106067  0.7764359 0.028817007  0.7842242
I(TIME^2)   -0.0003453324 0.001822918 -0.1894394 0.001820374 -0.1897041
Estimated Scale Parameter:  1
Number of Iterations:  3
```

```
Working Correlation
          [,1]      [,2]      [,3]      [,4]      [,5]      [,6]
[1,] 1.0000000 0.5574143 0.4514759 0.4166048 0.4941497 0.4440542
[2,] 0.5574143 1.0000000 0.5703365 0.5618421 0.5283352 0.5581252
[3,] 0.4514759 0.5703365 1.0000000 0.5538466 0.4221987 0.5055805
[4,] 0.4166048 0.5618421 0.5538466 1.0000000 0.4322827 0.5191789
[5,] 0.4941497 0.5283352 0.4221987 0.4322827 1.0000000 0.5061502
[6,] 0.4440542 0.5581252 0.5055805 0.5191789 0.5061502 1.0000000
```

=> geepack의 geeglm을 이용하여 GEE 추정량을 구하고 QIC를 이용한 모형선택

```
> # GEE model using library geepack
> library (geepack)
> ig2.exc <- geeglm(RESPONSE~VITA+AGE+I(AGE^2)+GENDER+TIME+I(TIME^2),
+              id=ID,corstr="exchangeable",data=ICHS,family="binomial")
> QIC(ig2.exc)
        QIC        QICu   Quasi Lik         CIC      params        QICC
1787.734100 1787.557630 -886.778815    7.088235    7.000000 1787.830679

> ig2.ar <- geeglm(RESPONSE~VITA+AGE+I(AGE^2)+GENDER+TIME+I(TIME^2),
+              id=ID,corstr="ar1",data=ICHS,family="binomial")
> QIC(ig2.ar)
        QIC        QICu   Quasi Lik         CIC      params        QICC
1787.850981 1787.937753 -886.968876    6.956614    7.000000 1787.947560

> ig2.un <- geeglm(RESPONSE~VITA+AGE+I(AGE^2)+GENDER+TIME+I(TIME^2),
+              id=ID,corstr="unstructured",data=ICHS,family="binomial")
> QIC(ig2.un)
      QIC      QICu Quasi Lik       CIC    params      QICC
1787.5560 1787.6842 -886.8421    6.9359    7.0000 1788.2412
```

3. 간질 발작 자료

예제 1.6에서 보았던 간질 발작 자료의 주변모형을 가정하고, GEE1과 GEE1.5를 이용하여 분석해 본다. 59명의 간질(epileptic seizure) 환자에 대해 8주의 기준기간 동안 발작횟수를 조사하였다. 이후 무작위 배정에 의한 프로가비드(progabide)(항 간질성 약물)와 표준 화학 요법(통제 그룹)으로 나눠서 2주에 한번씩 간질 발작횟수를 기록한 경시적 계수형 자료임을 알 수 있다. 예제 1.6에서 제시한 것 같이 공변량으로 프로가비드 투여 여부(프로가비드 투여: $x_{ij1} = 1$, 통제그룹: $= 0$), 8주 기준기간 이후를 나타내는 지시변수(8주 기준기간 이후: $x_{ij2}=1$, 8주 기간: $=0$)를 고려한다. 6.4절에서는 8주의 기준기간에 일어난 발작횟수를 $base_i$로 하여 공변량 취급하였다. 하지만 GEE 모형에서는 이를 첫 응답변수로 간주한다. 그 이유는 여기서는 1주당 간질 발작 횟수에 초점을 맞춰서 분석하기 때문이다. 즉, $E(y_{ij}/time_{ij})$에 로그를 취한 로그 선형모형에 초점을 두었다. 여기에 해당하는 주변모형은 다음과 같다.

$$\log(\mu_{ij})=\log(time_{ij})+\beta_0+\beta_1 x_{ij1}+\beta_2 x_{ij2}+\beta_3 x_{ij1}\times x_{ij2}$$

여기서 $\mu_{ij}=E(y_{ij})$이며, $\log(time_{ij})$는 상쇄항이고, $time_{ij}$는 발작횟수를 측정한 시간을 나타낸다. 또한, $time_{i1}=$8주이며, $j=2, \cdots, 5$에서는 $time_{ij}=$2주이다. 가상관계수행렬로 교환가능과 AR1 구조를 가정하여 R 함수 geeglm( )을 이용하여 적합시켰다. 그리고 Yan과 Fine(2004)이 제안한 GEE 모형을 또한 적합시켜 보았다. 이 모형은 평균모수 β와 산포모수 ϕ에 관한 추정방정식을 각각 구성하여 모수들을 추정하는 GEE 방법이다. 여기서는 산포모수 ϕ에 선형모형 $\phi=\gamma_0+\gamma_1 z_i$를 가정하였고, z_i는 프로가비드 투여 여부의 지시변수이다. 이 모형들의 평균모수 추정치들은 <표 7-3>과

표 7-3 GEE 모형의 모수의 추정치와 QIC

모수	GEE (교환가능)	GEE (AR1)	GEE (Yan & Fine)
β_0	1.348* (0.157)	1.309* (0.162)	1.348* (0.157)
β_1	0.027 (0.222)	0.015 (0.212)	0.027 (0.222)
β_2	0.111 (0.116)	0.155 (0.114)	0.111 (0.116)
β_3	-0.104 (0.214)	-0.131 (0.268)	-0.104 (0.214)
ϕ	19.4* (8.7)	20* (8.96)	$\hat{\lambda}_0=$ 14.23*(4.45) $\hat{\lambda}_1=$9.91 (16.62)
α	0.777* (0.075)	0.893* (0.039)	0.745* (0.081)
QIC	-13322.75	-13313.87	

같다.

모든 모형에서 평균모수(β)의 추정치가 매우 유사한 것을 알 수 있다. 또한, 모든 공변량 계수들이 통계적으로 유의미하지 않음을 알 수 있다. 교환가능 및 AR1 구조에 대한 가상관계수행렬을 가지는 GEE 모형들 간 QIC값 비교에서 AR1 구조의 GEE 모형이 더 나음을 알 수 있다. Yan과 Fine(2004)이 제안한 모형의 결과에서 산포모수에 대한 추정은 $\hat{\phi} = 14.23 + 9.91\,Prog_i$이다. 하지만 $Prog_i$의 계수는 통계적으로 유의미하지는 않다.

R 코드

in ▸
```
seize<-read.table("seize.data",col.names=c("id","seizure","week",
                    "progabide","baseline8","age"))

# Seizure data analysis
seize.base <-
data.frame(id=seize$id,seizure=seize$baseline8,week=seize$week,
              progabide=seize$prog,age=seize$age)
seize.base <- seize.base[seize.base$week==1,]
seize.base$week<-0

seize.full<-rbind(seize[,c(1:4,6)],seize.base[,])
seize.full <- seize.full[order(seize.full$id,seize.full$week),]
seize.full$time <- ifelse(seize.full$week==0,8,2)
seize.full$post <- seize.full$week!= 0
seize.full[1:10,]

# GEE models
# exchangeable correlation structure
sg.exc<-geeglm(seizure~progabide+post+post:progabide+offset(log(time)),
        data=seize.full,id=id,family="poisson",cor="exchangeable")
summary(sg.exc)
QIC(sg.exc)

#  AR correlation structure
sg.ar1<-geeglm(seizure~progabide+post+post:progabide+offset(log(time)),
        data=seize.full,id=id,family="poisson",cor="ar1")
summary(sg.ar1)
QIC(sg.ar1)
# GEE model with exchangeable correlation and
# dispersion parameter depending treatments
```

```
# Yan and Fine (2004) model
sg2 <- geese(seizure ~ progabide+post+post:progabide+offset(log(time)),
             sformula=~ progabide,data=seize.full,id=id,family="poisson",
             corstr="exchangeable")
summary(sg2)
```

out ▸

```
> # GEE models
> # exchangeable correlation structure
>
sg.exc<-geeglm(seizure~progabide+post+post:progabide+offset(log(time)),
+         data=seize.full,id=id,family="poisson",cor="exchangeable")
> summary(sg.exc)

Call:
geeglm(formula=seizure ~ progabide + post + post:progabide +
    offset(log(time)), family="poisson", data=seize.full,
    id=id, corstr="exchangeable")

 Coefficients:
                  Estimate  Std.err   Wald  Pr(>|W|)
(Intercept)         1.3476   0.1574  73.34  <2e-16 ***
progabide           0.0265   0.2219   0.01   0.90
postTRUE            0.1108   0.1161   0.91   0.34
progabide:postTRUE -0.1037   0.2136   0.24   0.63
---
Signif. codes:  0 '***' 0.001 '**' 0.01 '*' 0.05 '.' 0.1 ' ' 1

Correlation structure=exchangeable
Estimated Scale Parameters:

            Estimate Std.err
(Intercept)     19.4     8.7
  Link=identity

Estimated Correlation Parameters:
      Estimate Std.err
alpha    0.777  0.0753
Number of clusters:   59  Maximum cluster size: 5
> QIC(sg.exc)
      QIC      QICu Quasi Lik       CIC    params      QICC
-13322.75 -13323.96   6665.98      4.61      4.00 -13322.54
>
> #  AR correlation structure
```

```
>
sg.ar1<-geeglm(seizure~progabide+post+post:progabide+offset(log(time)),
+        data=seize.full,id=id,family="poisson",cor="ar1")
> summary(sg.ar1)

Call:
geeglm(formula=seizure ~ progabide + post + post:progabide +
    offset(log(time)), family="poisson", data=seize.full,
    id=id, corstr="ar1")

 Coefficients:
                    Estimate  Std.err  Wald   Pr(>|W|)
(Intercept)           1.3089   0.1622 65.14   6.7e-16 ***
progabide             0.0153   0.2118  0.01   0.94
postTRUE              0.1554   0.1140  1.86   0.17
progabide:postTRUE   -0.1306   0.2676  0.24   0.63
---
Signif. codes:  0 '***' 0.001 '**' 0.01 '*' 0.05 '.' 0.1 ' ' 1

Correlation structure=ar1
Estimated Scale Parameters:

             Estimate Std.err
(Intercept)       20    8.96
  Link=identity

Estimated Correlation Parameters:
      Estimate Std.err
alpha    0.893  0.0388
Number of clusters:   59  Maximum cluster size: 5
> QIC(sg.ar1)
      QIC      QICu Quasi Lik       CIC    params      QICC
-13313.87 -13319.22   6663.61      6.68      4.00 -13313.66
>
> # GEE model with exchangeable correlation and
> # dispersion parameter depending treatments
> # Yan and Fine (2004) model
> sg2 <- geese(seizure ~ progabide+post+post:progabide+offset(log(time)),
+          sformula=~ progabide,data=seize.full,id=id,family="poisson",
+           corstr="exchangeable")
> summary(sg2)
Call:
geese(formula=seizure ~ progabide + post + post:progabide +
```

```
    offset(log(time)), sformula=~progabide, id=id, data=seize.full,
    family="poisson", corstr="exchangeable")

Mean Model:
 Mean Link:                 log
 Variance to Mean Relation: poisson

 Coefficients:
                   estimate  san.se    wald      p
(Intercept)          1.3476   0.157 73.3424  0.000
progabide            0.0265   0.222  0.0143  0.905
postTRUE             0.1108   0.116  0.9108  0.340
progabide:postTRUE  -0.1037   0.214  0.2356  0.627

Scale Model:
 Scale Link:                identity

 Estimated Scale Parameters:
                   estimate  san.se    wald       p
(Intercept)           14.23    4.45  10.222 0.00139
progabide              9.91   16.62   0.356 0.55096

Correlation Model:
 Correlation Structure:     exchangeable
 Correlation Link:          identity

 Estimated Correlation Parameters:
                   estimate  san.se    wald      p
alpha                 0.745  0.0811    84.4      0

Returned Error Value:   0
Number of clusters:  59   Maximum cluster size: 5
```

앞에서 간질 발작횟수 자료를 GEE1을 이용하여 분석하였다. 이제 GEE1.5를 이용하여 분석할 것이다. 우선 앞의 Yan과 Fine(2004)의 모형에 부가적으로 반복 측정된 응답변수들의 상관계수와 그 모형을 다음과 같이 가정한다.

$$corr(y_{ij}, y_{ik}) = \rho_i$$

$$\log\left(\frac{1+\rho_i}{1-\rho_i}\right) = \alpha_0 + \alpha_1 Age_i$$

여기서 상관계수를 위한 모형은 피셔의 Z-변환에 기초한 모형이다. 이 모형은 R 프로그램의 패키지 geepack에 있는 함수 geese( )을 이용하여 적합시킬 수 있다. 적합된 결과는 다음과 같다.

$$\log(\hat{\mu}_{ij}) = \log(time_{ij}) + 1.414^{*} + 0.004x_{ij1} + 0.119x_{ij2} - 0.321x_{ij1} \times x_{ij2}.$$

앞의 GEE1과 Yan과 Fine(2004)의 모형에 적합된 결과와는 약간 차이가 있을 뿐이다. 하지만 여전히 모든 공변량의 계수들이 통계적으로 유의하지 않음을 알 수 있다.

적합된 산포모수를 위한 모형과 상관계수를 위한 모형의 적합된 식은 다음과 같다.

$$\hat{\phi} = 13.3^{*} + 14.3\,Prog_i$$

$$\log\left(\frac{1+\hat{\rho}_i}{1-\hat{\rho}_i}\right) = 5.865^{*} - 0.137\,Age_i$$

산포모수와 상관계수 모형 모두 각각의 공변량(프로가비드, 나이)에는 유의한 영향이 없음을 알 수 있다.

R 코드

in ▸
```
# GEE1.5 with Fisher Z-transformation
# log((1+rho_i)/(1-rho_i))=alpha_0+alpha_1 z_i
z <- cbind(1,seize.full$age[seize.full$week==0])
sg1.5 <-geese(seizure~progabide+post+post:progabide+offset(log(time)),
             sformula=~progabide,data=seize.full,id=id,family="poisson",
             cor.link="fisherz",zcor=z,corstr="exchangeable")
summary(sg1.5)
```

out ▸
```
> # GEE1.5 with Fisher Z-transformation
> # log((1+rho_i)/(1-rho_i))=alpha_0+alpha_1 z_i
> z <- cbind(1,seize.full$age[seize.full$week==0])
> sg1.5 <-geese(seizure~progabide+post+post:progabide+offset(log(time)),
+              sformula=~progabide,data=seize.full,id=id,family="poisson",
+              cor.link="fisherz",zcor=z,corstr="exchangeable")
> summary(sg1.5)
```

```
Call:
geese(formula=seizure ~ progabide + post + post:progabide +
      offset(log(time)), sformula=~progabide, id=id, data=seize.full,
      zcor=z, family="poisson", cor.link="fisherz", corstr="exchangeable")

Mean Model:
 Mean Link:                 log
 Variance to Mean Relation: poisson

 Coefficients:
                    estimate  san.se     wald     p
(Intercept)          1.41372   0.164  7.46e+01  0.000
progabide            0.00352   0.218  2.61e-04  0.987
postTRUE             0.11946   0.138  7.52e-01  0.386
progabide:postTRUE  -0.32115   0.285  1.27e+00  0.259

Scale Model:
 Scale Link:                identity

 Estimated Scale Parameters:
             estimate  san.se   wald       p
(Intercept)      13.3    4.06  10.762  0.00104
progabide        14.3   19.01   0.566  0.45175

Correlation Model:
 Correlation Structure:     exchangeable
 Correlation Link:          fisherz

 Estimated Correlation Parameters:
             estimate  san.se   wald        p
alpha:1         5.865  2.7835   4.44   0.0351
alpha:2        -0.137  0.0806   2.89   0.0890

Returned Error Value:    0
Number of clusters:   59   Maximum cluster size: 5
```

4. 정신분열증 자료

예제 3.4에서 분석한 정신분열증 자료를 GEE로 분석해보자. <표 3-4>에서 정신분열증 정도가 심할 확률이 기저 주 차(0)에서는 컸지만 주 차가 증가함에 따라서 정신분열증이 점점 완화됨을 알 수 있었다. 공변량으로는 항정신성 약물을 복용여부(복용한 경우 $TxDrug_{ij1}=1$, 복용을 안 한 경우 $=0$), 변환한 주차($SWeek_{ij}=\sqrt{week_{ij}}$)와 이 두 공변량의 교호작용을 고려한다. 가정한 GEE를 이용한 모형은 다음과 같다.

$$\log\left(\frac{P(y_{ij}\le k)}{1-P(y_{ij}\le k)}\right)=\beta_{0k}+\beta_1 TxDrug_{ij}+\beta_2 SWeek_{ij}+\beta_3 TxDrug_{ij}\times SWeek_{ij}$$

이 모형을 R library인 multgee에 있는 ordLORgee 함수를 이용하여 분석할 수 있다 (Touloumis, 2015). 독립(indep.), 교환가능(uniform), 시간에 따른 교환가능(time.exch)한 구조를 가정한 가상관계수행렬을 가지고 GEE를 적용하였다. 그 적합된 모수의 추정값의 결과는 <표 7-4>에 주어져 있다.

표 7-4 GEE 모형의 모수의 추정치

모수	GEE (Indep.)	GEE (uniform)	GEE (time.exch)
β_{01} (Int.1)	-3.821* (0.202)	-3.769* (0.209)	-3.800* (0.207)
β_{02} (Int.2)	-1.757* (0.189)	-1.737* (0.195)	-1.738* (0.194)
β_{03} (Int.3)	-0.409* (0.188)	-0.386* (0.192)	-0.385* (0.190)
β_1 (TxDrug)	-0.014 (0.212)	-0.032 (0.218)	-0.018 (0.215)
β_2 (SWeek)	0.553* (0.102)	0.497* (0.099)	0.484* (0.099)
β_3 (TxDrug* SWeek)	0.725* (0.121)	0.803* (0.119)	0.809* (0.120)

<표 7-4>를 확인해보면 항정신성 약물을 복용여부($TxDrug$)를 제외하고 나머지 공변량들이 유의미함을 알 수 있다. GEE(time.exch)의 모형에서 항정신성 약물을 복용한 경우에 정신분열증 심화의 정도가 일정 수준보다 낮아질 것으로 추정되는 확률은 변환한 주차($SWeek_{ij}=\sqrt{week_{ij}}$)가 1 증가함에 대해서 일정 수준보다 나빠질 확률

의 exp(0.809 + 0.484) = 3.644배이다. 항정신성 약물을 복용하지 않은 경우에는 exp(0.484) = 1.623배이다.

R 코드

in ▸

```
# GEE
library(multgee)
# independent correlation structure
mixor.indep <-ordLORgee(formula=imps79o ~ as.factor(TxDrug)+SqrtWeek+
        TxSWeek, data=schiz.ord,id=id, repeated=Week,
LORstr="independence")
summary(mixor.indep)

# uniform correlation structure
mixor.uniform <-ordLORgee(formula=imps79o ~ as.factor(TxDrug)+SqrtWeek+
        TxSWeek, data=schiz.ord,id=id, repeated=Week, LORstr="uniform")
summary(mixor.uniform)

# time-exchangeable correlation structure
mixor.exch <-ordLORgee(formula=imps79o ~ as.factor(TxDrug)+SqrtWeek+
        TxSWeek, data=schiz.ord,id=id, repeated=Week, LORstr="time.exch")
summary(mixor.exch)
```

out ▸

```
> # GEE
> library(multgee)
> # independent correlation structure
> mixor.indep <-ordLORgee(formula=imps79o ~
as.factor(TxDrug)+SqrtWeek+TxSWeek,
+                         data=schiz.ord,id=id, repeated=Week,
LORstr="independence")
> summary(mixor.indep)
GEE FOR ORDINAL MULTINOMIAL RESPONSES
version 1.6.0 modified 2017-07-10

Link : Cumulative logit

Local Odds Ratios:
Structure:        independence

call:
ordLORgee(formula=imps79o ~ as.factor(TxDrug) + SqrtWeek +
    TxSWeek, data=schiz.ord, id=id, repeated=Week, LORstr="independence")
```

```
Summary of residuals:
       Min.     1st Qu.      Median        Mean     3rd Qu.        Max.
-0.4648365 -0.2564203 -0.1257908 -0.0008036 -0.0211469  0.9788531

Number of Iterations: 1

Coefficients:
                    Estimate   san.se    san.z  Pr(>|san.z|)
beta10              -3.82110  0.20249 -18.8705  <2e-16 ***
beta20              -1.75653  0.18940  -9.2743  <2e-16 ***
beta30              -0.40902  0.18767  -2.1795  0.0293 *
as.factor(TxDrug)1  -0.01379  0.21211  -0.0650  0.9482
SqrtWeek             0.55340  0.10190   5.4311  <2e-16 ***
TxSWeek              0.72539  0.12133   5.9786  <2e-16 ***
---
Signif. codes:  0 '***' 0.001 '**' 0.01 '*' 0.05 '.' 0.1 ' ' 1

> # uniform correlation structure
> mixor.uniform <-ordLORgee(formula=imps79o ~
as.factor(TxDrug)+SqrtWeek+TxSWeek,
+                         data=schiz.ord,id=id, repeated=Week,
LORstr="uniform")
> summary(mixor.uniform)
GEE FOR ORDINAL MULTINOMIAL RESPONSES
version 1.6.0 modified 2017-07-10

Link : Cumulative logit

Local Odds Ratios:
Structure:          uniform
Model:              3way

call:
ordLORgee(formula=imps79o ~ as.factor(TxDrug) + SqrtWeek +
    TxSWeek, data=schiz.ord, id=id, repeated=Week, LORstr="uniform")

Summary of residuals:
       Min.     1st Qu.      Median        Mean     3rd Qu.        Max.
-0.4540912 -0.2549360 -0.1271392 -0.0009584 -0.0218640  0.9781360

Number of Iterations: 4

Coefficients:
                    Estimate   san.se    san.z  Pr(>|san.z|)
```

```
beta10              -3.76861  0.20890 -18.0402  < 2e-16 ***
beta20              -1.73694  0.19532  -8.8928  < 2e-16 ***
beta30              -0.38618  0.19169  -2.0146  0.04395 *
as.factor(TxDrug)1 -0.03219  0.21753  -0.1480  0.88234
SqrtWeek             0.49654  0.09886   5.0227  < 2e-16 ***
TxSWeek              0.80293  0.11923   6.7340  < 2e-16 ***
---
Signif. codes:  0 '***' 0.001 '**' 0.01 '*' 0.05 '.' 0.1 ' ' 1

>
> # time-exchangeable correlation structure
> mixor.exch <-ordLORgee(formula=imps79o ~
as.factor(TxDrug)+SqrtWeek+TxSWeek,
+                          data=schiz.ord,id=id, repeated=Week,
LORstr="time.exch")
> summary(mixor.exch)
GEE FOR ORDINAL MULTINOMIAL RESPONSES
version 1.6.0 modified 2017-07-10

Link : Cumulative logit

Local Odds Ratios:
Structure:          time.exch
Model:              3way
Homogenous scores: TRUE

call:
ordLORgee(formula=imps79o ~ as.factor(TxDrug) + SqrtWeek +
    TxSWeek, data=schiz.ord, id=id, repeated=Week, LORstr="time.exch")

Summary of residuals:
     Min.   1st Qu.    Median      Mean   3rd Qu.      Max.
-0.460858 -0.255429 -0.127638 -0.001182 -0.021508  0.978492

Number of Iterations: 3

Coefficients:
                    Estimate   san.se    san.z   Pr(>|san.z|)
beta10              -3.79966  0.20652 -18.3985   < 2e-16 ***
beta20              -1.73832  0.19355  -8.9811   < 2e-16 ***
beta30              -0.38486  0.19016  -2.0239   0.04298 *
as.factor(TxDrug)1 -0.01793  0.21485  -0.0834   0.93350
SqrtWeek             0.48448  0.09919   4.8842   < 2e-16 ***
TxSWeek              0.80945  0.11988   6.7522   < 2e-16 ***
---
```

```
Signif. codes:  0 '***' 0.001 '**' 0.01 '*' 0.05 '.' 0.1 ' ' 1
```

5. McKinney 노숙자 연구 프로젝트

예제 3.4에서는 섹션 8의 인증 여부에 따른 노숙자들의 주택형태의 선호도에 대한 비율을 조사하였다. 이 절에서 GEE를 이용한 주변모형을 적합하여 McKinney 노숙자 연구 자료를 분석해 보겠다. 공변량으로 섹션 8의 인증 여부(인증인 경우 $Sec_{ij1}=1$, 미인증인 경우 $=0$), 개월 수에 대한 지시변수(6개월인 경우, $M6_{ij}=1$, 다른 경우 $=0$; 12개월인 경우, $M12_{ij}=1$, 다른 경우 $=0$; 24개월인 경우, $M24_{ij}=1$, 다른 경우 $=0$)를 사용하고 이들 공변량들 간의 교호작용을 고려한다. R library(multgee)에 있는 housing 자료에는 노숙/피난처(0), 커뮤니티(1), 독립주택(2)로 되어 있다. R library (multgee)의 함수 nomLORGEE를 이용하기 응답변수를 다음과 같이 변환하였다.

노숙/피난처:	$0 \Rightarrow 3$
커뮤니티:	1
독립주택:	2

가정한 GEE를 이용한 모형은 다음과 같다.

$$\log\left(\frac{P(y_{ij}=k)}{P(y_{ij}=K)}\right)= \beta_{0k}+\beta_{1k}M6_{ij}+\beta_{2k}M12_{ij}+\beta_{3k}M24_{ij}+\beta_{4k}Sec_{ij1}$$
$$+\beta_{5k}Sec_{ij1}\times M6_{ij}+\beta_{6k}Sec_{ij1}\times M12_{ij}+\beta_{7k}Sec_{ij1}\times M24_{ij}$$

여기서 $K=3$(노숙/피난처)이며, $k=1$(커뮤니티), 2(독립주택)이다. <표 7-5>는 응답변수의 범주와 시간에 대한 상관관계가 모두 독립을 가정한 모형(GEE(indep.))과 범주들 간의 상관관계를 고려한다. 이후 시간에 대한 상관관계를 동일하게 가정한 모형(GEE(time. exch))의 GEE 추정치를 보여준다. 두 모형의 GEE 추정치들이 매우 유사한 것을 알 수 있다.

GEE(time.exch) 모형에서 우선 커뮤니티와 노숙/피난처의 모형은 여러 교호작용 중에 6개월과 섹션 8의 교호작용만이 유의미하다. 즉, 섹션 8 인증서의 주효과(-0.537)와 12개월 및 섹션 8 인증서의 상호작용(-1.182)에 대한 로짓 추정치를 결합한 추정 오즈비(OR)는 $\exp(-0.537-1.182)=0.179$으로 나타났다. 또한, 섹션 8 인증서에 접근할 수 있는 개인이 12개월에 노숙/피난처에 비해 커뮤니티 주택에 있을 가능성이 낮다는 것을 알 수 있다.

독립주택과 노숙/피난처 모형에서 모든 교호작용이 유의미함을 알 수 있다. 섹션 8 인증과 6개월, 12개월, 24개월 간 교호작용에 대한 계수의 추정치와 섹션 8 인증의 계수에 대한 각 추정 오즈비는 다음과 같다.

표 7-5 GEE 모형의 모수의 추정치

모수		GEE (Indep)	GEE (time.exch)
커뮤니티 vs 노숙/피난처 ($k=1$)	β_{01}	1.661* (0.250)	1.661* (0.250)
	β_{11}	-1.897* (0.320)	-1.870* (0.319)
	β_{21}	-2.967* (0.376)	-2.925* (0.368)
	β_{31}	-2.881* (0.346)	-2.814* (0.343)
	β_{41}	-0.537 (0.337)	-0.537 (0.337)
	β_{51}	-1.134* (0.459)	-1.182* (0.460)
	β_{61}	0.043 (0.496)	0.079 (0.483)
	β_{71}	0.067 (0.471)	0.033 (0.466)
독립주택 vs 노숙/피난처 ($k=2$)	β_{02}	1.166* (0.263)	1.166* (0.263)
	β_{12}	-0.271 (0.300)	-0.255 (0.301)
	β_{22}	-0.595 (0.312)	-0.571 (0.312)
	β_{32}	-1.088* (0.304)	-1.041* (0.307)
	β_{42}	-0.107 (0.348)	-0.107 (0.348)
	β_{52}	-1.596* (0.413)	-1.623* (0.413)
	β_{62}	-2.074* (0.448)	-2.049* (0.445)
	β_{72}	-1.023* (0.417)	-1.050* (0.418)

6개월 $\exp(-0.107-1.623)=0.177$

12개월 $\exp(-0.107-2.049)=0.116$

24개월 $\exp(-0.107-1.050)=0.314$

모든 개월에서 오즈비 추정치가 1보다 작음을 알 수 있다. 따라서, 모든 개월에서 섹션 8 인증서에 접근할 수 있는 개인이 노숙/피난처에 비해 독립주택에 있을 가능성이 낮은 것을 알 수 있다.

R 코드

in ▸

```
library(multgee)
data(housing)

housing.indep <- nomLORgee(y~factor(time)*sec, data=housing, id=id,
      repeated=time, LORstr="independence")
summary(housing.indep)

housing.exch <- nomLORgee(y~factor(time)*sec, data=housing, id=id,
      repeated=time, LORstr="time.exch")
summary(housing.exch)
```

out ▸

```
> housing.indep <- nomLORgee(y~factor(time)*sec, data=housing, id=id,
repeated=time, LORstr="independence")
> summary(housing.indep)
GEE FOR NOMINAL MULTINOMIAL RESPONSES
version 1.6.0 modified 2017-07-10

Link : Baseline Category Logit

Local Odds Ratios:
Structure:         independence
Homogenous scores: TRUE

call:
nomLORgee(formula=y ~ factor(time) * sec, data=housing, id=id,
    repeated=time, LORstr="independence")

Summary of residuals:
   Min. 1st Qu.  Median    Mean 3rd Qu.    Max.
-0.5822 -0.2795 -0.1210  0.0000  0.4224  0.9110

Number of Iterations: 1

Coefficients:
                        Estimate    san.se     san.z  Pr(>|san.z|)
beta10                   1.66073   0.25026    6.6359   < 2e-16 ***
```

```
factor(time)6:1         -1.89712   0.31956   -5.9367   < 2e-16 ***
factor(time)12:1        -2.96698   0.37569   -7.8975   < 2e-16 ***
factor(time)24:1        -2.88123   0.34594   -8.3287   < 2e-16 ***
sec:1                   -0.53680   0.33704   -1.5927   0.11122
factor(time)6:sec:1     -1.13388   0.45949   -2.4677   0.01360 *
factor(time)12:sec:1     0.04256   0.49620    0.0858   0.93165
factor(time)24:sec:1     0.06701   0.47112    0.1422   0.88689
beta20                   1.16643   0.26273    4.4397   1e-05 ***
factor(time)6:2         -0.27142   0.30047   -0.9033   0.36636
factor(time)12:2        -0.59498   0.31151   -1.9100   0.05613 .
factor(time)24:2        -1.08765   0.30390   -3.5790   0.00034 ***
sec:2                   -0.10704   0.34759   -0.3080   0.75811
factor(time)6:sec:2     -1.59643   0.41321   -3.8634   0.00011 ***
factor(time)12:sec:2    -2.07384   0.44791   -4.6300   < 2e-16 ***
factor(time)24:sec:2    -1.02295   0.41669   -2.4550   0.01409 *
---
Signif. codes:  0 '***' 0.001 '**' 0.01 '*' 0.05 '.' 0.1 ' ' 1

Local Odds Ratios Estimates:
     [,1] [,2] [,3] [,4] [,5] [,6] [,7] [,8]
[1,]    0    0    1    1    1    1    1    1
[2,]    0    0    1    1    1    1    1    1
[3,]    1    1    0    0    1    1    1    1
[4,]    1    1    0    0    1    1    1    1
[5,]    1    1    1    1    0    0    1    1
[6,]    1    1    1    1    0    0    1    1
[7,]    1    1    1    1    1    1    0    0
[8,]    1    1    1    1    1    1    0    0

p-value of Null model: < 0.0001
>
> housing.exch <- nomLORgee(y~factor(time)*sec, data=housing, id=id,
repeated=time, LORstr="time.exch")
> summary(housing.exch)
GEE FOR NOMINAL MULTINOMIAL RESPONSES
version 1.6.0 modified 2017-07-10

Link : Baseline Category Logit

Local Odds Ratios:
Structure:          time.exch
Model:              3way
Homogenous scores: TRUE
```

```
call:
nomLORgee(formula=y ~ factor(time) * sec, data=housing, id=id,
   repeated=time, LORstr="time.exch")

Summary of residuals:
     Min.   1st Qu.    Median      Mean   3rd Qu.      Max.
-0.585928 -0.278018 -0.128670 -0.002166  0.421173  0.908809

Number of Iterations: 3

Coefficients:
                       Estimate    san.se     san.z    Pr(>|san.z|)
beta10                  1.66073   0.25026    6.6359    < 2e-16 ***
factor(time)6:1        -1.87010   0.31876   -5.8668    < 2e-16 ***
factor(time)12:1       -2.92506   0.36829   -7.9424    < 2e-16 ***
factor(time)24:1       -2.81359   0.34258   -8.2130    < 2e-16 ***
sec:1                  -0.53680   0.33704   -1.5927    0.11122
factor(time)6:sec:1    -1.18218   0.46036   -2.5680    0.01023 *
factor(time)12:sec:1    0.07916   0.48306    0.1639    0.86984
factor(time)24:sec:1    0.03273   0.46558    0.0703    0.94396
beta20                  1.16643   0.26273    4.4397    1e-05 ***
factor(time)6:2        -0.25454   0.30080   -0.8462    0.39742
factor(time)12:2       -0.57052   0.31176   -1.8300    0.06725 .
factor(time)24:2       -1.04101   0.30716   -3.3892    0.00070 ***
sec:2                  -0.10704   0.34759   -0.3080    0.75811
factor(time)6:sec:2    -1.62342   0.41349   -3.9261    9e-05 ***
factor(time)12:sec:2   -2.04850   0.44543   -4.5990    < 2e-16 ***
factor(time)24:sec:2   -1.04965   0.41831   -2.5093    0.01210 *
---
Signif. codes:  0 '***' 0.001 '**' 0.01 '*' 0.05 '.' 0.1 ' ' 1

Local Odds Ratios Estimates:
      [,1]  [,2]  [,3]  [,4]  [,5]  [,6]  [,7]  [,8]
[1,] 0.000 0.000 1.359 1.882 1.359 1.882 1.359 1.882
[2,] 0.000 0.000 1.882 3.687 1.882 3.687 1.882 3.687
[3,] 1.359 1.882 0.000 0.000 1.359 1.882 1.359 1.882
[4,] 1.882 3.687 0.000 0.000 1.882 3.687 1.882 3.687
[5,] 1.359 1.882 1.359 1.882 0.000 0.000 1.359 1.882
[6,] 1.882 3.687 1.882 3.687 0.000 0.000 1.882 3.687
[7,] 1.359 1.882 1.359 1.882 1.359 1.882 0.000 0.000
[8,] 1.882 3.687 1.882 3.687 1.882 3.687 0.000 0.000

p-value of Null model: < 0.0001
```

8장

경시적 이진자료분석을 위한 가능도 방법

경시적 자료분석에서 가능도 함수를 이용하는 경우에는 우선 결합 확률밀도함수가 구성되어야 한다. 즉, 개체 $i(i=1,\cdots,m)$의 응답벡터 $y_i=(y_{i1},\cdots,y_{in})^T$에 대한 결합 확률밀도함수를 구성하여 전체 개체(m)의 가능도 함수를 구할 수 있는 것이다. 따라서, 이 결합 확률밀도함수를 구성하기 위하여 다변량 분포를 가정한다. 통계학에서 많이 나오는 다변량 분포로는 4.1절에서 기술한 다변량 정규분포와 다항분포가 있다. 다변량 정규분포는 주로 연속형 자료를 위한 분포이며, 다항분포는 범주형 자료분석을 위한 분포이다.

다변량 정규분포의 경우, n-차원의 분포로 n개의 평균과 $n(n+1)/2$개의 분산 및 공분산의 모수를 모두 설명할 수 있다. 그리고 4.1절에서 기술한 것과 같이 n-차원의 y_i에 대해 부분집합인 y_s도 평균벡터 μ_s와 공분산행렬 Σ_s를 가지는 다변량 정규분포가 존재한다. 그리고 두 모수 평균벡터(μ)와 공분산행렬(Σ)은 직교(orthogonal)함을 알 수 있고, 두 모수의 추정치들은 서로 독립임을 알 수 있다. 따라서, 평균벡터와 공분산행렬만 올바르게 기술되면, 다변량 정규분포를 만족하지 않더라도 MLE의 일치성을 만족하게 된다. 이러한 성질로 인하여 연속형 경시적 자료분석에서 다변량 정규분포가 많이 이용되고 있고, 앞서 우리도 이것을 이용하여 자료분석을 하였다.

다항분포는 주로 경시적 이진자료 분석에서 가능도 함수를 구성하기 위하여 많이 이용된다. n-차원의 이진벡터 $y_i=(y_{i1},\ldots,y_{in})^T$의 결합 확률밀도함수는 표본공간(sample space)하에서 경우의 수가 2개인 다항분포를 가진다. 이 경우 일반적으로 다항분포는 2^n-1개의 모수를 가지고 이 이진벡터의 분산들은 평균(μ)에 대한 함수이다. 다변량 정규분포와 마찬가지로 n-차원인 y_i의 부분집합 y_s는 이항분포를 가지며 그 모수는 해당 확률인 $P(y_s)$이다. 평균을 공변량과 연결하기 위해서 비선형의 연결함수(로짓, 프라빗)를 주로 이용한다.

01 로그 선형모형

다중 상관관계가 있는 범주형(이진) 응답변수를 분석할 때에 Bishop 등(1975)이 제안한 로그 선형모형(log-linear model)이 많이 쓰인다. 예를 들어, n개의 이진 응답벡터 $y=(y_1,\cdots,y_n)^T$라 하면, 여기서 y_j는 0/1의 이진 응답변수이다. 이 경우에 로그 선형모형의 일반적인 형태는 다음과 같다.

$$\log P(y=y)=c(\theta)+\sum_{j=1}^{n}\theta_j y_j+\sum_{j_1<j_2}\theta_{j_1j_2}y_{j_1}y_{j_2}+\cdots+\theta_{12\cdots n}y_1y_2\cdots y_n$$

여기서 $c(\theta)$는 정규화상수(normalizing constant)이고, θ는 2^n-1차원의 정준모수(canonical parameter) 벡터이며 다음과 같다.

$$\theta=(\theta_1,\ldots,\theta_n,\theta_{12},\ldots,\theta_{n-1,n},\ldots,\theta_{12\cdots n})^T$$

여기서 θ의 요소들은 다음과 같다.

주효과:	$\theta_1,\ldots,\theta_n$	n개
2차 효과:	$\theta_{12},\theta_{13},\ldots,\theta_{n-1,n}$	$\binom{n}{2}$개
3차 효과:	$\theta_{123},\theta_{124},\ldots,\theta_{n-2,n-1,n}$	$\binom{n}{3}$개
	$\vdots$	
n차 효과:	$\theta_{12\cdots n}$	1개

정준모수벡터 θ와 다항 확률벡터 $\pi=(\pi_{0\cdots 0},\pi_{0\cdots 1},\ldots,\pi_{1\cdots 1})^T$의 로그 선형변환에 의한 관계는 다음과 같다.

$$\theta=C_1^T\log\pi$$

여기서 $\pi_{j_1 \cdots j_n} = P(y_1 = j_1, ..., y_n = j_n)$, $j_k = 0$ 또는 1이며($k = 1, ..., n$) C_1은 $2^n \times (2^n - 1)$인 행렬이다. 예를 들면, $n = 3$인 경우에서 주효과 중에 하나인 θ_1은 다음과 같이 표현된다.

$$\theta_1 = \log\frac{\pi_{100}}{\pi_{000}} = \log\pi_{100} - \log\pi_{000} = (-1,0,0,0,1,0,0,0)\begin{bmatrix}\log\pi_{000}\\ \log\pi_{001}\\ \log\pi_{010}\\ \log\pi_{011}\\ \log\pi_{100}\\ \log\pi_{101}\\ \log\pi_{110}\\ \log\pi_{111}\end{bmatrix}$$

다른 고차원의 정준모수들도 다음과 같이 표현할 수 있다.

$$\theta_{12} = \log\left(\frac{\pi_{110}\pi_{000}}{\pi_{100}\pi_{010}}\right) = \log\pi_{110} + \log\pi_{000} - \log\pi_{100} - \log\pi_{010}$$

$$\theta_{123} = \log\left[\left(\frac{\pi_{111}\pi_{001}}{\pi_{101}\pi_{011}}\right)\Big/\left(\frac{\pi_{110}\pi_{000}}{\pi_{100}\pi_{010}}\right)\right] = \log\left(\frac{\pi_{111}\pi_{001}}{\pi_{101}\pi_{011}}\right) - \log\left(\frac{\pi_{110}\pi_{000}}{\pi_{100}\pi_{010}}\right)$$

따라서 각각의 정준모수벡터 θ의 요소들은 로그 다항 확률벡터 $\log\pi$의 선형조합으로 나타낸다. θ_{12}와 같은 2차의 정준모수는 로그 오즈비를 의미하고, θ_{123}은 로그 오즈비의 차를 의미하며 다음과 같다.

$$\begin{aligned}\theta_{123} &= \log\left\{\frac{P(y_1 = 1, y_2 = 1 | y_3 = 1)P(y_1 = 0, y_2 = 0 | y_3 = 1)}{P(y_1 = 1, y_2 = 0 | y_3 = 1)P(y_1 = 0, y_2 = 1 | y_3 = 1)}\right\}\\ &\quad - \log\left\{\frac{P(y_1 = 1, y_2 = 1 | y_3 = 0)P(y_1 = 0, y_2 = 0 | y_3 = 0)}{P(y_1 = 1, y_2 = 0 | y_3 = 0)P(y_1 = 0, y_2 = 1 | y_3 = 0)}\right\}\\ &= OR(y_1, y_2 | y_3 = 1) - OR(y_1, y_2 | y_3 = 0).\end{aligned}$$

$\theta_{123} = 0$일 때, $\theta_{12}, \theta_{13}, ...$은 로그 조건부 오즈비로 직접적으로 해석될 수 있다. 즉,

$$\theta_{12} = \log OR(y_1, y_2 \mid y_3)$$

$$\theta_{13} = \log OR(y_1, y_3 \mid y_2)$$

$$\vdots$$

이다.

로그 선형모형은 다음과 같은 장점 및 단점을 가진다. 우선 장점으로는 첫째, 로그 선형모형은 모수의 수가 많다. 하지만 높은 차수의 모수를 0으로 설정함으로써 해석이 가능한 단순한 모형으로 줄일 수 있다. 둘째, θ의 MLE를 특성화하고 계산하기가 쉽다. 로그 오즈비는 주변평균에 의존하지 않으므로 모수 θ의 범위에 제한이 없다. 단점으로는 첫째, 주변평균이 θ의 단순한 함수가 아니므로 로그 선형모형은 주변평균을 공변량에 대한 함수로 모형화하기에는 편리하지 않다. 둘째, 정준모수의 해석은 응답변수의 수에 의존하므로 불균형 자료에는 적합하지 않은 모형이다. 셋째, 주효과에 관심이 있는 경우에는 적합하지 않은 모형이다.

- **Bahadur 모형**: 로그 선형모형에서 정준모수 대신에 평균, 상관계수 그리고 고차원의 적률을 이용한 모수화를 제안하였다(Bahadur, 1961). 따라서 앞의 정준모수를 이용한 로그 선형모형에서 주변평균과 공변량의 모형화가 쉽지 않았지만 Bahadur 모형은 주변평균을 직접적으로 모수로 이용할 수 있다는 장점이 있다. 앞에서 제시한 평균, 상관계수, 고차원 적률을 다음과 같이 정의한다.

$$\mu_j = E(y_j),\ \ \rho_{jk} = corr(y_j, y_k) = E(R_j R_k),\ \ \rho_{jkl} = E(R_j R_k R_l)$$
$$\ldots,\ \ \rho_{1\cdots n} = E(R_1 R_2 \cdots R_n)$$

여기서

$$R_j = \frac{y_j - \mu_j}{[\mu_j(1-\mu_j)]^{1/2}}$$

이것을 이용한 $y_1, \ldots, y_n$의 결합 확률밀도함수는 다음과 같다.

$$p(y) = \prod_{j=1}^{n} \mu_j^{y_j}(1-\mu_j)^{1-y_j} \times \left(1 + \sum_{j<k} \rho_{jk} r_j r_k + \sum_{j<k<l} \rho_{jkl} r_j r_k r_l + \cdots + \rho_{1\cdots n} r_1 \cdots r_n\right)$$

Bahadur 모형의 장점에도 불구하고 이진자료의 상관계수들은 복잡한 방법을 통해 주변평균에 의해서 제한된다. 따라서 주변평균이 공변량에 의존하면, 상관계수와 그보다 더 고차원의 적률들도 공변량에 의존하게 된다.

■ **다변량 로지스틱 모형**: 일반적인 형태로 다변량 로지스틱 모형(multivariate logistic model)은 다음과 같은 변환에 의해서 정의된다.

$$\Gamma = C_2^T \log L\pi$$

여기서 Γ와 π는 2^n차원의 벡터이며, C_2와 L은 $2^n \times 2^n$의 행렬이다. 예를 들면, $n=3$인 경우,

$$\begin{aligned}
\gamma_0 &= \log \Sigma\pi = 0 \\
\gamma_1 &= logit\,\mu_1 = \log \frac{\pi_{1++}}{\pi_{2++}} = C_1^T \log L_1 \pi \\
\gamma_{12} &= \log \frac{\pi_{11+} \pi_{00+}}{\pi_{10+} \pi_{10+}} = C_{12}^T \log L_{12} \pi \\
\gamma_{123} &= \theta_{123},
\end{aligned}$$

여기서 $\Sigma = (1\,1\,1\,1\,1\,1\,1\,1)$이고, $\pi = (\pi_{000}\,\pi_{001}\,\pi_{010}\,\pi_{011}\,\pi_{100}\,\pi_{101}\,\pi_{110}\,\pi_{111})^T$이다. 또한, $C_1^T = (-1,1)$이고, $L_1 = \begin{bmatrix} 1\,1\,1\,1\,0\,0\,0\,0 \\ 0\,0\,0\,0\,1\,1\,1\,1 \end{bmatrix}$이며, C_{12}와 L_{12}는 유사하게 정의된다. 로그 선형변환과 유사하게 $+$는 합으로, 기하평균은 $\times$로 대체한다. 따라서, γ_0는 $\sum_{i,j,k} \pi_{ijk} = 1$을 만족시키기 위한 정규화 상수이고, $\gamma_1, \gamma_2, \ldots$는 로그 주변 오즈이며, γ_{12}, γ_{13}, ...는 로그 주변 오즈비이다. 마찬가지로 3차 이상의 γ는 로그 오즈비의 대비(contrast)로 해석될 수 있다.

로그 선형모형에서처럼 다변량 로지스틱 모형에서도 고차원의 γ을 0으로 설정하여 관심 있는 주변 평균모수를 이용한 의미있는 모형을 가질 수 있다. 그렇지만 γ의 MLE와 γ의 함수로서 π의 MLE는 닫힌 형식(closed form)으로 존재하지 않는다. 또한, 평균과 고차원 적률모수들은 직교(orthogonal)하지 않는다. 예를 들면, β와 α가 공변량의 함수로 평균과 상관관계를 모형화 하는 데에 이용된다면, 정보행

렬의 부분행렬인 $I(\beta, \alpha)$는 0이 아니다.

- Hybrid 모형: 주변평균 $\mu_j = E(y_j)$와 2차 이상의 고차 정준모수를 이용한 타협적인 모형을 Fitzmaurice와 Laird(1993)가 제안하였다.
  π에 대해 다음과 같은 모수변환을 고려한다.

$$\pi \rightarrow \begin{pmatrix} \gamma^L \\ \theta^{HO} \end{pmatrix}$$

이때, $\gamma^L = (\gamma_1, \ldots, \gamma_n)^T$이며 $\theta^{HO} = (\theta_{12}, \theta_{13}, \ \ldots \ , \theta_{1 \cdots n})^T$은 주효과가 없는 θ이다.
i번째 개체의 디자인 행렬 X_i와 Z_i에 대해서 다음의 모형을 가정한다.

$$logit(\mu) = \gamma^L = X_i^T \beta$$
$$\theta^{HO} = Z_i \alpha$$

이 모형은 다음과 같은 특성을 가진다.

① 만일 3차와 그 이상의 고차 모수들을 0으로 설정하면, 이차 지수족 분포(quadratic exponential family distribution)를 가진다(Zhao와 Prentice, 1990).
② 이 모형에서 두 모수 β와 α는 직교한다.
③ β의 점수방정식은 GEE 형태와 동일하며 θ^{HO}의 모형이 틀림에도 불구하고 β의 추정량은 일치성을 만족한다.
④ 조건부 오즈비는 주변 오즈비와 달리 쉽게 해석을 할 수 없다.

9장

과다산포 및 상관성이 있는 자료

독립으로 구성된 포아송 또는 이항자료인 가산자료(count data)에서 종종 과다산포가 있다. 가장 흔한 이유로는 관찰되지 않은 중요한 공변량으로 인한 이질성(heterogeneity)이 있을 수 있다. 또 다른 이유로는 군집자료(clustered data) 간에 존재하는 상관관계가 무시될 경우 과다산포를 유발할 수 있다. 이 경우 회귀계수 추정치의 표준오차를 작게 추정하게 된다.

이러한 과다산포 및 상관성 있는 자료의 예제로는 다음과 같은 것들이 있다.

① 기형학 실험에서 철분결핍이 태아에 미치는 영향을 조사하려고 한다. 조사를 위해 임신한 어미 쥐에 대해 철분 결핍 그룹과 철분 미결핍 그룹으로 임의로 나눠서 실험을 한다. 이후 어미의 배에서 태아 생쥐의 총수와 죽은 태아 생쥐의 수를 기록한다. 여기서 한 배에 있는 생쥐들이 같은 어미 쥐를 가지므로 그 생쥐들의 선천성 발달장애 유무는 서로 상관관계가 있다.

② 병원은 알코올 중독자를 위한 새로운 치료 프로그램을 사용하거나 기존 프로그램을 사용할 것인지 무작위로 결정한다. 응답변수는 프로그램에 등록한 다음 해의 입원 횟수이다. 단, 같은 병원에 입원하는 환자의 경우는 상관관계가 있다. 이는 "병원" 효과가 있기 때문이다.

앞서 준가능도 방법에서는 척도모수 ϕ를 이용하여 과다산포를 설명할 수 있었다. 이번 장에서는 가능도 방법을 이용하여 과다산포를 설명하는 방법을 제시한다. 앞의 예제에서 한 배의 생쥐들이 같은 어미 생쥐의 효과와 알콜 중독자 예제에서 "병원" 효과를 임의효과로 하여 모형화하는 방법을 제시한다. 그 대표적인 것이 베타–이항분포(beta–binomial) 모형과 포아송–감마(Poisson–gamma) 모형이다. 여기서 포아송–감마 모형은 결국에는 음이항(negative binomial) 모형이 된다.

01 베타 – 이항분포 모형

다시 기형학 예제를 고려하자. $y_{ijk}=1$은 i번째 그룹($i=1,...,m$)에서 j번째 어미 쥐($j=1,\dots,n_i$)의 k번째 생쥐($k=1,\dots,n_{ij}$)가 선천성 태아성장의 영향이 있는 경우를 의미한다. 기형이 없는 경우 0으로 정의한다. 이 경우 다음의 모형을 가정한다.

$$y_{ijk}|\pi_{ij} \sim^{ind} Bin(1,\pi_{ij})$$
$$\pi_{ij} \sim^{ind} B(\alpha_i,\beta_i)$$

이 경우에 y_{ijk}의 주변분포는 베르누이 분포이며, 평균은

$$\mu_i = E(y_{ijk}) = \frac{\alpha_i}{\alpha_i+\beta_i}$$

이다. 여기서 주의할 것은 $y_{ij+} = \sum_{k=1}^{n_{ij}} y_{ijk}$는 이항분포를 따르지 않고, 베타−이항분포 (beta−binomial distribution)를 따르고 그 확률밀도함수는 다음과 같다.

$$P(y_{ij+}=y;\alpha_i,\beta_i) = \binom{n_{ij}}{y}\frac{B(y+\alpha_i, n_{ij}-y+\beta_i)}{B(\alpha_i,\beta_i)}$$

여기서 $B(a,b)$는 베타함수이며, n_{ij}는 i번째 그룹에서 j번째 어미 쥐의 새끼 수이다.

확률변수 y_{ij+}의 평균과 분산은 다음과 같다.

$$E(y_{ij+}) = n_{ij}\mu_i, \tag{9.1}$$
$$var(y_{ij+}) = n_{ij}\mu_i(1-\mu_i)\{1+\rho_i(n_{ij}-1)\}$$

여기서

$$\rho_i = \frac{1}{\alpha_i+\beta_i+1} = \frac{1}{\theta_i+1}$$
$$\mu_i = \frac{\alpha_i}{\alpha_i+\beta_i}$$

이다.

베타-이항분포 모형은 지수족이 아니고 이 모형은 단순한 실험에서 적당하다. 공변량이 있는 경우와 상관관계의 모형화를 위한 모형은 다음과 같은 모형을 가정하여 가능도 방법을 이용하여 모수를 추정할 수 있다.

$$logit(\mu_i) = x_i^T\beta,\ \log\theta_i = z_i^T\alpha \tag{9.2}$$

여기서 θ_i는 ρ_i의 함수이다. 이 모형은 더 복잡한 상관관계의 구조를 모형화하기 위해서 모형을 확장하는 것은 어렵다. 따라서 공변량을 이용할 수 있고, 더 복잡한 상관관계를 설명하기 위한 모형으로 준가능도 모형을 이용한다.

준가능도 모형은 이미 6.2절에서 설명한 모형으로 평균을 위한 모형은 다음과 같다.

$$logit(\mu_i) = x_i^T\beta$$

그리고 분산을 위한 함수는 다음의 두 가지 형태로 가정한다.

① 척도모수 ϕ를 곱한 분산을 다음과 같이 가정한다.

$$var(y_{ij+}) = \phi n_{ij}\mu_i(1-\mu_i) \tag{9.3}$$

② 고정된 ρ를 가진 베타-이항분포가 활용된 분산함수를 가정한다.

$$var(y_{ij+}) = n_{ij}\mu_i(1-\mu_i)\{1+(n_{ij}-1)\rho\} \tag{9.4}$$

이 두 가지 분산 (9.3)과 (9.4) 중에 어느 것이 더 좋은지는 명확한 결론은 없다 (Liang과 McCullagh, 1993).

예제 9.1 선천성 기형학 자료

이 예제는 Agresti(2002)에 있는 예제와 자료이다. 앞에서 기술한 철분 결핍이 태아의 성장에 미치는 영향에 대한 생쥐 실험 자료이다. 부연 설명을 하면, 어미 쥐를 철분 결핍 식단을 한 다음 무작위로 위약과 세 개의 다른 철분 보충제를 주었다. 58마리의 쥐는 임신을

하고 3주 후에 희생되었으며, 그 후 어미 쥐의 배에서 죽은 태아의 수를 계산했다.

y_{ij}는 n_{ij}의 태아 중에 죽은 수를 나타낸다. 여기서 i는 그룹($i=1,...,4$)을 나타내며, j는 어미 쥐를 나타낸다. π_{ij}는 i번째 그룹의 j번째 어미 쥐에서 새끼들에 대한 죽은 모비율을 의미한다. 우선 같은 어미 쥐의 배 속에 있던 새끼 쥐들이 모두 독립이라 가정하면 y_{ij}는 이항분포 $B(n_i, \pi_{ij})$을 따른다. 이 경우에 로지스틱 회귀를 가정한다.

$$logit\,\pi_{ij} = \beta_0 + \beta_1 Group_{2i} + \beta_2 Group_{3i} + \beta_3 Group_{4i}$$

여기서 만일 $Group_{gi}=1$는 i번째 어미 쥐가 g의 철분보충제를 받은 경우이다. 이 모형에 적합된 결과는 다음과 같다.

$$logit\,\hat{\pi}_{ij} = 1.144^* - 3.323^* Group_{2i} - 4.476^* Group_{3i} - 4.130^* Group_{4i}$$

이 적합한 결과를 가지고 피어슨 잔차를 <그림 9-1>에 보여준다. 피어슨 잔차를 보면 어미 배 속에 있던 새끼 쥐의 수가 많을수록 피어슨 잔차가 커짐을 알 수 있다. 이는 명백히 과다산포가 있음을 알 수 있다.

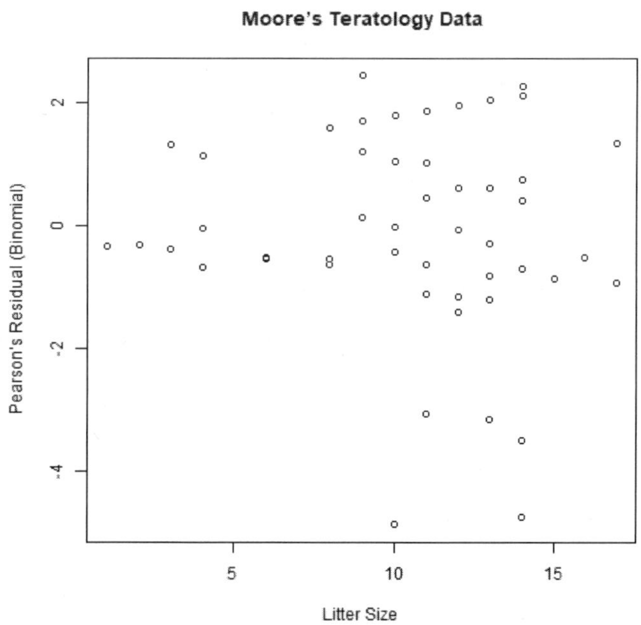

그림 9-1 생쥐 수와 피어슨 잔차의 플랏

이 결과를 토대로 산포모수(ϕ)의 추정치는 2.864945이다.

준가능도를 이용한 모형에서 분산 (9.3)인 $\phi n_{ij}\mu_i(1-\mu_i)$를 이용하여 추정한다. 산포모수의 추정치는 2.864945이며, 평균모수는 앞의 로지스틱 회귀의 회귀계수 추정치와 동일하다. 회귀계수 추정치의 표준오차는 로지스틱 회귀계수 추정치의 표준오차와는 차이가 있다. 준가능도의 회귀계수 추정치의 표준오차를 계산하기 위해서 모형 기반 분산 추정량(model-based variance estimator)을 이용한다. GEE 모형은 준가능도 방법의 결과와 동일하지만, 회귀계수의 표준오차는 경험적 분산 추정량(empirical variance estimator)을 이용한 결과이다.

베타-이항분포 모형은 식 (9.1)에 있는 모형에서 모수 (α_i, β_i)를 구하는 것이 쉽지 않다. 대신에 (μ_i, θ_i)로 변환하여 로지스틱 회귀를 가정한다. 여기서 $\mu_i = \alpha_i/(\alpha_i+\beta_i)$이며, $1/(\alpha_i+\beta_i+1) = 1/(\theta_i+1)$이다. 추정은 가능도 방법을 이용한 평균모형과 형태모수 θ_i의 모형은 (9.2)에 제시하였다. 형태모수의 모형은 다음과 같다.

$$\log\theta_i = \alpha$$

이 모형에 적합된 결과는 다음과 같다.

$$logit\,\hat{\pi}_{ij} = 1.346^* - 3.114^* Group_{2i} - 3.868^* Group_{3i} - 3.923^* Group_{4i}$$

$$\log\hat{\theta}_i = 1.146^*$$

식 (9.1)의 ρ_i의 추정치는 $\hat{\rho}_i = 1/(\exp(1.146)+1) = 0.242$이다.

이상의 준가능도, GEE, 베타-이항분포 모형의 로지스틱 회귀계수와 척도모수들의 추정치를 요약한 결과를 <표 9-1>에 제시한다.

표 9-1 준가능도, GEE, 베타-이항분포 모형의 회귀계수 및 척도모수 추정치

모수	모형		
	준가능도	GEE	베타-이항분포
Intercept	1.144 (0.219)	1.144 (0.276)	1.346 (0.248)
$Group_{2i}$	-3.323 (0.560)	-3.323 (0.440)	-3.114 (0.502)
$Group_{3i}$	-4.476 (1.238)	-4.476 (0.610)	-3.868 (0.808)
$Group_{4i}$	-4.130 (0.806)	-4.130 (0.576)	-3.923 (0.668)
척도모수	$\hat{\phi} = 2.865$	$\hat{\phi} = 2.865$	$\hat{\rho}_i = 0.242$

이 예제를 R code로 구현하면 다음과 같다.

R 코드

```
in ▸  tera <- read.table("tera.dat",col.names=c("litter", "group", "n", "y"))
      tera$group <- factor (tera$group)
      tera[1:5,]

      # 로지스틱 회귀모형
      tera.glm<- glm(cbind(y,n-y)~group,family=binomial,data=tera)
      summary (tera.glm)

      plot(tera$n,resid(tera.glm,type="pearson"),xlab="Litter Size",
           ylab="Pearson ' s Residual (Binomial)",
           main="Moore ' s Teratology Data")

      # 로지스틱 회귀의 결과에서 산포모수(ρ)의 추정
      pearson.residuals <- resid(tera.glm,"pearson")
      phi <- sum(pearson.residuals^2)/tera.glm$df.residual
      phi

      ## Quasi-likelihood Model 1
      tera.quasi <- glm(cbind(y,n-y)~group,data=tera,family=quasibinomial)
      summary (tera.quasi)

      ## GEE and Empirical Standard Errors
      library(gee)
      tera.gee <- gee(cbind(y,n-y)~group,data=tera,id=litter,family=binomial)
      summary (tera.gee)

      ## Beta-Binomial Model: Maximum likelihood
      library (rmutil) # download the library at
      http://www.commanster.eu/rcode.html
      library (gnlm)  # for 'gnlr' function
      tera$g2 <- as.numeric(tera$group == 2)
      tera$g3 <- as.numeric(tera$group == 3)
      tera$g4 <- as.numeric(tera$group == 4)
      library (boot)  # for 'inv.logit' function
      attach (tera)
      tera.gnlr2 <- gnlr(cbind(y,n - y),distribution="beta
      binomial",mu=function(beta){
       inv.logit(beta[1]+beta[2]*g2+beta[3]*g3+beta[4]*g4)
       },pmu=c(1, -3, -4, -4),pshape=2)
      tera.gnlr2
```

out ▸
```
> tera <- read.table("tera.dat",col.names=c("litter", "group", "n", "y"))
> tera$group <- factor (tera$group)
> tera[1:5,]
  litter group  n  y
1      1     1 10  1
2      2     1 11  4
3      3     1 12  9
4      4     1  4  4
5      5     1 10 10
>
> tera.glm<- glm(cbind(y,n-y)~group,family=binomial,data=tera)
> summary (tera.glm)
Call:
glm(formula=cbind(y, n - y) ~ group, family=binomial, data=tera)

Deviance Residuals:
    Min       1Q   Median       3Q      Max
-4.4295  -0.9750  -0.0285   1.4024   2.7826

Coefficients:
             Estimate  Std. Error  z value  Pr(>|z|)
(Intercept)    1.1440      0.1292    8.855  < 2e-16 ***
group2        -3.3225      0.3308  -10.043  < 2e-16 ***
group3        -4.4762      0.7311   -6.122  9.22e-10 ***
group4        -4.1297      0.4762   -8.672  < 2e-16 ***
---
Signif. codes:  0 '***' 0.001 '**' 0.01 '*' 0.05 '.' 0.1 ' ' 1

(Dispersion parameter for binomial family taken to be 1)

    Null deviance: 509.43  on 57  degrees of freedom
Residual deviance: 173.45  on 54  degrees of freedom
AIC: 252.92

Number of Fisher Scoring iterations: 5

> plot(tera$n,resid(tera.glm,type="pearson"),xlab="Litter Size",
+       ylab="Pearson's Residual (Binomial)",
+      main="Moore's Teratology Data")

> pearson.residuals <- resid(tera.glm,"pearson")
> phi <- sum(pearson.residuals^2)/tera.glm$df.residual
> phi
[1] 2.864945                          => 산포모수(ϕ)의 추정치
```

```
>
> ## Quasi-likelihood Model 1        => 준가능도
> tera.quasi <- glm(cbind(y,n-y)~group,data=tera,family=quasibinomial)
> summary (tera.quasi)
Call:
glm(formula=cbind(y, n - y) ~ group, family=quasibinomial,
    data=tera)

Deviance Residuals:
    Min       1Q   Median       3Q      Max
-4.4295  -0.9750  -0.0285   1.4024   2.7826

Coefficients:
             Estimate  Std. Error  t value  Pr(>|t|)
(Intercept)    1.1440      0.2187    5.231  2.81e-06 ***
group2        -3.3225      0.5600   -5.933  2.18e-07 ***
group3        -4.4762      1.2375   -3.617  0.000656 ***
group4        -4.1297      0.8061   -5.123  4.14e-06 ***
---
Signif. codes:  0 '***' 0.001 '**' 0.01 '*' 0.05 '.' 0.1 ' ' 1

(Dispersion parameter for quasibinomial family taken to be 2.864945) => φ̂

    Null deviance: 509.43  on 57  degrees of freedom
Residual deviance: 173.45  on 54  degrees of freedom
AIC: NA
Number of Fisher Scoring iterations: 5

> ## GEE and Empirical Standard Errors
> library(gee)
> tera.gee <- gee(cbind(y,n-y)~group,data=tera,id=litter,family=binomial)
Beginning Cgee S-function, @(#) geeformula.q 4.13 98/01/27
running glm to get initial regression estimate
(Intercept)      group2      group3      group4
   1.143981   -3.322513   -4.476185   -4.129663
> summary (tera.gee)
 GEE:  GENERALIZED LINEAR MODELS FOR DEPENDENT DATA
 gee S-function, version 4.13 modified 98/01/27 (1998)

Model:
 Link:                      Logit
 Variance to Mean Relation: Binomial
 Correlation Structure:     Independent
```

```
Call:
gee(formula=cbind(y, n - y) ~ group, id=litter, data=tera,
    family=binomial)

Summary of Residuals:
        Min          1Q      Median          3Q         Max
-0.10169492  0.03453548  2.74159021  8.24159021 13.24159021

Coefficients:
             Estimate  Naive S.E.   Naive z  Robust S.E.   Robust z
(Intercept)  1.143981  0.2186717  5.231499  0.2758667   4.146861
group2      -3.322513  0.5599915 -5.933149  0.4400582  -7.550168
group3      -4.476185  1.2375175 -3.617068  0.6104577  -7.332507
group4      -4.129663  0.8060677 -5.123221  0.5763810  -7.164814

Estimated Scale Parameter:  2.864945     => φ̂
Number of Iterations:  1

Working Correlation
     [,1]
[1,]    1

> ## Beta-Binomial Model: Maximum likelihood
> library (rmutil)
> library (gnlm)  # for 'gnlr' function
> tera$g2 <- as.numeric(tera$group == 2)
> tera$g3 <- as.numeric(tera$group == 3)
> tera$g4 <- as.numeric(tera$group == 4)
> library (boot)  # for 'inv.logit' function
> attach (tera)
The following objects are masked from tera (pos=5):
    g2, g3, g4, group, litter, n, y

> tera.gnlr2 <- gnlr(cbind(y,n - y),distribution="beta
binomial",mu=function(beta){
+  inv.logit(beta[1]+beta[2]*g2+beta[3]*g3+beta[4]*g4)
+  },pmu=c(1, -3, -4, -4),pshape=2)
> tera.gnlr2
Call:
gnlr(cbind(y, n - y), distribution="beta binomial", mu=function(beta) {
    inv.logit(beta[1] + beta[2] * g2 + beta[3] * g3 + beta[4] *
        g4)
}, pmu=c(1, -3, -4, -4), pshape=2)
```

```
beta binomial distribution

Response: cbind(y, n - y)

Log likelihood function:
{
    m <- mu1(p)
    s <- exp(sh1(p))
    t <- s * m
    u <- s * (1 - m)
    -sum(wt * (lbeta(y[, 1] + t, y[, 2] + u) - lbeta(t, u)))
}

Location function:
structure({
    inv.logit(beta[1] + beta[2] * g2 + beta[3] * g3 + beta[4] *
        g4)
}), srcfile=<environment>, wholeSrcref=structure(c(1L, 0L,
4L, 0L, 0L, 0L, 1L, 4L), srcfile=<environment>, class="srcref")

Log shape function:
structure(p[1] * rep(1, n)), srcfile=<environment>, wholeSrcref=structure(c(1L,
0L, 2L, 0L, 0L, 0L, 1L, 2L), srcfile=<environment>, class="srcref")

-Log likelihood    93.45675
Degrees of freedom 53
AIC               98.45675
Iterations         7

Location parameters:
        estimate     se
beta[1]    1.346 0.2482
beta[2]   -3.114 0.5018
beta[3]   -3.868 0.8081
beta[4]   -3.923 0.6675

Shape parameters:
     estimate     se
p[1]    1.146 0.3299

Correlations:
        1       2       3       4       5
1  1.0000 -0.5338 -0.3383 -0.4025  0.1720
2 -0.5338  1.0000  0.2211  0.2548 -0.3143
```

```
3 -0.3383  0.2211  1.0000  0.1679 -0.2350
4 -0.4025  0.2548  0.1679  1.0000 -0.2436
5  0.1720 -0.3143 -0.2350 -0.2436  1.0000
```

02 포아송 – 감마 모형

군집 가산자료(clustered count data)에서 개체 i의 j번째 응답변수는 다음의 분포를 가정한다($i=1,...,m,\ j=1,...,n_i$).

$$y_{ij}|\mu_{ij} \sim^{ind} Poisson(\mu_{ij}) \tag{9.5}$$

$$\mu_{ij} \sim^{ind} Gamma(\lambda_i, \theta_i/\lambda_i)$$

여기서 $Gamma(a,b)$의 확률분포함수는 다음과 같다.

$$p(x;a,b) = \frac{1}{\Gamma(a)b^a} x^{a-1} e^{-\frac{x}{b}}$$

y_{ij}의 주변분포는 **음이항분포**(negative-binomial)를 따르며, 그 확률밀도함수는 다음과 같다.

$$P(y_{ij};\theta_i,\lambda_i) = \frac{\Gamma(y_{ij}+\lambda_i)}{\Gamma(\lambda_i)\Gamma(y_{ij}+1)}\left(\frac{\lambda_i}{\theta_i+\lambda_i}\right)^{\lambda_i}\left(1-\frac{\lambda_i}{\theta_i+\lambda_i}\right)^{y_{ij}},\ y_{ij}=0,1,2,\ ...$$

고정된 λ_i에 대해서 음이항분포는 지수족에 속한다. 음이항분포의 평균과 분산은 다음과 같다.

$$E(y_{ij}) = E(E(y_{ij}|\mu_{ij})) = \theta_i$$

$$var(y_{ij}) = \theta_i + \theta_i^2/\lambda_i$$

평균과 분산을 보면 분산이 평균보다 큼을 알 수 있다. 따라서 자료가 과다산포가 있을 경우에서 가능도 방법을 이용한 가산자료의 추정은 음이항분포를 이용한다.

위의 주변평균 $E(y_{ij})$를 다음과 같이 모형화하며 이를 **음이항 회귀모형**(negative binomial regression model)이라고 한다.

$$\log(E(y_{ij}))= x_{ij}^T\beta \tag{9.6}$$

포아송 회귀모형과 음이항 회귀모형은 모두 가능도 방법을 이용하여 모수를 추정한다. 하지만 과다산포된 가산자료를 분석할 때는 준가능도나 GEE를 이용하여 분석할 수도 있지만 가능도 방법을 이용할 때는 음이항 회귀모형을 주로 사용한다.

음이항 모형의 MLE을 찾기 위해서 수렴할 때까지 다음의 두 가지 단계를 번갈아 가며 반복한다.

① 고정된 λ에서 모형 (9.6)에서 β의 적합된 값을 찾는다.
② 적합된 β를 이용하여 θ값을 계산하고 그 값을 고정시킨 상태에서 뉴턴-라프슨 알고리즘을 이용하여 λ를 추정한다.

군집 가산자료 분석을 위하여 음이항 회귀모형을 바로 이용하기보다는 포아송 회귀에 임의효과를 넣은 일반화 선형혼합모형을 주로 사용한다. 모형 (9.5)와 비슷한 결과를 얻으면 응답변수의 주변분포는 음이항분포가 되어 모형 (9.5)와 유사한 결과를 얻을 수 있다. 보다 자세한 내용은 10장에서 다루도록 하겠다.

03 켤레 혼합모형

베타-이항분포 모형과 포아송-감마 모형은 주변분포가 모두 닫힌 형태를 가지는 켤레 혼합모형(conjugated mixture models)이다. 이 모형은 주로 과다산포 또는 단순한 군집자료를 설명할 때에 이용된다. 그리고 이 모형은 응답변수들 간 상관관계의 구조가 복잡할 수 있는 경시적 자료에서는 덜 적합하다. 또한, 공변량을 가지고 모형화할 때는 결례 혼합모형에서 계산상의 단순성을 잃게 된다.

Lee와 Nelder(1996)는 결례 혼합모형을 확장하여 **계층적 일반화 선형모형**(hierarchical generalized linear model)**을** 제안하였다. 이 모형은 일반화 혼합모형(generalized linear mixed model)과 유사하지만 임의효과의 분포는 정규분포가 아니다. 이 모형은 제한된 가능도 추정(restricted likelihood estimation)을 고정효과 및 임의효과의 추정이 가능하게 하는 계층적 일반화 선형모형으로 더 확장하였다.

10장

일반화 선형혼합모형

앞의 장에서는 경시적 범주형 자료분석을 위해서 주변모형과 복잡한 형태의 가능도 방법을 이용한 모형을 설명하였다. 주변모형의 경우 앞서 기술한 것과 같이 반복 측정된 응답변수의 개체 내 상관관계를 설명하면서 일반화 선형모형을 확장한 것이다. 그리고 반복 측정된 응답변수들의 관계를 가정하였다. 주변모형은 응답변수의 평균과 공분산 행렬을 분리하여 모형화하였다. 가능도 기반 주변모형의 경우 응답변수들의 결합분포가 복잡한 형태를 가지고 있다. 그리고 또 다른 형태의 주변모형인 GEE를 이용한 모형은 반복 측정된 응답변수들의 결합분포를 가정하지 않았다.

우리는 이미 5장에서 선형혼합모형에서 임의효과를 설명을 하였다. 이번 장에서는 반복 측정된 범주형 응답변수들의 관계를 설명하기 위하여 임의효과를 도입한 일반화 선형혼합모형(generalized linear mixed model: GLMM)을 설명하고자 한다. 이번 장에서 GLMM은 선형혼합모형의 개념적인 확장뿐만 아니라 모수들의 추정을 위한 다양한 수치해석적인 방법들을 제시한다.

01 개체 특성 모형

GLMM은 일반화 선형모형의 경우와 같이 3가지 요소를 가진다.

① 개체 특성 임의효과 b_i가 주어진 상태에서 응답변수 y_{ij}는 조건부 독립이며, 그 분포는 지수족에 속한다고 가정한다(여기서 b_i는 $q\times 1$ 벡터이다). 이 경우 $var(y_{ij}|b_i)=\phi v\{E(y_{ij}|b_i)\}$이며, 여기서 $v(\cdot)$는 분산함수이며 조건부 평균 $E(y_{ij}|b_i)$의 함수이다.

② 고정 및 임의효과에 의존하면서 다음의 선형식을 가정한다.

$$\eta_{ij}=x_{ij}^T\beta+z_{ij}^Tb_i$$

여기서 η_{ij}는 선형예측이고, x_{ij}와 z_{ij}는 각각 $p\times 1$과 $q\times 1$인 공변량 벡터이며, z_{ij}는 보통 x_{ij}의 부분집합이다.

③ 조건부 평균 $E(y_{ij}|b_i)$는 η_{ij}와 결합함수 $g(\bullet)$에 의해서 다음과 같이 연결된다.

$$g(E(y_{ij}|b_i)) = \eta_{ij} = x_{ij}^T\beta + z_{ij}^T b_i$$

위의 3가지 가정하에서 GLMM의 모수를 추정하는 방법으로는 크게 조건부 가능도(conditional likelihood) 방법과 주변 가능도(marginal likelihood) 방법이 있다. 조건부 가능도 방법은 개체 간에 차이가 없는 회귀계수인 β에 관심이 있을 때 적당한 것으로 보통 개체 특성의 임의효과인 $b_1, \ldots, b_m$을 장애모수(nuisance parameters)로 간주한다. 또한, b_i의 "충분통계량(sufficient statistic)"이 주어진 상태에서 조건부 가능도를 구한다. 이 경우 조건부 가능도는 b_i의 충분통계량으로 인하여 더 이상 b_i에 의존하지 않게 됨으로써 조건부 가능도를 이용하여 β를 추정한다.

이에 반하여 주변 가능도 방법은 개체-특성의 회귀계수에도 관심이 있거나 조건부 가능도 방법을 쓸 경우에 너무 많은 정보를 버리게 될 때 적당한 방법이다. 임의효과 b_i를 관측할 수 없는 확률변수로 취급하고, 그 확률변수의 확률밀도함수를 이용하여 가능도 함수를 적분한다. 그러면 적분한 가능도 함수는 β의 가능도 함수가 된다. 이 경우 임의효과 b_i는 평균 0과 공분산 $D(\alpha)$를 가지는 독립이며 동일한 분포를 가진다고 가정을 한다. b_i의 분포함수를 G라 하면 이 분포함수는 모수가 α를 가지며 완전히 기술되는 분포이다.

02 조건부 가능도 방법을 이용한 GLMM

조건부 가능도 방법을 좀 더 자세하게 설명하기 위해서 우선 충분통계량과 조건부 가능도에 대해서 설명을 할 것이다. 응답변수 벡터 y가 모수 θ를 가지는 확률밀도함수라 하자. $S = S(y)$는 통계량이며 만일 응답변수 벡터 y의 확률밀도함수가 다음의 조건을 만족한다면

$$f(y;\theta) \propto f(s|\theta) f(y|s)$$

S를 **충분통계량**(sufficient statistic)이라 한다. 모수 θ의 추정은 그 모수의 정보 손실 없이 S의 주변 확률밀도함수에 기반하고 있다. 응답변수인 벡터 y의 조건부 확률밀도함수 $f(y|s)$는 모형 체크를 위해서 유용하다. 그렇지만 θ를 위한 추정에는 정보가 없다.

만일 $f(y;\theta) \propto f(s|t;\theta)f(t)$이면, $t=t(y)$는 θ를 위한 보조(ancillary)라 한다. 이 경우 조건부 확률밀도함수 $f(s|t;\theta)$는 θ의 추정을 위해서 이용된다. 즉, 위의 식에서 $f(t)$는 θ의 추정에는 쓰이지 않고, $f(s|t;\theta)$만 θ의 정보를 가지고 있으므로 θ의 추정을 위해서 $f(s|t;\theta)$를 이용한다.

장애모수 λ가 있으면, 인수분해(factorization)의 확장은 다음과 같다.

$$f(s;\theta,\lambda) = f(s_1|s_2;\theta)f(s_2;\lambda)$$

여기서 S_2은 λ의 충분통계량이며 θ의 보조이다. S_1은 θ의 조건부 또는 부분 충분통계량(conditionally or partially sufficient)이다. 따라서 θ에 대한 추론을 위해서 조건부 확률밀도함수 $f(s_1|s_2;\theta)$를 이용할 수 있고, λ에 대한 추론을 위해서는 주변 확률밀도함수 $f(s_2;\lambda)$를 이용할 수 있다.

- **조건부 가능도**: 설명의 단순화를 위해서 지수족에 속하는 분포 $\phi(a)=1$이라 가정한다. 그리고 연결함수를 정준 연결함수(canonical link function)로 한정해서 설명하고자 한다. 즉, 다음을 가정한다.

$$\theta_{ij} = \eta_{ij} = g(\mu_{ij}) = x_{ij}^T\beta + z_{ij}^T b_{i.}$$

이 경우에 b_i의 충분통계량을 다음과 같이 유도하기 위해서 b_i를 고정효과 모수로 간주한다. 이때, i번째 개체에서 β의 가능도 함수는 다음과 같다.

$$\begin{aligned}\prod_{j=1}^{n_i} f(y_{ij}|\beta, b_i) &\propto \prod_{j=1}^{n_i}\exp\{\theta_{ij}y_{ij} - \psi(\theta_{ij})\} \\ &= \exp\left\{\beta^T\sum_{j=1}^{n_i}x_{ij}y_{ij} + b_i^T\sum_{j=1}^{n_i}z_{ij}y_{ij} - \sum_{j=1}^{n_i}\psi(\theta_{ij})\right\}\end{aligned}$$

따라서 b_i의 충분통계량은

$$T_i = \sum_{j=1}^{n_i} z_{ij} y_{ij}$$

이다. 그리고 β의 충분통계량은 다음과 같다.

$$S_i = \sum_{j=1}^{n_i} x_{ij} y_{ij}$$

이제 b_i의 충분통계량 $T_i = t$로 주어진 상태에서 y_i의 조건부 분포를 구하는 다음과 같다.

$$\begin{aligned} P(y_i | T_i = t) &= \frac{P(Y_i = y_i,\, T_i = t)}{P(T_i = t)} \\ &= \frac{\exp\left(\beta^T s_i + b_i^T t\right)}{\sum_{y_i^* \in R_{t,i}} \exp\left(\beta^T s_i + b_i^T t\right)} \\ &= \frac{\exp\left(\beta^T s_i\right)}{\sum_{y_i^* \in R_{t,i}} \exp\left(\beta^T s_i^*\right)} \end{aligned}$$

여기서 $R_{t,i} = \left\{ \left(y_{i1}, \ldots, y_{in_i}\right);\, T_i = t \right\}$이다. 즉, 충분통계량 T_i의 값이 t인 응답변수 벡터의 집합을 나타낸다. 주의할 것은 T_i는 공변량 z_i를 통해서 첨자 i에 의존한다는 사실이다.

이제 모든 개체에 대한 조건부 가능도는 다음과 같다.

$$\prod_{i=1}^{m} P(y_i | T_i = t) = \prod_{i=1}^{m} \frac{\exp\left(\beta^T s_i\right)}{\sum_{y_i^* \in R_{t,i}} \exp\left(\beta^T s_i^*\right)}$$

조건부 가능도는 $(b_1, \ldots, b_m)$에 대한 정보를 포함하지 않는 자료의 일부를 이용하여

β를 추정한다. 임의절편모형(random intercept model)과 같이 단순한 경우는 조건부 가능도는 상대적으로 쉽게 최대가능도를 구할 수 있다. 그리고 조건부 가능도를 이용하여 β를 추정할 경우에는 b_i의 분포에 관해서 기술할 필요가 없다. 일반적으로 임의효과 b_i의 (공)분산은 D로 공변량에 의존하지 않는다고 가정한다. 그런데 b_i의 분포가 공변량에 의존하는 경우에는 임의효과 b_i에 대한 (공)분산이 상수라는 가정은 성립하지 않게 된다. 이 경우에 임의절편모형에서 조건부 가능도를 이용하는 것이 여전히 β의 일치추정량을 제공한다.

- **임의절편모형**: 일반화 선형혼합모형의 단순한 형태인 임의절편모형을 고려하자. 이 모형에서 선형식은 다음과 같다.

$$\eta_{ij} = \gamma_i + x_{ij}^T \beta \text{ [+ offset if necessary]}$$

여기서 $\gamma_i = \beta_0 + b_i$이고, x_{ij}는 절편을 위한 항은 포함하지 않는다. 이 경우에 γ_i의 충분통계량은

$$T_i = \sum_{j=1}^{n_i} y_{ij} = y_{i+}$$

이다. 따라서 γ_i의 충분통계량이 주어진 상태에서 β의 조건부 가능도는 아래의 식에 비례한다.

$$\prod_{i=1}^{m} \frac{\exp\left(\sum_{j=1}^{n_i} y_{ij} x_{ij}^T \beta\right)}{\sum_{\sum_j y'_{ij} = y_{i+}} \exp\left(\sum_{j=1}^{n_i} y'_{ij} x_{ij}^T \beta\right)} \tag{10.1}$$

이 조건부 가능도를 이용하여 β의 추정치를 계산할 수 있다. 그리고 이 조건부 가능도는 층화 사례-대조 연구(stratified case-control study)에서 유도되는 결과와 동일하다.

이제 이진자료와 가산자료에서 조건부 가능도를 이용하여 어떻게 β가 추정되는지를 구체적인 예제를 통하여 설명한다.

1. 조건부 로지스틱 회귀

2×2의 교차시행 이진자료 분석을 위한 조건부 로지스틱 회귀(conditional logistic regression)를 알아볼 것이다. i번째 개체에서 $n_i=2$번의 반복이 있을 때, 2개의 그룹(A과 B(위약))을 비교하기 위한 교차시행이다. 응답변수는 y_{ij}는 i번째 개체의 j번째 응답변수이며($i=1,\cdots,m,\ j=1,2$), 정상 심전도로 판독되면 1이며 비정상일 때는 0인 이진변수이다(3개의 공변량을 고려한다). x_1은 그룹 지시변수로 그룹 A이면 1이며 그룹 B(위약)이면 0이다. x_2는 관찰시점의 지시변수로 두 번째 관찰시점이면 1이고, 첫 번째 관찰시점이면 0이다. 또한, 그룹과 관찰시점의 제곱항을 고려한다. <표 10.1>은 2×2의 교차시행에서 나오는 4가지의 가능한 응답조합의 도수를 나타내고 있다.

표 10-1 2×2의 교차시행 결과 요약

그룹	$y_1=1,\ y_2=1$	$y_1=0,\ y_2=1$	$y_1=1,\ y_2=0$	$y_1=0,\ y_2=0$
AB	a_1	b_1	c_1	d_1
BA	a_2	b_2	c_2	d_2

y_1과 y_2의 합인 y_{i+}의 값이 2(둘 다 비정상) 또는 0(둘 다 정상)인 경우이면, $(y_{i1},y_{i2})=(1,1)$ 또는 $(0,0)$이며 식 (10.1)의 조건부 가능도에 대한 기여도는 없다. 따라서 $y_{i+}=y_{i1}+y_{i2}=1$인 경우만이 조건부 가능도에 기여를 할 수 있다. β를 위한 조건부 가능도는 다음과 같다.

$$L(\beta)=\prod_{i;\,y_{i1}=1}\frac{\exp\left(x_{i1}^T\beta\right)}{\exp\left(x_{i1}^T\beta\right)+\exp\left(x_{i2}^T\beta\right)}\times\prod_{i;\,y_{i2}=1}\frac{\exp\left(x_{i2}^T\beta\right)}{\exp\left(x_{i1}^T\beta\right)+\exp\left(x_{i2}^T\beta\right)}$$

<표 10-1>의 AB와 BA의 그룹조합을 각각 나눠서 응답변수의 결과에 대한 교차표를 만든다.

그룹조합(AB)

		period 1 (y_{i1})	
		1	0
period 2 (y_{i2})	1	a_1	c_1
	0	b_1	d_1

그룹조합(BA)

		period 1 (y_{i1})	
		1	0
period 2 (y_{i2})	1	a_2	b_2
	0	c_2	d_2

위의 교차표는 앞서 기술한 것과 같이 첫 번째 및 두 번째 응답변수 (y_{i1}, y_{i2})가 같은 $(0,0)$나 $(1,1)$인 경우인 a_1, d_1, a_2, d_2는 조건부 가능도에 기여하는 바가 없다. 대신에 (y_{i1}, y_{i2})가 서로 다른 $(0,1)$과 $(1,0)$만을 가지고 조건부 가능도를 계산하게 된다. 각각의 개체 i의 디자인 행렬을 보면 각 그룹조합에 따라서 다르게 된다. 그룹조합 AB에 속하는 개체의 디자인 행렬은 다음과 같다.

$$X_i = \begin{bmatrix} 1 & 0 & 0 \\ 0 & 1 & 0 \end{bmatrix}$$

따라서 $x_{ij}^T \beta$는

$$x_{i1}^T \beta = \beta_1$$

$$x_{i2}^T \beta = \beta_2$$

이며, 이러한 경우는 조건부 가능도에 c_1과 b_1개 있다. 마찬가지로 그룹조합 BA에 속하는 개체의 디자인 행렬은 다음과 같다.

$$X_i = \begin{bmatrix} 0 & 0 & 0 \\ 1 & 1 & 1 \end{bmatrix}$$

그래서 $x_{ij}^T \beta$는 다음과 같다.

$$x_{i1}^T \beta = 0$$

$$x_{i2}^T \beta = \beta_1 + \beta_2 + \beta_3$$

그리고 조건부 가능도에는 c_2와 b_2개 있다.

이때, 조건부 가능도를 계산하면 다음의 결과에 비례한다.

$$\left(\frac{e^{\beta_2}}{e^{\beta_1}+e^{\beta_2}}\right)^{c_1}\left(\frac{e^{\beta_1}}{e^{\beta_1}+e^{\beta_2}}\right)^{b_1}\times\left(\frac{e^{\beta_1+\beta_2+\beta_3}}{1+e^{\beta_1+\beta_2+\beta_3}}\right)^{b_2}\left(\frac{1}{1+e^{\beta_1+\beta_2+\beta_3}}\right)^{c_2} \tag{10.2}$$

여기서 곱하기 표시의 앞쪽 2개 항은 그룹조합 AB에서의 조건부 가능도의 기여분이며, 나머지 2개 항은 그룹조합 BA의 조건부 가능도의 기여분이다.

식 (10.2)에서 $\beta_2=\beta_3=0$인 경우를 고려하면, (10.2)의 조건부 가능도는 다음과 같이 줄어든다.

$$\begin{aligned}&\left(\frac{1}{1+e^{\beta_1}}\right)^{c_1}\left(\frac{e^{\beta_1}}{1+e^{\beta_1}}\right)^{b_1}\times\left(\frac{e^{\beta_1}}{1+e^{\beta_1}}\right)^{b_2}\left(\frac{1}{1+e^{\beta_1}}\right)^{c_2}\\&=\left(\frac{e^{\beta_1}}{1+e^{\beta_1}}\right)^{b_1+b_2}\left(\frac{1}{1+e^{\beta_1}}\right)^{c_1+c_2}\end{aligned}$$

따라서 이 식을 이용하여 β_1의 추정량과 표준오차를 구하면 다음과 같다.

$$\hat{\beta}_1=\log\left(\frac{b_1+b_2}{c_1+c_2}\right),\ \ SE(\hat{\beta}_1)=\sqrt{\frac{1}{b_1+b_2}+\frac{1}{c_1+c_2}} \tag{10.3}$$

식 (10.2)에서 $\beta_3=0$인 경우를 고려하면, (10.2)의 조건부 가능도는 다음과 같이 된다.

$$\begin{aligned}&\left(\frac{e^{\beta_2}}{e^{\beta_1}+e^{\beta_2}}\right)^{c_1}\left(\frac{e^{\beta_1}}{e^{\beta_1}+e^{\beta_2}}\right)^{b_1}\times\left(\frac{e^{\beta_1+\beta_2}}{1+e^{\beta_1+\beta_2}}\right)^{b_2}\left(\frac{1}{1+e^{\beta_1+\beta_2}}\right)^{c_2}\\&=(1-p_1)^{c_1}p_1^{b_1}p_2^{b_2}(1-p_2)^{c_2},\end{aligned}$$

여기서

$$logit(p_1)=\beta_1-\beta_2,\ logit(p_2)=\beta_1+\beta_2$$

이다. 따라서 p_1과 p_2의 추정량은 다음과 같다.

$$\hat{p}_1 = \frac{b_1}{b_1 + c_1},\ \hat{p}_2 = \frac{b_2}{b_2 + c_2}$$

이 결과와 MLE의 불변성을 이용하여 β_1과 β_2의 추정량과 표준오차는 다음과 같다.

$$\hat{\beta}_1 = \frac{1}{2}\left(logit\,\hat{p}_1 + logit\,\hat{p}_2\right) = \frac{1}{2}\log\left(\frac{b_1 b_2}{c_1 c_2}\right)$$

$$SE\left(\hat{\beta}_1\right) = \frac{1}{2}\sqrt{b_1^{-1} + c_1^{-1} + b_2^{-1} + c_2^{-1}}$$

교차시행의 예제에서 <표 10-1>의 구체적인 값들은 다음과 같이 주어진다.

$$a_1 = 22,\ a_2 = 18,\ b_1 = 0,\ b_2 = 4,\ c_1 = 2,\ c_2 = 6,\ d_1 = 6,\ d_2 = 9$$

이 값들을 식 (10.3)과 (10.4)에 대입하면, 다음과 같다.

$$\beta_2 = \beta_3 = 0\text{인 경우: } \hat{\beta}_1 = \log\left(\frac{6+4}{0+2}\right) = 1.61,\ SE\left(\hat{\beta}_1\right) = 0.77$$

$$\beta_3 = 0\text{인 경우: } \hat{\beta}_1 = \log\left(\frac{6\times 4}{0.5\times 2}\right) = 1.59,\ SE\left(\hat{\beta}_1\right) = 0.85$$

$\beta_3 = 0$인 경우에서 $c_2 = 0$이므로 대신에 0.5로 대체해서 계산한 결과이다. 두 모형의 결과에서 $\hat{\beta}_1 \approx 1.6$이며, 이는 5% 유의수준하에서 유의미하다. 즉, $\exp(1.6) \approx 5$는 치료약(A)을 받은 환자에 대한 정상결과의 오즈는 위약(B)을 받은 환자에 대한 오즈의 약 5배 정도임을 알 수 있다.

위의 결과를 R code로 구현과 결과와 GEE 및 다음 절에서 배울 일반화 선형혼합모형에 적합한 결과는 아래 <표 10-2>와 같다. GEE를 이용한 주변모형의 결과의 추정치는 $\hat{\beta}_1 \approx 0.57$이며 $\exp(\hat{\beta}_1) \approx 1.77$이며, 조건부 모형에서의 β_1의 추정량과 주변모형의 β_1의 추정량의 관계인 다음의 부등식을 만족함을 알 수 있다.

$$|0.57| \le |1.59|$$

표 10-2 조건부 로지스틱, GEE, 일반화 선형혼합모형의 적합한 결과

	조건부 로지스틱	GEE	일반화 선형혼합모형
intercept		1.1 (0.28)	3.3 (1.33)
Treatment	1.61 (0.78)	0.56 (0.23)	1.61 (0.77)
$D^{1/2}$			4.7 (2.4)
ρ		0.61 (0.1)	

조건부 가능도를 이용한 조건부 로지스틱 회귀는 R 함수 clogit를 이용하며 R package 인 survival에서 이용할 수 있다.

R 코드

in ▸

```
# Crossover trial

xover <- read.table("xover1.data",col.names=c("id","class","y",
 "intercept","trt","period","xover","BA"))
xover$trtA <- as.numeric(xover$trt!=1)
xover$xoverA <- xover$trtA*xover$period
with(xover,ftable(BA,trtA,y))

library(survival)
library(glmmML)
library(geepack)

xover.cl<-clogit(y~trtA+strata(id),data=xover)
xover.gee <-geese(y~trtA,data=xover,corstr="exchangeable",
                  id=id,family=binomial,scale.fix=TRUE)
xover.glmm <-glmmML(y~trtA,data=xover,cluster=id,family=binomial)

summary(xover.cl)
summary(xover.gee)
summary(xover.glmm)
```

out ▸

```
> # Crossover trial
>
> xover <- read.table("xover1.data",col.names=c("id","class","y",
+  "intercept","trt","period","xover","BA"))
> xover$trtA <- as.numeric(xover$trt!=1)
> xover$xoverA <- xover$trtA*xover$period
```

```
> with(xover,ftable(BA,trtA,y))
        y  0  1
BA trtA
0  0      12 22
   1       6 28
1  0      13 20
   1      11 22
>
> library(survival)
> library(glmmML)
> library(geepack)
>
> xover.cl<-clogit(y~trtA+strata(id),data=xover)
> xover.gee <-geese(y~trtA,data=xover,corstr="exchangeable",
+ id=id,family=binomial,scale.fix=TRUE)
> xover.glmm <-glmmML(y~trtA,data=xover,cluster=id,family=binomial)
>
> summary(xover.cl)  => 조건부 가능도 방법(조건부 로지스틱 회귀)
Call:
coxph(formula=Surv(rep(1, 134L), y) ~ trtA + strata(id), data=xover,
method="exact")

  n= 134, number of events= 92

       coef   exp(coef) se(coef)    z    Pr(>|z|)
trtA 1.6094    5.0000   0.7746  2.078   0.0377 *
---
Signif. codes:  0 '***' 0.001 '**' 0.01 '*' 0.05 '.' 0.1 ' ' 1

       exp(coef) exp(-coef) lower .95 upper .95
trtA         5        0.2     1.096     22.82

Concordance= 0.833  (se=0.152 )
Likelihood ratio test= 5.82  on 1 df,   p=0.02
Wald test            = 4.32  on 1 df,   p=0.04
Score (logrank) test = 5.33  on 1 df,   p=0.02

> summary(xover.gee) => GEE

Call:
geese(formula=y ~ trtA, id=id, data=xover, family=binomial,
    scale.fix=TRUE, corstr="exchangeable")

Mean Model:
```

```
 Mean Link:                 logit
 Variance to Mean Relation: binomial

 Coefficients:
             estimate    san.se     wald          p
(Intercept) 0.5187938 0.2526055 4.217975 0.03999786
trtA        0.5600159 0.2356943 5.645499 0.01750023

Scale is fixed.

Correlation Model:
 Correlation Structure:     exchangeable
 Correlation Link:          identity

 Estimated Correlation Parameters:
       estimate     san.se     wald            p
alpha 0.6139371 0.09591493 40.97088 1.545142e-10

Returned Error Value:    0
Number of clusters:   67   Maximum cluster size: 2

> summary(xover.glmm) => 일반화 선형혼합모형

Call:  glmmML(formula=y ~ trtA, family=binomial, data=xover, cluster=id)

             coef   se(coef)   z   Pr(>|z|)
(Intercept)  8.086    0.9032 8.953  0.00000
trtA         5.017    1.6061 3.124  0.00178

Scale parameter in mixing distribution:  17.95 gaussian
Std. Error:                              0.1045

        LR p-value for H_0: sigma=0:  9.799e-09
Residual deviance: 132.9 on 131 degrees of freedom       AIC: 138.9
```

2. 가산자료를 위한 포아송 회귀(Poisson regression for count responses)

반복 가산 응답변수 $y_i = (y_{i1}, ..., y_{in_i})$는 독립인 포아송 확률벡터이며, 다음의 로그 선형모형을 가정한다.

$$\log E(y_{ij} | \gamma_i, \beta) = \gamma_i + x_{ij}^T \beta + \log(t_{ij})$$

여기서 $\gamma_i = \beta_0 + b_i$이며, x_{ij}는 절편항을 포함하지 않은 공변량 벡터이며, t_{ij}는 상쇄항(offset)이다. i번째 개체를 위한 가능도의 기여분은 아래와 같다.

$$\exp\left\{\gamma_i \sum_{j=1}^{n_i} + \beta^T \sum_{j=1}^{n_i} x_{ij} y_{ij} + \sum_{j=1}^{n_i} y_{ij} \log(t_{ij}) - \sum_{j=1}^{n_i} t_{ij} \exp\left(\gamma_i + x_{ij}^T \beta\right)\right\} \frac{1}{\prod_{j=1}^{n_i} y_{ij}!}$$

그러면 $y_{i+} = \sum_{j=1}^{n_i} y_{ij}$는 γ_i의 충분통계량이고, 그 분포는 포아송 분포이며 평균은 다음과 같다.

$$\lambda_i = \sum_{j=1}^{n_i} e^{\gamma_i + x_{ij}^T \beta + \log t_{ij}}$$

충분통계량 y_{i+}가 주어졌을 때, y_i의 조건부 분포는 다음과 같다.

$$p(y_i | y_{i+}) = \frac{\exp\left\{\gamma_i y_{i+} + \beta^T s_i + \sum_{j=1}^{n_i} y_{ij} \log(t_{ij}) - \sum_{j=1}^{n_i} t_{ij} \exp\left(\gamma_i + x_{ij}^T \beta\right)\right\}}{\left(\prod_{j=1}^{n_i} y_{ij}!\right) \lambda_i^{y_{i+}} \exp(-\lambda_i) / y_{i+}!} \tag{10.5}$$

$$= \binom{y_{i+}}{y_{i1}, \ldots, y_{in_i}} \frac{\exp\left\{\beta^T s_i + \sum_{j=1}^{n_i} y_{ij} \log(t_{ij})\right\}}{\left(\sum_{j=1}^{n_i} \exp\left\{x_{ij}^T \beta + \log(t_{ij})\right\}\right)^{y_{i+}}},$$

여기서 $s_i = \sum_{j=1}^{n_i} x_{ij} y_{ij}$이다. 위의 조건부 분포는 γ_i에 의존하지 않는 i번째 개체의 조건부 가능도이다.

7.4절에서 GEE를 이용하여 분석했던 **간질 발작 자료**를 조건부 포아송 회귀(conditional Poisson regression)모형을 이용하여 분석하고자 한다. 공변량으로 프로가비드 투여 여부(프로가비드 투여: $x_{ij1} = 1$, 통제그룹: $= 0$), 8주 기준기간 이후를 나타내는 지시변수($x_{ij2} = 1$, $j = 1, 2, 3, 4$, $x_{i02} = 0$)와 이 두 공변량의 교호작용($x_{ij3} = x_{ij1} \times x_{ij2}$)을 고려하였다(우리의 관심모수는 β_3이다). 이때, $time_{ij} = t_{ij}$를 상쇄항으

로 발작횟수를 측정한 시간을 나타내며 $t_{i1}=8$주이다. 즉, $j=2,...,5$에서는 $t_{ij}=2$주이며 이것을 고려하여 다음의 로그 선형모형을 가정한다.

$$\log(\mu_{ij})=\log(t_{ij})+\gamma_i+\beta_1 x_{ij1}+\beta_2 x_{ij2}+\beta_3 x_{ij3}$$

여기서 $t_{i0}=8$이고 $t_{i1}=t_{i2}=t_{i3}=t_{i4}=2$이다. 그리고 e^{γ_i}는 i번째 개체의 처음 8주간의 기준기간 동안 기대수를 나타낸다.

통제그룹과 프로가비드 부여 그룹(처리그룹)을 위한 공변량 벡터는 각각 다음과 같다.

$$\text{통제그룹:}\quad x_{ij}^T=\begin{cases}(0,0,0), & j=0,\\ (0,1,0), & j=1,2,3,4.\end{cases}$$

$$\text{처리그룹:}\quad x_{ij}^T=\begin{cases}(1,0,0), & j=0,\\ (1,1,1), & j=1,2,3,4.\end{cases}$$

그러면

$$\begin{aligned}s_i&=\sum_{j=0}^{4}x_{ij}y_{ij}\\ &=x_{i0}y_{i0}+x_{i1}\sum_{j=1}^{4}y_{ij}\\ &=x_{i0}y_{i0}+x_{i1}(y_{i+}-y_{i0})\end{aligned}$$

이다. 이 결과를 이용하여 통제그룹에 속하는 i번째 개체는

$$s_i^T\beta=\beta_2(y_{i+}-y_{i0})$$

이며, 처리그룹의 경우에는

$$s_i^T\beta=y_{i0}\beta_1+(y_{i+}-y_{i0})(\beta_1+\beta_2+\beta_3)=(y_{i+}-y_{i0})(\beta_2+\beta_3)+y_{i+}\beta_1$$

이다.

식 (10.4)의 조건부 가능도는 다음의 결과에 비례한다.

$$\prod_{i=1}^{m} \frac{\exp(s_i^T\beta)\exp\left(\sum_{j=0}^{4} y_{ij}\log(t_{ij})\right)}{\left(\sum_{j=0}^{4}\exp\{x_{ij}\beta+\log t_{ij}\}\right)^{y_{i+}}}$$

이제 각각의 그룹별로 조건부 가능도를 계산해 보자. 우선 i번째 개체가 통제그룹에 있는 경우, 조건부 가능도는 다음의 결과에 비례한다.

$$\frac{\exp\{\beta_2(y_{i+}-y_{i0})\}\prod_{j=0}^{4} t_{ij}^{y_{ij}}}{\left(t_{i0}+\exp\left\{\beta_2\sum_{j=1}^{4} t_{ij}\right\}\right)^{y_{i+}}} = \frac{e^{\beta_2(y_{i+}-y_{i0})}}{\left(1+e^{\beta_2}\right)^{y_{i+}}} \times \frac{\prod_{j=0}^{4} t_{ij}^{y_{ij}}}{8^{y_{i+}}}$$
$$\propto (1-\pi_1)^{y_{i+}-y_{i0}}\pi_1^{y_{i0}}$$

이 결과는 이항분포 $B(y_{i+}, \pi_1)$이며

$$\pi_1 = \frac{1}{1+e^{\beta_2}}$$

이다.

i번째 개체가 처리그룹에 있는 경우, 조건부 가능도는 다음의 결과에 비례한다.

$$\frac{e^{y_{i+}\beta_1}e^{(\beta_2+\beta_3)(y_{i+}-y_{i0})}}{e^{y_{i+}\beta_1}\left(1+e^{\beta_2+\beta_3}\right)^{y_{i+}}} = \pi_2^{y_{i0}}(1-\pi_2)^{y_{i+}-y_{i0}}$$

이 결과는 이항분포 $B(y_{i+}, \pi_2)$이며

$$\pi_2 = \frac{1}{1+e^{\beta_2+\beta_3}}$$

이다.

이 결과를 이용하여 28개의 개체가 통제그룹에 나머지 31개의 개체가 처리그룹에 속하는 간질 발작 자료에서 조건부 가능도 함수는 다음의 결과에 비례한다.

$$\prod_{i=1}^{28} \pi_1^{y_{i0}} (1-\pi_1)^{y_{i+}-y_{i0}} \prod_{i=29}^{59} \pi_2^{y_{i0}} (1-\pi_2)^{y_{i+}-y_{i0}}$$

π_1과 π_2는 각각 위약과 프로가비드 그룹에 대해 무작위화 이후가 아니라 이전에 개체의 발작이 일어날 확률이다. 만약 프로가비드가 발작을 줄이는 데 효과가 있다면, $\pi_1 < \pi_2$이거나 $1+e^{\beta_2} > 1+e^{\beta_2+\beta_3} \Leftrightarrow \beta_3 < 0$이다.

많은 논문에서 207번 개체(환자)가 이상점이며 이 개체를 제외하고 분석하였다. 여기에서도 이 개체를 제외하고 분석한다. <표 10-3>은 조건부 로지스틱 모형과 GEE를 이용한 적합한 결과이다.

표 10-3 조건부 로지스틱와 GEE의 적합한 결과(β_2와 β_3)

	GEE	조건부 로지스틱
β_2	0.11 (0.12)	0.11 (0.047)
β_3	-0.30 (0.17)	-0.30 (0.07)

조건부 로지스틱 모형에서 프로가비드의 간질 발작에 대한 효과는 매우 유의하다는 것을 알 수 있다. 그리고 회귀계수들의 추정량의 표준오차가 매우 작음을 알 수 있다.

03 주변 가능도를 이용한 GLMM

10.1절에서 제시한 GLMM을 아래와 같이 다시 제시한다.

$$g(E(y_{ij}|b_i)) = x_{ij}^T\beta + z_{ij}^T b_i$$

주변 가능도를 이용한 GLMM은 10.1절에서 제시한 조건부 가능도 방법과 다르게 임의효과 b_i에 대한 분포를 다음과 같이 가정한다.

$$b_i \sim iid\, N(0, D(\alpha))$$

여기서 α는 임의효과 벡터 b_i에 대한 $q\times q$인 공분산행렬의 분산모수(variance parameter)이다.

임의효과 b_i의 분포가 가정됨으로써 반복 측정 응답변수의 주변 결합분포를 구할 수 있다. 또한, 이를 이용하면 모수 (β, α)에 대한 가능도 함수를 다음과 같이 구할 수 있다.

$$L(\beta, \alpha) = \prod_{i=1}^{m} L(\beta, \alpha\,; y_i) = \prod_{i=1}^{m}\int \prod_{j=1}^{n_i} f(y_{ij}|\beta, b_i)\,\phi(b_i|\,\alpha)\,db_i \qquad (10.6)$$

여기서 $y_i = (y_{i1}, ..., y_{in_i})^T$이며, ϕ는 q 차원의 다변량 정규 확률밀도함수이다. 그리고 적분은 q차원의 적분이다. 위의 주변 가능도 함수 (10.6)에서 적분 안의 조건부 분포들의 곱은 임의효과 b_i가 주어진 상태에서 응답변수 y_{ij}는 조건부 독립을 가정하였기에 가능한 결과이다.

응답변수 y_{ij}의 조건부 확률밀도함수 f가 지수족인 경우, 가능도 (10.6)은 다음과 같이 표현된다.

$$L(\beta, \alpha\,; y_i) = (2\pi)^{-q/2}|D|^{-1/2}\exp\{1^T c(y_i)\} J(\beta, \alpha)$$

여기서 $1 = (1, \cdots, 1)$은 n_i개의 1로 이루어진 벡터이며, $J(\beta, \alpha)$는 다음과 같다.

$$J(\beta, \alpha) = \int_{R^q} \exp\left\{y_i^T(X_i\beta + Z_i b_i) - 1^T b(X_i\beta + Z_i b_i) - \frac{1}{2} b_i^T D^{-1} b_i\right\} db_i$$

여기서 $b()$는 지수족 확률밀도함수의 $b(\theta)$에 해당되는 함수이며, X_i와 Z_i는 각각 $n_i \times p$ 그리고 $n_i \times q$ 차원의 디자인 행렬이며 다음과 같다.

$$X_i = \begin{bmatrix} x_{i1}^T \\ \vdots \\ x_{in_i}^T \end{bmatrix},\ Z_i = \begin{bmatrix} z_{i1}^T \\ \vdots \\ z_{in_i}^T \end{bmatrix}$$

5.2절에서 선형혼합모형 임의효과 b_i의 BLUP으로 경험적 베이즈 추정량 $E(b|y)$를 사용하였고, 그 형태는 닫힌형태로 나타낼 수 있었다. GLMM에서도 경험적 베이즈 추정량 $E(b|y)$를 임의효과의 추정량으로 쓴다. 하지만 그 형태는 닫힌형태가 아님을 알 수 있다.

주변 가능도 식 (10.6)은 일반적으로 닫힌형식의 적분식이 아니므로 주변 가능도 또한 닫힌형식이 아니다. 그리고 이 적분식의 계산이 어려운 것이 일반적이다. 이 적분을 수치해석으로 계산하는 방법 및 이 적분을 피하여 모수를 추정하는 것에 대한 다양한 통계학적인 문헌들이 있다. 여기에서 일반적으로 많이 사용되는 방법들을 기술하고자 한다.

1. GLMM의 추정

주변 가능도 (10.6)의 모수인 (β, α)를 추정하는 방법으로 ①GEE를 이용하는 방법, ②식 (10.6)에 있는 적분을 수치계산으로 해결하는 방법, ③이 적분을 계산하지 않고 수치계산으로 해결하는 방법, ④베이지안 MCMC(Bayesian Markov chanin Monte Carlo) 방법들이 있다. 우선 적분을 수치계산으로 해결하는 방법으로는 Gauss-Hermite 구적법(quadrature), adaptive Gauss-Hermite 구적법, 중요도 표집(importance sampling)을 포함한 몬테칼로(Monte Carlo) 적분, 라프라스 방법(Laplace method)이 주로 쓰인다. 적분을 계산하지 않고, 수치계산으로 해결하는 방법은 EM 알고리즘(expectation-maximumization), 몬테칼로 EM 알고리즘, 몬테칼로 뉴턴-랏프슨 알고리즘을 이용한 방법들이 있다. 근사적 가능도 방법으로는 벌점화된 준가능도(penalized quasi-likelihood: PQL) 방법, 편향-수정 PQL(bias-corrected PQL), 선형화(linearization) 방법이 있다. 베이지안 MCMC 방법으로는 깁스 표본자(Gibbs sampling)와 메트로폴리스-해스팅스 알고리즘(Metropolis-Hastings algorithm)을 이용하는 방법이 있다. 이 방법들을 구체적으로 설명하고자 한다.

1) GEE 이용하는 방법

GLMM에서 주변 가능도는 닫힌형태가 아니므로 그것을 최대화 하는 대신에 조건부 회귀계수 β에 대한 추정 방정식(estimating equation)을 유도할 수 있다(Zeger 등,

1988). 그 추정 방정식은 다음과 같다.

$$U(\beta) = \sum_{i=1}^{m} \left(\frac{\partial \mu_i^M}{\partial \beta} \right)^T V_i^{-1}(\alpha)\left(y_i - \mu_i^M\right)$$

여기서 $\mu_i^M = \left(\mu_{i1}^M, \ldots, \mu_{in_i}^M\right)^T$는 $n_i \times 1$인 y_i의 주변 평균벡터이며, V_i는 $n_i \times n_i$인 주변 공분산행렬로 $V_i = cov\left[E(y_{ij}|b_i)\right] + E\left[cov(y_{ij}|b_i)\right]$이다. 그리고 주변 평균은 다음과 같이 계산된다.

$$\mu_{ij}^M = E(y_{ij}) = E\left[E(y_{ij}|b_i)\right] = \int \mu_{ij} f(b_i) db_i$$

여기서 $\mu_{ij} = g^{-1}\left(x_{ij}^T \beta + z_{ij}^T b_i\right)$이며 조건부 평균이며, $f(b_i)$는 임의효과 b_i의 확률밀도 함수이다.

이진자료인 경우에 주변 공분산행렬의 (j,k)번째 요소는 다음과 같다.

$$[V_i]_{jk} = \int \left(\mu_{ij} - \mu_{ij}^M\right)\left(\mu_{ik} - \mu_{ik}^M\right) f(b_i) db_i + 1_{(j=k)} \int \mu_{ij}\left(1 - \mu_{ij}\right) f(b_i) db_i$$

여기서 $1_{(j=k)}$는 $j = k$인 경우 1이며, $j \neq k$인 경우는 0이다. 임의효과의 확률밀도함수 $f(b_i)$는 부가적인 모수로 고정효과의 모수와 관련이 될 수도 있다. 이 확률밀도함수의 평균벡터가 0이며 공분산 행렬이 D인 다변량 정규분포인 경우, 위의 수식은 단순하게 표현될 수 있거나 또는 근사화할 수도 있다.

예제 10.1 로지스틱-가우시안 모형을 위한 GEE

프로빗 연결함수(probit link function)를 가지는 이항자료인 경우, 이항자료 y_{ij}의 주변 평균은 다음과 같다.

$$\Phi^{-1}\left(\mu_{ij}^M\right) = a_p(D) x_{ij}^T \beta$$

여기서 $a_p(D) = |D z_{ij} z_{ij}^T + I|^{-q/2}$이며, q는 임의효과 b_i의 차원이다.

로짓 연결함수(logit link function)인 경우, μ_{ij}^{M}은 닫힌모형이 존재하지 않으므로 근사적으로 다음의 결과를 가질 수 있다.

$$logit(\mu_{ij}^{M}) \approx a_l(D) x_{ij}^{T} \beta$$

여기서 $a_l(D) = |cDz_{ij}z_{ij}^{T} + I|^{-q/2}$이며, $c = 16\sqrt{3}/(15\pi)$이다.

항등 연결함수를 제외하고, V_i를 위한 단순한 공식은 존재하지 않지만 GEE의 속성 때문에 단지 근사성이 필요하다. Zeger 등(1988)은 근사적인 값을 얻기 위해서 $b_i = 0$에서 테일러 전개(Taylor expansion)를 이용하였다. Zeger 등(1988)은 또한 임의효과의 분포 f의 모수의 추정이 가우시안 임의효과를 가질 때, β의 추정이 결정적이지 않다는 것을 논하였다. 그런데 f의 모수는 평균모수 β와는 근사적으로 직교하지 않는다.

2) 적분을 수치계산으로 해결하는 방법

앞서 제시한 것과 같이 적분을 수치해석으로 구하는 방법은 Gauss-Hermite 구적법(quadrature), adaptive Gauss 구적법, 몬테칼로(Monte Carlo) 적분 및 중요도 표집(importance sampling) 적분이 있다.

① **Gauss-Hermite 구적법:** Gauss-Hermite 구적법은 적분을 근사적으로 계산하는 수치해석 방법이다. 다항함수로 근사화할 수 있는 함수 $g(x)$에 대한 다음의 적분을 아래와 같이 근사화한다.

$$\int_{-\infty}^{\infty} g(x) e^{-x^2} dx \approx \sum_{i=1}^{K} w_i g(z_i)$$

여기서 z_i는 구적점(quadrature point)이며, w_i는 구적 가중치(quadrature weight)라 한다. 즉, Gauss-Hermite 구적법은 K개의 구적점과 구적 가중치를 이용하여 위의 적분을 근사적으로 계산하는 것이다. K는 클수록 적분의 정확도는 증가하지만 GLMM에서 적분을 계산할 때는 일반적으로 20개 이상을 사용한다.

임의효과가 절편만이 있는 GLMM에서, 즉 $b_i \sim iid\, N(0, \tau^2)$일 때, 이 모형의 i번째 개체에 대한 주변 가능도의 기여분에서 적분을 Gauss-Hermite 구적법으로 계산하면 다음과 같다.

$$L(\beta,\tau|y_i)=\int_{-\infty}^{\infty}\left\{\prod_{j=1}^{n_i}f(y_{ij}|b_i,\beta)\right\}f(b_i;\tau)db_i \tag{10.7}$$
$$=\int_{-\infty}^{\infty}\left[\exp\left\{\sum_{j=1}^{n_i}\log f(y_{ij}|\beta,b_i)\right\}\right]\frac{1}{\tau}\phi\left(\frac{b_i}{\tau}\right)db_i$$
$$\approx\sum_{k=1}^{K}w_k\left[\exp\left\{\sum_{j=1}^{n_i}\log f(y_{ij}|\beta,b_i=z_k/\tau)\right\}\right]$$

Gauss-Hermite 구적법을 이용하여 GLMM을 계산할 때, 임의효과 b_i의 분산 τ가 증가하면, (10.7)의 계산은 다소 부정확하게 된다. 이 경우에 20개의 Gauss-Hermite 구적법에 의한 적분이 실패하는 상황이 발생할 수 있다.

② **Adaptive Gauss 구적법:** Adaptive Gauss 구적법은 임의효과의 사후 최대빈도값(posterior mode)에서 Gauss 근사를 중심화하는 방법이다. 위의 (10.7)의 식을 다음과 같이 Adaptive Gauss 구적법을 적용할 수 있다.

$$L(\beta,\tau\mid y_i)=\int_{-\infty}^{\infty}\left[\exp\left\{\sum_{j=1}^{n_i}\log f(y_{ij}|\beta,b_i)\right\}\right]\frac{1}{\tau}\phi\left(\frac{b_i}{\tau}\right)db_i$$
$$=\int_{-\infty}^{\infty}\left[\exp\left\{\sum_{j=1}^{n_i}\log f(y_{ij}|\beta,b_i)\right\}\right]\frac{1}{\tau}\frac{\phi\left(\frac{b_i}{\tau}\right)}{\phi\left(\frac{b_i-a}{b}\right)}\phi\left(\frac{b_i-a}{b}\right)db_i$$
$$=\int_{-\infty}^{\infty}\left[\exp\left\{\sum_{j=1}^{n_i}\log f(y_{ij}|\beta,b_i=a+bz)\right\}\right]\frac{1}{\tau}\frac{\phi\left(\frac{a+bz}{\tau}\right)}{b\,\phi(z)}\phi(z)dz$$
$$\approx\sum_{k=1}^{K}w_k\left[\exp\left\{\sum_{j=1}^{n_i}\log f(y_{ij}|\beta,b_i=a+bz_k)\right\}\frac{1}{\tau}\frac{\phi\left(\frac{a+bz_k}{\tau}\right)}{b\,\phi(z_k)}\right]$$

Adaptive Gauss 구적법에서 각 개체별로 a와 b는 다른 값으로 이용된다. 여기서 a는 사후 최대빈도값이며, b는 사후 곡률(posterior curvature)의 근삿값이다. 이는 Gauss-Hermite 구적법에 비해 구적점의 위치를 피적분 함수 형태에 따라 변화시킬 수 있으므로 적분계산의 정확성을 향상시킬 수 있다. 또한 Gauss-Hermite 구적법보다 적은 수의 구적점을 사용할 수 있다. 하지만 Gauss-Hermite 구적법과 마찬가지로 b_i의 차원이 높은 경우에는 적분계산이 그다지 정확하지 않는다. SAS 프로그램의

Proc NLMIXED에서는 Adaptive Gauss 구적법을 이용한다.

③ **몬테칼로**(Monte Carlo) **적분**: 아래의 기댓값을 계산하기 위한 적분을 고려하자.

$$E(h(X)) = \int h(x)f(x)dx \tag{10.8}$$

여기서 X는 확률변수 또는 확률변수 벡터이며, $f(x)$는 확률밀도함수이다.

식 (10.8)에 있는 적분을 계산하기 위하여 **단순 몬테칼로**(naive Monte Carlo) **적분**과 **중요도 표집**(importance sampling)을 많이 사용한다. 우선 **단순 몬테칼로 적분**은 확률밀도함수 $f(x)$에서 독립적으로 M개의 난수(random number) $x^{(1)}, x^{(2)}, \cdots, x^{(M)}$을 생성한다. 그리고 식 (10.8)을 다음과 같이 근사적으로 계산한다.

$$\int h(x)f(x)dx \approx \frac{1}{M}\sum_{j=1}^{M} h(x^{(j)}) \tag{10.9}$$

이 근사는 생성한 난수가 독립적으로 생성되었으므로 대수의 법칙(law of large number)을 적용하여 M이 충분히 크면, 위의 근삿값은 $E(h(X))$에 확률적으로 수렴하게 된다.

그런데 때로는 난수를 독립적으로 생성할 수 없는 경우가 있다. 이 경우에는 마코프체인(Markov chain)에 의한 종속적인 난수를 생성하는 경우가 있다. 이러한 경우를 마코프체인 몬테칼로(Markov chin Monte Carlo: MCMC)라 하고, 이 난수를 이용하여 식 (10.9)와 같이 근사적으로 $E(h(X))$를 계산할 수 있다. 이 경우에는 대수의 법칙이 아닌 MCMC에서의 에르고딕 정리(ergodic theorem)를 이용하여 근삿값을 구하는 것이다.

GLMM에서는 난수 $b^{(1)}, b^{(2)}, \ldots, b^{(M)}$을 $f(b_i;\tau)$에서 생성한다. 그리고 식 (10.9)에 따라서 다음과 같이 단순 몬테칼로 적분을 할 수 있다.

$$\begin{aligned} L(\beta, \tau | y_i) &= \int_{-\infty}^{\infty} \left\{ \prod_{j=1}^{n_i} f(y_{ij} | \beta, b_i) \right\} f(b_i;\tau) db_i \\ &\approx \frac{1}{M}\sum_{k=1}^{M} \exp\left\{ \sum_{j=1}^{n_i} \log f(y_{ij} | \beta, b_i = b^{(k)}) \right\} \end{aligned}$$

중요도 표집(importance sampling)은 확률밀도함수 $f(x)$에서 독립인 난수를 생성하는 것이 어렵거나 불가능할 수 있다. 이 경우 $f(x)$와 같은 영역을 가지면서 난수를 생성하기 쉬운 또 다른 확률밀도함수인 중요도 표집 분포 $g(x)$를 고려한다. 그러면 식 (10.8)은 다음과 같은 결과를 가진다.

$$\int h(x)f(x)dx = \int \frac{h(x)f(x)}{g(x)}g(x)dx \tag{10.10}$$

이제 확률밀도함수 $f(x)$ 대신에 $g(x)$에서 독립적으로 M개의 난수(random number) $x^{(1)}, x^{(2)}, \ldots, x^{(M)}$을 생성한다. 그리고 식 (10.10)을 다음과 같이 근사적으로 계산한다.

$$\int h(x)f(x)dx \approx \frac{1}{M}\sum_{j=1}^{M} w_j h(x^{(j)})$$

이때, $w_j = f(x^{(j)})/g(x^{(j)})$이며, 여기서는 대수의 법칙에 따라서 이 근삿값은 확률적으로 수렴한다. 이 중요도 표집을 이용한 적분은 또 다른 확률밀도함수 $g(x)$의 선택에 의해서 그 효율성이 결정된다.

Geyer와 Thompson(1992)과 Gelfand와 Carlin(1993)에서 GLMM의 가능도를 수치적으로 계산하기 위한 방법에서 중요도 표집을 이용한 적분을 제안하였다.

$$\begin{aligned} L(\beta, D \mid y_i) &= \int f(y_i \mid \beta, b_i) f(b_i \mid D) db_i \\ &= \int \frac{f(y_i \mid \beta, b_i) f(b_i \mid D)}{g(b_i)} g(b_i) db_i \\ &\approx \frac{1}{M}\sum_{k=1}^{M} \frac{f(y_i \mid \beta, b_i = b^{(k)}) f(b_i = b^{(k)} \mid D)}{g(b_i = b^{(k)})} \end{aligned}$$

여기서 난수 $b^{(k)}$은 중요도 표집 분포 $g(x)$에서 생성되었다. 이 근사적 가능도를 이용하여 가능도를 최대화시키는 모수 (β, D)를 찾는다. 단순 몬테칼로 적분을 통한 가능도를 최대화하는 경우는 모수가 업데이트될 때마다 난수 $b^{(k)}$을 새롭게 생성해야 한다. 하지만 중요도 표집의 경우 모수의 업데이트와 상관없이 한 번만 $g(x)$에서 난수를 생성하여 계속 쓸 수 있다.

④ **라프라스(Laplace) 방법:** 적분을 근사적으로 계산하고자 할 때, 라프라스 방법은 다음 형태의 적분을 근사적으로 계산하기 위하여 제안되었다(Tierny와 Kadane, 1986).

$$I = \int e^{Q(b)} db \tag{10.11}$$

여기서 $Q(b)$는 우리가 알고 있는 단봉(unimodal) q차원의 변수 b에 대한 유계함수(bounded function)이다. $\hat{b}$이 함수 Q를 최대화하는 최빈값이라 하면, $Q(b)$의 2차의 테일러 전개에 의해서 다음과 같은 결과를 얻는다.

$$Q(b) \approx Q(\hat{b}) + \frac{1}{2}(b - \hat{b})^T Q''(\hat{b})(b - \hat{b}) \tag{10.12}$$

여기서 $Q''(\hat{b})$은 Q의 헤시안 행렬(Hessian matrix)인 Q를 이차 미분한 행렬에 $\hat{b}$을 넣은 것이다. $Q(b)$의 근사식인 (10.12)를 적분식 (10.11)에 삽입하면 그 값은 근사적으로 다음과 같다.

$$I \approx (2\pi)^{q/2} |-Q''(\hat{b})|^{-1/2} e^{Q(\hat{b})}$$

이러한 라프라스 방법을 GLMM의 가능도에 적용하면 다음과 같다.

$$L(\beta, D) \propto |D|^{-1/2} \int_{R^q} \exp(h(b)) db$$

여기서

$$h(b) = y^T(X\beta + Zb) - 1^T b(X\beta + Zb) - \frac{1}{2} b^T D^{-1} b$$

이다. 식 (10.12)와 같이 $h(b)$에서 2차의 테일러 전개를 적용하면 다음과 같다.

$$h(b) \approx h(b_0) + \dot{h}(b_0)(b - b_0) + \frac{1}{2}(b - b_0)^T \ddot{h}(b_0)(b - b_0)$$

여기서 $\dot{h}$와 $\ddot{h}$는 각각 함수 $h(b)$의 1차와 2차 미분한 것이며 b_0는 $\dot{h}(b_0) = 0$을 만족하는 b이다. 다변량 정규분포에 대한 다음의 성질을 이용하면,

$$\int_{R^q} \frac{1}{(2\pi)^{q/2}} |\Sigma|^{-1/2} \exp\left\{-\frac{1}{2}(x-\mu)^T \Sigma^{-1}(x-\mu)\right\} = 1$$

$L(\beta, D)$는 식 (10.3)과 같다.

$$L(\beta, D) \approx |D|^{-1/2} \, |-\ddot{h}(b_0)|^{-1/2} \exp(h(b_0)) \tag{10.13}$$

여기서

$$\dot{h}(b) = \{y - \dot{b}(X\beta + Zb)\}^T Z - b^T D^{-1}$$
$$\ddot{h}(b) = - Z^T diag\{\ddot{b}(X\beta + Zb)\} Z - D^{-1}$$

이다. $\dot{b}()$와 $\ddot{b}()$는 각각 지수족 확률밀도함수에서 $b(\theta)$에 해당되는 함수로 1차와 2차 미분한 함수를 의미한다. 따라서 GLMM에 있는 적분을 라프라스 방법에 의하여 근사적으로 계산할 수 있다.

3) 적분을 계산하지 않고 수치계산으로 해결하는 방법

① **EM 알고리즘:** GLMM의 주변 가능도 (10.6)은 적분으로 인하여 계산하기 쉽지 않으므로 앞서 제시한 여러 가지 수치 해석적인 방법을 이용하였다. 따라서 이러한 적분의 계산을 피하면서 임의효과 b_i를 결측치로 간주하여 완전자료 (y, b)에 대한 로그 가능도를 고려한다. 그러면 그 완전 자료 로그 가능도(complete data log-likelihood)는 다음과 같다.

$$l^c(\beta, D) = \sum_{i=1}^{m} \{\log f(y_i | \beta, b_i) + \log f(b_i | D)\} \tag{10.14}$$

일반적으로 주변 가능도 (10.6)은 적분식이 닫힌형식이 아니므로 주변 가능도도 닫힌형식이 아니다. 그리고 이 적분식의 계산은 어려운 것이 일반적이다. 이 경우에 완전 자료 로그 가능도를 이용한 EM 알고리즘을 이용하여 모수 (β, D)를 구할 수 있다. EM 알고리즘은 다음과 같다.

② **E-단계:** 완전 자료 로그 가능도 (10.14)에 조건부 기댓값을 구하는 단계이다.

$$Q(\beta, D) = E(l^c(\beta, D) | y)$$

여기서 기댓값 $Q(\beta, D)$는 현 단계에서의 모수들의 값인 $\beta^{(c)}$와 $D^{(c)}$를 이용한 b_i의 조건부 분포 $f(b_i|y)$에 대한 기댓값이다.

③ **M-단계:** E-단계에서 구한 기댓값 $Q(\beta, D)$를 최대화하는 모수를 찾는 단계이다. 모수 (β, D)는 2개의 항으로 분리될 수 있으므로 다음과 같이 최대화하는 모수를 찾을 수 있다.

$$\beta^{(c+1)} = \arg_{\beta} \max \sum_{i=1}^{m} E\{\log f(y_i | \beta, b_i) | y\}$$
$$D^{(c+1)} = \arg_{D} \max \sum_{i=1}^{m} E\{\log f(y_i | \beta, b_i) | y\}$$

GLMM에서 이 식을 최대화시키는 해를 찾기 위한 추정식은 다음과 같다.

$$\sum_{i=1}^{m} \sum_{j=1}^{n_i} x_{ij} \{ y_{ij} - E\left(g^{-1}(x_{ij}^T \beta + z_{ij}^T b_i) | y_i \right) \} = 0$$

$$\frac{1}{2} D^{-1} \left\{ \sum_{i=1}^{m} E\left(b_i b_i^T | y_i \right) \right\} D^{-1} - \frac{m}{2} D^{-1} = 0$$

이러한 E-와 M-단계를 모수 $(\beta^{(c+1)}, D^{(c+1)})$이 수렴할 때까지 반복한다.

④ **몬테칼로 EM(Monte Carlo EM) 알고리즘:** EM 알고리즘에서 E-단계에서 조건부 기댓값 $Q(\beta, D)$을 계산해야 한다. 그런데 이 기댓값을 계산하려면 y가 주어진 상

황에서 b의 조건부 기댓값은 닫힌형태가 아니다. 왜냐하면 조건부 분포 $f(b_i|y)$는

$$f(b|y)=\frac{f(y,b)}{\int f(y,b)db}$$

이며, 여기서 분모에 적분이 있고, 이 계산은 우리가 보통 피하고 싶은 계산이기 때문이다. 이러한 경우에 E-단계의 $Q(\beta,D)$를 구하기 위해 b의 조건부 분포에서 난수를 생성하여 몬테칼로 적분으로 이것을 계산하는 방법을 **몬테칼로 EM(Monte Carlo EM) 알고리즘**이라 한다(McCulloch, 1997). 이때, $f(b|y)$는 일반적으로 단힌 형태의 조건부 분포가 아니다. 따라서 이 분포에서 난수를 생성하는 것은 메트로폴리스-해스팅스(Metropolis-Hastings) 알고리즘을 이용한다. 그리고 이 난수를 이용하여 E-단계에서 조건부 기댓값을 계산한다.

⑤ **몬테칼로 뉴턴-라프슨**(Monte Carlo Newton-Raphson) **방법:** M-단계에서 $Q(\beta,D)$을 최대화하는 모수 (β,D)를 구할 때, GEE에서 쓰였던 뉴턴-라프슨(Newton-Raphson) 또는 피셔-점수화(Fisher-scoring) 알고리즘에서 점수방정식을 반복적으로 이용하여 해를 찾는 방법을 McCulloch(1997)에서 제안하였다. 이 방법을 **몬테칼로 뉴턴-라프슨(Monte Carlo Newton-Raphson)** 방법이라 한다. 즉, M-단계에서 $Q(\beta,D)$를 β와 D에 대한 편미분을 하여 0으로 설정한 방정식을 설정한다.

$$E\left[\frac{\partial \log f(y|b)}{\partial\beta}|y\right]=0 \tag{10.15}$$

$$E\left[\frac{\partial \log f(b|D)}{\partial D}|y\right]=0$$

식 (10.15)에서 D에 관한 두 번째 식은 D에 대한 해가 쉽게 계산이 된다. 하지만 β에 대한 첫 번째 식은 해를 찾는데, 앞서 제시된 뉴턴-라프슨(Newton-Raphson) 또는 피셔-점수화(Fisher-scoring) 알고리즘을 이용한다.

몬테칼로 뉴턴-라프슨 방법은 먼저 7.1절에서 GEE를 이용한 β에 대한 해를 찾기 위한 반복적인 다음의 식을 이용한다.

$$\beta^{(c+1)} = \beta^{(c)} + \left\{ \left(\frac{\partial \mu^M}{\partial \beta} \right)^T V^{-1} \left(\frac{\partial \mu^M}{\partial \beta} \right) \right\}^{-1} \left(\frac{\partial \mu^M}{\partial \beta} \right)^T V^{-1} (y - \mu^M) \qquad (10.16)$$

여기서 $\mu_i^M = \left(\mu_{i1}^M, \ldots, \mu_{in_i}^M\right)^T$은 $n_i \times 1$인 y_i의 주변 평균벡터이며, V_i는 $n_i \times n_i$인 주변 공분산행렬이다. GLMM에서 식 (10.16)의 요소에 해당되는 것은 $\mu^M = E_{b|y}(\mu)$이며, $\partial \mu^M / \partial \beta$는 다음과 같다.

$$\begin{aligned} \frac{\partial \mu^M}{\partial \beta} &= \frac{\partial E_{b|y}(\mu)}{\partial \beta} = E_{b|y}\left(\frac{\partial \mu}{\partial \beta} \right) = E_{b|y}\left(\frac{\partial \mu}{\partial \eta} \frac{\partial \eta}{\partial \beta} \right) \\ &= E_{b|y}\left(\frac{\partial \mu}{\partial \eta} X \right) = E_{b|y}\left(\frac{\partial \mu}{\partial \eta} \right) X. \end{aligned}$$

이 결과를 식 (10.16)에 적용하면 다음과 같다.

$$\begin{aligned} \beta^{(c+1)} = \beta^{(c)} &+ E_{b\,|\,y}\left[X^T W(\beta^{(c)}, b) X \right]^{-1} X^T E_{b\,|\,y}\left[W(\beta^{(c)}, b) \left(\frac{\partial \eta}{\partial \mu} \right)_{\beta = \beta^{(c)}} \right] \\ &\times \left(y - E_{b\,|\,y}\left(\mu(\beta^{(c)}, b) \right) \right) \end{aligned}$$

여기서

$$W(\beta^{(c)}, b) = \left(\frac{\partial \mu}{\partial \eta} \right)^T V^{-1} \left(\frac{\partial \mu}{\partial \eta} \right)_{\beta = \beta^{(c)}}$$

이며, 조건부 기댓값은 마코프체인 몬테칼로(MCMC)에 의해서 계산할 수 있다.

EM 알고리즘은 가능도 함수가 단봉분포(unimodal distribution)가 아닐 때 MLE가 아닌 값으로 수렴할 수도 있다. 이것은 뉴턴-라프슨 알고리즘도 마찬가지이다. 그리고 EM 관련 알고리즘은 일반적으로 뉴턴-라프슨 알고리즘에 비해서 수렴속도가 많이 느리다.

4) 근사적 가능도 방법

① **벌점화된 준가능도 방법:** GLMM에서 임의효과 b_i를 고정효과로 간주하자. 그러면 (β, b)에 대해서 결합 가능도를 최대화할 수 있다. 이때, 로그 결합 가능도는 다음

과 같다.

$$\log f(y|\beta, b) - \frac{1}{2}b^T D^{-1} b \qquad (10.17)$$

여기서 $y=(y_1^T,...,y_m^T)^T$, $y_i^T=(y_{i1},...,y_{in_i})$, $b=(b_1^T,...,b_m^T)^T$, b_i는 $q\times 1$의 임의효과 벡터이다. 두 번째 항은 로그 조건부 가능도 $\log f(y|\beta, b)$의 벌점과 같고, 이 결합 가능도는 4.4절의 REML의 로그 가능도와 유사함을 알 수 있다. 이러한 방법을 **벌점화된 준가능도**(penalized quasi-likelihood: PQL)라 한다(Breslow와 Clayton, 1993).

식 (10.17)을 (β, b)에 대해서 미분하면 벌절화된 준가능도는 다음의 점수방정식이 된다(y의 조건부 분포는 정준 지수족에 속한다고 가정한다).

$$\begin{pmatrix} X^T(y-\mu) \\ Z^T(y-\mu)-D^{-1}b \end{pmatrix} = 0$$

여기서 $g(\mu)=X\beta+Zb$이며, X는 $mn_i\times p$의 디자인 행렬이고, Z는 $mn_i\times q$의 디자인 행렬이다. PQL에서 평균과 분산은 $y|b$의 조건부 평균모형에서 기술될 필요가 있다. 위의 점수방정식은 일반적인 소프트웨어에서 쉽게 (β, b)의 해를 구할 수 있다. 이렇게 구해진 β와 b의 추정량을 이용하여 GLMM에서 임의효과의 공분산인 D를 추정하기 위해서 D^{-1}의 벌점화 준가능도를 구성하고, 이를 통하여 D^{-1}을 추정한다. 보다 자세한 내용은 Breslow와 Clayton(1993)을 참고하기 바란다.

Breslow와 Clayton(1993)은 또한 GLMM의 주변 가능도 (10.6)을 고려하였다. GLMM의 적분을 앞서 설명한 라프라스 방법에 의하여 근삿값 식 (10.13)으로 구하고, 여기에 로그를 취한 로그 가능도의 근사식을 구한다.

$$l(\beta, D) \approx y^T(X\beta+Zb_0) - 1^T b(X\beta+Zb_0) - \frac{1}{2}b_0^T D^{-1} b_0 \qquad (10.18)$$
$$-\frac{1}{2}\log|I+DZ^T diag\{\ddot{b}(X\beta+Zb_0)\}Z|$$

식 (10.18)의 결과를 이용하여 모수의 추정량을 일반적인 알고리즘을 이용하여 추정할 수 있다. 더 자세한 내용은 Breslow와 Clayton(1993)을 참고하기 바란다.

② **편향-수정 PQL(bias-corrected PQL) 방법:** 앞서 Breslow와 Clayton(1993)는 주변 가능도의 근삿값을 구할 때, 1차 테일러 전개를 고려하였다. 이 경우 모수의 추정량에 편향이 발생함을 알 수 있다(Breslow와 Lin, 1995; Lin과 Breslow, 1996). 이 편향을 줄이기 위해서 2차 테일러 전개를 이용하여 주변 가능도를 계산함으로써 편향을 줄일 수 있다. 이러한 방법을 편향-수정 PQL 방법이라 한다.

③ **선형화(linearization) 방법:** 선형화에 기초한 방법으로 자료 y를 조건부 평균 μ와 적절한 오차항으로 분해한다. 여기서 평균 μ는 예측변수의 비선형 함수이다. 조건부 평균과 분산 및 임의효과의 분포는 다음과 같다.

$$E(y|b) = \mu = g^{-1}(X\beta + Zb) = g^{-1}(\eta)$$
$$var(y|b) = C^{1/2}RC^{1/2}$$
$$b \sim N(0, G)$$

현재의 추정량 $\tilde{\beta}$과 $\tilde{b}$의 값을 이용하여 μ에 대해 테일러 전개를 하면

$$g^{-1}(\eta) \approx g^{-1}(\tilde{\eta}) + \widetilde{\Delta}X(\beta - \tilde{\beta}) + \widetilde{\Delta}Z(b - \tilde{b}) \tag{10.19}$$

여기서

$$\widetilde{\Delta} = \frac{\partial}{\partial \eta} g^{-1}(\eta)_{\tilde{\beta}, \tilde{b}}$$

이다. 식 (10.19)를 다시 표현하면 다음과 같다.

$$\widetilde{\Delta}^{-1}\left(\mu - g^{-1}(\tilde{\eta})\right) + \left(X\tilde{\beta} + Z\tilde{b}\right) \approx X\beta + Zb$$

이제 유사 자료(pseudo data) y^*를 다음과 같이 만든다.

$$y^* = \widetilde{\Delta}^{-1}\left(\mu - g^{-1}(\tilde{\eta})\right) + \left(X\tilde{\beta} + Z\tilde{b}\right)$$

그러면 이 유사 자료의 조건부 평균과 분산은

$$E(y^*|b) = X\beta + Zb$$

$$var(y^*|b) = \widetilde{\Delta}^{-1} C^{1/2} R C^{1/2} \widetilde{\Delta}^{-1}$$

이다. 따라서 아래와 같은 선형혼합모형을 고려할 수 있다.

$$y^* = X\beta + Zb + \epsilon \tag{10.20}$$

여기서 ϵ은 가우시안 분포를 가진다. 유사 자료에 대한 이 선형모형을 5장에서 배운 ML 또는 REML을 이용하여 적합할 수 있다. 이러한 추정방법을 위한 알고리즘을 아래와 같이 제시한다.

■ 이중 반복(double iterative) 알고리즘:

- 초깃값 $\tilde{\beta}$와 $\tilde{b}$을 가지고 유사 자료 y^*을 계산한다. 그리고 식 (10.20)의 선형혼합모형을 반복 알고리즘을 통하여 적합한다.
- $\tilde{\beta}$와 $\tilde{b}$을 업데이트 한다.
- 이 과정을 모수들이 수렴할 때까지 반복한다.

이중 반복 알고리즘을 수행할 때, 선형혼합모형의 적합 시에 β와 b에 대한 추정량 $(\tilde{\beta}, \tilde{b})$을 어떤 것을 선택할지를 고려하여야 한다. 일반적으로 PQL에서 β의 추정량과 임의효과의 BLUP을 사용한다.

이 방법의 정확도는 유사 자료의 분포의 가정에 의존한다. 그래서 반복수가 상대적으로 적은 경우의 반복 측정 이진자료의 경우는 실질적으로 편향이 있을 수 있다.

5) 베이지안 MCMC 방법

베이지안 관점에서 GLMM은 전형적인 계층적 모형(hierarchical model)이 된다. 임의효과 b_i가 주어진 상태에서 응답변수 y_{ij}에 대한 모형을 가정하고, 그 모수인 β와 D에 사전분포(prior distribution)를 가정한다. 일반적으로 β를 위한 사전분포는 무정보 사전분포(noninformative prior)를 가정하고, D를 위한 사전분포로는 Jeffreys 분포 또는 역 위샤트(inverse Wishart) 분포를 가정한다. 사후분포(posterior distribution)는 다음과 같이 표현된다.

$$f(\beta, D, b_1, \ldots, b_m | y_1, \ldots, y_m)$$
$$\propto \prod_{i=1}^{m} \left\{ \prod_{j=1}^{n_i} f(y_{ij} | \beta, b_i) \right\} f(b_i | D) \times f(\beta) f(D)$$

모수의 추정을 위하여 몬테칼로 마코프체인(Monte Carlo Markov Chain: MCMC)인 깁스 표본자(Gibbs sampling)를 이용한다. 이를 위하여 다음의 완전 조건부 사후분포(full conditional posterior distribution)를 계산한다(Ripley, 1987).

$$f(\beta | D, b_1, \ldots, b_m, y_1, \ldots, y_m)$$
$$f(D | \beta, b_1, \ldots, b_m, y_1, \ldots, y_m)$$
$$f(b_i | \beta, D, b_1, \ldots, b_{i-1}, b_{i+1}, \ldots, b_m, y_1, \ldots, y_m), \; i = 1, \ldots, m$$

이 완전 조건부 사후분포에서 생성된 난수를 이용하여 β와 D의 추정치로 사후평균을 다음과 같이 계산한다.

$$E(\beta | y) \approx \frac{1}{M} \sum_{j=1}^{M} \beta^{(j)}$$
$$E(D | y) \approx \frac{1}{M} \sum_{j=1}^{M} D^{(j)}$$
$$E(b_i | y) \approx \frac{1}{M} \sum_{j=1}^{M} b_i^{(j)}$$

여기서 $\beta^{(1)}, \ldots, \beta^{(M)}$, $D^{(1)}, \ldots, D^{(M)}$, $b_i^{(1)}, \ldots, b_i^{(M)}$은 각각 β, D, b_i의 완전 조건부 사후분포에서 생성된 난수이다. 사후표준편차도 마찬가지 방법으로 계산할 수 있다.

2. GLMM과 GLM의 관계

GLMM에서 고정효과 β는 임의효과가 주어진 상태에서 조건부 해석을 가지는 개체특성 효과(subject-specific effects)이며, GLM에서 β는 모집단-평균 효과(population-averaged effects)를 가지게 된다.

GLMM에서 연결함수 g의 역함수를 취하여 구한 식은

$$E(y_{ij}|b_i) = g^{-1}\left(x_{ij}^T\beta + z_{ij}^T b_i\right)$$

이다. 여기서 $b_i \sim iid\, N(0, D(\alpha))$을 가정한다. 임의효과 b_i에 대해서 평균을 취하면 주변평균이 되며, 그 식은 다음과 같다.

$$E(y_{ij}) = E[E(y_{ij}|b_i)] = \int g^{-1}\left(x_{ij}^T\beta + z_{ij}^T b_i\right) f(b_i; D) db_i \qquad (10.21)$$

여기서 $f(b_i; D)$는 $N(0, D)$의 확률밀도함수이다. 만일 연결함수 g가 항등함수이면, 식 (10.21)은

$$E(y_{ij}) = \int \left(x_{ij}^T\beta + z_{ij}^T b_i\right) f(b_i; D) db_i = x_{ij}^T\beta$$

이다. 이 경우 앞서 5장에서 보았던 것처럼 일반선형모형과 선형혼합모형에서의 β는 동일하게 된다. 하지만 연결함수 g가 항등함수가 아닌 경우에는 일반적으로 성립하지 않는다. 예를 들면, g가 로짓함수를 가지는 임의절편 로지스틱모형의 경우 $(z_{ij}^T b_i = b_{i0} \sim N(0, \sigma_b^2))$, 식 (10.21)은 다음과 같은 식이 된다.

$$E(y_{ij}) = E\left[\frac{\exp\left(x_{ij}^T\beta + b_{i0}\right)}{1 + \exp\left(x_{ij}^T\beta + b_{i0}\right)}\right] \qquad (10.22)$$

이 결과는 주변모형에서 $\exp\left(x_{ij}^T\beta\right) / \left[1 + \exp\left(x_{ij}^T\beta\right)\right]$의 형태가 아닌 것을 알 수 있다. Zeger 등(1988)은 식 (10.22)의 주변평균에 있는 β와 작은 값의 σ_b에서 다음 근사적 관계를 증명하였다.

$$E(y_{ij}) \approx \frac{\exp\left(c\, x_{ij}^T\beta\right)}{\left[1 + \exp\left(c\, x_{ij}^T\beta\right)\right]}$$

여기서 $c = \left[1 + 0.346\,\sigma_b^2\right]^{-1/2}$이다.

연결함수 g가 프로빗이나 로그인 경우는 식 (10.22)는 다음과 같은 결과를 가진다 (Agrest, 2015).

$$\text{프로빗 함수: } E(y_{ij}) = \Phi\left(x_{ij}^T \beta^*\right)$$

$$\text{로그 함수: } E(y_{ij}) = e^{\sigma^2/2} e^{x_{ij}^T \beta}$$

여기서 $\beta^* = \beta / \sqrt{1+\sigma_b^2}$ 이다.

3. GLMM의 적합을 위한 소프트웨어

이번 장에서 제시된 GLMM의 모형이 소프트웨어에서 어떻게 적용되는지를 설명하고자 한다. 일반적으로 통계학에서 많이 쓰이는 소프트웨어인 SAS와 R에서 GLMM을 적합시키는 방법을 제시한다. SAS와 R 프로그램에서 사용되는 Procedure와 함수를 아래와 같이 정리하였다.

① SAS **프로그램**

- PROC NLMIXED: 10.1절에서 설명한 Gauss−Hermite 구적법 또는 Adaptive Gauss 구적을 이용하여 GLMM의 주변 가능도에서의 적분을 수치적으로 계산한다.
- PROC GLIMMIX: 가우시안 임의효과를 가지는 PQL 또는 주변 PQL을 적합시키는 선형화 방법을 이용한다.

② R **프로그램:** 다양한 library에서 함수들을 제공하고 있다.

- glmmPQL(MASS): PQL을 이용하며 부가적인 상관계수행렬의 구조를 이용할 수 있다.
- GLMM(lme4): glmmPQL과 유사하게 PQL을 이용하고 있다.
- glmer(lme4): 적분처리를 위한 디폴트는 라프라스 방법이며, Adaptive Gauss 구적법을 이용할 때는 nAGQ=n을 이용한다.
- glmmML(glmmML): 주변 가능도 계산을 위하여 Gauss-Hermite 구적법을 이용하며, 임의절편만을 가지는 GLMM에 사용된다.
- glmm(repeated): 주변 가능도 계산을 위하여 Gauss-Hermite 구적법을 이용하는 함수이다.
- gnlmix(repeated): 위치모수(location parameter)를 위한 임의효과를 가지는 비선형회귀에서 사용되며, 임의효과의 분포에 비 가우시안 분포도 가능하다.

- glmm(glmm): 주변 가능도 계산을 위하여 몬테칼로를 이용한다.
- glmm(GLMMGibbs): 베이지안 방법인 깁스 표본자를 이용한다.

04 자료분석

이번 절에서는 10.3절에서 제시한 GLMM의 다양한 적합 방법을 R code를 통하여 어떻게 적합되는지 설명한다.

1. 인도네시아 아동 건강 연구(ICHS)

7.4절에서는 ICHS 자료에 대해 GEE를 이용한 모형으로 적합해 보았다. 이번에는 GLMM을 이용하여 분석해 보겠다. 앞의 분석에서 고려한 공변량은 안구건조증 여부(비타민A 결핍 여부)(안구건조증 있음: $VITA_i = 1$, 없음: $= 0$), 나이와 나이의 제곱(Age_i, Age_i^2), 성별(여자: $Gender_i = 1$, 남자:$= 0$), 관측주차($Time_{ij}$)이다. 우선 library MASS에 있는 glmmPQL 함수를 이용하여 임의절편과 관측주차($Time_{ij}$)의 임의 기울기를 가지는 로지스틱 임의효과모형을 적합하였다. 가정된 모형은 다음과 같다.

$$
\begin{aligned}
logit\,P(y_{ij} = 1 | x_{ij}, b_i) = &\ \beta_0 + \beta_1 VITA_i + \beta_2 Age_i + \beta_3 Age_i^2 \\
&+ \beta_4 Gender_i + \beta_5 Time_{ij} + b_{i0} + b_{i1} Time_{ij} \\
b_i = (b_{i0}, b_{i1})^T \sim N(0, D)
\end{aligned}
$$

추정된 결과는 $Gender_i(\hat{\beta}_4 = -0.963,\ SE = 0.361)$와 $Time_{ij}(\hat{\beta}_5 = 0.039,\ SE = 0.017)$의 회귀계수가 5% 유의수준하에서 통계적으로 유의함을 알 수 있다. 즉, i번째 개체(어린이)에서 다른 공변량을 통제한 상태에서 여자아이가 호흡기 질환에 걸린 조건부 확률의 오즈는 남자아이에 비해 낮음을 알 수 있다. 추정된 임의절편과 임의 기울기의 표준편차는 2.890과 0.164이며, 임의절편의 변동은 어느 정도 있지만, 임의 기울기의 변동은 그다지 크지 않음을 알 수 있다.

R 코드

in ▸

```
# GLMM using various library

ICHS <- read.table("ICHS.dat", header=TRUE)
library(nlme)
library(MASS)
ichs.glmm <- glmmPQL(RESPONSE~VITA+AGE+I(AGE^2)+GENDER+TIME,
                     random= ~ TIME | ID,
                     data=ICHS, family="binomial")
summary(ichs.glmm)
library(nlme)
truehist(ranef(ichs.glmm)[,1], xlab="Intercept")
truehist(ranef(ichs.glmm)[,2], xlab="Time")
```

out ▸

```
> # GLMM using various library
> ICHS <- read.table("ICHS.dat", header=TRUE)
>
> library(MASS)
> ichs.glmm <- glmmPQL(RESPONSE~VITA+AGE+I(AGE^2)+GENDER+TIME,
+                      random= ~ TIME | ID,
+                      data=ICHS, family="binomial")
> summary(ichs.glmm)  => 임의절편+임의 기울기(Time)를 가지는 GLMM
Linear mixed-effects model fit by maximum likelihood
  Data: ICHS
  AIC BIC logLik
   NA  NA     NA

Random effects:
 Formula: ~TIME | ID
 Structure: General positive-definite, Log-Cholesky parametrization
            StdDev    Corr
(Intercept) 2.8904769 (Intr)
TIME        0.1637243 -0.478
Residual    0.6537068

Variance function:
 Structure: fixed weights
 Formula: ~invwt
Fixed effects:  RESPONSE ~ VITA + AGE + I(AGE^2) + GENDER + TIME
                 Value Std.Error   DF   t-value  p-value
(Intercept) -2.0520543 0.7326788 1249 -2.800756   0.0052
VITA         0.4167733 0.3750564  245  1.111228   0.2676
```

```
AGE          0.6084425  0.4360916  245   1.395217   0.1642
I(AGE^2)    -0.0972321  0.0564516  245  -1.722395   0.0863
GENDER      -0.9632629  0.3614837  245  -2.664748   0.0082
TIME         0.0393888  0.0169303 1249   2.326525   0.0201
 Correlation:
         (Intr)  VITA   AGE  I(AGE^ GENDER
VITA     -0.085
AGE      -0.850 -0.130
I(AGE^2)  0.770  0.128 -0.976
GENDER   -0.189  0.028 -0.073  0.066
TIME     -0.181  0.005 -0.009  0.008  -0.003
Standardized Within-Group Residuals:
       Min         Q1        Med         Q3        Max
-3.0852448 -0.3561195 -0.2282741  0.3363497  3.4230526

Number of Observations: 1500
Number of Groups: 250
> library(nlme)
> truehist(ranef(ichs.glmm)[,1], xlab="Intercept")
> truehist(ranef(ichs.glmm)[,2], xlab="Time")
```

R의 다른 library에서 GLMM이 어떻게 적합하는지 아래의 R code를 통하여 비교해 보자. 앞서 적합한 모형에서 임의 기울기의 변동이 크지 않아서 이번에는 임의절편만 가지는 GLMM을 적합하였다. 가정한 모형은 다음과 같다.

$$logit\,P(y_{ij}=1|x_{ij},b_i) = \beta_0 + \beta_1 VITA_i + \beta_2 Age_i + \beta_3 Age_i^2 + \beta_4 Gender_i + \beta_5 Time_{ij} + b_{i0}$$

R에서 GLMM을 적합시키는 함수 중 glmer (lme4), glmmPQL (MASS), glmmML (glmmML)을 이용하여 위의 모형을 적합하였다. 그 결과는 <표 10-4>에 제시한다.

glmer은 adaptive Gauss 구적법과 7개의 구적점(nAGQ=7)을 이용하여 GLMM의 적분을 계산한 결과이다. 위의 3가지 방법에 의한 적합된 결과는 다소 차이를 보이고 있다. 이는 GLMM에 있는 적분을 어떻게 계산하느냐에 따라서 회귀계수의 추정치가 달라진다는 것을 보여 주는 것이다.

표 10-4 glmer, glmmPQL, glmmML의 모수 추정치

모수	glmer (lme4)	glmmPQL (MASS)	glmmML (glmmML)
β_0	-2.289* (0.851)	-1.883* (0.673)	-2.373* (0.847)
β_1	0.500 (0.433)	0.399 (0.347)	0.527 (0.431)
β_2	0.718 (0.507)	0.562 (0.404)	0.752 (0.501)
β_3	-0.114 (0.066)	-0.089 (0.052)	-0.119 (0.065)
β_4	-1.133* (0.420)	-0.895* (0.334)	-1.191* (0.417)
β_5	0.034* (0.016)	0.033* (0.011)	0.034* (0.016)
σ_b^2	7.702* (2.775)	$\hat{\sigma}_b$ =2.323	$\hat{\sigma}_b$ =2.713* (0.186)

R 코드

in ▸

```
# GLMM with random intercept: Software differences
library(lme4)
ichs.glmer <- glmer(RESPONSE~VITA+AGE+I(AGE^2)+GENDER+TIME+(1|ID),
        data=ICHS, nAGQ=7, family=binomial) => adaptive Gauss (7 points)
summary(ichs.glmer)

ichs.glmmPQL<-glmmPQL(RESPONSE~VITA+AGE+I(AGE^2)+GENDER+TIME,
                     random=~ 1 | ID,data=ICHS,family="binomial",
niter=20)
summary(ichs.glmmPQL)

library(glmmML)
ichs.glmmML <-glmmML(RESPONSE~VITA+AGE+I(AGE^2)+GENDER+TIME,

cluster=ICHS$ID,data=ICHS,family=binomial,n.points=20)
summary(ichs.glmmML)
```

out ▸

```
> # GLMM with random intercept: Software differences
> library(lme4)
> ichs.glmer <- glmer(RESPONSE~VITA+AGE+I(AGE^2)+GENDER+TIME+(1|ID),
data=ICHS,
+                          nAGQ=7, family=binomial)
> summary(ichs.glmer)
Generalized linear mixed model fit by maximum likelihood (Adaptive
```

```
Gauss-Hermite
  Quadrature, nAGQ=7) [glmerMod]
 Family: binomial  ( logit )
Formula: RESPONSE ~ VITA + AGE + I(AGE^2) + GENDER + TIME + (1 | ID)
   Data: ICHS

     AIC      BIC   logLik deviance df.resid
  1344.2   1381.4   -665.1   1330.2     1493

Scaled residuals:
    Min      1Q  Median      3Q     Max
-2.1986 -0.3861 -0.1761  0.2956  2.8670

Random effects:
 Groups Name        Variance Std.Dev.
 ID     (Intercept) 7.702    2.775
Number of obs: 1500, groups:  ID, 250

Fixed effects:
              Estimate  Std. Error  z value  Pr(>|z|)
(Intercept)   -2.28854     0.85148   -2.688  0.00719 **
VITA           0.50024     0.43333    1.154  0.24833
AGE            0.71800     0.50701    1.416  0.15673
I(AGE^2)      -0.11385     0.06585   -1.729  0.08383 .
GENDER        -1.13281     0.42018   -2.696  0.00702 **
TIME           0.03410     0.01599    2.133  0.03296 *
---
Signif. codes:  0 '***' 0.001 '**' 0.01 '*' 0.05 '.' 0.1 ' ' 1

Correlation of Fixed Effects:
         (Intr)  VITA    AGE  I(AGE^2) GENDER
VITA     -0.091
AGE      -0.859 -0.123
I(AGE^2)  0.780  0.118  -0.976
GENDER   -0.171  0.019 -0.078   0.074
TIME     -0.155  0.007  0.008  -0.010  -0.015
>
> ichs.glmmPQL<-glmmPQL(RESPONSE~VITA+AGE+I(AGE^2)+GENDER+TIME,
+                 random=~ 1 | ID,data=ICHS,family="binomial", niter=20)
> summary(ichs.glmmPQL)
Linear mixed-effects model fit by maximum likelihood
  Data: ICHS
  AIC BIC logLik
```

```
   NA  NA     NA

Random effects:
 Formula: ~1 | ID
        (Intercept)  Residual
StdDev:    2.323466 0.7301094

Variance function:
 Structure: fixed weights
 Formula: ~invwt
Fixed effects:  RESPONSE ~ VITA + AGE + I(AGE^2) + GENDER + TIME
                 Value    Std.Error    DF     t-value   p-value
(Intercept) -1.8833414    0.6727985  1249   -2.799265    0.0052
VITA          0.3990912    0.3470712   245    1.149883    0.2513
AGE           0.5622947    0.4035785   245    1.393272    0.1648
I(AGE^2)     -0.0890004    0.0522520   245   -1.703292    0.0898
GENDER       -0.8953954    0.3344669   245   -2.677082    0.0079
TIME          0.0327105    0.0114301  1249    2.861775    0.0043
 Correlation:
           (Intr)   VITA   AGE  I(AGE^2) GENDER
VITA       -0.084
AGE        -0.859 -0.131
I(AGE^2)    0.778  0.128 -0.976
GENDER     -0.191  0.027 -0.071   0.064
TIME       -0.133  0.002  0.003  -0.003  -0.006

Standardized Within-Group Residuals:
       Min         Q1          Med          Q3         Max
-3.1059515 -0.5485319 -0.2388289  0.3495723  3.6625999

Number of Observations: 1500
Number of Groups: 250
>
> library(glmmML)
> ichs.glmmML <-glmmML(RESPONSE~VITA+AGE+I(AGE^2)+GENDER+TIME,
+                  cluster=ICHS$ID,data=ICHS,family=binomial,n.points=20)
> summary(ichs.glmmML)
Call:  glmmML(formula=RESPONSE ~ VITA + AGE + I(AGE^2) + GENDER + TIME,
family=binomial, data=ICHS, cluster=ICHS$ID,     n.points=20)

                coef  se(coef)       z  Pr(>|z|)
(Intercept)  -2.37305   0.84701   -2.802  0.00508
VITA          0.52672   0.43070    1.223  0.22100
```

```
AGE            0.75228  0.50129   1.501  0.13300
I(AGE^2)      -0.11906  0.06480  -1.837  0.06610
GENDER        -1.19115  0.41700  -2.856  0.00428
TIME           0.03369  0.01588   2.122  0.03380

Scale parameter in mixing distribution:  2.713 gaussian
Std. Error:                              0.1861
       LR p-value for H_0: sigma=0:  2.56e-96

Residual deviance: 1341 on 1493 degrees of freedom      AIC: 1355
```

2. 간질 발작 자료

7.4절에서 GEE를 이용하여 분석한 간질 발작 자료를 GLMM을 이용하여 분석해 보자. 1장에서 제시한 것과 같이 59명의 간질 환자를 대상으로 하여 8주의 기준기간 동안 간질 발작횟수를 조사하였다. 이 자료는 환자를 무작위로 항 간질성 약물 프로가비드(progabide)로 치료하거나, 표준 화학 요법 외에 위약을 투여한 두 그룹으로 나눠서 2주 단위로 4번 간질 발작횟수를 기록한 경시적 계수형 자료이다. 가정한 모형은 다음과 같다.

$$\log(\mu_{ij}) = \log(time_{ij}) + \beta_0 + \beta_1 x_{ij1} + \beta_2 x_{ij2} + \beta_3 x_{ij1} \times x_{ij2} + b_{i0}$$

$$b_{i0} \sim iid\, N(0, \sigma_b^2)$$

여기서 x_{ij1}은 프로가비드 투여여부의 지시변수(프로가비드 투여: $x_{ij1} = 1$, 통제그룹: $= 0$), x_{ij2}는 8주 기준기간 이후를 나타내는 지시변수(8주 기준기간 이후: $x_{ij2} = 1$, 8주 기간: $= 0$), $\log(time_{ij})$는 상쇄항이며, $time_{ij}$는 발작횟수를 측정한 시간, 즉 $time_{i1} = 8$주이며, $j = 2, ..., 5$에서는 $time_{ij} = 2$주이다.

이 모형의 R함수 glmmPQL을 이용하여 적합한 결과와 위의 가정된 모형에 임의 기울기($b_{i0} + x_{ij2} b_{i1}$에서 b_{i1})를 더 첨가한 모형($b_i = (b_{i0}, b_{i1})^T \sim N(0, D)$)을 적합한 결과 그리고 GEE를 이용한 모형의 적합 결과를 <표 10-5>에 제시하였다. GEE와 GLMM(임의절편)의 추정값들은 10.3절에서 보았던 것과 같이 주변모형과 GLMM(임의절편)의 공변량 효과(β_1~β_3)의 추정치는 비슷한 값을 가짐을 알 수 있다. 모든 GLMM에서 프로가비드 투여여부의 지시변수와 8주 기준기간 이후를 나타내는 지시변수의 교호작용의 계수 β_3는 유의미함을 알 수 있다. GLMM(임의절편)에서 위약 그룹의 개체는 치료 후 발작률이 치료 전과 거의 동일함을 알 수 있다($\exp(0.112)=1.119$). 프로가비드 투여한 그룹에서는 치료 후 발작률이 치료 전의 발작률의 0.827배이다 ($\exp(0.112-0.302)=0.827$).

표 10-5 GEE, GLMM(임의절편), GLMM(임의 기울기)에서 추정값

모수	GEE	GLMM (임의절편)	GLMM (임의절편+기울기)
β_0	1.348* (0.157)	1.081* (0.144)	1.121* (0.133)
β_1	-0.107 (0.194)	-0.009 (0.200)	-0.023 (0.185)
β_2	0.112 (0.116)	0.112 (0.076)	-0.003 (0.105)
β_3	**-0.302** (0.171)	**-0.302*** (0.113)	**-0.301*** (0.149)
D_{11}	$\hat{\rho}$=0.598 (0.081)	$\hat{\sigma}_b$ =0.682	0.635^2
D_{22}	$\hat{\phi}$=10.385 (2.282)		0.382^2
D_{12}			$0.164 \times 0.635 \times 0.383 = 0.040$

R 코드

```
in ▸  # GLMM & GEE

      library(gee)
      library(geepack)

      seiz.l <- reshape(seizure,varying=list(c("base","y1","y2","y3","y4")),
                        v.names="y", times=0:4, direction="long")
      seiz.l <- seiz.l[order(seiz.l$id, seiz.l$time),]
      seiz.l$t <- ifelse (seiz.l$time == 0, 8, 2)
      seiz.l$x <- ifelse (seiz.l$time == 0, 0, 1)

      # GEE
      GEE.result <- geese(y~offset(log(t))+x+trt+x:trt,id=id,
            data=seiz.l, subset=id!= 49,
            corstr="exch", family=poisson)
      summary(GEE.result)
```

```
# Poisson-Gaussian model: random intercept
library(MASS)
GLMM.intercept <-glmmPQL(y ~ x + trt + x:trt + offset (log (t)),
        random=~ 1 | id, family=poisson,
        data=seiz.l[seiz.l$id != 49,])
summary(GLMM.intercept)

# Poisson-Gaussian model: random intercept and random slope for post
GLMM.slope <- glmmPQL(y ~ x + trt + x:trt + offset (log (t)),
        random=~ x | id,family=poisson,
        data=seiz.l[seiz.l$id != 49,])
summary(GLMM.slope)
```

out ▸

```
> # GLMM & GEE
> library(gee)
> library(geepack)
>
> seiz.l <- reshape(seizure,varying=list(c("base","y1","y2","y3","y4")),
+                    v.names="y", times=0:4, direction="long")
> seiz.l <- seiz.l[order(seiz.l$id, seiz.l$time),]
> seiz.l$t <- ifelse (seiz.l$time == 0, 8, 2)
> seiz.l$x <- ifelse (seiz.l$time == 0, 0, 1)
>
> # GEE
> GEE.result <- geese(y~offset(log(t))+x+trt+x:trt,id=id,
+        data=seiz.l, subset=id!= 49,
+        corstr="exch", family=poisson)
> summary(GEE.result)

Call:
geese(formula=y ~ offset(log(t)) + x + trt + x:trt, id=id,
    data=seiz.l, subset=id != 49, family=poisson, corstr="exch")

Mean Model:
 Mean Link:                 log
 Variance to Mean Relation: poisson

 Coefficients:
              estimate    san.se       wald          p
(Intercept)  1.3476092 0.1573571 73.3423807 0.00000000
x            0.1118360 0.1159304  0.9306116 0.33470405
trt         -0.1068224 0.1936977  0.3041417 0.58129752
x:trt       -0.3023841 0.1710601  3.1247883 0.07710989
```

```
Scale Model:
 Scale Link:                identity

 Estimated Scale Parameters:
            estimate  san.se     wald          p
(Intercept) 10.38473 2.28202 20.70864 5.34743e-06

Correlation Model:
 Correlation Structure:     exch
 Correlation Link:          identity

 Estimated Correlation Parameters:
       estimate     san.se     wald          p
alpha 0.5978407 0.08107156 54.37934 1.653122e-13

Returned Error Value:    0
Number of clusters:   58   Maximum cluster size: 5

>
> # Poisson-Gaussian model: random intercept
> library(MASS)
> GLMM.intercept <-glmmPQL(y ~ x + trt + x:trt + offset (log (t)),
+          random=~ 1 | id, family=poisson,
+          data=seiz.l[seiz.l$id != 49,])
> summary(GLMM.intercept)
Linear mixed-effects model fit by maximum likelihood
  Data: seiz.l[seiz.l$id != 49, ]
  AIC BIC logLik
   NA  NA     NA

Random effects:
 Formula: ~1 | id
        (Intercept) Residual
StdDev:   0.6819731 1.605408

Variance function:
 Structure: fixed weights
 Formula: ~invwt
Fixed effects:  y ~ x + trt + x:trt + offset(log(t))
                 Value  Std.Error  DF   t-value  p-value
(Intercept)  1.0807909 0.14370130 230  7.521094   0.0000
x            0.1118360 0.07576686 230  1.476055   0.1413
trt         -0.0089374 0.20024399  56 -0.044632   0.9646
x:trt       -0.3023841 0.11268890 230 -2.683353   0.0078
```

```
 Correlation:
      (Intr) x      trt
x     -0.278
trt   -0.718  0.200
x:trt  0.187 -0.672 -0.274

Standardized Within-Group Residuals:
       Min         Q1        Med         Q3        Max
-2.2956801 -0.5651709 -0.1501522  0.3243903  6.3134910

Number of Observations: 290
Number of Groups: 58
>
> # Poisson-Gaussian model: random intercept and random slope for post
> GLMM.slope <- glmmPQL(y ~ x + trt + x:trt + offset (log (t)),
+          random=~ x | id,family=poisson,
+          data=seiz.l[seiz.l$id != 49,])
> summary(GLMM.slope)
Linear mixed-effects model fit by maximum likelihood
  Data: seiz.l[seiz.l$id != 49, ]
  AIC BIC logLik
   NA  NA     NA

Random effects:
 Formula: ~x | id
 Structure: General positive-definite, Log-Cholesky parametrization
            StdDev    Corr
(Intercept) 0.6348082 (Intr)
x           0.3826100 0.164
Residual    1.3920269

Variance function:
 Structure: fixed weights
 Formula: ~invwt
Fixed effects:  y ~ x + trt + x:trt + offset(log(t))
                 Value   Std.Error   DF   t-value   p-value
(Intercept)  1.1212102   0.1326893  230  8.449889    0.0000
x           -0.0028608   0.1049100  230 -0.027269    0.9783
trt         -0.0225051   0.1845751   56 -0.121929    0.9034
x:trt       -0.3005242   0.1491862  230 -2.014423    0.0451
 Correlation:
      (Intr) x      trt
x     -0.092
```

```
trt   -0.719  0.066
x:trt  0.065 -0.703 -0.091

Standardized Within-Group Residuals:
       Min         Q1        Med         Q3        Max
-2.1218196 -0.5883254 -0.1072718  0.3428562  5.2983667

Number of Observations: 290
Number of Groups: 58
```

11장

전이모형

앞의 선형혼합모형과 GLMM은 반복 측정된 응답변수들의 상관관계를 설명하기 위해서 임의효과를 이용하였다. 이번 장에서 소개할 전이모형(transition model)은 연속형 및 범주형 반복 측정 응답변수들의 상관관계를 설명하기 위하여 과거의 응답변수를 공변량과 같이 취급하여 현재의 응답변수를 설명하는 모형이다.

01 전이모형

y_{ij}는 i번째 개체의 j번째 응답변수이며 y_{ij} 이전의 응답변수들 $H_{ij}=(y_{i1},\dots,y_{ij-1})$와 공변량 x_{ij}가 주어진 상태에서 y_{ij}의 조건부 분포에 대한 모형을 가정한다. 이는 전형적인 마코프 모형(Markov model)이며, 보통 앞에 있는 응답변수 q개에 의존한다고 가정한다. 즉, 다음과 같은 y_{ij}의 조건부 분포를 가정한다.

$$P(y_{ij}|H_{ij})=P(y_{ij}|y_{ij-1},\dots,y_{ij-q})$$

표기상의 편의를 위해서 관측시간은 등간격이라 가정한다. 만일 등간격이 아닌 경우에는 시간의 의존하는 함수형태에 대한 더 강한 가정이 필요하다. H_{ij}가 주어진 상태에서 y_{ij}는 식 (6.1)의 GLM에서 보았던 지수족이며, 서로 독립이라 가정한다.

$$f(y_{ij}|H_{ij})=\exp\left\{\frac{y_{ij}\theta_{ij}-b(\theta_{ij})}{\phi}+c(y_{ij},\phi)\right\} \tag{11.1}$$

여기서 제시되는 모수 $\phi>0$는 척도(산포) 모수(scale (dispersion) parameter)이고, θ_{ij}는 정준모수(canonical parameter)이며 다음의 성질을 만족한다.

$$\mu_{ij}^c=E(y_{ij}|H_{ij})=b'(\theta_{ij})$$
$$v_{ij}^c=var(y_{ij}|H_{ij})=b''(\theta_{ij})\phi$$

전이모형은 식 (11.1)의 지수족을 만족하면서 다음의 평균과 분산을 만족한다.

$$g(\mu_{ij}^c) = x_{ij}^T\beta + \sum_{r=1}^{q} f_r(H_{ij};\alpha) \tag{11.2}$$

$$v_{ij}^c = v(\mu_{ij}^c)\phi$$

여기서 함수 $g()$는 연결함수이고, $f_r()$은 적당한 함수이며, α는 이전의 응답변수들의 영향을 나타내는 모수이다. 또한, $v()$는 분산함수(variance function)로 지수족 식 (11.1)이 특정한 형태(정규분포, 포아송 분포, 이항분포 등)를 띄면 분산함수의 형태는 결정된다.

GLM과 같이 식 (11.1)과 (11.2)에 의해서 다양한 형태의 전이모형을 구성할 수 있다. 대표적인 예로 연속형 경시적 자료를 위한 자기회귀상관 오차를 가지는 선형회귀모형(linear regression with autoregressive errors), 경시적 이진자료를 위한 로지스틱 모형, 경시적 가산자료를 위한 로그선형모형이 있다.

연속형 경시적 자료에서 선형회귀모형을 고려할 때, H_{ij}를 공변량으로 취급한 모형을 **자기회귀상관 선형모형**이라 한다(Tsay, 1984). 그 모형은 다음과 같다.

$$y_{ij} = x_{ij}^T\beta + \sum_{r=1}^{q}\alpha_r\left(y_{ij-r} - x_{ij-r}^T\beta\right) + \epsilon_{ij}$$

여기서 α_r은 앞의 결과에 대한 주변 잔차(marginal residual)의 영향을 나타내는 모수이며, ϵ_{ij}는 iid를 만족하는 평균이 0인 가우시안 확률변수이다.

경시적 이진자료를 위한 로지스틱 모형에서 H_{ij}를 추가한 모형(Korn과 Whittemore, 1979; Zeger 등, 1985)은 다음과 같다.

$$g(\mu_{ij}^c) = logit\left(\mu_{ij}^c\right) = x_{ij}^T\beta + \sum_{r=1}^{q}\alpha_r y_{ij-r}$$

이 모형에서 회귀계수 β는 q차원의 마코프 구조를 가진 상태에서 x_{ij}의 변동에 대한 효과 및 해석을 가진다.

경시적 가산자료를 위한 로그선형모형에서 H_{ij}에 바로 앞의 결과만 추가한 모형($q=1$)을 Zeger와 Qaqish(1988)가 제안하였다. 그 모형은 다음과 같다.

$$\log\left(\mu_{ij}^c\right)= x_{ij}^T\beta+\alpha\left(\log y_{ij}^* - x_{ij-1}^T\beta\right)$$

여기서 $y_{ij}^* = \max(y_{ij-1}, c)$이며 $0 < c < 1$이며 조건부 기댓값은

$$\mu_{ij}^c = e^{x_{ij}^T\beta}\left(\frac{y_{ij}^*}{\exp\left(x_{ij-1}^T\beta\right)}\right)^{\alpha}$$

이다. y_{ij}^*에 있는 c는 log를 취할 때 $y_{ij-1}=0$이 되는 것을 방지하기 위해서이다. 만약 $\log(y_{ij-1})$이며 $y_{ij-1}=0$이면, $y_{ik}=0$ $(k \geq j)$이 된다. $\alpha > 0$인 경우 $t-1$ 시간에서 y_{ij-1}(기댓값이 아님)이 $e^{x_{ij-1}^T\beta}$보다 큰 경우는 현재 반응변수의 기대치(μ_{ij}^c)는 증가한다. $\alpha < 0$인 경우는 반대의 경우가 된다.

1. 모형의 적합

약 정상성을 가지는 가우스 과정(Gaussian process)에서 $y_i = (y_{i1}, \ldots, y_{in})^T$의 주변분포는 부가적인 모수의 추가 없이 조건부 모형으로 결정될 수 있다. 하지만 y_i의 주변분포가 조건부 모형에 의해서 전적으로 기술되지 않는다면, 우리는 아래의 조건부 가능도를 최대화하는 모수 β와 α를 추정한다. 따라서, 개체 i에 대해서 다음의 조건부 가능도를 고려한다.

$$\begin{aligned} L_i^c(\beta,\alpha) &= f\left(y_{iq+1}, \ldots, y_{in_i} \mid y_{i1}, \ldots, y_{iq}; \beta, \alpha\right) \\ &= \prod_{j=q+1}^{n_i} f\left(y_{ij} \mid y_{ij-1}, \ldots, y_{ij-q}; \beta, \alpha\right) \end{aligned}$$

여기서 $f(y_{ij} \mid y_{ij-1}, \ldots, y_{ij-q}; \beta, \alpha)$는 y_{ij}의 조건부 분포이다. 만일 식 (11.2)에서 $f_r(H_{ij}; \alpha) = \alpha_r f_r(H_{ij})$이며 f_r은 β와 α에 의존하지 않는 함수이면, y_{ij}의 회귀식 (11.2)는 $(x_{ij}, f_1(H_{ij}), \ldots, f_q(H_{ij}))$를 공변량으로 취급하는 회귀식이 된다.

일반적인 경우에 $f_r(H_{ij}; \alpha)$는 α와 β(아마도 암묵적으로)를 포함할 수도 있다. 이 경우에 조건부 점수함수는 다음과 같다.

$$S^c(\delta) = \frac{\partial L^c(\delta)}{\partial \delta} = \sum_{i=1}^{m} \sum_{j=q+1}^{n} \frac{\partial \mu_{ij}^c}{\partial \delta} \left(v_{ij}^c\right)^{-1} \left(y_{ij} - \mu_{ij}^c\right) \tag{11.3}$$

여기서 $\delta = (\beta, \alpha)$이며, $\partial\mu_{ij}^c / \partial\delta$는 α와 β에 의존한다. 직관적으로 δ를 추정하기 위해서 반복 알고리즘을 이용할 수 있다. 그 알고리즘은 다음과 같다.

- δ의 현재 추정치가 주어진 상태에서 $\partial\mu_{ij}^c / \partial\delta$와 v_{ij}^c을 계산한다.
- 식 (11.3)을 이용한 추정방정식의 해를 찾아서 δ를 업데이트한다.

전이모형은 몇 가지 주의사항을 가진다. 첫째, 전이모형을 적합시키기 위해서 주변모형에서 사용되는 GEE의 통계 패키지를 이용할 수 있다. 이 방법은 주변모형을 위한 GEE에서와 같은 강건한 특성을 공유한다. 둘째, $\widehat{\mu_{ij}^c}$과 $\partial\mu_{ij}^c / \partial\delta$는 되풀이 되어 계산되며, $j = q+1, \ldots, n$에서 교대로 수행될 필요가 있다. 셋째, 만일 q가 n_i에 비해서 큰 값이면, 조건부 가능도를 가지는 전이모형의 이용은 비효율적일 수 있다. 넷째, 만일 조건부 평균은 올바르게 기술되었지만, 조건부 분산이 틀린 경우, δ의 일치 추정량을 구하기 위해서 경험적 분산 추정량(empirical variance estimates)을 이용할 수 있다. 마지막으로 전이모형이 마코프 가정을 만족하지 않는다 하여도 β의 일치추정량을 여전히 얻을 수 있다.

2. 경시적 이진자료를 위한 전이모형

1차 마코프체인은 다음의 전이행렬(transition matrix)과 같은 특징을 가진다.

$$\begin{pmatrix} \pi_{00} & \pi_{01} \\ \pi_{10} & \pi_{11} \end{pmatrix}$$

여기서 $\pi_{ab} = P(y_{ij} = b | y_{ij-1} = a)$는 상태 a에서 b로의 전이확률을 의미한다. a와 b는 두 가지 상태로 예를 들면, 0은 병에 걸린 상태이며, 1은 병에 안 걸린 상태이다. 이 전이확률을 공변량의 함수로 다음과 같이 모형화할 수 있다.

$$logit\, P(y_{ij} | y_{ij-1} = 0, x_{ij}) = x_{ij}^T \beta_0$$

$$logit\,P(y_{ij}|y_{ij-1}=1, x_{ij}) = x_{ij}^T\beta_1$$

여기서 x_{ij}는 $p\times 1$의 공변량 벡터이며, β_0와 β_1은 $j-1$시점의 결과가 0 또는 1인 상태에서 전이확률에 대한 로그 오즈 공변량 x_{ij}의 효과를 나타낸다. 이것은 다음의 전이모형과 동일하게 된다.

$$logit\,P(y_{ij}=1|y_{ij-1}) = x_{ij}^T\beta + y_{ij-1}x_{ij}^T\alpha$$

여기서 $\beta=\beta_0$이며 $\alpha=\beta_1-\beta_0$이다. 이 경우에 전이확률은

$$\pi_{01}=\frac{e^{x_{ij}^T\beta_0}}{1+e^{x_{ij}^T\beta_0}},\quad \pi_{00}=1-\pi_{01}$$
$$\pi_{11}=\frac{e^{x_{ij}^T\beta_1}}{1+e^{x_{ij}^T\beta_1}},\quad \pi_{10}=1-\pi_{11}$$

이다. 따라서 $H_0 : \alpha=(\alpha_0, 0)$을 가설검정하므로 특정한 공변량의 전이확률에 대한 효과가 있는지 여부를 검정할 수 있다.

02 주변화 모형

주변화 모형(marginalized model)은 경시적 범주형 자료를 분석하기 위해서 만들어졌다(Heagerty, 1999, 2002). 이 모형은 GEE를 이용한 주변모형의 특성인 공변량의 모집단 평균효과에 대한 해석을 가진다. 또한, 임의효과나 마코프 구조를 이용한 GLMM과 전이모형의 가능도를 이용한 최대가능도 추정법을 이용할 수 있다. 따라서 최대 가능도 추정량의 특성인 일치성, 점근적 정규성, 가능도비 검정의 사용을 가능하게 한다. 부가적으로 주변화 모형은 잘못된 임의효과 분포로 인한 공변량 효과의 편향에 강건한 추정량을 가진다(Heagerty와 Kurland, 2001). 우리는 이번 절에서 2가지의 주변화 모형을 제시한다.

1. 주변화 임의효과모형

주변화 임의효과모형(marginalized random effects model: MREM)은 경시적 이진자료를 분석하기 위하여 제안되었다(Heagerty, 1999). MREM을 보이기 전에 우선 자료에 대한 설명을 기술한다. $y_i = (y_{i1}, \cdots, y_{n_i})^T$를 i번째 개체의 이진자료에 대한 응답변수 벡터라 한다. 그리고 x_{ij}는 i번째 개체의 j번째 공변량 벡터라면, 주변화 임의효과모형은 아래와 같다.

$$\text{주변평균모형: } \operatorname{logit} P(y_{ij} = 1 | x_{ij}) = x_{ij}^T \beta \tag{11.4}$$

$$\text{의존모형: } \operatorname{logit} P(y_{ij} = 1 | x_{ij}, b_{ij}) = \Delta_{ij} + b_{ij} \tag{11.5}$$

여기서 $b_i = \left(b_{i1}, \ldots, b_{in_i}\right)^T \sim N(0, \Sigma)$, β는 평균모형의 모수벡터이고, Δ_{it}는 절편이며,

$$\Sigma = \sigma^2 \begin{bmatrix} 1 & e^{-\alpha} & \cdots & e^{-(n_i - 1)\alpha} \\ e^{-\alpha} & 1 & \cdots & e^{-(n_i - 1)\alpha} \\ \vdots & \vdots & \ddots & \vdots \\ e^{-(n_i - 1)\alpha} & e^{-(n_i - 1)\alpha} & \cdots & 1 \end{bmatrix}$$

이다($i = 1, \ldots, m,\ j = 1, \ldots, n_i$).

식 (11.4)는 공변량의 모집단에 대한 평균효과를 설명하는 모형이고, 식 (11.5)는 반복된 결과치들의 상관관계를 설명하기 위한 의존모형이다. Δ_{it}는 주변평균 μ_{ij}^M과 조건부 평균 $\mu_{ij}^c(b_i)$의 함수이다. 따라서 Δ_{it}는 (β, σ^2)의 함수이며, 다음의 관계를 이용하여 뉴턴-라프슨 알고리즘을 이용하여 계산된다.

$$\begin{aligned} \mu_{ij}^M &= E_{b_i}\left(\mu_{ij}^c(b_i)\right) \\ &= \int P(y_{ij} = 1 | b_i) f(b_i) db_i \end{aligned}$$

여기서 $\mu_{ij}^M = P(y_{ij} = 1 | x_{ij})$이며, $\mu_{ij}^c(b_i) = P(y_{ij} = 1 | b_i)$이다.

우리는 위의 식 (11.4)와 (11.5)를 통해서 공변량의 한계효과(marginal effect) 해석 시에 의존모형 (11.5)에 영향을 직접적으로 받지 않음을 알 수 있다. 위의 모형은 의존모

형인 식 (11.5)를 이용하여 가능도 함수를 구성할 수 있다. 따라서 GEE를 이용한 주변모형과는 다르게 주변화 임의효과모형은 최대가능도를 이용할 수 있으므로 다양한 장점들을 가질 수 있다. 예를 들면 최대가능도 추정치(maximum likelihood estimate)의 일치성(consistency)과 우도비검정(maximum ratio test)을 할 수 있다. 의존모형에 있는 임의효과의 분포가 틀리게 가정되었을 때, β의 최대가능도 추정시에 강건한 추정치를 가짐을 알 수 있다(Heagerty와 Zeger, 2000).

$\theta = (\beta, \sigma^2, \alpha)$일 때, 최대가능도 추정치를 구하기 위한 가능도 함수는 다음과 같다.

$$L(\theta\,; y) = \prod_{i=1}^{m} \int \prod_{j=1}^{n_i} \left(\frac{e^{\Delta_{ij} + b_{ij}}}{1 + e^{\Delta_{ij} + b_{ij}}} \right)^{y_{ij}} \left(\frac{1}{1 + e^{\Delta_{ij} + b_{ij}}} \right)^{1 - y_{ij}} f(b_i) db_i$$

여기서 적분은 n_i차원의 적분이며, $f(b_i)$는 $N_{n_i}(0, \Sigma)$의 확률밀도함수이다. 이 가능도 함수는 뉴턴-라프슨 알고리즘을 이용하여 최대가능도 추정량을 구할 수 있다. 자세한 계산과정은 Heagerty(1999)를 참고하기 바란다.

2. 주변화 전이모형

주변화 임의효과모형에서 반복 측정된 응답변수들의 상관관계를 설명하기 위해서 임의효과를 이용한다. 주변화 전이모형(marginalized transition model)은 임의효과 대신에 마코프 구조를 이용하여 이러한 상관관계를 설명해 주는 모형이다(Heagerty, 2002).

경시적 이진자료 분석을 위한 p차의 주변화 전이모형은 다음과 같다.

$$\text{주변평균모형: } \operatorname{logit} P(y_{ij} = 1 | x_{ij}) = x_{ij}^T \beta \tag{11.6}$$

$$\text{의존모형: } \operatorname{logit} P(y_{ij} = 1 | x_{ij}, y_{ij}) = \Delta_{ij} + \sum_{k=1}^{p} \gamma_{ijk} y_{ij-k} \tag{11.7}$$

여기서 β는 평균모형의 모수벡터이고, $\gamma_{ijk} = z_{ij}^T \alpha_k$이며, α_k는 그 이전의 결과치(y_{ij-k})의 효과를 나타내는 모수벡터이다. 또한, z_{ij}는 x_{ij}의 부분집합이고, Δ_{ij}는 절편이며 β와 α의 함수이다.

주변화 임의효과모형과 같이 식 (11.6)은 독립변수의 모집단에 대한 평균효과를 설명하는 모형이다. 또한, 식 (11.7)은 반복된 결과치들의 상관관계를 설명하기 위한 의존모형으로 앞의 결과치를 공변량으로 사용하고 있다. 주변화 임의효과모형과 동일하게 위의 식 (11.6)과 (11.7)은 한계효과 해석 시에 의존모형 식 (11.7)에 영향을 받지 않음을 알 수 있고, 의존모형 식 (11.7)을 통해서 가능도 함수를 구성할 수 있다. 그러므로 주변화 임의효과모형에서 설명했던 것과 같이 최대가능도의 다양한 장점들을 가질 수 있다. 그리고 의존모형이 잘못된 구조로 가정하였을 때, β의 최대가능도 추정량의 추정시에 강건한 추정치를 가짐을 알 수 있다(Heagerty, 2002). Heagerty(2002)는 $p=1$인 경우의 주변평균모형에서 β와 의존모형의 α와 서로 직교(orthogonal)함을 증명하였고, 그 결과 β의 추정치가 일치성(consistency)을 가짐을 증명하였다.

$p=1$인 경우의 주변평균모형에서 $\theta=(\beta,\alpha)$일 때, 최대가능도 추정치를 구하기 위한 가능도 함수는 다음과 같다.

$$
\begin{aligned}
L(\theta\,;y) = & \prod_{i=1}^{m}\left\{\prod_{j=2}^{n_i}\left(\frac{e^{\Delta_{ij}+\gamma_{ij}y_{ij-1}}}{1+e^{\Delta_{ij}+\gamma_{ij}y_{ij-1}}}\right)^{y_{ij}}\left(\frac{1}{1+e^{\Delta_{ij}+\gamma_{ij}y_{ij-1}}}\right)^{1-y_{ij}}\right\} \\
& \times\prod_{i=1}^{m}\left(\frac{e^{x_{i1}^T\beta}}{1+e^{x_{i1}^T\beta}}\right)^{y_{i1}}\left(\frac{1}{1+e^{x_{i1}^T\beta}}\right)^{1-y_{i1}}
\end{aligned}
$$

위의 가능도 함수는 뉴턴-라프슨 알고리즘을 이용하여 최대가능도 추정량을 구할 수 있다. 자세한 뉴턴-라프슨 알고리즘은 Heagerty(2002)을 참고하기 바란다.

3. 주변화 모형의 확장

주변화 임의효과모형 및 주변화 전이모형은 경시적 순서화 자료 및 경시적 다항자료의 분석을 위하여 확장되었다(Lee와 Daniels, 2007; 2008; Lee와 Mercante, 2010; Lee 등, 2011).

경시적 순서자료 분석을 위해서 Lee와 Daniels(2007) 그리고 Lee와 Daniels(2008)은 누적확률분포에 로짓 연결함수를 이용한 주변평균모형, 다항로짓을 의존모형의 연결함수로 사용한 주변화 전이모형, 의존모형에도 로짓 연결함수를 이용한 주변화 임의효과모형을 제안하였다. 이들 주변화모형은 기존의 주변화모형이 가지는 모수들의 추정치의 일치성을 보임을 증명하였다.

경시적 명목자료를 분석하기 위해서 Lee와 Mercnate(2010) 그리고 Lee 등(2011)은 주변화 전이모형과 주변화 임의효과모형을 각각 제안하였다. 이 모형에서는 연결함수로 다항로짓을 이용하였고, 이 모형의 최대가능도 추정량들도 일치성을 가짐을 보였다.

03 자료분석

7.4절과 10.4절에서 GEE와 GLMM으로 분석한 ICHS 자료에 대해 전이모형을 이용하여 분석해 보자. 앞의 분석에서 고려한 공변량은 안구건조증 여부, 비타민A 결핍 여부(안구건조증 있음: $VITA_i = 1$, 없음: $= 0$), 나이와 나이의 제곱(Age_i, Age_i^2), 성별(여자: $Gender_i = 1$, 남자: $= 0$), 관측주차($Time_{ij}$)이다. 마지막으로 바로 앞의 응답변수(y_{ij-1})를 공변량으로 추가하여 전이모형을 적합시킨다. 그 모형은 다음과 같다.

$$
\begin{aligned}
logit\,P(y_{ij} = 1 | x_{ij}, y_{ij-1}) = &\ \beta_0 + \beta_1 VITA_i + \beta_2 Age_i + \beta_3 Age_i^2 \\
&+ \beta_4 Gender_i + \beta_5 Time_{ij} + \beta_6 y_{ij-1} 1_{(j>1)}
\end{aligned}
$$

이때, 추정된 모수값은 다음과 같다.

표 11-1 전이모형의 모수 추정치와 표준오차

모수	int	$Vita$	Age	Age^2	$Gender$	$Time$	$Time^2$	y_{ij-1}
$\hat{\beta}$	-1.193*	0.166	0.260	-0.043*	-0.413*	-0.164*	0.009*	2.500*
$se(\hat{\beta})$	0.286	0.136	0.161	0.021	0.132	0.047	0.003	0.149

$Vita$와 Age를 제외한 모든 회귀계수가 통계적으로 유의미함을 알 수 있다. 이 결과는 GEE에서 $Gender$의 계수만이 유의미한 것(-0.579, $se = 0.217$)과는 유의성에

차이를 보임을 알 수 있다. 이는 전이모형에서 회귀계수의 해석은 앞의 결과를 같게 한 상태에서 공변량 x의 효과를 의미하므로 GEE의 해석과는 차이가 있는 것이다.

R 코드

in ▸

```
# Transition model
NN <- length(ICHS[,1])
LAG <- rep(0,NN)
for(i in 2:NN){
  if(ICHS$ID[i]==ICHS$ID[i-1]){
    LAG[i] <- ICHS$RESPONSE[i-1]
  }
}

TIME.LAG <- LAG*as.numeric(ICHS$TIME!=0)
ICHS.trans <- data.frame(ICHS,TIME.LAG)

ichs.transition <- glm(RESPONSE~VITA+AGE+I(AGE^2)+GENDER+TIME+I(TIME^2)+
   TIME.LAG, data=ICHS,family="binomial")
summary(ichs.transition)
```

out ▸

```
> # Transition model
> NN <- length(ICHS[,1])
> LAG <- rep(0,NN)
> for(i in 2:NN){
+   if(ICHS$ID[i]==ICHS$ID[i-1]){
+     LAG[i] <- ICHS$RESPONSE[i-1]
+   }
+ }
>
> TIME.LAG <- LAG*as.numeric(ICHS$TIME!=0)
> ICHS.trans <- data.frame(ICHS,TIME.LAG)
>
> ichs.transition <-
glm(RESPONSE~VITA+AGE+I(AGE^2)+GENDER+TIME+I(TIME^2)+TIME.LAG,
+             data=ICHS,family="binomial")
> summary(ichs.transition)

Call:
glm(formula = RESPONSE ~ VITA + AGE + I(AGE^2) + GENDER + TIME +
    I(TIME^2) + TIME.LAG, family = "binomial", data = ICHS)
```

```
Deviance Residuals:
    Min       1Q   Median       3Q      Max
-1.8040  -0.6518  -0.5298   0.7823   2.2323

Coefficients:
              Estimate Std. Error z value Pr(>|z|)
(Intercept)  -1.192695   0.286446  -4.164 3.13e-05 ***
VITA          0.166493   0.136068   1.224 0.221104
AGE           0.260420   0.161408   1.613 0.106652
I(AGE^2)     -0.043230   0.021210  -2.038 0.041525 *
GENDER       -0.412882   0.131870  -3.131 0.001742 **
TIME         -0.164929   0.046623  -3.537 0.000404 ***
I(TIME^2)     0.008856   0.002974   2.978 0.002906 **
TIME.LAG      2.499758   0.149355  16.737  < 2e-16 ***
---
Signif. codes:  0 '***' 0.001 '**' 0.01 '*' 0.05 '.' 0.1 ' ' 1

(Dispersion parameter for binomial family taken to be 1)

    Null deviance: 1822.3  on 1499  degrees of freedom
Residual deviance: 1449.6  on 1492  degrees of freedom
AIC: 1465.6

Number of Fisher Scoring iterations: 4
```

12장

주변모형, 임의효과모형, 전이모형의 비교

이번 장에서는 경시적 범주형 자료분석에서 주로 많이 쓰이는 주변모형(GEE를 이용한 모형, 7장), 임의효과모형(GLMM, 10장), 전이모형(11장)을 비교하고, 이 모형들이 각각 어떤 방식으로 적절하게 선택되어 쓰이는지를 확인해 볼 것이다.

01 모형의 기술

우선 각각의 평균에 대한 모형은 다음과 같다.

- **주변모형**: 응답변수의 주변평균 $E(y_{ij})=\mu_{ij}$는 공변량 x_{ij}와 연결함수 g에 의존한다.

$$E(y_{ij})=\mu_{ij}=g^{-1}(x_{ij}^T\beta)$$

- **임의효과모형**: 개체-특성적이며, 관찰 되지 않은 임의효과 b_i가 주어진 상태에서 조건부 평균은 다음과 같다.

$$E(y_{ij}|b_i)=\mu_{ij}^*=g^{-1}(x_{ij}^T\beta^*+z_{ij}^Tb_i)$$

- **전이모형**: $H_{ij}=(y_{i1},\ldots,y_{ij-1})$이 주어진 상태에서 y_{ij}의 조건부 평균은 다음과 같다.

$$E(y_{ij}|H_{ij})=\mu_{ij}^{**}=g^{-1}\left(x_{ij}^T\beta^{**}+\sum_{r=1}^{s}f_r(H_{ij},\alpha)\right) \tag{12.1}$$

위의 모형에서 주변모형은 주변평균을 기초로 한 모형이며, 나머지 임의효과모형 및 전이모형은 조건부 평균을 기초로 한 모형이다.

반복 측정된 응답변수들의 공분산행렬의 모형은 위의 모형별로 각각 다음과 같이 모형화 한다.

- **주변모형**: 주변모형에서는 공분산행렬은 주변분산 및 상관계수를 다음과 같이 모

형화한다. 즉, 응답변수의 주변분산은 주변평균에 의존하며 다음의 결과를 가정한다.

$$var(y_{ij}) = \phi v(\mu_{ij})$$

여기서 v는 아는 함수이며 척도모수 ϕ는 일부 공변량에 의존할 수도 있다. y_{ij}와 y_{ik}의 상관계수는 주변평균 μ_{ij}와 μ_{ik}의 함수이다.

$$corr(y_{ij}, y_{ik}) = \rho(\mu_{ij}, \mu_{ik}, \alpha)$$

여기서 ρ는 알려진 함수이며 상관계수 모수 α는 공변량에 의존한다.

- **임의효과모형**: 전형적으로 임의효과 b_i가 주어진 상태에서 응답변수 $y_{i1},\ldots,y_{in_i}$는 독립이며 지수족에 속한다. 평균이 0이며 공분산행렬이 D인 임의효과 b_i는 반복 측정된 응답변수들의 공분산을 나타낸다. 그리고 일반적으로 b_i의 분포는 다변량 정규분포를 따른다고 가정한다.

- **전이모형**: H_{ij}가 주어진 상태에서 y_{ij}의 분포는 지수족에 속하며 그 분산은

$$var(y_{ij}| H_{ij}) = \phi v(\mu_{ij}^{**})$$

이다. 그리고 전이모형 식 (12.1)의 $\sum_{r=1}^{s} f_r(H_{ij},\alpha)$가 응답변수들의 상관관계를 나타낸다.

7장의 GEE와 임의효과 및 전이모형과 같은 가능도에 기초한 모형들에 대하여 장단점을 다시 한번 확인해보면 다음과 같다. 우선 GEE의 장점은 가능도 함수를 구성하기 위한 반복 측정된 응답변수들의 결합 확률밀도함수를 가정할 필요가 없다. 그리고 상관계수행렬이 잘못된 가정에 대해서 주변평균 모수 추정의 강건성을 유지한다. 즉, 상관계수행렬이 잘못 가정된 상태에서 추정된 주변평균 모수의 추정치들은 여전히 일치추정량이다. 이러한 장점에 비해 단점은 가능도 함수를 구성할 수 없기에 가능도에 기

초한 모형선택 기준인 가능도비 검정, AIC, BIC 등을 이용할 수 없다. 그리고 상대적으로 좋은 통계적 모형을 이용할 수 있음에도 불구하고 GEE를 사용한 추정치는 효율성이 떨어지게 된다.

이러한 3종류의 모형은 어떠한 기준에서 사용해야 할까? 우선 임의효과 및 전이모형은 임의효과와 앞의 응답변수를 각각 적분하여 주변화를 할 수 있다. 이는 GEE, 임의효과모형, 전이모형이 각각 가지는 회귀계수인 β, β^*, β^{**}는 각각 다른 해석을 가지며, 이들을 직접적으로 비교할 수 없다. 따라서 이들 모형의 선택은 관심있는 연구의 목적에 의존하게 되는 것이다. 즉, 연구의 목적에 따라서 이들 회귀계수의 해석 중 그 연구에 적절한 것을 선택하여 그 모형을 사용하는 것이다.

02 β, β^*, β^{**}의 해석

주변모형에서 회귀계수 β는 동일한 공변량을 가지는 모집단에서의 두 개체가 그 공변량이 한 단위씩 변함에 따라 모집단에서 응답변수의 주변평균에 대한 변화를 의미한다. 이 변화는 연결함수에 따라서 log 오즈의 차이 또는 log 주변평균의 차이가 되는 것이다.

임의효과모형에서는 회귀계수 β^*는 동일한 임의효과와 공변량을 가진 두 개체가 공변량이 한 단위씩 변함에 따라 응답변수 평균의 변화를 의미한다. 같은 임의효과를 가지는 두 개체를 가지고 하는 해석은 다소 인위적이다. 하지만 그렇게 하지 않으면 개체 간 공변량(성별, 그룹 등) 효과의 해석은 어렵다. 개체 내 공변량 효과(나이, 시간)의 경우 다른 공변량(임의효과를 포함한)은 동일하게 유지된 상태에서 x가 한 단위씩 변할 때, 동일한 개체의 기대 차이로 해석하는 것이 더 자연스러울 수 있다. 대안으로 임의효과를 0으로 놓은 상태에서 β^*를 해석할 수 있다. 즉, 임의효과 b의 평균이 0인 평균적인 개인에게 공변량 x가 미치는 효과인 것이다.

항등연결함수를 가지는 가우시안 모형에서는 주변모형의 회귀계수 β와 임의효과 모형의 회귀계수 β^*는 $\beta=\beta^*$이다. 포아송 분포에서 로그 연결함수를 가지며 임의절

편만을 가정한 경우에는 고정효과의 절편항(β_0)을 제외한 회귀계수는 주변모형의 회귀계수와 동일하다($\beta = \beta^*$). 마지막으로 로지스틱 회귀를 가정한 이진자료에서는 이 동일성이 성립하지 않는다($\beta \neq \beta^*$). 이 경우 일반적으로 $|\beta^*| > |\beta|$이다.

전이모형에서 β^{**}의 해석은 앞의 결과를 같게 한 상태에서 공변량 x의 효과를 의미한다. 따라서 β^{**}는 응답변수 y와 공변량 x의 관계를 연구하는데 잠재적으로 오해의 소지가 있을 수 있다. 왜냐하면 앞의 결과가 주어진 상태에서 둘의 관계이기 때문이다.

예제 12.1 인도네시아 아동건강 연구(ICHS)

10.4절과 7.4절에서 이미 분석한 인도네시아 아동건강 연구자료를 주변모형, 임의효과모형 및 전이모형의 비교를 위하여 응답변수와 비타민 A 결핍여부에 대한 공변량만을 고려하자. 즉, $y_{ij} = 1$(호흡기 질환이 있음), 0(호흡기 질환이 없음), $x_{ij} = 1$(비타민A 결핍), 0(비타민A 결핍이 없음)만을 고려하자.

우선 **주변모형**은 다음과 같다.

$$P(y_{ij} = 1) = E(y_{ij} | x_{ij}) = \mu_{ij}$$
$$var(y_{ij}) = \mu_{ij}(1 - \mu_{ij})$$
$$corr(y_{ij}, y_{ik}) = \rho$$
$$logit(\mu_{ij}) = \log\left(\frac{\mu_{ij}}{1 - \mu_{ij}}\right) = \beta_0 + \beta_1 x_{ij} \quad \text{(log odds)}$$

여기서 개체 i의 j번째 공변량 x_{ij}에서 응답변수 $y_{ij} = 1$(호흡기 질환이 있음)인 주변확률은 다음과 같다.

$$P(y_{ij} = 1) = \frac{e^{\beta_0 + \beta_1 x_{ij}}}{1 + e^{\beta_0 + \beta_1 x_{ij}}} \tag{12.2}$$

이 주변확률을 이용하여 비타민 A 결핍에서 호흡기 질환이 있는 경우의 오즈는

$$\frac{P(y_{ij}=1 \mid x_{ij}=0)}{P(y_{ij}=0 \mid x_{ij}=0)} = e^{\beta_0}$$

이다. 마찬가지로 $x_{ij}=1$(비타민 A 결핍)에서 응답변수 $y_{ij}=1$인 경우의 오즈는 $e^{\beta_0+\beta_1}$ 이다. 이 둘의 오즈를 이용한 비타민 A 결핍 대 비결핍에 대한 호흡기 질환의 오즈비는

$$\frac{e^{\beta_0+\beta_1}}{e^{\beta_0}} = e^{\beta_1}$$

이다. 여기서 β_0와 β_1은 모집단-평균 모수이며, β_0와 β_1의 해석은 개체 내에서의 반복수 n_i와 개체 내 의존성의 크기와는 관계없이 같게 된다.

임의효과모형은 다음과 같다.

$$logit\,P(y_{ij}=1 \mid u_i) = \beta_0^* + \beta_1^* x_{ij} + u_i$$

$$u_i \sim iid\,N(0, v^2)$$

i번째 개체의 비타민 A 결핍일 확률은 다음과 같다.

$$P(y_{ij}=1 \mid u_i, x_{ij}) = \frac{e^{\beta_0^* + \beta_1^* x_{ij} + u_i}}{1+e^{\beta_0^* + \beta_1^* x_{ij} + u_i}} \tag{12.3}$$

이 경우 비타민 A 결핍 대 비결핍에 대한 호흡기 질환의 오즈비는

$$\frac{e^{\beta_0^* + \beta_1^* + u_i}}{e^{\beta_0^* + u_i}} = e^{\beta_1^*}$$

이다. 즉, $e^{\beta_1^*}$는 $u_i=0$을 가지는 평균적인 개체의 비타민 A 결핍에 대한 호흡기 질환의 오즈비를 의미한다.

주변모형인 식 (12.2)의 모수 (β_0,β_1)와 임의효과모형 식 (12.3)의 모수 (β_0^*,β_1^*)는 어떤 관계가 있을까? 이를 알아보기 위해서 호흡기 질환의 주변확률과 호흡기 질환의 임의효과확률은 다음과 같은 관계를 가진다.

$$P(y_{ij}=1|x_{ij}) = \int_{-\infty}^{\infty} P(y_{ij}=1|u_i,x_{ij})f(u_i;v^2)du_i \tag{12.4}$$
$$= \int_{-\infty}^{\infty} \frac{e^{\beta_0^*+\beta_1^*x_{ij}+u_i}}{1+e^{\beta_0^*+\beta_1^*x_{ij}+u_i}} \frac{1}{\sqrt{2\pi v^2}} e^{-\frac{u_i^2}{2v^2}} du_i$$
$$= \frac{e^{\beta_0+\beta_1x_{ij}}}{1+e^{\beta_0+\beta_1x_{ij}}}$$

여기서 마지막 식은 주변모형에서 온 결과이다. 식 (12.4)로부터 (β_0,β_1)과 (β_0^*,β_1^*)의 관계는 복잡하다는 것을 알 수 있다. 이들의 관계는 Neuhaus 등(1991)과 Zeger 등(1988)에서 제시하고 있다. 우선 Neuhaus 등(1991)에서는 $var(u_i)=v^2>0$이라면, β와 β^*의 관계는 다음과 같다.

$$|\beta_k| \le |\beta_k^*|,\ k=1,\dots,p-1$$

여기서 등호는 $\beta^*=0$인 경우에만 성립한다. 그리고 이러한 β와 β^*의 차이는 v^2에 따라서 증가한다. Zeger 등(1988)에서는 만일 $u_i \sim N(0,v^2)$이면, 다음과 같은 근사적 관계가 성립한다.

$$\beta \approx \frac{1}{\sqrt{0.346v^2+1}}\beta^*$$

여기서 v^2이 증가하면 β는 0에 가까워진다.

이들의 관계를 예제를 통하여 설명해보자. 식 (12.2)에서 $\beta_0^*=-2.0$, $\beta_1^*=0.4$, $var(u_i)=v^2=2.0$이라 가정하자. 그러면 임의효과 $u_i \sim N(0,2.0)$이므로 u_i의 2.5%, 50%, 97.5% 분위수는 $-2\sqrt{2}$, 0, $2\sqrt{2}$이다. 이 값을 토대로 식 (12.2)를 이용하여 임의효과 확률을 계산하면 <표 12-1>과 같다.

표 12-1 임의효과 확률 및 오즈비

u_i의 값	$P(y_{ij}=1\|u_i, x_{ij}=0)$	$P(y_{ij}=1\|u_i, x_{ij}=1)$	odds ratio
$-2\sqrt{2}$ (2.5% 분위수)	0.084	0.13	1.49
0 (50% 분위수)	0.12	0.17	1.49
$2\sqrt{2}$ (97.5% 분위수)	0.68	0.76	1.49

임의효과모형에서의 오즈비는 1.49 ($=\exp(0.4)$)로 동일함을 알 수 있다. 식 (12.3)을 이용한 주변확률은 다음과 같다.

$$P(y_{ij}=1|x_{ij}=0)=\int_{-\infty}^{\infty}\frac{e^{-2+u_i}}{1+e^{-2+u_i}}\frac{e^{-u_i^2/4}}{\sqrt{4\pi}}du_i = 0.18$$

$$P(y_{ij}=1|x_{ij}=1)=\int_{-\infty}^{\infty}\frac{e^{-2+0.4+u_i}}{1+e^{-2+0.4+u_i}}\frac{e^{-u_i^2/4}}{\sqrt{4\pi}}du_i = 0.23$$

$x_{ij}=1$인 경우 오즈비는

$$e^{\beta_1}=\frac{0.23/(1-0.23)}{0.18/(1-0.18)}\approx 1.36$$

이며, $\beta_1=\log(1.36)=0.31$이다. $\beta_1^*=0.4>\beta_1=0.31$임을 알 수 있다. <그림 12-1>은 임의효과 절편을 가지는 로지스틱 모형 식 (12.3)에서 u_i의 값에 따른 확률값(점선)과 주변 로지스틱 모형 식 (12.2)에 따른 확률값(실선)을 비교한 것이다. 이 그림에서 알 수 있듯이 주변확률의 값은 식 (12.4)를 이용하여 계산한 것이다.

전이모형에서 y_{ij}는 바로 앞 관측치에만 의존한다면(마코프 모형, 이산형 AR(1) 모형), 모형은 다음과 같다.

$$logit\ P(y_{ij}=1|x_{ij}, H_{ij}) = x_{ij}\beta^{**}+\alpha y_{i,j-1} \tag{12.5}$$

$logit\ P(y_{ij}=1|x_{ij}=1, y_{ij-1})-logit\ P(y_{ij}=1|x_{ij}=0, y_{ij-1})=\beta^{**}$이므로 $e^{\beta^{**}}$는

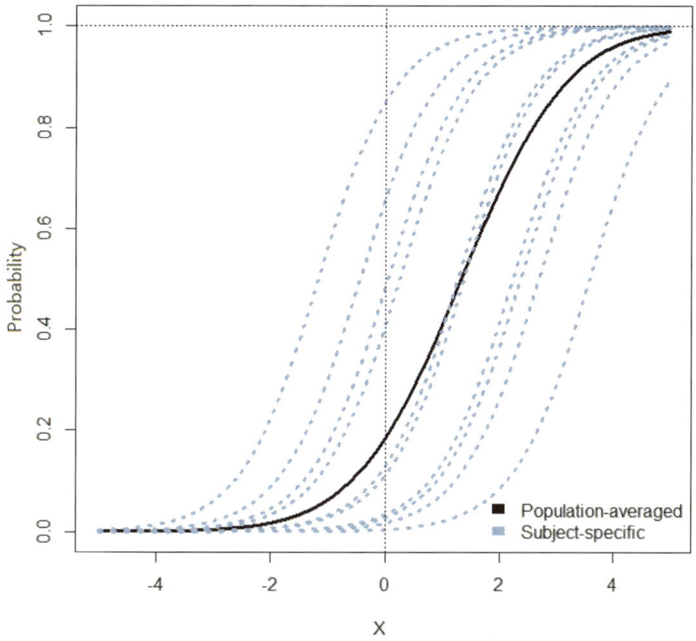

그림 12-1 임의효과 절편을 가지는 로지스틱 모형의 확률과 주변모형의 확률 비교

그 전 방문에서 호흡기 질환의 상태가 같은 개체 중에 비타민 A 결핍 대 비결핍에 대한 현재의 호흡기 질환의 오즈비를 의미한다. e^{α}는 $logit\,P(y_{ij}=1|x_{ij}, y_{ij-1}=1)$ $-logit\,P(y_{ij}=1|x_{ij}, y_{ij-1}=1)=\alpha$이므로 그 전 방문에서 호흡기 질환이 있는 개체와 없는 개체에 대한 오즈비이다. 식 (12.5)를 이용하여 전이확률의 행렬을 <표 12-2>와 같이 제시한다. 전이확률 행렬은 x_{ij}에 따라서 달라지므로 각각의 개체별로 다른 확률을 가지게 된다. 그리고 정상 마코프 체인에서 시작확률은 기술하기가 어려울 수 있다.

표 12-2 전이확률의 행렬

		y_{ij}	
		0	1
y_{ij-1}	0	$\frac{1}{1+\exp(x_{ij}\beta^{**})}$	$1-\frac{1}{1+\exp(x_{ij}\beta^{**})}$
	1	$\frac{1}{1+\exp(x_{ij}\beta^{**}+\alpha)}$	$1-\frac{1}{1+\exp(x_{ij}\beta^{**}+\alpha)}$

13장

경시적 자료에서의 결측치

01. 결측자료 메커니즘
02. 무시가능 결측하에서 자료분석
03. MNAR하에서 완전자료 모형*

경시적 연구에서는 필연적으로 결측자료(missing data)가 발생할 수 있다. 여기서 결측자료는 수집하려고 했지만 어떤 이유로 사용할 수 없었던 자료값을 의미한다. 개체가 특정 관측시점에서 결측이 될 수 있으며, 그 결과는 이러한 개체가 전부가 아닌 일부 관측 시점의 자료만을 제공하게 되는 것이다. 또한 개체는 연구참여를 중단하거나 추적조사에 실패할 수 있으므로 특정 시점 이후의 자료는 제공되지 않는다.

이 결측 자료는 연구 디자인에 의해서 생기는 불균형 자료와 대비되며, 결측의 이유(결측자료 메커니즘: missing data mechanism (MDM))는 자료분석에서 고려되어야 한다. 이것은 자료가 손실되는 메커니즘(MDM)은 결측치가 결론에 미치는 영향을 이해하고 모델링 및 추론을 뒷받침하는 데 매우 중요하다는 의미이다.

결측치의 발생은 곧 자료의 불균형이 되며, 이로 인하여 분석의 기술적인 어려움을 발생시킨다. 결측치는 보통 정보의 손실을 의미하고 이러한 결측치를 처리하기 위한 적절치 못한 방법(예를 들면, 완전개체(Complete Case: CC) 또는 분석과 마지막 관찰값 이용(last observation carried forward: LOCF))은 심지어 더 심각한 효율성의 상실을 가져온다. 여기서 CC와 LOCF는 경시적 연구에서는 현실적이지 않은 강한 결측에 대한 가정(예를 들면, 완전 임의결측(MCAR))에서 사용할 수 있다. 마지막으로 결측치는 잠재적으로 자료분석에서 매우 심각한 편향을 가져올 수 있다(Daniels과 Hogan, 2008). 예를 들면, 금연에 관한 연구에서 금연율을 추정하고자 할 때, 만일 중도에 이 연구를 그만둔 사람을 모두 제외하고 금연율을 추정하면 금연율이 상대적으로 높게 추정될 수 있다. 이는 중도에 탈락한 사람들은 금연에 실패했기에 중간에 그만두었을 가능성이 높기 때문이다. 따라서 중도 탈락한 이들의 탈락한 이유를 확인해 보고 금연율을 추정하는 것이 올바른 분석이 되는 것이다.

우선 결측치를 가지는 경시적 자료분석에서는 결측치가 발생한 원인 및 그 패턴을 제시하고, 이러한 자료를 어떻게 분석할 것인지를 제시하고자 한다.

01 결측자료 메커니즘

개체 i의 j번째 응답변수를 y_{ij}라 하고, 이 응답변수에 상응하는 공변량을 x_{ij}라고 하자($i=1,...,m,\ j=1,...,n$). 이 경우 개체 i의 완비자료(complete data) 응답변수 벡터는

$$y_i = (y_{i1}, ..., y_{in})^T$$

이다. 이 응답벡터는 완전히 관측되지 않을 수도 있다. 따라서 응답변수 벡터는 다음과 같이 표현할 수 있다.

$$y_i = \left(y_i^{(o)}, y_i^{(m)}\right)$$

여기서 $y_i^{(o)}$는 관측된 반응변수 자료이며, $y_i^{(m)}$은 결측된 반응변수 자료이다. 반응변수의 결측여부를 나타내는 지시변수 벡터를 $R_i = (R_{i1}, ..., R_{in})^T$라 하고 다음과 같이 정의한다.

$$R_{ij} = \begin{cases} 1, \text{ 만일 } y_{ij} \in y_i^{(o)} \\ 0, \text{ 만일 } y_{ij} \in y_i^{(m)} \end{cases}$$

자료의 결측치는 다음의 3가지의 패턴으로 구분할 수 있고, 이를 결측자료 메커니즘(MDM)이라 한다(Rubin, 1976).

① **완전임의결측**(missing completely at random: MCAR): 결측이 발생할 확률은 응답변수에 의존하지 않는 경우이며, 이를 통계학적으로 표현하면 R_i와 y_i는 공변량 x_i가 주어진 상태에서 독립인 경우를 의미한다. 즉,

$$P(R_i|y_i, x_i, \psi) = P(R_i|x_i, \psi),\ \left([R_i|y_i, x_i] = [R_i|x_i]\right)$$

여기서 ψ는 R_i의 조건부 분포에 대한 모수이며, $[\ |\ ]$는 분포함수를 의미한다. 경시적 자료가 MCAR인 경우는 완전응답자(completer)만을 가지고 분석해도 편향이 없이 분석할 수 있다. 일반적으로 MCAR은 경시적 자료에서 잘 일어나지 않는다. MCAR의 예제로는 공변량이 없는 MCAR과 공변량이 있는 MCAR이 있을 수 있

다. 공변량이 없는 MCAR의 경우 2년에 걸쳐서 2번 학생들의 성적을 조사하는 연구에서 첫해에는 1000명의 학생에 대한 성적을 조사하였고, 두 번째 해에는 예산의 삭감으로 인하여 500명의 학생에 대한 성적만을 조사할 수 있었다. 이때, 500명의 선택이 임의로 이루어졌다면 이 경우는 MCAR의 결측치가 발생한 것이다. 공변량이 있는 MCAR의 경우는 남학생과 여학생의 성적을 비교하고자 할 때에 두 번째 해에는 성별에 따라서 관찰할 확률이 다른 경우($P(R|gender)$), 이 경우 MCAR의 결측치가 되는 것이다.

② **임의결측**(Missing At Random: MAR): 결측이 발생할 확률이 관측값($y_i^{(o)}$)에만 의존하고, 결측치에는 의존하는 않는 경우이며, 다음의 확률로 표시할 수 있다.

$$P(R_i|y_i, x_i, \psi) = P(R_i|y_i^{(o)}, x_i, \psi). \ \left(\left[R_i|y_i, x_i\right] = \left[R_i|y_i^{(o)}, x_i\right]\right)$$

결측치가 일어나는 확률이 관찰된 응답값과 공변량에 의해서 설명되는 것을 의미하며, 완전임의결측보다는 덜 강한 가정이다. 예를 들면, 앞서 제시한 2년에 걸쳐서 이루어진 2번의 학생 성적조사에서 첫 번째 성적이 낮은 학생들이 두 번째 성적을 위한 테스트에 덜 참여하는 경향이 있다. 이는 첫 번째 성적이 낮아서 두 번째 테스트에 결시하게 되어 결측될 확률이 높다는 의미이다.

가능도 기반 추론에 대한 MAR의 두 가지 중요한 의미는 다음과 같다.

㉠ MAR 가정으로 다음의 결과를 가진다.

$$\begin{aligned}\left[y_i, R_i|x_i\right] &= \left[R_i|y_i, x_i\right]\left[y_i|x_i\right] \\ &= \left[R_i|y_i^{(o)}, x_i\right]\left[y_i|x_i\right]\end{aligned}$$

여기서 두 번째 식은 $\left[R_i|y_i, x_i\right] = \left[R_i|y_i^{(o)}, x_i\right]$으로부터 나온 결과이다. MAR 가정은 무시가능성 조건(ignorability condition)의 한 요소가 된다. 여기서 무시가능성 조건이란 θ에 대한 유효한 추론을 가능도에 기초할 수 있게 한다는 것이다.

㉡ 완전 자료를 위한 모형을 기반으로 하여 관측된 자료로부터 결측치를 대체 할

수 있다. MAR 가정으로 인하여 다음의 결과를 얻는다.

$$\left[y_i^{(m)} \mid R_i, y_i^{(o)}, x_i\right] = \left[y_i^{(m)} \mid y_i^{(o)}, x_i\right]$$

따라서 $\left[y_i^{(m)} \mid y_i^{(o)}, x_i, R_i = 1\right]$에서 $y_i^{(m)}$을 생성하여 대체한다. 예를 들면, (y_{i1}, x_i)를 공변량으로 하고 y_{i2}를 응답변수로 한 회귀모형을 이용하여 y_{i2}를 생성하여 채워 넣으면, $y_i = (y_{i1}, y_{i2})$의 자료를 완성하게 되는 것이다.

③ **비임의결측**(Missing Not At Random: MNAR): 위에서 제시한 MCAR과 MAR이 아닌 결측을 비임의결측이라 한다. 즉, 관측값이 결측일 확률은 결측치에 의존하는 경우를 의미하며, 다음과 같이 확률로 표시한다.

$$P(R_i \mid y_i^{(o)}, y_i^{(m)}, x_i, \psi) \neq P(R_i \mid y_i^{(o)}, {y'}_i^{(m)}, x_i, \psi)$$

예를 들면, 금연연구의 경우 $y_i = (y_{i1}, y_{i2})$에서 y_{i2}는 중도탈락이 일어나는 경우를 고려한다. 이 경우에 y_{i2}는 개체 i의 2번째 응답변수이다. 만약 중도탈락이 MAR인 경우이면,

$$\left[y_{i2} \mid y_{i1}, x_i, R_i = 0\right] = \left[y_{i2} \mid y_{i1}, x_i, R_i = 1\right]$$

이다. (y_{i1}, x_i)에 대한 동일한 값을 가진 개체 중 2번째 흡연에 의해 재발할 것으로 예상할 경우 이는 성립되지 않는다. 이에 대해서는 많은 경험적 증거가 존재한다.

정의 13.1 중도탈락 과정(dropout process)

$y_i = (y_{i1}, \ldots, y_{in})^T$은 i번째 개체의 시간 $t_1, \ldots, t_n$에서 측정된 응답변수 벡터이고, R_{ij}는 식 (13.1)에서 정의한 결측치를 위한 지시변수이다($R_{ij} = 1$은 관측된 경우, 0은 비관측된 경우). 만일 어떤 j $(1 < j < n)$에서 모든 $1 < k \leq n - j$에 대하여 $R_{ij} = 0 \Rightarrow R_{i,j+k} = 0$을 만족하면, 결측자료 과정은 중도탈락 과정이라 한다.

중도탈락과 다른 개념으로 간헐적 결측이 있다. 이는 어떤 j에 대해서 $R_{ij-1} = 1$,

$R_j = 0$, $k \geq 1$인 경우 $R_{j+k} = 1$일 때에 발생한다. 우리가 중도탈락 과정만을 고려한다면 결측치들의 단조성을 나타내게 된다.

> **정의 13.2** **단조 결측자료 패턴**
>
> 만약 각 개체에서 $R_{i1} = \cdots = R_{ij-1} = 1$이며, $R_{ij} = R_{ij+1} = \cdots = R_{in} = 0$을 만족하는 j번째 측정이 존재하면, 이 결측자료 패턴은 단조 결측자료(monotone missing data) 패턴이라 한다.

단조 결측자료 패턴에서 중도탈락이 일어난 시간은 $U = \min\{j : R_j = 0\}$이 된다.

실제로 완전 응답변수 자료에 대한 모형을 설명하는 모수 θ의 추론에 관심이 있다면, 여기서 완전 응답변수 자료에 대한 모형은

$$P(y_i | x_i, \theta) = P(y_{i1}, \ldots, y_{in} | x_i, \theta)$$

이다. 자료가 완전히 관측되면, $P(y_i | x_i, \theta)$는 직접적으로 기술될 수 있다. 하지만 자료가 완전히 관측되지 않으면, 결측치를 나타내는 지시변수인 R_i가 필요하게 되며, 완전자료는 (y, R, x)이 된다. 또한 $P(y, R | x, \omega)$의 분포를 가지게 되므로 θ는 ω의 함수가 되는 것이다($\theta = \theta(\omega)$).

> **정의 13.3** **완전자료 모형(full data model)**
>
> 공변량 x_i가 주어진 상태에서 응답변수 벡터 y_i와 결측치를 위한 지시변수 R_i의 결합분포(joint distribution), $P(y_i, R_i | x_i)$를 완전자료 모형이라 한다.

완전자료 모형은 완전 응답변수 자료 모형과 결측치와 결측자료 메커니즘의 곱으로 분해될 수 있다. 즉, 완전자료의 분포는 다음과 같이 표현할 수 있다.

$$P(y_i, R_i | x_i, \omega) = P(y_i | x_i, \theta(\omega)) P(R_i | y_i, x_i, \psi(\omega))$$

1. 이변량 응답변수(n =2)

앞에서 설명한 개념들을 이변량 응답변수를 이용하여 설명해보자. 개체 i에 대해서 응답변수 벡터는 $y_i = (y_{i1}, y_{i2})^T$이다. 여기서 y_{i1}은 항상 관측되는 것으로 가정하고, y_{i2}는 결측이 일어날 수 있다. 이러한 경우 결측치에 대한 지시변수는 y_{i2}가 관측되면 $R_i = 1$이고, 결측이면 0으로 정의한다. 그러면 개체 i의 완전자료는

$$F_i = (y_{i1}, y_{i2}, R_i, x_i)$$

이다. 개체 i의 관측된 자료(observed data)는

$$O_i = \begin{cases} (y_{i1}, y_{i2}, R_i, x_i), & \text{만약 } R_i = 1 \\ (y_{i1}, R_i, x_i), & \text{만약 } R_i = 0 \end{cases}$$

이다. 우리는 완전자료의 분포에 대한 추론에 초점을 맞춘다. 예를 들어, $E(y_{ij} | x_i, \beta)$를 추론하는 데 관심이 있다면, 이러한 추론은 가정된 완전자료 분포(full data model)와 결측에 대한 결측자료 메커니즘(missing data mechanism)에 의존하게 된다.

우선 일반적으로 많이 쓰는 가능도 방법을 이용한 추론을 생각해 보자. 우리의 관심모수는 완전 응답자료 모형의 모수인 θ이다. 자료에 결측치가 있을 때, 완전자료 분포는 $[y, R | x, \omega]$이며, 이 분포를 선택모형 분해(selection model factorization)를 이용하여 다음과 같이 표현할 수 있다(Little과 Rubin, 2002).

$$[y, R | x, \omega] = [y_1, y_2 | x, \theta(\omega)] \, [R | y_1, y_2, x, \psi(\omega)]$$

여기서 y는 y_i를 의미하며, 편의에 따라서 아래 첨자 i를 생략한 것이다.

Little과 Rubin(2002)은 모수 θ를 추정하기 위하여 $[y_1, y_2 | x, \theta(\omega)]$만을 고려하고 $[R | y_1, y_2, x, \psi(\omega)]$은 무시할 수 있는 조건을 제시하였고, 이를 무시가능 조건(ignorability condition)이라 한다. 그 조건은 다음과 같다.

- **무시가능 조건:** 결측자료 메커니즘이 다음의 조건을 만족하면 무시가능(ignorable)이라 한다.

- 결측자료 메커니즘이 MAR(MCAR도 포함)이다.
- 완전자료 모수 ω는 $\omega = (\theta, \psi)$로 분해될 수 있다. 여기서 θ는 $P(y|\theta)$의 모수이며, ψ는 $P(R|y, \psi)$의 모수이다. 즉, 모수 θ와 ψ는 서로 별개(disjoint)이다.

결측자료 메커니즘이 무시가능 조건을 만족하면 다음의 결과를 가진다.

① θ에 대한 추론은 가능도 함수를 기초로 하고 있다. 이 가능도 함수는 관측된 자료 응답모형(observed-data response model)에 비례하며, 관측된 자료 응답모형은 다음과 같다.

$$P(y^{(o)}|\theta) = \int P(y^{(o)}, y^{(m)}|\theta)dy^{(m)}$$

이변량 응답변수($n=2$)인 경우, y_{i2}가 결측인 개체 i의 완전자료 모형은 다음과 같다.

$$\begin{aligned} f(y_{i1}, r_i|\theta, \psi, x_i) &= \int f(y_{i1}, y_{i2}|x_i, \theta) f(r_i|y_{i1}, y_{i2}, x_i, \psi)dy_{i2} \\ &= \int f(y_{i1}, y_{i2}|x_i, \theta) f(r_i|y_{i1}, x_i, \psi)dy_{i2} \\ &= f(y_{i1}|x_i, \theta) f(r_i|y_{i1}, x_i, \psi) \end{aligned}$$

여기서 위의 첫 번째 식은 무시가능 조건 ②에 의해서, 두 번째 식은 MAR에 의해서 성립한다. 따라서 개체 i의 가능도 기여도는 다음과 같다.

$$L_i(\theta, \psi|y_i^{(o)}, r_i) \propto \{f(y_{i1}, y_{i2}|x_i, \theta)\}^{r_i}\{f(y_{i1}|x_i, \theta)\}^{1-r_i} f(r_i|y_{i1}, x_i, \psi)$$

이변량 정규분포를 따르는 $y_i = (y_{i1}, y_{i2})$에서 y_{i2}는 잠재적으로 결측치를 가지는 경우,

$$[y_i|x_i] \sim N(\mu_i, \Sigma)$$

이다. 만일 y_{i2}가 관측되면, $R_i = 1$로 정의한다. i번째 개체의 관측자료 로그 가능

도 기여분은 다음과 같다.

- $R_i = 1$인 경우,

$$-\frac{1}{2}\log|\Sigma| - \frac{1}{2}(y_i - \mu_i)^T\Sigma^{-1}(y_i - \mu_i)$$

- $R_i = 0$인 경우,

$$-\frac{1}{2}\log\sigma_{11} - \frac{1}{2}(y_{i1} - \mu_{i1})^2/\sigma_{11}$$

② 결측치 $y_i^{(m)}$은 완전자료 응답모형만을 이용하여 관측값 $y_i^{(o)}$로부터 대체(imputation) 또는 외삽법(extrapolation)으로 대체될 수 있다.

$$\begin{aligned}
P(y_i^{(m)}|y_i^{(o)}, r_i, \omega) &= \frac{P(y_i^{(m)}, y_i^{(o)}, r_i|\omega)}{P(y_i^{(o)}, r_i|\omega)} \\
&= \frac{P(r_i|y_i^{(o)}, y_i^{(m)}, \psi)P(y_i^{(o)}, y_i^{(m)}|\theta)}{P(r_i|y_i^{(o)}, \psi)P(y_i^{(o)}|\theta)} \quad (separation\ of\ \omega = (\theta, \psi)) \\
&= \frac{P(y_i^{(o)}, y_i^{(m)}|\theta)}{P(y_i^{(o)}|\theta)} \qquad (by\ MAR) \\
&= P(y_i^{(m)}|y_i^{(o)}, \theta)
\end{aligned}$$

$n = 2$인 경우에서 MAR을 가정하면,

$$P(y_{i2}|y_{i1}, r_i = 0, \theta) = P(y_{i2}|y_{i1}, r_i = 1, \theta)$$

따라서 y_{i2}의 결측치는 $P(y_{i2}|y_{i1}, r_i = 1, \theta)$으로부터 추출하여 대체한다.

이변량 정규분포에서 혼합모형 분해(mixture model factorization)를 이용하여 다음과 같이 표현된다.

$$\begin{aligned}
[y_1, y_2, R|x] &= [y_1, y_2|R, x][R|x] \\
&= [y_2|y_1, R, x][y_2|R, x][R|x]
\end{aligned}$$

여기서

$$[y_1, y_2 | R = r, x] \sim N(\mu_r, \Sigma_r)$$
$$[y_2 | y_1, R = r, x] \sim N(\mu_{2r}, \sigma_{2r}^2)$$
$$[y_1 | R = r, x] \sim N(\mu_{1r}, \sigma_{1r}^2)$$

이며, $\mu_{2r} = \beta_{0r} + \beta_{1r} y_1 + \beta_{2r} x$, $\mu_{1r} = \alpha_{0r} + \alpha_{1r} x$이다.

MAR 가정하에서는 $[y_2 | y_1, R = 1, x] = [y_2 | y_1, R = 0, x]$이 성립한다. 즉, $\sigma_{21} = \sigma_{20}$와 $\beta_{j1} = \beta_{j0}$ $(j = 0,1,2)$이다.

이변량 이진자료를 위한 로지스틱 임의효과 모형에서 η_i를 임의효과로 하면, (y_i, R_i, η_i)의 결합분포는

$$[y_i, \eta_i, R_i | x_i] = [R_i | y_i, \eta_i, x_i] \, [y_i | \eta_i, x_i] \, [\eta_i | x_i]$$

이다. 여기서 $y_i = (y_{i1}, \ldots, y_{in})^T$이며 각각의 y_{ij}의 조건부 분포는

$$[y_{ij} | \eta_i, x_{ij} \beta] \sim Bernoulli(\mu_{ij}), \ \mu_{ij} = h(x_{ij}^T \beta + z_{ij}^T \eta_i)$$

이다. MAR 가정하에서 $[R_i | y_i, \eta_i, x_i] = [R_i | y_{i1}, x_i]$이며, R_i는 η_i를 통해서 y_{i2}에 의존할 수 있으므로 이 분포는 η_i에 의존하지 않는다.

결측자료 메커니즘에서 완전자료모형은 그 분해방법에 따라서 크게 **선택모형**(selection model), **패턴 혼합모형**(pattern mixture model), **공유모수모형**(shared parameter model)으로 분류된다. 선택모형은 완전자료모형을 응답변수의 가능도 함수와 결측치 지시변수의 조건부 분포로 분해된다. 그 형태는 다음과 같다.

$$P(y, r | \omega) = P(y | \theta) P(r | y, \psi)$$

패턴 혼합모형은 결측치 지시변수의 주변분포와 각 패턴에 대한 응답변수의 조건부 분포의 형태로 분해된다. 그 형태는 다음과 같다.

$$P(y, r|\omega) = P(y|r, \alpha)P(r|\phi)$$

공유모수 모형은 공유 임의효과 b를 이용하여 y와 r의 완전자료모형을 다음과 같이 표현한다.

$$P(y, r|x, \omega) = \int P(y, r, b|x, \omega)db$$

이러한 모형들에 대한 구체적인 사용은 13.2, 13.3절에서 좀 더 구체적으로 제시하겠다.

- 외삽법 분해(extrapolation factorization): 완전자료모형은 또한 외삽법 분해에 의해서 다음과 같이 분해될 수 있다.

$$P(y, r|\omega) = P(y^{(o)}, r|\omega_o) \times P(y^{(m)}|y^{(o)}, r, \omega_E)$$

여기서 $\omega = (\omega_o, \omega_E)$이다. 따라서 완전자료모형은 관측자료($y^{(o)}$,$r$)의 분포와 결측자료 외삽에 대한 분포의 곱으로 표현되는 것이다. MAR하에서 위 식의 결측자료 외삽의 분포는 $P(y^{(m)}|y^{(o)}, r) = P(y^{(m)}|y^{(o)})$이다. 이는 관측된 응답변수로부터 결측 응답변수의 외삽은 결측자료의 패턴에 의존하지 않는다는 것을 의미한다.

- 민감모수(sensitivity parameter): Ω_o와 Ω_E를 각각 외삽법 분해의 모수들인 ω_o와 ω_E의 모수공간으로 정의하자. 그리고 Δ를 D의 공간에서의 $d \times 1$벡터라고 하자. 그리고 $g(\omega_o, \Delta) = \omega_E$을 만족하면 $g : \{\Omega_o \times D\} \rightarrow \Omega_E$ 함수로 정의한다. 이 경우 다음의 조건을 만족하면 모수 Δ를 민감모수라고 한다.

  ① 모수 Δ는 $P(\Delta|\omega_o, y^{(o)}, r) = P(\Delta|\omega_o)$을 만족한다는 점에서 식별불가능(non-identifiable)하다.

  ② 모수 ω_o는 식별가능(identifiable)하다.

  ③ 함수 $g(\omega_o, \Delta)$는 Δ에 대해서 일정하지 않다.

조건 ①에 있는 $P(\Delta|\omega_o, y^{(o)}, r) = P(\Delta|\omega_o)$의 의미는 민감모수 Δ는 관측응답변수 $y^{(o)}$에서 어떠한 정보도 얻을 수 없다는 의미이다. 조건 ②와 ③은 완전자료 모형이 고정된 Δ에 대해서 식별가능하다는 것을 의미한다.

예를 들면, $y_i = (y_{i1}, y_{i2})^T$이며 이변량 정규분포를 따른다고 가정하자.

$$y_i = (y_{i1}, y_{i2})^T \sim N(\mu, \Sigma),$$

여기서 $\mu = (\mu_1, \mu_2)^T$이며 Σ는 2×2인 공분산행렬이다. 결측치 지시변수 R_i는 다음과 같다.

$$R_i = \begin{cases} 1, \ y_{i2}\text{가 관측된 경우} \\ 0, \ y_{i2}\text{가 결측이 된 경우} \end{cases}$$

따라서 $R_i = 0$이라면 y_{i2}는 결측이다. 따라서, 패턴 혼합모형에서는 다음과 같이 가정한다.

$$y_{i2}|y_{i1}, R_i = 1 \ \sim \ N(\beta_0^{(1)} + \beta_1^{(1)} y_{i1}, \sigma_{2|1}^{(1)})$$

$$y_{i1}|R_i = r \ \sim \ N(\mu_1^{(r)}, \sigma_{11}^{(r)}), \ r = 0, 1$$

$$R_i \sim Bernoulli(\phi)$$

단순하게 외삽의 모형으로 정규분포을 가정한다.

$$y_{i2} \mid y_{i1}, R_i = 0 \ \sim N(\beta_0^{(0)} + \beta_1^{(0)} y_{i1}, \sigma_{2 \mid 1}^{(0)})$$

이 경우에 $\omega_E = \left(\beta_0^{(0)}, \beta_1^{(0)}, \sigma_{2 \mid 1}^{(0)}\right)$이며, $\omega_o = \left(\beta_0^{(1)}, \beta_1^{(1)}, \sigma_{2 \mid 1}^{(1)}, \mu_1^{(0)}, \mu_1^{(1)}, \sigma_{11}^{(1)}, \sigma_{11}^{(0)}, \phi\right)$이다. 이제 $\omega_E = g(\omega_o, \Delta)$을 정의한다. 여기서 Δ는 결측자료 메커니즘에 대한 정보를 가진다. MAR에서 모형을 고정하기 위해서, $g(\omega_o, \Delta_0)$가 MAR을 의미하는 Δ_0이 존재한다.

$g(\omega_o, \Delta)$의 함수를 다음과 같이 정의한다.

$$g_1(\omega_o, \Delta) = \beta_0^{(1)} + \Delta_0$$

$$g_2(\omega_o, \Delta) = \beta_1^{(1)} + \Delta_1$$

$$g_3(\omega_o, \Delta) = \Delta_2 \sigma_{2 \mid 1}^{(1)}$$

그리고 $\omega_E = g(\omega_o, \Delta)$이므로

$$\beta_0^{(0)} = \beta_0^{(1)} + \Delta_0$$

$$\beta_1^{(0)} = \beta_1^{(1)} + \Delta_1$$

$$\sigma_{2 \mid 1}^{(0)} = \Delta_2 \sigma_{2 \mid 1}^{(1)}$$

여기서 $(\Delta_0, \Delta_1, \Delta_2)$는 민감모수이다. 그리고 $(\Delta_0, \Delta_1, \Delta_2) = (0,0,1)$이면, MAR을 의미한다. 따라서

$$P(y_{i2} \mid y_{i1}, R_i = 0) = P(y_{i2} \mid y_{i1}, R_i = 1)$$

이다.

▪ **일반적인 전략:** 외삽모형 분해를 통하여 완전자료 모형은

$$P(y, r \mid \omega) = P(y^{(m)} \mid y^{(o)}, r, \omega_E) P(y^{(o)}, r \mid \omega_o)$$

이다. 그러면 관측자료 모형은 패턴 혼합모형의 분해를 이용하여 관측자료 모형을 분해하는 것이 편리하다.

$$P(y^{(o)}, r \mid \omega_o) = P(y^{(o)} \mid r, \alpha) P(r \mid \phi).$$

여기서 외삽분포를 관측자료 분포의 함수로 표현하는 제한식별(identifying restrictions) 방법을 통하여 민감도 분석에 대한 시작점을 제공한다. 제한식별에는 이용

가능한 개체 결측값(available case missing value: ACMV) 제한, 비미래 의존성 가정(non-future dependence assumption: NFD)에 의한 제한식별(Kenward 등, 2003) 등이 있다. ACMV 제한은 단조 결측하에서 MAR 제한과 동일하다(Molenberghs 등, 1998). NFD 제한하에서 민감모수를 도입하고, 비식별 분포를 식별가능하게 만든다. 그리고 민감도 분석(sensitivity analysis)을 실시한다. 민감도 분석은 비식별 모수(민감모수) 값의 범위에서 그 값을 취할 때, 관심모수의 추정치가 어떻게 변하는지를 체크하는 것이다. 일반적으로 응답변수 모형이 정확하게 기술되었을 때에 그 추정치들이 유효하며, MNAR의 결측치를 가질 때 가정된 모형을 검정하기가 어렵기 때문에 민감도 분석을 수행할 것을 제안하는 것이다. 더 자세한 내용은 Molenberghs와 Verbeke(2005) 또는 Daniels와 Hogan(2008)을 참고하기 바란다.

02 무시가능 결측하에서 자료분석

무시가능 결측(ignorable missingness: IM)하에서 경시적 자료의 분석은 가능도에 기초한 방법과 GEE를 이용한 방법이 있으며, 이 두 방법 모두 개체당 다른 반복수를 가진 상황에서 사용할 수 있다. 하지만 GEE를 이용한 방법은 결측자료 메커니즘이 MCAR인 경우에 유효하고 MAR과 MNAR인 경우에는 추정치에 편향이 생길 수 있다. 이에 반해 가능도에 기초한 방법은 가능도 함수만 올바르게 가정되면, MAR인 경우에서도 올바른 추정을 할 수 있다.

결측자료 메커니즘이 MCAR, MAR, MNAR을 따르는지를 결정하는 것은 쉽지 않다. 우선 결측자료 메커니즘이 MCAR인지 MAR인지를 알아보기 위한 직관적인 방법은 완전개체(completer)만을 모은 집단과 결측이 있는 집단을 나눠서 완전히 응답된 다른 변수들의 분포를 비교해 보는 것이다. 이후 두 집단 간에 유의한 차이가 없다면 MCAR을 따른다고 할 수 있다(송주원과 안형진, 2009). 예를 들면, 예제 1.4의 정신분열증 자료에서 결측이 있는 그룹과 완전개체 그룹에 대한 항정신성 약물과 위약의 비율을 그룹 간에 비교하여 두 집단 간에 유의한 차이가 없다면 결측자료 메커니즘이 MCAR를 따른다고 할 수 있다. 이 방법은 직관적이지만, 실제 자료에서는 응답변수 여러 개가 있고 결측의 패턴이 다양하며, 각 응답변수별로 완전개체 집단과 결측개체 집단의 비교는 너무 많은 경우가 일반적이어서 이 방법을 적용하기가 쉽지 않은 것이 사실이다.

한편, 결측자료 메커니즘이 MAR을 따르는지 확인하는 연구가 있었으나 자료모형(data model)의 오지정(misspecification)에 대한 민감성(sensitivity) 문제로 인하여 일반적으로 사용되지 않는다(송주원과 안형진, 2009). 결측이 있는 자료분석에서 IM을 우선 가정한다. 이후 IM하에서 자료모형의 모수와 결측모형의 모수가 각 모형으로 분리될 수 있다. 따라서, 자료모형의 모수 추정 시에 결측모형을 무시할 수 있게 된다. IM을 적용할 수 있도록, 즉 MAR을 만족하기 위해서 결측치 발생에 연관된 변수들을 자료에 포함시키는 분석을 시행해야 한다. 하지만 이 변수들의 선택에 따라서 결측자료 메커니즘이 바뀔 수 있다는 한계가 있다. 결과적으로 결측자료의 분석에서 결측자료 메커니즘이 MNAR을 피하고 MAR이 되도록 결측에 관련된 변수들을 가능한 모두 포함시키는 것이 중요하다(송주원과 안형진, 2009).

이번 절에서는 결측치가 IM일 때, 자료분석에 쓰이는 가능도를 기초로 한 모형과 GEE 방법을 기초로 한 모형을 제시한다.

1. 가능도에 기초한 방법

IM하에서 개체 i의 $y_i^{(o)}$와 r_i의 분포는

$$
\begin{aligned}
f(y_i^{(o)}, r_i | \theta, \psi, x_i) &= \int f(y_i^{(o)}, y_i^{(m)} | x_i, \theta) f(r_i | y_i^{(o)}, x_i, \psi) dy_i^{(m)} \\
&= f(y_i^{(o)} | x_i, \theta) f(r_i | y_i^{(o)}, x_i, \psi)
\end{aligned}
$$

임을 알 수 있었다. 이 결과는 13.3절에서 보게 될 선택모형(selection of model)을 이용하여 분포를 구한 결과이다. 따라서 로그 가능도를 이용하여 모수 θ를 추정할 때, R_i의 분포는 기여하지 않음을 알 수 있다. 즉, IM하에서 모수 θ에 대한 추정 시에는 $f(y_i^{(o)} | x_i, \theta)$만을 고려하면 된다. 여기서 모수 θ는 평균모수와 반복 측정치들의 의존성을 나타내는 모든 모수를 포함한 것이다.

경시적 자료분석에서 분석의 주된 관심이 평균의 추정에 있을 때, 반복 측정치들의 의존성에 대한 모수는 장애모수(nuisance parameter)로 간주한다. 하지만 이러한 의존성을 올바르게 가정하여야 평균모수의 추정에 효율성을 얻는다는 것은 앞의 여러 모형에서 알 수 있었다. 결측치를 가지는 경시적 자료에서 이 의존성은 평균모수의 효율성뿐만 아니라 편향에도 영향을 준다. 따라서 **결측치가 있는 경우, 반복 측정치들의 의존성을 올바르게 가정**하여야 한다. 그렇지 않으면 평균모수의 추정량에 편향이 발생할 수 있다. 예를 들어, IM하에서의 이변량 정규분포를 가정하자.

$$y_i = (y_{i1}, y_{i2})^T \sim N(\mu, \Sigma)$$

여기서 $\mu = (\mu_1, \mu_2)^T$이며 Σ는 2×2 공분산행렬이다. 이변량 정규분포의 성질에 의해서

$$E(y_{i2} | y_{i1}) = \mu_2 + \phi_{21}(y_{i1} - \mu_1)$$

이다. 만일 앞의 m_1개는 (y_{i1}, y_{i2}) 모두 관측되었고, 나머지는 y_{i1}만 관측되었다고 가정하자. 즉, 관측된 y_i는 $(y_{11}, y_{12}), \ldots, (y_{m_1 1}, y_{m_1 2}), y_{m_1+1,1}, \ldots, y_{m1}$이다. 그러면 μ_2의 추정량은

$$\hat{\mu}_2 = \frac{1}{m}\left[\sum_{i=1}^{m_1} y_{i2} + \sum_{i=m_1+1}^{m}\left\{\frac{1}{m_1}\sum_{i=1}^{m_1} y_{i2} + \phi_{21}\left(y_{i1} - \frac{1}{m_1}\sum_{i=1}^{m_1} y_{i1}\right)\right\}\right] \qquad (13.2)$$

이다. MAR하에서 의존성 모수 ϕ_{21}이 올바르게 가정되면, $\hat{\mu}_2 \to^p \mu_2$이다. 이를 증명하기 위해서 MAR하에서 다음의 결과가 성립한다.

$$E(y_{i2} | y_{i1}, R_i = 1) = E(y_{i2} | y_{i1}, R_i = 0)$$

이 결과는

$$\mu_2^c - \mu_2^D = \phi_{21}(\mu_1^c - \mu_1^D) \qquad (13.3)$$

을 의미하며, 여기서 $\mu_j^c = E(y_{ij}|R_i=1)$, $\mu_j^D = E(y_{ij}|R_i=0)$, $\mu_j = E(y_{ij})$, $j=1,2$ 이다. 그러면

$$\begin{aligned}
E(\hat{\mu}_2) &= \frac{1}{m}\left[m_1\mu_2^c + (m-m_1)\left\{\mu_2^c + \phi_{21}\left(\mu_1^D - \mu_1^c\right)\right\}\right] \\
&= \frac{1}{m}\left[m_1\mu_2^c + (m-m_1)\left\{\mu_2^c - \mu_2^c + \mu_2^D\right\}\right] \ by\,(13.3) \\
&= \frac{1}{m}\left[m_1\mu_2^c + (m-m_1)\mu_2^D\right] \\
&\to \pi\mu_2^c + (1-\pi)\mu_2^D = \mu_2,
\end{aligned}$$

여기서 $\pi = P(R_i = 1)$이다.

주의 IM하에서 우리는 다음의 몇 가지 주의해야 할 사항이 있다.

① 만일 ϕ_{21}이 틀리게 가정되었다면, (13.2)의 추정량 $\hat{\mu}_2$은 MAR하에서 편향 추정량이 된다. 즉, MAR하에서 $\phi_{21}^* = \phi_{21}^{(0)} + k$을 가정한다. 여기서 $\phi_{21}^{(0)}$는 참값이다. MAR하에서 $E(y_{i2}|y_{i1}, R_i=1) = E(y_{i2}|y_{i1}, R_i=0)$이므로 다음의 결과를 얻는다.

$$\mu_2^c - \mu_2^D = \phi_{21}^{(0)}(\mu_1^c - \mu_1^D) \tag{13.4}$$

그러면

$$\begin{aligned}
E(\hat{\mu}_2) &= \frac{1}{m}\left[m_1\mu_2^c + (m-m_1)\left\{\mu_2^c + \phi_{21}^*\left(\mu_1^D - \mu_1^c\right)\right\}\right] \\
&= \frac{1}{m}\left[m_1\mu_2^c + (m-m_1)\left\{\mu_2^c + \phi_{21}^{(0)}\left(\mu_1^D - \mu_1^c\right) + k\left(\mu_1^D - \mu_1^c\right)\right\}\right] \ by\,(13.4) \\
&= \frac{1}{m}\left[m_1\mu_2^c + (m-m_1)\left\{\mu_2^D + k\left(\mu_1^D - \mu_1^c\right)\right\}\right] \\
&\to \pi\mu_2^c + (1-\pi)\mu_2^D + (1-\pi)k\left(\mu_1^D - \mu_1^c\right) \\
&= \mu_2 + (1-\pi)k\left(\mu_1^D - \mu_1^c\right),
\end{aligned}$$

여기서 $(1-\pi)k(\mu_1^D-\mu_1^c)$는 $\hat{\mu}_2$의 편향을 나타낸다. 이 결과로부터 $\pi=1$ 또는 $\mu_1^D-\mu_1^c=0$이면, 편향이 없게 된다. 또는 MCAR($\mu_1^D=\mu_1^c$인 경우)이라면 편향이 없게 된다. 따라서 IM의 결측치를 가지는 경우, MAR과 MCAR의 결측치에 따라서 편향이 나타날 수 있는 것이다.

김양진(2020)과 Hedeker와 Gibbons(2006)은 모의실험을 통해서 MCAR, MAR, MNAR의 결측치를 가지는 자료에서 선형혼합모형과 GEE를 이용한 모형을 적합하여 모수 추정치의 편향을 조사하였다. 적합한 선형혼합모형은 가능도를 기반으로 한 모형이었고, 반복 측정치들의 상관관계를 임의효과로 참 모형의 것과 일치하게 하였기에 MCAR과 MAR에서는 거의 불편추정량을 보였다. 하지만 MNAR에서는 많은 편향이 있음을 알 수 있다. GEE를 적합한 경우, MAR과 MNAR에서 심각한 편향이 있음을 알 수 있다.

② 모형에서 평균모수(θ)와 의존성을 나타내는 모수(ϕ)가 서로 직교한다고 가정한다. 이 경우에 의존성 모수인 ϕ가 틀리게 가정되어도, 평균모수의 MLE는 일치추정량이다(Firth, 1987). 그 내용은 다음과 같다.

정리 13.1 θ_0를 평균모수의 참값이라 하고, ϕ^*에 대해서는 의존성 모수를 위한 임의의 값이라 하자. 만일 모든 θ_0와 ϕ^*에 대해서

$$E_{\theta_0,\phi^*}\left(\frac{\partial l(\theta,\phi)}{\partial\theta\partial\phi}\right)=0$$

이 만족하면, 의존성 모수가 틀렸음에도 불구하고, 평균모수의 MLE는 일치추정량이다. 증명은 Firth(1987)를 참고하기 바란다. 정리 13.1의 조건을 만족하면, 다음의 결과를 가진다.

① $U(\theta,\phi)=0$은 모든 ϕ에서 θ의 불편 추정식이다. 여기서 $U(\theta,\phi)=\partial l(\theta,\phi)/\partial\theta$이다.

② 모든 ϕ에 대해서 θ의 MLE는 일치추정량이다. 즉, $\hat{\theta}\to^p\theta_0$이다.

예제 13.1

응답변수 벡터 y_i의 분포는 다변량 정규분포이며 다음과 같다.

$$y_i = (y_{i1}, ..., y_{in})^T \sim N(X\beta, \Sigma(\alpha))$$

전체 모수벡터 $\theta = (\beta, \alpha)$라고 하면, β와 α는 각각 평균모수와 의존성 모수가 된다. 결측치가 없는 완전자료인 경우, 피셔의 정보행렬로부터 모든 α에 대해서 $I_{\beta,\alpha} = 0$이다. 그러면 정리 13.1에 의해서 $\Sigma(\alpha)$가 잘못 가정되어도, β의 MLE인 $\hat{\beta}$은 일치추정량이다.

만일 결측치가 IM을 가정하면, 관측자료를 이용한 로그 가능도 함수 l_{obs}의 피셔 정보행렬에 일부인

$$I_{\beta,\alpha}^{obs}(\beta,\alpha) = E\left\{-\frac{\partial^2 l_{obs}(\beta,\alpha)}{\partial\beta\partial\alpha^T}\right\}$$

는 더 이상 0이 아니다. 심지어 $\Sigma(\alpha)$가 참값을 가져도 0이 아니다(Little과 Rubin, 2002). 따라서 평균모수 β의 MLE의 일치성을 주장할 수 없게 된다. 이 경우에는 반복 측정된 응답변수들의 상관관계를 나타내는 $\Sigma(\alpha)$를 정확하게 가정하여 적합하여야만 β의 MLE에 대한 편향을 줄일 수 있는 것이다.

이러한 결과를 좀 더 자세히 알아보기 위해서 앞서 보았던 y_i가 이변량 정규분포를 따른다는 예제를 보자.

$$y_i = (y_{i1}, y_{i2})^T \sim N(\mu, \Sigma)$$

여기서 $\mu = (\mu_1, \mu_2)^T$이며 Σ는 2×2인 공분산행렬이다. 그리고 m_1개는 (y_{i1}, y_{i2}) 모두 관측되었고, 나머지는 y_{i1}만 관측되었다고 가정하자. 즉, 관측된 y_i는 $(y_{11}, y_{12}), ...,$ $(y_{m_1 1}, y_{m_1 2}), y_{m_1+1,1}, ..., y_{m1}$이다. 따라서 결측치 지시변수 R_i는 다음과 같다.

$$R_i = \begin{cases} 1, i = 1, ..., m_1 \ (y_{i2}\text{가 관측된 경우}) \\ 0, i = m_1 + 1, ..., n \ (y_{i2}\text{가 결측이 된 경우}) \end{cases}$$

완전한 자료의 경우, y_{i1}이 주어진 상태의 y_{i2}의 조건부 분포는 다음의 식에 비례한다.

$$\exp\left[-\frac{1}{2\sigma_{2\mid 1}}\sum_{i=1}^{m}\{y_{i2}-\mu_2-\phi_{21}(y_{i1}-\mu_1)\}^2\right] \tag{13.5}$$

여기서 $\sigma_{2|1}=\sigma_{22}-\sigma_{21}\sigma_{11}^{-1}\sigma_{12}$, $\phi_{21}=\sigma_{12}/\sigma_{11}$이다. y_{i2}의 조건부 분포에서 모수 μ_2와 ϕ_{21}은 직교한다.

MAR하에서 식 (13.5)와 유사하게 y_{i2}의 조건부 분포는 다음의 식에 비례한다.

$$\exp\left[-\frac{1}{2\sigma_{2|1}}\sum_{i=1}^{m_1}\{y_{i2}-\mu_2^c-\phi_{21}(y_{i1}-\mu_1^c)\}^2\right]$$

여기서 $\mu_j^c=E(y_{ij}|R_i=1)$, $j=1,2$이다. 이때, 모수 μ_2^c와 ϕ_{21}은 직교하지만 μ_2와 ϕ_{21}은 직교하지 않는다. 왜냐하면 μ_2는 ϕ_{21}의 함수이며, 다음과 같기 때문이다.

$$\mu_2=\mu_2^c-\phi_{21}(1-\pi)(\mu_1^c-\mu_1^D)$$

만일 $\pi=1$(결측치가 없는 경우)이고, $\mu_2=\mu_2^c$이면, 앞의 완전한 자료가 되어 μ_2와 ϕ_{21}은 직교하게 된다. 또한 MCAR인 경우, $\mu_1^c-\mu_1^D=0$이므로 μ_2는 더 이상 ϕ_{21}에 의존하지 않으므로 μ_2와 ϕ_{21}은 직교하게 된다.

일반적으로 IM하에서 가능도를 기반으로 하는 모형에서는 $f(y_i^{(o)}|x_i,\theta)$와 $f(r_i|y_i^{(o)}, x_i,\psi)$는 분리되므로 모수 θ의 추정 시에 $f(r_i \mid y_i^{(o)}, x_i, \psi)$는 무시할 수 있고, 단지 응답변수들의 의존성에 신경을 써야 하는 것이다. 따라서 앞의 장에서 가능도 방법을 이용한 모든 모형들은 IM하에서 경시적 자료를 분석한 것이나 마찬가지가 되는 것이다.

가능도 방법을 기초로 한 방법에는 앞서 기술한 $f(y_i^{(o)}|x_i,\theta)$만을 이용하여 최대 가능도 추정량을 구하는 방법 이외에도 EM−알고리즘(expectation−maximization algorithm)을 이용하는 방법(Dempster 등, 1977), 다중대체(multiple imputation) 방법(Little과 Rubin, 2002)이 있다. 더 자세한 설명은 Little과 Rubin(2002)을 참고하기 바란다.

2. GEE를 이용한 방법

GEE는 결측자료 메커니즘이 MCAR인 경우에 사용될 수 있다고 하였다. 하지만 일반적인 경시적 자료에서 MCAR인 경우는 매우 드물며, 주로 MAR이거나 MNAR인 경우가 대부분이다. 이번 절에서는 우선 MAR하에서는 GEE를 어떻게 사용하는지를 보인다.

MAR하에서 GEE에 의한 추정량은 편향이 있을 수 있다. 이를 해결하기 위한 방법으로 역확률 가중(inverse probability weighting: IPW)이 제안되었다(Robins 등, 1995). IPW−GEE는 주로 단조 결측자료(monotone missing data) 패턴에서 사용된다.

우선 IPW−GEE는 일반적인 GEE 추정량의 편향을 보정하기 위한 자료의 관측확률의 역수를 가중값으로 이용하고, 그 개체에 가중치를 부여하여 관측된 자료를 확대하는 것이다. 우선 7.1절에서 평균모수인 β를 추정하기 위한 GEE는 다음과 같았다.

$$\sum_{i=1}^{m} D_i^T V_i^{-1}\{y_i - \mu_i(\beta)\} = 0$$

여기서

$$y_i = \left(y_{i1}, \ldots, y_{in_i}\right)^T,\ \mu_i(\beta) = \left(\mu_{i1}(\beta), \ldots, \mu_{in_i}(\beta)\right)^T,\ D_i = \frac{\partial \mu_i}{\partial \beta} = \left(D_i(j,k)\right)$$

$$D_i(j,k) = \frac{\partial \mu_{ij}}{\partial \beta_k},\ j = 1, \ldots, n_i,\ k = 0, \ldots, p-1$$

$$V_i = V_i(\beta, \alpha, \phi) = C_i^{1/2} R_i(\alpha) C_i^{1/2}$$

이다. IPW−GEE는 다음과 같다.

$$\sum_{i=1}^{m} D_i^T V_i^{-1} R_i W_i \{y_i - \mu_i(\beta)\} = 0 \tag{13.6}$$

여기서 $R_i = diag\left\{R_{i1}, \ldots, R_{in_i}\right\}$이고, $W_i = diag\left\{w_{i1}, \ldots, w_{in_i}\right\}$이다. 또한, w_{ij}는 가중치이며 다음과 같다.

$$w_{ij} = \frac{1}{P(R_{ij}=1 \mid y_i^{(o)})}$$

w_{ij}는 j번째 응답변수가 관측될 확률이 높을수록 1로 줄어들게 된다. 하지만 확률이 낮을수록 w_{ij}의 값은 커지게 됨을 알 수 있다. 이는 결측치가 많은 경우에 관측된 응답변수에 GEE의 가중치를 더 많이 주는 원리이다. 이 W_i의 선택하는 방식으로 Lin과 Rodriguez(2015)은 관측치별 가중치와 개체별 가중치를 제시하였다. 여기서 모든 결측은 중도탈락이라 가정한다. 가중치 w_{ij}를 계산하기 위해서 조건부 관측확률을 다음과 같이 정의한다.

$$\lambda_{ij} = P(R_{ij}=1 \mid R_{ij-1}=1, y_i, x_i)$$

여기서 MAR하에서 $\lambda_{ij} = P(R_{ij}=1 | R_{ij-1}=1, y_{i1}, \ldots, y_{ij-1}, x_i)$을 만족하며, 이 확률은 다음의 로지스틱 모형을 적용할 수 있다.

$$logit\,\lambda_{ij} = z_{ij}^T \gamma$$

여기서 $z_{ij}^T = (x_{ij}^T, y_{i1}, \ldots, y_{ij-1}, R_{ij-1})$이다. 그러면 $P(R_{ij}=1 | y_i^{(o)})$는 다음과 같이 계산할 수 있다.

$$P(R_{ij}=1 \mid x_i, y_i^{(o)}) = \lambda_{i1}(\gamma) \times \cdots \times \lambda_{ij}(\gamma)$$

IPW-GEE의 추정량의 표준오차를 계산하기 위해서 샌드위치 추정량을 이용할 수 있다. γ은 가중치 w_{ij}를 계산하기 위한 모형의 모수라 하고, 전체 모수 $\theta = (\beta^T, \gamma^T)^T$라 하자. 그러면 θ의 추정량 $\hat{\theta}$은 w_{ij}를 계산하기 위한 모형에서 γ를 추정하고, 추정방정식을 구성하여 β를 추정하는 것이다. 그리고 추정량의 표준오차는 샌드위치 추정량의 형태를 취하게 된다. 또 다른 표준오차의 계산은 잭나이프 분산 추정량을 이용하는 것이다. 그 추정량은 다음과 같다.

$$\sum_{i=1}^{m} (\hat{\theta}_{-i} - \hat{\theta})(\hat{\theta}_{-i} - \hat{\theta})^T$$

여기서 $\hat{\theta}_{-i}$는 i번째 개체의 자료를 제외하고 구한 모수의 추정량을 의미한다.

$y_i = (y_{i1}, y_{i2})^T$인 이변량 자료를 가정하자. 여기서 y_{i1}은 항상 관측된 자료이며, y_{i2}는 결측이 있을 수 있는 경우이다. 그리고 R_i는 y_{i2}의 관측여부를 나타내는 지시변수라면, MCAR하에서 일반적인 GEE는 다음과 같다.

$$\sum_{i=1}^{m} \frac{\partial \mu_i^T}{\partial \beta} \begin{pmatrix} 1 & 0 \\ 0 & r_i \end{pmatrix} (y_i - p_i) = 0$$

여기서 $p_i = E(y_i | x_i)$이다.

MAR하에서 IPW−GEE는 다음과 같다.

$$\sum_{i=1}^{m} \frac{\partial \mu_i^T}{\partial \beta} \begin{pmatrix} 1 & 0 \\ 0 & r_i / \pi_i(y_{i1}, x_i) \end{pmatrix} (y_i - p_i) = 0$$

여기서 $\pi_i(y_{i1}, x_i) = P(R_i = 1 | y_{i1}, x_i)$이다.

예제 **13.2**

예제 1.4에서 본 정신분열증 자료는 앞서 경시적 순서화 자료로 간주하여 분석하였다. 여기서는 Gibbons과 Hedeker(1994)에서 분석한 것과 같이 경시적 이진자료로 변환하여 분석하고자 한다. 이진자료에서는 총 381명의 환자 중 293명은 항정신성 약물을 투여받은 그룹이며, 93명은 위약을 받은 그룹이다. 응답변수는 순서화 자료에서 4 이상으로 응답한 경우는 1로, 나머지는 0으로 하여 분석하였다. 즉, y_{ij}는 0 또는 1이며, $j = 1, \ldots, 4$이다. 자료에서 결측치들이 존재하면, 이 결측치들은 MAR을 가정한다. 따라서, IPW-GEE에서 가정된 주변모형과 중도탈락을 위한 모형은 다음과 같다.

$$logit\, P(y_{ij} = 1 | x_{ij}) = \beta_0 + \beta_1 SWeek_{ij} + \beta_2 TxDrug_i + \beta_3 SWeek_{ij} \times TxDrug_i,$$

$$logit\, P(R_{ij} = 1) = \gamma_0 + \gamma_1 TxDrug_i + \gamma_2 SWeek_{ij}$$
$$+ \gamma_3 y_{ij-1} + \gamma_4 y_{ij-2} 1_{(j>2)} + \gamma_5 y_{ij-3} 1_{(j>3)}$$

위 식에 있는 대부분의 공변량들은 7.4절의 분석시에서 정의된 것들이다. 부가적으로 $1_{(A)}$는 지시함수로 조건 A를 만족하면 1이며, 아니면 0을 가진다. 이 모형을 적합하기 위해 R library wgeesel의 함수 wgee()를 이용한다. 해당 R code와 결과는 아래와 같다. IPW-GEE를 이용하여 적합한 주변모형과 중도탈락을 위한 모형은 다음과 같다.

$$logit\,\hat{P}(y_{ij}=1|x_{ij}) = 3.173^{*} - 1.169^{*}SWeek_{ij} - 0.359\,TxDrug_i$$
$$- 0.248\,SWeek \times TxDrug_i$$
$$logit\,P(R_{ij}=1) = 6.913^{*} + 0.847^{*}\,TxDrug_i - 2.893^{*}SWeek_{ij}$$
$$+ 0.753^{*}\,y_{ij-1} - 0.674\,y_{ij-2}1_{(j>2)} + 1.728^{*}\,y_{ij-3}1_{(j>3)}$$

여기서 *는 5% 유의수준하에서 Wald 검정에서 유의한 경우를 나타낸다. 이 결과에서 항정신성 약물($TxDrug_i = 1$)을 투여한 그룹일수록, 주 차가 적을수록 중도탈락이 덜 일어남을 알 수 있다. 또한 직전의 응답변수의 값이 클수록, lag가 3 차이 나는 응답변수의 값이 클수록 중도탈락이 덜 일어남을 알 수 있다. 주변모형에서는 항정신성 약물을 투여한 그룹에서 변환한 주 차($\sqrt{Week_{ij}}$)가 1 증가함에 따라 로그 오즈는 −1.417 변함을 알 수 있다. 또한, 위약을 투여한 그룹에서 로그 오즈는 −1.169 변함을 알 수 있다.

일반적인 GEE1을 적합한 결과는 아래와 같으면 적합된 회귀계수값은 약간의 차이를 보이고 있다. 회귀계수의 표준오차는 IPW-GEE에서 조금 더 작게 추정됨을 알 수 있다. 따라서 IPW-GEE가 일반적인 GEE에 비해서 좀 더 정밀하다는 것을 알 수 있다.

$$logit\,\hat{P}(y_{ij}=1|x_{ij}) = 3.107^{*} - 1.100^{*}SWeek_{ij} - 0.258\,TxDrug_i$$
$$- 0.345\,SWeek \times TxDrug_i$$

R 코드

in ▸

```
# Fitting IPW-GEE using binary data
# under MAR

library(wgeesel)
```

```
data(imps)
imps[1:10,]

imps$subject <-imps$ID
lag1y <- ylag(imps$ID,imps$Y,1) ###create lagged y(t-1)##
lag2y <- ylag(imps$ID,imps$Y,2,na=F) ###create lagged y(t-2)I(t>2)##
lag3y <- ylag(imps$ID,imps$Y,3,na=F) ###create lagged y(t-3)I(t>3)##
imps_new <- cbind(imps,lag1y,lag2y,lag3y)

# Fit IPW-GEE
fit <-wgee(Y~Time+Drug+Drug:Time, data=imps_new,
         imps_new$ID,family="binomial",corstr ="ar1",scale = NULL,
         mismodel=R~Drug+Time+lag1y+lag2y+lag3y)

summary(fit)
summary(fit$mis_fit)

# Fit GEE
library (gee)
fit0 <- gee(Y~Time+Drug+Drug:Time,
         scale.fix=TRUE,cor="AR-M",
         id=imps_new$ID,data=imps_new,family="binomial")
summary(fit0)
```

out ▸

```
> # Fitting IPW-GEE using binary data
> # under MAR
>
> library(wgeesel)
> data(imps)
> imps[1:10,]
     ID IMPS79 Week Drug Sex R     Time Y
1  1103    5.5    0    1   1 1 0.000000 1
2  1103    3.0    1    1   1 1 1.000000 0
3  1103    2.5    3    1   1 1 1.732051 0
4  1103    4.0    6    1   1 1 2.449490 1
5  1104    6.0    0    1   1 1 0.000000 1
6  1104    3.0    1    1   1 1 1.000000 0
7  1104    1.5    3    1   1 1 1.732051 0
8  1104    2.5    6    1   1 1 2.449490 0
9  1105    4.0    0    1   1 1 0.000000 1
10 1105    3.0    1    1   1 1 1.000000 0
>
> imps$subject <-imps$ID
```

```
> lag1y <- ylag(imps$ID,imps$Y,1) ###create lagged y(t-1)##
> lag2y <- ylag(imps$ID,imps$Y,2,na=F) ###create lagged y(t-2)I(t>2)##
> lag3y <- ylag(imps$ID,imps$Y,3,na=F) ###create lagged y(t-3)I(t>3)##
> imps_new <- cbind(imps,lag1y,lag2y,lag3y)
>
> # Fit IPW-GEE
> fit <-wgee(Y~Time+Drug+Drug:Time, data=imps_new,
+          imps_new$ID,family="binomial",corstr ="ar1",scale = NULL,
+          mismodel=R~Drug+Time+lag1y+lag2y+lag3y)
>
> summary(fit)
Call:
wgee(model = Y ~ Time + Drug + Drug:Time, data = imps_new, id =
imps_new$ID,
    family = "binomial", corstr = "ar1", scale = NULL,
    mismodel = R ~ Drug + Time + lag1y + lag2y + lag3y)

             Estimates Robust SE  z value  Pr(>|z|)
(Intercept)     3.1728    0.4020    7.892  <2e-16 ***
Time           -1.1687    0.2085   -5.606  2e-08 ***
Drug           -0.3589    0.4377   -0.820  0.412
Time:Drug      -0.2478    0.2294   -1.080  0.280
---
Signif. codes:  0 '***' 0.001 '**' 0.01 '*' 0.05 '.' 0.1 ' ' 1

 Estimated Scale Parameter:  0.9561

 Estimated Correlation:  0.4192
> summary(fit$mis_fit)

Call:
glm(formula = mismodel, family = binomial(), data = data[adjusted_idx,
    ])

Deviance Residuals:
     Min        1Q    Median        3Q       Max
-2.40260   0.08505   0.33883   0.41644   1.21762

Coefficients:
            Estimate  Std. Error  z value  Pr(>|z|)
(Intercept)   6.9131      1.1989    5.766  8.12e-09 ***
Drug          0.8472      0.2640    3.210  0.001329 **
Time         -2.8932      0.6419   -4.507  6.57e-06 ***
lag1y         0.7533      0.2749    2.741  0.006131 **
```

```
lag2y          -0.6737      0.3649   -1.846  0.064900 .
lag3y           1.7280      0.5063    3.413  0.000642 ***
---
Signif. codes:  0 '***' 0.001 '**' 0.01 '*' 0.05 '.' 0.1 ' ' 1

(Dispersion parameter for binomial family taken to be 1)

    Null deviance: 561.17  on 1121  degrees of freedom
Residual deviance: 485.06  on 1116  degrees of freedom
AIC: 497.06

Number of Fisher Scoring iterations: 7

> # Fit GEE
> fit0 <- gee(Y~Time+Drug+Drug:Time,
+             scale.fix=TRUE,cor="AR-M",
+             id=imps_new$ID,data=imps_new,family="binomial")
Beginning Cgee S-function, @(#) geeformula.q 4.13 98/01/27
running glm to get initial regression estimate
(Intercept)        Time        Drug   Time:Drug
  3.0672747  -1.0847017  -0.2277236  -0.3367334
> summary(fit0)

 GEE:  GENERALIZED LINEAR MODELS FOR DEPENDENT DATA
 gee S-function, version 4.13 modified 98/01/27 (1998)

Model:
 Link:                      Logit
 Variance to Mean Relation: Binomial
 Correlation Structure:     AR-M , M = 1

Call:
gee(formula = Y ~ Time + Drug + Drug:Time, id = imps_new$ID,
    data = imps_new, family = "binomial", corstr = "AR-M", scale.fix =
TRUE)

Summary of Residuals:
        Min          1Q      Median          3Q         Max
-0.95717955 -0.33476543  0.05472872  0.19692867  0.66523457

Coefficients:
              Estimate  Naive S.E.    Naive z  Robust S.E.    Robust z
(Intercept)  3.1069752   0.4247252   7.315260    0.3890314   7.9864384
Time        -1.0997906   0.2105701  -5.222919    0.2010269  -5.4708620
```

```
Drug       -0.2578918  0.4717824 -0.546633   0.4269754 -0.6039969
Time:Drug  -0.3436909  0.2358304 -1.457365   0.2217831 -1.5496714

Estimated Scale Parameter:  1
Number of Iterations:  3

Working Correlation
           [,1]      [,2]      [,3]       [,4]
[1,] 1.00000000 0.3726161 0.1388427 0.05173504
[2,] 0.37261609 1.0000000 0.3726161 0.13884275
[3,] 0.13884275 0.3726161 1.0000000 0.37261609
[4,] 0.05173504 0.1388427 0.3726161 1.00000000
```

- **IPW-GEE와 가능도 방법의 비교:** MAR하에서 IPW-GEE와 가능도 방법을 비교하면, 우선 가능도 방법은 GEE에 비해서 가장 효율적인 방법이지만 가장 제한적인 가정을 요구하는 방법이다. IPW-GEE는 결측에 대한 모형을 요구하고 추정치의 일치성은 이 결측에 대한 모형의 정확한 기술에 의존하게 된다.

03 MNAR하에서 완전자료 모형*

13.2절에서는 MCAR과 MAR에 대해 일반적인 경우, 즉 IM인 경우에 결측치를 가지는 경시적 자료의 분석을 소개하였다. 하지만 많은 경시적 자료의 결측은 MNAR인 경우가 많다. 따라서 앞서 13.1절에서 기술한 완전자료모형의 분해방법에 따른 3가지 모형인 선택모형, 패턴 혼합모형, 공유모수 모형을 MNAR 결측을 가지는 자료의 분석에서 어떻게 사용되는지 좀 더 자세하게 설명하고자 한다. MNAR하에서 $y^{(o)}$와 x가 주어지고 R과 $y^{(m)}$ 사이에 조건부 의존성을 모수화 가능하게 하는 모형이 있다. 검증 불가능한 가정의 이점이 없다면, 이와 관련 구조는 $y^{(m)}$을 관측할 수 없다는 단순한 이유로 관측된 자료에서 식별될 수 없다. 따라서 추론은 검증할 수 없는 모수(민감모수)의 가정에 의존하게 된다. 또한, 이 민감모수에 대한 민감도 분석 역시 이번 절에서 소개하고자 한다.

1. 선택모형

선택모형의 분해는 다음과 같이 표현된다.

$$P(y, r|x, \omega) = P(y|x, \omega)P(r|y, x,\omega).$$

이러한 선택모형은 다음의 이점이 있다. 우선 분석자가 관심있는 모형인 완전자료 응답분포 $P(y|x)$를 직접적으로 기술할 수 있다. 그리고 선택모형의 분해는 결측자료 메커니즘의 분류에서 나온 개념과 같으며, $P(r|y, x,\omega)$의 추정을 통하여 결측자료 메커니즘이 MCAR, MAR, MNAR 인지를 알 수 있다. 마지막으로 결측자료 패턴이 단조일 때, 결측자료 메커니즘은 위험함수(hazard function)로 공식화될 수 있다. 즉, 어떤 시간 t에서 중도탈락의 위험율은 완전 응답변수 벡터 y에 의존할 수 있다.

선택모형의 단점은 관심 모형의 추정에서 가정된 모형인 $P(r|y, x, \omega)$에 민감하게 반응한다. 그리고 모수의 식별가능 조건이 불투명할 수 있다. $P(r|y, x, \omega)$는 관측 응답변수 $y^{(o)}$에만 한정되지 않고, y_i의 전체를 위한 모형이다. 따라서, 만일 가정된 모형에 대해 관측 응답변수 $y^{(o)}$과 결측 응답변수 $y_i^{(m)}$이 잘 적합하였다면, 우리는 결측 응답변수 $y_i^{(m)}$을 다르게 예측하는 유사한 적합을 가지는 모형을 찾을 수 있다. 예를 들면, Kenward(1998)는 관측 응답변수 $y^{(o)}$이 주어진 상태에서 결측 응답변수 $y_i^{(m)}$의 조건부 분포가 정규분포에서 $t-$분포로 바뀌면, MNAR의 유의성이 사라지게 되는 예제를 제시하였다. 이는 완전자료 응답분포와 결측자료 메커니즘의 분포에 관한 다른 결론을 내릴 수도 있다는 의미이다. 따라서 가정한 모형에 대한 결론의 강한 민감성을 나타내는 것이다. 즉, 선택모형에서 MNAR인 경우에는 민감도 분석을 반드시 시행할 필요성이 있는 것이다.

예제 13.3 멀티센터 AIDS 코호트 연구

$y_i = (y_{i1}, y_{i2})^T$은 개체 i의 이변량 자료로 이변량 정규분포를 따른다고 가정하자. 여기서 y_{i1}은 첫 번째 응답변수로 항상 관측된다고 가정하고, y_{i2}는 결측일 수 있다. 그리고 결측치의 지시변수로 y_{i2}가 관측되었으면 $R_i = 1$이고, y_{i2}가 결측이면 $R_i = 0$으로 정의한다.

즉,

$$y_i \sim N(\mu, \Sigma)$$
$$R_i | y_i \sim Bernoulli(\pi_i(\psi))$$

여기서

$$g(\pi_i) = logit\, P(R_i = 1 | y_{i1}, y_{i2}) = \alpha + \psi_1 y_{i1} + \psi_2 y_{i2}$$

을 가정한다. 만일 $\psi_2 = 0$이라면 결측자료 메커니즘은 MAR이며, $\psi_1 = \psi_2 = 0$이라면 결측자료 메커니즘은 MCAR이다. 특히 ψ_2에 대해 0 근처의 값을 이용하여 응답변수 모형의 모수(μ,Σ)에 관한 변동을 체크함으로써 민감도 분석을 수행할 수 있다. 즉, 만약 모수의 추정치가 많이 변하게 되면 MAR과 MNAR의 가정에 따라서 응답변수 모형의 모수가 많이 영향을 받는다는 의미이다.

개체 i의 관측자료 가능도는 다음과 같다.

$$L(\mu, \Sigma, \psi | y_i^{(o)}, r_i) \propto \{P(y_{i1}, y_{i2} | \mu, \Sigma)\pi(y_{i1}, y_{i2}, \psi)\}^{r_i}$$
$$\times \left[\int P(y_{i1}, y_{i2} | \mu, \Sigma)\{1 - \pi(y_{i1}, y_{i2}, \psi)\} dy_{i2}\right]^{1-r_i}$$

여기서 $\pi(y_{i1}, y_{i2}, \psi) = P(R_i = 1 | y_{i1}, y_{i2}, \psi)$이다.

일반적으로 $y_i = (y_i^{(o)}, y_i^{(m)})$이면,

$$P(y_i^{(o)}, r_i) = \int P(y_i^{(o)}, y_i^{(m)} | \mu, \Sigma) P(r_i | y_i^{(o)}, y_i^{(m)}, \psi) dy_i^{(m)}$$
$$= function\ of\ (\mu, \Sigma, \psi)$$

이다. 따라서, 결측자료 메커니즘에 대한 가정의 민감도를 평가하기에 적합하지 않다.

2. 패턴 혼합모형

응답변수들의 모형에 대한 정확한 기술뿐만 아니라, 거의 알려지지 않은 중도탈락

을 위한 모형인 선택모형에 대한 높은 민감도는 광범위하게 알려져 있다. 이러한 이유로 Little(1993), Glynn 등(1986), Hogan과 Laird(1997)은 패턴 혼합모형을 제안하였다. 패턴 혼합모형의 분해는 다음과 같이 표현된다.

$$P(y_i, r_i | x_i, \omega) = P(y_i | r_i, x_i, \omega) P(r_i | x_i, \omega)$$

여기서 완전자료 응답모형은 혼합모형으로

$$P(y_i | x_i, \alpha, \phi) = \sum_{r \in R} P(y_i | r_i, x_i, \alpha) P(r_i | x_i, \phi)$$

이다. 여기서 $\omega = (\alpha, \phi)$이다.

결측자료 메커니즘은 베이즈 정리(Bayes rule)에 의해서 다음과 같이 유도될 수 있다.

$$P(r_i | y_i, x_i, \alpha, \phi) = \frac{P(y_i | r_i, x_i, \alpha) P(r_i | x_i, \phi)}{P(y_i | x_i, \alpha, \phi)}$$

패턴 혼합모형의 시간 t_j에서 결측 위험은 잠재적으로 결측 관측치 y_j뿐만 아니라 향후 측정치 $y_{j+1}, \ldots, y_n$에 따라 달라질 수 있다. 혼합모형은 과거 응답변수에 따라 조건적으로 시간 t_j에서의 중도탈락 위험이 과거 및 현재(결측 가능성이 있는) 반응에 따라 달라지고 조건적으로 추가 반응에 의존하지 않도록 제한될 수 있다(Kenward 등, 2003).

패턴 혼합모형은 각각의 중도탈락 시간 또는 결측자료 패턴을 위한 다른 분포를 기술한다. 그러나 이 분포는 종종 관측된 자료로 식별할 수 없는 모수를 명시할 수 있는 장점이 있다. 즉, 이 분포는 다음과 같이 표현된다.

$$P(y^{(o)}, y^{(m)} | r, \alpha) = P(y^{(m)} | y^{(o)}, r, \alpha_E) P(y^{(o)} | r, \alpha_o)$$

여기서 $\alpha_E = \lambda_1(\alpha)$과 $\alpha_o = \lambda_2(\alpha)$는 혼합 요소모수 α이다. 관측된 자료의 가능도가 $\alpha_{E:NI}$의 함수는 아니지만 $\alpha_{E:I}$의 함수인 것을 만족하는 $\alpha_E = (\alpha_{E:I}, \alpha_{E:NI})$라 가정한다. 여기서 $\alpha_{E:NI}$는 **민감도 분석**을 공식화하기 위한 적절한 기초를 만든다.

예제 13.4

이변량 정규분포에서 결측치의 혼합모형을 고려한다. 여기서 y_2는 결측이 될 수도 있다. 이 경우의 이변량 $y=(y_1,y_2)^T$의 분포는 다음과 같다.

$$y|R=1 \sim N(\mu^{(1)},\Sigma^{(1)})$$
$$y|R=0 \sim N(\mu^{(0)},\Sigma^{(0)})$$
$$R \sim Bernoulli(\phi)$$

여기서 $\mu^{(r)}=(\mu_1^{(r)},\mu_2^{(r)})^T$이고, $\Sigma^{(r)}$의 요소는 $\sigma^{(r)}=(\sigma_{11}^{(r)},\sigma_{12}^{(r)},\sigma_{22}^{(r)})$이며, $r=0,1$이다. y_2의 조건부 평균과 분산은

$$E(y_2|y_1,R=r)=\beta_0^{(r)}+\beta_1^{(r)}y_1$$
$$var(y_2|y_1,R=r)=\sigma_{2\,|\,1}^{(r)}$$

이다. 그러면 모수 $\alpha=\{\mu_1^{(r)},\sigma_{11}^{(r)},\beta_0^{(r)},\beta_1^{(r)},\sigma_{2\,|\,1}^{(r)}:r=0,1\}$일 때,

$$P(y^{(o)},y^{(m)}|r,\alpha)=P(y^{(m)}|y^{(o)},r,\alpha_E)P(y^{(o)}|r,\alpha_0)$$

이다. 여기서

$$P(y^{(m)}|y^{(o)},r,\alpha_E)=\{P_0(y_2|y_1,\beta^{(0)},\sigma_{2\,|\,1}^{(0)})\}^{1-r}$$
$$P(y^{(o)}|r,\alpha_0)=\{P_0(y_1|\mu_1^{(0)},\sigma_{11}^{(0)})\}^{1-r}\{P_1(y_2|y_1,\beta^{(1)},\sigma_{2|1}^{(1)})P_1(y_1|\mu_1^{(1)},\sigma_{11}^{(1)})\}^r$$

이다. 따라서 $\alpha_E=(\alpha_{E:I},\alpha_{E:IN})$ 여기서 $\alpha_{E:I}=\phi$, $\alpha_{E:NI}=(\beta^{(0)},\sigma_{2\,|\,1}^{(0)})$, $\alpha_o=(\mu^{(1)},\beta^{(1)},\sigma_{11}^{(1)},\mu_1^{(0)},\sigma_{11}^{(0)})$이므로 개체 i의 관측자료 가능도는

$$L(\alpha_o,\phi|y_i^{(o)},r_i)\propto\{(1-\phi)P_0(y_{i1}|\mu_1^{(0)},\sigma_{11}^{(0)})\}^{1-r_i}$$
$$\times\{\phi P_1(y_{i2}|y_{i1},\beta^{(1)},\sigma_{2|1}^{(1)})P_1(y_{i1}|\mu_1^{(1)},\sigma_{11}^{(1)})\}^{r_i}$$

이다.

이 결과로 우리는 다음의 결과를 알 수 있다.

① 만일 $\beta^{(0)}=\beta^{(1)}$과 $\sigma_{2\,|\,1}^{(0)}=\sigma_{2\,|\,1}^{(1)}$이면 MAR을 만족한다.

② 만일 $\beta_1^{(0)} = \beta_1^{(1)}$과 $\sigma_{2|1}^{(0)} = \sigma_{2|1}^{(1)}$을 만족하는 $\alpha_{E:NI}$로 제한하고 $\beta_0^{(0)} = \beta_0^{(1)} + \Delta$으로 하면, $\Delta = 0$인 경우는 MAR을 의미한다. 만일 $\Delta \neq 0$이면, MNAR이다. 여기서 Δ는 민감도 모수가 되며, 이 모수를 0 근처의 값으로 변동시키면서 응답변수 모형에 대한 모수의 민감도를 체크함으로써 민감도 분석을 시행한다.

3. 공유모수모형

공유모수모형(shared parameter model: SPM)은 다음과 같이 표현된다.

$$P(y, r|x, \omega) = \int P(y, r, b|x, \omega)db$$

SPM은 다음의 장점을 가진다.

① 공유모수모형은 응답과 결측에 대한 모형이 단순하게 설명될 수 있다. 위의 SPM에서 적분 안에 있는 결합분포를 보통 다음과 같이 분해한다.

② 공유 임의효과 b를 통해서 SPM은 고차원 또는 다단계(multilevel) 응답변수 자료를 처리하는 데 이용될 수 있다.

이상의 장점에도 불구하고 SPM은 다음과 같은 단점이 있다.

① 단순하게 설정된 모형을 제외하고, 기저의 결측자료 메커니즘을 이해하기가 어려울 수 있다.

② 적분의 결과가 닫힌 형태가 아닐 수 있다. 그 결과 결측자료 메커니즘을 위한 $P(r|y, \omega)$의 계산은 임의효과 b의 적분을 요구한다.

예제 13.5 임의계수 선택모형(random coefficients selection model: Wu와 Carroll, 1988).

다변량 정규분포를 따르는 응답변수 벡터 y_i는 다음의 분포를 따른다고 가정한다.

$$y_i|x_i, b_i \sim N(x_i\beta + w_i b_i, \Sigma_i(\phi))$$

여기서 $w_i(\subseteq x_i)$는 임의효과 b_i의 공변량이다. 결측 지시변수 벡터 R_i는 다음의 분포를 따른다고 가정한다.

$$R_{ij}|R_{ij-1}=1, b_i \sim Bernoulli(\pi_{ij})$$
$$g(\pi_{ij})=\psi_0+\psi_1 b_{i1}+\psi_2 b_{i2}$$

마지막으로 공유 임의효과 벡터

$$b_i=(b_{i1}, b_{i2})^T \sim N(0, \Omega)$$

를 가정한다. 그러면 y, r, b의 결합 밀도함수는 다음과 같다.

$$\begin{aligned} P(y, r, b|x, \omega) &= P(r|y, b, x, \psi)P(y|b, x, \beta, \phi)P(b|x, \Omega) \\ &= P(r|b, \psi)P(y|b, x, \beta, \phi)P(b, \Omega) \end{aligned}$$

여기서 $\omega=(\beta, \phi, \Omega, \psi)$이다. 그리고 위의 식에서 두 번째 등호의 성립은 공유 임의효과 b_i가 주어진 상태에서 R_i는 $y^{(o)}$과 $y^{(m)}$ 모두와 독립이라는 가정하에서 성립한다.

4. MNAR에서의 GEE

MNAR의 결측치를 가진 자료를 GEE를 이용하여 분석하고자 할 때에는 13.2절에서 설명한 IPW-GEE를 또한 이용한다. 식 (13.6)에 있는 w_{ij}는 다음과 같이 된다.

$$w_{ij}=\frac{1}{P(R_{ij}=1|y_i^{(o)}, y_i^{(m)})}$$

즉, MNAR에서는 결측의 확률이 결측치에 의존하게 되며, IPW-GEE는 식별불가능이 된다. 이 경우에는 앞서 설명한 것과 같이 민감도 분석을 시행해야 한다.

14장

다변량 경시적 자료분석*

경시적 연구에서 만들어지는 자료는 대부분이 다변량 경시적 자료이다. 하지만 대부분의 기존 통계적 모형은 다변량 경시적 자료를 각 응답변수에 따라 단변량 경시적 자료로 바꾸어서 앞 장에서 제시한 통계적 모형을 적용하여 분석하였다. 하지만 다변량 경시적 자료를 단변량 경시적 자료로 나눠서 분석하면, 다변량 경시적 자료에 존재하는 복잡한 상관관계를 제대로 설명하지 못하고, 공변량의 평균에 대한 효과를 추정하게 된다. 이 결과 추정치에 편향이 발생할 수 있게 된다(Lee 등, 2020). 따라서 이번 장에서는 다변량 경시적 자료분석을 위한 통계모형에 대해서 알아보고자 한다.

01 다변량 경시적 자료의 상관관계

앞서 제시한 것과 같이 다변량 경시적 자료는 단변량 경시적 자료와는 다르게 다변량 응답변수들 간에 복잡한 상관관계를 가진다. Kim과 Zimmerman(2012)에서 이러한 복잡한 상관관계을 설명하고 있다. 우선 개체 i의 응답변수 벡터 y_i를 다음과 같이 정의한다.

$$y_i = \left(y_{i1}^T, \ldots, y_{ij}^T, \ldots, y_{in_i}^T\right)^T$$

여기서 $y_{ij}^T = (y_{ij1}, \ldots, y_{ijk}, \ldots, y_{ijK})$이며, y_{ijk}는 개체 i에 대한 j번째 시간의 k번째 응답변수를 나타낸다. 예를 들면, 개체 i에 대한 j번째 달의 혈압, 콜레스테롤 수치, BMI를 $(y_{ij1}, y_{ij2}, y_{ij3})$으로 나타낸다. 이 경우 응답변수 벡터 y_i의 응답변수들 간에는 다음의 3가지의 상관관계가 존재한다.

① 다른 시점에서의 동일한 반응변수 간의 상관관계(correlation within separate response over times)

② 다른 시점에서의 서로 다른 반응변수 간의 상관관계(cross−correlation between different responses at different times)

③ 같은 시점에서의 서로 다른 반응변수 간의 상관관계(correlation between response

at same time)

여기서 ①번 상관관계는 여러 달에 걸쳐서 측정된 혈압 간의 상관관계를 의미하며, ②번 상관관계는 여러 달에 걸쳐서 측정된 혈압과 콜레스테롤 수치 및 BMI 간의 상관관계를 의미하며, 마지막으로 ③번 상관관계는 같은 달의 혈압, 콜레스테롤 수치, BMI 간의 상관관계를 의미한다. <그림 14-1>은 이러한 상관관계를 나타내는 그림이다.

만일 단변량 경시적 자료분석을 위한 모형을 가지고 다변량 경시적 자료를 분석하면 앞에 제시한 상관관계 중에 ①번의 상관관계만을 고려하게 되는 것이며, 나머지 상관관계는 고려할 수가 없다. 따라서 다변량 경시적 자료분석에서는 이 3가지의 상관관계를 모두 고려하는 통계적 모형을 선택하여야 한다.

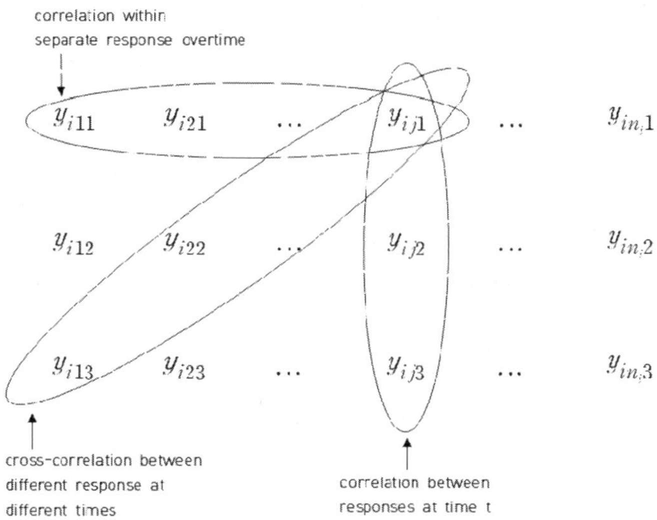

그림 14-1 다변량 경시적 자료의 상관관계 구조

02 다변량 선형모형

Kim과 Zimmerman(2012)에서는 다변량 경시적 자료분석을 위한 다변량 정규분포를 가정한 선형모형을 제안하였다.

$$y_i \sim N_{Kn_i}(X_i\beta, \Sigma_i) \tag{14.1}$$

여기서 X_i는 개체 i의 $Kn_i \times Kp$ 디자인 행렬이고, $\beta = (\beta_1^T, ..., \beta_K^T)^T$는 $Kp \times 1$인 평균모수이며, Σ_i는 $Kn_i \times Kn_i$인 공분산행렬이다. 이 요소들을 좀 더 자세히 살펴보면 다음과 같다.

$$X_i = \begin{pmatrix} X_{i1} \\ X_{i2} \\ \vdots \\ X_{in_i} \end{pmatrix}$$

여기서 $X_{ij} = diag\{x_{ij}^T, ..., x_{ij}^T\}$는 $K \times Kp$인 행렬이다.

공분산행렬 Σ_i는 앞서 제시한 3가지의 상관관계를 설명하는 구조이어야 한다. 하지만 Σ_i의 차원이 고차원이며, 추정된 Σ_i가 양정치를 만족해야 한다. 따라서 이 조건을 만족하는 공분산행렬의 모형화는 쉽지 않다.

Kim과 Zimmerman(2012)은 앞서 제시한 ①과 ②의 상관관계를 설명하기 위한 Σ_i의 모형화를 위해 수정된 콜레스키 분해(modified Cholesky decomposition: MCD)(Pourahmadi, 1999)를 이용하였다. 그리고 마지막 ③의 상관관계는 Kim과 Zimmerman (2012)의 경우 MCD를 한 번 더 이용하였다. 이 모형은 식 (14.1)을 스칼라 응답변수 y_{ijk}에 대해서 다음과 같이 제시한다.

$$y_{i1k} = x_{i1}^T\beta_k + e_{i1k} \tag{14.2}$$

$$y_{ijk} = x_{ij}^T\beta_k + \sum_{l=1}^{j-1}\sum_{g=1}^{K}\phi_{ijl,kg}\left(y_{ilg} - x_{il}^T\beta_g\right) + e_{ijk}$$

여기서 β_k는 $p \times 1$의 평균모수 벡터이고, $\phi_{ijl,kg}$는 일반화자기회귀모수(generalized autoregressive parameter: GARP)이고, e_i는 예측오차(prediction error)이며, 다음과 같이 가정한다.

$$e_i = \left(e_{i1}^T, ..., e_{in_i}^T\right)^T \sim indep\ N_{Kn_i}(0, D_i) \tag{14.3}$$

여기서 $e_{ij}^T=(e_{ij1},\dots,e_{ijK})$이며, $D_i=diag\{D_{i1},\dots,D_{in_i}\}$이며, $D_{ij}=var(e_{ij})$이며 이를 혁신공분산행렬(innovation covariance matrix)이라 한다.

식 (14.2)를 행렬과 벡터의 식으로 나타내면, 다음과 같다.

$$T_i(y_i-X_i\beta)=e_i \tag{14.4}$$

여기서

$$T_i=\begin{bmatrix} I & 0 & 0 & \cdots & 0 \\ -\Phi_{i21} & I & 0 & \cdots & 0 \\ -\Phi_{i31} & -\Phi_{i32} & I & \cdots & 0 \\ \vdots & \vdots & \vdots & \ddots & \vdots \\ -\Phi_{in_i1} & -\Phi_{in_i2} & -\Phi_{in_i3} & \cdots & I \end{bmatrix},\ \Phi_{ijl}=\begin{bmatrix} \phi_{ijl,11} & \phi_{ijl,21} & \cdots & \phi_{ijl,1K} \\ \phi_{ijl,21} & \phi_{ijl,22} & \cdots & \phi_{ijl,2K} \\ \vdots & \vdots & \ddots & \vdots \\ \phi_{ijl,K1} & \phi_{ijl,K2} & \cdots & \phi_{ijl,KK} \end{bmatrix}$$

이다. 이제 식 (14.4)의 양변에 공분산을 취하면 다음의 결과를 얻는다.

$$T_i\Sigma_iT_i^T=D_i \Leftrightarrow \Sigma_i=T_i^{-1}D_iT_i^{-T} \tag{14.5}$$

여기서 $\Sigma_i=var(y_i)$이며, D_i의 대각행렬이 모두 양정치행렬이면 Σ_i도 양정치행렬이 된다.

식 (14.4)의 Φ_{ijl}의 각 요소는 다변량 응답변수의 시간에 따른 상관관계인 ①과 ②의 상관관계를 설명할 수 있다. 그리고 식 (14.3)의 D_{ij}는 마지막 상관관계 ③에서의 같은 시점에서 서로 다른 반응변수 간의 상관관계를 설명할 수 있다. GARP는 식 (14.2)에서 회귀계수이므로 제약조건이 없다. 따라서 다음의 선형모형을 통하여 모수의 수를 줄일 수 있다.

$$\phi_{ijl,kg}=w_{ijl}^T\gamma_{kg}$$

여기서 w_{ijl}은 $q\times1$ 디자인 벡터이고, γ_{kg}는 $q\times1$ 모수벡터이다.

이제 같은 시점에서 서로 다른 반응변수 간의 상관관계를 설명하는 D_i에 요소인 D_{ij}에 대한 모형화를 설명하자. 여기에서 우리는 Kim과 Zimmerman(2012)과 Lee 등(2002)에서 제안된 방법을 제시한다.

1. 수정된 콜레스키 블록 분해

Kim과 Zimmerman(2012)은 D_{ij}에 다시 한번 더 MCD를 적용하는 수정된 콜레스키 블록 분해(modified Cholesky block decomposition)로 모형화하였다. 그 분해는 다음과 같다.

$$\overline{T}_{ij} D_{ij} \overline{T_{ij}'} = \overline{D}_{ij}$$

여기서 $\overline{D}_{ij} = diag\{\delta_{ij1}, ..., \delta_{ijK}\}$이고, $\overline{T}_{ij}$는 주대각성분이 1이며, 나머지 하 삼각성분은 $\tau_{ij,lm}$인 하 삼각행렬이다. 이들 모수를 다음과 같이 모형화하였다.

$$\tau_{ij,lm} = v_{ij}^T \psi_{lm}$$

$$\log \delta_{ijk} = z_{ij}^T \lambda_k$$

여기서 v_{ij}와 z_{ij}는 각각 $s \times 1$, $r \times 1$인 벡터이며, ψ_{lm}과 λ_k는 그것에 해당되는 모수이다.

이렇게 모형화를 하면 D_{ij}의 양정치성을 보장할 수 있다. 따라서, D_i의 양정치성이 보장되며, 결국에는 Σ_i의 양정치성 또한 보장할 수 있게 된다.

2. 초구분해

Lee 등(2020)은 D_{ij}를 분산–상관계수행렬 분해를 통하여 다음과 같이 분해한다.

$$D_{ij} = S_{ij} R_i S_{ij} \tag{14.6}$$

여기서 $S_{ij} = diag\{\sigma_{ij1}, ..., \sigma_{ijK}\}$이고, σ_{ijk}는 혁신표준편차(innovation standard deviation: ISD)이며, R_i는 같은 시점에서 서로 다른 반응변수들 간의 상관관계를 나타내는 상관계수행렬이다. 만일 모든 ISD가 양수이고, R_i가 양정치성을 만족하면 D_{ij}는 양정치성을 만족하게 되어 결국에는 Σ_i의 양정치성을 만족하게 된다. 하지만 상관계수행렬 R_i는 주대각 요소가 모두 1이므로 나머지 요소들은 (−1,1) 사이에 있어야 하는 제약조건이 있다. 이러한 제약조건과 양정치성을 만족하는 R_i를 모형화하는 것은 쉽지 않다.

Lee 등(2020)는 초구분해(hypersphere decomposition: HD)(Zhang 등, 2015)를 이용하여 상관계수행렬의 양정치성을 만족하면서 모형화하였다. 상관계수행렬은 초구분해에 의해서 다음과 같이 분해된다.

$$R_i = F_i F_i^T \tag{14.7}$$

여기서 F_i은 다음과 같이 주어진 하 삼각행렬이다.

$$F_i = \begin{bmatrix} 1 & 0 & 0 & \cdots & 0 \\ f_{i21} & f_{i22} & 0 & \cdots & 0 \\ \vdots & \vdots & \vdots & \ddots & \vdots \\ f_{iK1} & f_{iK2} & f_{iK3} & \cdots & f_{iKK} \end{bmatrix}$$

여기서

$$f_{ilm} = \begin{cases} \cos(\omega_{ilm}) & \text{for } m = 1, l = 2, \ldots, K \\ \cos(\omega_{ilm}) \prod_{r=1}^{m-1} \sin(\omega_{ilr}) & \text{for } 2 \le m < l \le K \\ \prod_{r=1}^{m-1} \sin(\omega_{ilr}) & \text{for } l = m; m = 2, \ldots, K \end{cases}$$

$\omega_{ilm} \in (0, \pi)$는 삼각함수의 각도이다. 식 (14.6)과 (14.7)에 있는 모수들을 로그 선형모형 및 일반화 선형모형으로 모형화할 수 있다. 그 모형은 다음과 같다.

$$\log(\sigma_{ijk}) = h_{ij}^T \lambda_k \tag{14.8}$$

$$\log\left(\frac{\omega_{ilm}}{\pi - \omega_{ilm}}\right) = g_{ilm}^T \nu$$

여기서 h_{ij}는 시간 또는 개체-공변량 설계 벡터이며, λ_k는 미지의 모수벡터이다. g_{ilm}은 특정 범주에 의존하는 공변량 벡터이며, ν는 미지의 모수벡터이다. 식 (14.8)에 있는 선형모형에 의해서 ISD의 양수를 보장할 수 있다. 또한, 공분산행렬의 이질성을 또한 설명할 수 있다.

3. 노동패널 자료분석

Suh와 Lee(2020)는 초구분해 방법을 이용하여 노동패널 자료를 분석하였다. 이 자료는 한국노동소득패널연구(KLIPS)에서 수집되었으며 도시지역에 거주하는 국내 5000개 가구와 모든 가구원의 대표인 패널 구성원을 대상으로 하였다. 또한 1998년에서 2017년까지 연간 1회 시행한 설문조사를 바탕으로 하며 가구자료와 개인자료로 구성되어 있다. 본문에서는 2010년에서 2017년도까지 총 8번에 걸쳐서 관찰된 자료를 사용하였다. 응답변수는 금융자산(asset), 금융부채(debt), 가구소비(consumption)이며, 이들 변수를 로그변환하여 사용하였다. 설명변수로는 연소득(income), 가구주 연령(age), 가구주 성별(sex), 가구원수(member), 집의 자가소유 여부(house), 가구주의 실업상태(unemployed), 고등학생 이후 자녀의 수(child)가 있다. 좀 더 자세한 자료의 설명은 Suh와 Lee(2020)를 참고하기 바란다.

여기에서는 초구분해를 이용하여 다변량 선형모형을 적합해 보자. 가정된 모형은 다음과 같다.

$$
\begin{aligned}
E(\log y_{ijk}) = {} & \beta_{k0} + \beta_{k1}x_{ij1} + \beta_{k2}x_{ij2} + \beta_{k3}x_{ij3} + \beta_{k4}x_{ij4} \\
& + \beta_{k5}x_{ij5} + \beta_{k6}x_{ij6} + \beta_{k7}x_{ij7} + \beta_{k8}x_{ij8}
\end{aligned}
$$

여기서 x_{ij1} =연소득, x_{ij2} =성별(남자이면 1, 여자이면 0), x_{ij3} =가구주 연령, x_{ij4} = 가구자 연령의 제곱, x_{ij5} =가구원수, x_{ij6} =자가소유 여부(소유이면 1, 비소유이면 0), x_{ij7} =자녀수, x_{ij8} =실업상태(실업이면 1, 아니면 0)이다. 그리고 공분산행렬의 모형화를 위한 GARP, ISD와 초구모수의 모형은 다음과 같다.

$$
\begin{aligned}
&\phi_{ijl,kg} = \alpha_{kg0}1_{(|j-l|=1)} + \alpha_{kg1}1_{(|j-l|=2)} + \alpha_{kg2}1_{(|j-l|=3)} + \alpha_{kg3}1_{(|j-l|=4)} \\
&\log\sigma_{ijk} = \lambda_{k0} + \lambda_{k1}j + \lambda_{k2}j^2 \\
&\log\left(\frac{\omega_{ilm}}{\pi - \omega_{ilm}}\right) = \nu_l + \nu_m
\end{aligned}
$$

여기서 GARP $\phi_{ijl,kg}$는 AR(4) 구조를 가지고, ISD는 시간(j)에 선형 및 선형제곱에 영향을 받으며, 초구모수는 응답변수의 종류에 영향을 받는 모형이다. 이 모형에 적합된 값은 <표 14-1>과 같다. 금융자산의 경우, 연소득, 나이, 나이의 제곱, 가족수. 실업여부의 회귀계수가 유의미함을 알 수 있다. 연소득이 증가할수록, 가족수가 적을수록, 실업이 아닐수록 로그 금융자산의 평균이 증가함을 알 수 있다. 또한, 나이가 들수록 로그 금융자산이 증가하다가 줄어드는 것을 알 수 있다. 금융부채인 경우, 나이의 제곱, 가족수, 자가소유 여부가 유의미함을 알 수 있다. 가족수가 많을수록, 자가소유인 경우에 로그 금융부채가 증가함을 알 수 있다. 그리고 나이가 들수록 금융부채가 증가하다가 줄어드는 것을 알 수 있다. 마지막으로 가구소비인 경우, 성별의 계수를 제외하고 모든 설명변수들이 모두 유의미함을 알 수 있다. 즉, 연소득이 증가할수록, 가족수가 증가할수록, 자가소유일 경우, 자녀수가 적을수록 가구소비가 증가함을 알 수 있다. 또한, 나이가 증가할수록 로그 가구소비가 증가하다가 줄어드는 것을 알 수 있다.

표 14-1 다변량 선형모형의 추정치와 표준오차

응답변수	Int	income	sex	age	age^2	member	house	child	unemployed
log (금융자산)	7.02* (0.40)	0.51* (0.04)	0.10 (0.19)	0.53* (0.07)	−0.17* (0.03)	−0.18* (0.09)	0.08 (0.10)	−0.14 (0.09)	−0.45* (0.15)
log (금융부채)	0.70 (0.52)	−0.01 (0.05)	0.16 (0.25)	−0.13 (0.10)	−0.14* (0.03)	0.53* (0.12)	2.21* (0.12)	0.03 (0.12)	0.02 (0.18)
log (가구소비)	4.65* (0.04)	0.08* (0.00)	0.00 (0.02)	0.08* (0.01)	−0.03* (0.00)	0.09* (0.01)	0.07* (0.01)	−0.02* (0.01)	−0.08* (0.01)

03 모형의 확장

다변량 경시적 연속형 자료는 앞서 보았던 다변량 선형모형을 이용하여 분석할 수 있다. 이러한 모형은 다변량 선형혼합모형으로 자연스럽게 확장할 수 있다. 이 경우 임의효과는 각 응답변수에서 각 개체의 변동을 설명함과 동시에 이 변수 간 상관관계를 설명할 수 있게 된다. 그리고 오차항에는 앞서 14.2절에서 보았던 초구분해를 통하여 반복 측정되는 다변량 응답변수들의 복잡한 상관관계를 설명할 수 있게 된다.

- 김양진. (2020). R과 SAS를 이용한 경시적 자료분석, 자유아카데미.
- 송주원, 안형진. (2009). 무응답 자료 처리 및 분석. 통계교재 2009-6, 통계교육원.
- Agresti, A. (2002). *Categorical Data Analysis 2nd Ed.,* New Jersey: John Wiley & Sons.
- Agresti, A. (2015). *Foundataions of Linear and Generalized Linear Models,* New Jersey: John Wiley & Sons.
- Altham, P.M.E. (1984). Improving the precision of estimation by fitting a model. *Journal of the Royal Statistical Society, Series B,* **46**, 118-119.
- Archer, K.J., Hedeker, D., Nordgren, R. and Gibbons, R.D. (2018). mixor: mixed-effects ordinal regression analysis. R package version 1.0.4, URL https://CRAN.R-project.org/packages=mixor.
- Bahadur, R.R. (1961). A represnetation of the joint distribution of responses to n dichotomous items. In *Studies on item analysis and prediction* (ed. H. Solomon), 158-168. Stanford Mathematical Studies in the Social Sciences VI, Stanford University Press, Stanford, California.
- Bishop, Y.M.M, Finberg, S.E., and Holland, P.W. (1975). *Discrete multivariate analysis.* MIT Press, Cambridge, MA.
- Breslow, N.E. and Clayton, D.G. (1993). Approximate inference in generalized linear mixed models. *Journal of the American Statistical Association,* **88**, 125-134.
- Breslow, N.E. and Lin, X. (1995). Bias correction in generalized linear mixed models with a single component of dispersion. *Biometrika,* **82**, 81-91.
- Carey, V., Zeger, S.L., and Diggle, P. (1993). Modelling multivariate binary data with alternating logistic regressions. *Biometrika,* **80**, 517-526.
- Cleveland, W.S. (1979). Robust locally weighted regression and smoothing scatterplots. *Journal of the American Statistical Association,* **74**, 829-836.

- Crowder, M. (1986). On the consistency and inconsistency of estimating equations. *Econometric Theory,* **2**, 305-330.
- Cullis, B.R. and McGilchrist, C.A. (1990). A model for the analysis of growth data from designed experiments. *Biometrics,* **46**, 131-142.
- Davis, C.S. (2002). *Statistical Methods for the Analysis of Repeated Measurements.* New York: Springer-Verlag.
- Daniels, M.J. and Hogan, J.W. (2008). Missing Data In Longitudinal Studies: Strategies for Bayesian modeling and Sensitivity Analysis. Chapman & Hall/CRC, Boca Raton, FL.
- Dempster, A.P., Laird, N.M. and Rubin, D.B. (1977). Maximum likelihood from incomplete data via the EM algorithm. *Journal of the Royal Statistical Society, B,* **39**, 1-38.
- Diggle, P.J., Heagerty, P., Liang, K.-Y. and Zeger, S.L. (2002). *Analysis of Longitudinal Data.* Oxford, Clarendon Press.
- Fahrmeir, L. and Kaufmann, H. (1985). Consistency and asymptotic normality of the maximum likelihood estimator in generalized linear models. *The Annals of Statistics,* **13**, 342-368.
- Firth, D. (1987). Discussion of parameter orthogonality and approximate conditional inference. *Journal of the Royal Statistical Society, Series B: Methodological* **49**, 22-23.
- Fitzmaurice, G.M. and Laird, N.M. (1993). A likelihood-based method of analysing longitudinal binary responses. *Biometrika,* **80**, 141-151.
- Fitzmaurice, G.M., Laird, N.M., and Ware, J.H. (2011). *Applied Longitudinal Analysis.* Wiley, N.J.
- Gelfand, A.E. and Carlin, B.P. (1993). Maximum likelihood estimation for constrained- or missing data problems. *Canadian Journal of Statistics,* **21**, 303-311.
- Geyer, C.J. and Thompson, E.A. (1992). Constrained Monte Carlo maximum likelihood for dependent data. *Journal of the Royal Statistical Society, Series B,* **54**, 657-699.
- Glynn, R.J., Laird, M.N. and Rubin, D.B. (1986). Selection modelling versus mixture modelling with non-ignorable nonresponse. In: *Drawing Inference from Self Selected Samples,* H. Wainer (Ed.). New York: Springer-Verlag, pp. 115-142.

- Godambe, V.P. (1960). An optimum property of regular maximum likelihood estimation. *Annals of Mathematical Statistics,* **31**, 1208-1212.
- Godambe, V.P. and Heyde, C.C. (1987). Quasi-likelihood and optimal estimation. *International Statistical Review,* **55**, 231-244.
- Harville, D. (1974). Bayesian inference for variance components using only error contrasts. *Biometrika,* **61**, 383-385.
- Hedeker, D. and Gibbons, R.D. (2006). *Longitudinal Data Analysis,* Wiley, Hoboken, New Jersey.
- Heagerty, P.J. (1999), Marginally specified logistic-normal models for longitudinal binary data, *Biometrics*, **55**, 688-698.
- Heagerty, P.J. (2002). Marginalized transition models and likelihood inference for longitudinal categorical data, *Biometrics*, **58**, 342-351.
- Heagerty, P. J. and Kurland, B. F. (2001). Misspecified maximum likelihood estimates and generalised linear mixed models. *Biometrika,* **88**, 973-985.
- Heagerty, P.J. and Zeger, S.L. (2000). Marginalized multilevel models and likelihood inference (with discussion). *Statistical Science*, **15**, 1-26.
- Hedeker, D. and Gibbons, R.D. (2006). *Longitudinal Data Analysis,* Wiley, New York.
- Henderson, C.R., Kempthorne, O., Searle, S.R. and von Krosigk, C.M. (1959). The estimation of environmental and genetic trends from records subject to culling. *Biometrics,* **15**, 192-218.
- Heyde, C.C. (1997). Quasi-likleihood and its applications. Springer-Verlag.
- Hogan, J.W. and Laird, N.M. (1997). Mixture models for the joint distribution of repeated and event times. *Statistics in Medicine,* **16**, 239-258,
- Huber, P.J. (1967). The behavior of maximum likelihood estimators under nonstandard conditions. *Proceedings of the Fifth Berkeley Symposium on Mathematical Statistics and Probability,* Volume **1**: Statistics. Berkeley, CA: University of California Press. pp. 221-233.

- Hurlburt M.S, Wood P.A, and Hough R.L. (1996). Providing independent housing for the homeless mentally ill: A novel approach to evaluating long-term longitudinal housing patterns, *Journal of Community Psychology,* **24**, 291-310.
- Jones, B. and Kenward, M.G. (1987). Modelling binary data from a three-point cross-over trial. *Statistics in Medicine,* **6**, 555-564.
- Johnson, R.A. and Wichen, D.W. (1992). *Applied Multivariate Statistical Analysis, 3rd Edition.* New York: Prentice Hall.
- Kaslow, R.A., Ostrow, D.G., Detels, R., Phair, J.P., Polk, B.F., and Rinaldo, C.R. The Multicenter AIDS Cohort Study: rationale, organization, and selected characteristics of the participants. *American Journal of Epidemiology,* **126**, 310-318.
- Kenward, M.G. (1998). Selection models for repeated measurements with nonrandom dropout: an illustration of sensitivity. *Statistics in Medicine,* **17**, 2723-2732.
- Kenward, M.G., Molenberghs, G. and Thijs. H. (2003). Pattern-mixture models with proper time dependence. *Biometrika,* **90**, 53-71.
- Kim, S.T., Uhm, J.E., Lee, J., Sun, J., Sohn, I., Kim, S.W., Jung, S., Park, Y.H., Ahn, J.S., Park, K., and Ahn, M.J. (2012). Randomized phase II study of gefitinib versus erlotinib in patients with advanced non-small cell lung cancer who failed previous chemotherapy. *Lung Cancer,* **75**, 82-88.
- Kim, C. and Zimmerman, D.L. (2012) Unconstrained models for the covariance structure of multivariate longitudinal data. *Journal of Multivariate Analysis,* **107**, 104-118.
- Korn, E.L. and Whittemore, A.S. (1979). Methods for analyzing panel studies of acute health effects of air pollution. *Biometrics,* **35**, 795-802
- Lee, K., Daniels, M.J. (2007). A class of Markov models for longitudinal ordinal data. *Biometrics,* **63**, 1060-1067.
- Lee, K. and Daniels, M. (2008). Marginalized models for longitudinal ordinal data with application to quality of life studies. *Statistics in Medicine,* 27, 4359-4380.
- Lee, K. and Mercante, D. (2010). Longitudinal Nominal Data Analysis using Marginalized Models. *Computational Statistics and Data Analysis,* **54** 208-218.

- Lee, K., Kang, S., Liu, X., and Seo, D. (2011). Likelihood-based approach for analysis of longitudinal nominal data using marginalized random eects models. *Journal of Applied Statistics,* **38**, 1577-1590.
- Lee, K., Cho, H., Kwak, M.-S and Jang, E. (2020). Estimation of covariance matrix of multivariate longitudinal data using modified Choleksky and hypersphere decompositions. *Biometrics,* **76**, 75-86.
- Lee, Y. and Nelder, J.A. (1996). Hierarchical generalized linear models (with discussion). *Journal of the Royal Statistical Society, Series B,* **58**, 619-678.
- Liang, K.-Y. and McCullagh, P. (1993). Case studies in binary dispersion. *Biometrics,* **49**, 623-630.
- Liang, K.-Y. and Zeger, S.L. (1986). Longitudinal data analysis using generalized linear models. *Biometrika,* **73**, 13-22.
- Liang, K.-Y. and Zeger, S.L. (1995). Inference based on estimating functions in the presence of nuisance parameters (with discussion). *Statistical Science,* **10**, 158-173.
- Liang, K.-Y., Zeger, S.L., and Qaqish, B. (1992). Multivariate regression analyses for categorical data (with discussion). *Journal of the Royal Statistical Society, Series B*, **54**, 3-40.
- Lin, G. and Rodriguez, R.N. (2015). Weighted methods for analyzing missing data with the GEE procedure. Paper SAS 166, pproceedings.
- Lin, X. and Breslow, N.E. (1996). Bias correction in generalized linear mixed models with multiple components of dispersion. *Journal of the American Statistical Association,* **91**, 1007-1016.
- Lipsitz, S.R., Laird, N.M., and Harrington, D.P. (1991). Generalized estimating equations for correlated binary data: using the odds ratio as a measure of association. *Biometrika,* **78**, 153-160.
- Little, R.J. (1993). Pattern-mixture models for multivariate incomplete data. *Journal of the American Statistical Association,* **88**, 125-134,
- Little, R.J. and Rubin, D.B. (2002). *Statistical Analysis with Missing Data, 2nd Ed.,*

Wiley, New York.

- McCullagh, P. and Nelder, J.A. (1989). *Generalized Linear Models, 2nd Ed.* Chapman & Hall, London
- McCulloch, C.E. (1997). Maximu likelihood algorithms for generalized linear mixed models. *Journal of American Statistical Assocation,* **92**, 162–170.
- Molenberghs, G., Michiels, B., Kenward, M.G. and Diggle, P.J. (1998). Monotone missing data and pattern-mixture models. *Statistica Neerlandica,* **52**, 153–161.
- Molenberghs, G. and Verbeke, G. (2005). *Models for Discrete Longitudinal Data.* Springer, New York.
- Neuhaus J.M., Kalbfleisch, J.D. and Hauck, W.W. (1991). A comparison of cluster-specific and population averaged approaches for analyzing correlated binary data. *International Statistical Review,* **59**, 25–36.
- Pan, W. (2001). Akaike's information criterion in geeneralized estimating equations. *Biometrics,* **57**, 120–125.
- Patterson, H.D. and Thompson, R. (1971). Recovery of inter-block information when block sizes are unequal. *Biometrika,* **58**, 545–554.
- Pinheiro, J.C. and Bates, D.M. (2000). *Mixed-Effects Models in S and S-PLUS.* Springer, New York.
- Prentice, R.L. (1988). Correlated binary regression with covariates specific to each binary observations. *Biometrics,* **44**, 1033–1048.
- Prentice, R.L. and Zhao, L.P. (1991). Estimating equations for parameters in means and covariances of multivariate discrte and continuous reponses. *Biometrics,* **47**, 825–874.
- Ripley, B.D. (1987). *Stochastic Simulation,* Wiley, New York.
- Robins, J.M., Rotnitzky, A. and Zhao, L.P. (1995). Analysis of semiparametric regression models for repeated outcomes in the presence of missing data. *Journal of the American Statistical Association,* **90**, 106–121.
- Rubin. D.B. (1976). Inference and missing data. *Biometrika,* **63**, 581–592.

- Silverman, B.W. (1985). Some aspects of the spline smoothing approach to non-parametric regression curve fitting (with Discussion). *Journal of the Royal Statistical Society,* **B**, **47**, 1-52.
- Sommer, A. (1982). *Nutritional blindness.* Oxford University Press, New York.
- Stram, D.O. and Lee, J.W. (1994). Variance components testing in the longitudinal mixed effects model. *Biometrics,* **50**, 1171-1177.
- Suh, R. and Lee, K. (2020). Analysis of labor panel data using multivariate regression models. *Journal of the Korean Data & Information Science Society,* **31**, 549-568.
- Thall, P.F. and Vail, S.C. (1990). Some covariance models for longitudinal count data with overdispersion. *Biometrics,* **46**, 657-671.
- Carlin, B.P. and Louis, T.A. (2009). *Bayesian Methods for Data Analysis, 3rd ed.* Chapman and Hall/CRC Press, New York.
- Tierny, L. and Kadane, J.B. (1986). Accurate approximations for posterior moments and marginal densities. *Journal of the American Statistical Association,* **81**, 82-86.
- Touloumis, A. (2015). R package multgee: a generalized estimating equations solver for multinomial responses. *Journal of Statistical Software,* 64, Issue 8.
- Tsay, R. (1984). Regression models with time series errors. *Journal of the American Statistical Association,* **79**, 118-124.
- Verbyla, A.P. and Cullis, B.R. (1990). Modelling in repeated measures experiments. *Applied Statistics,* **39**, 341-356.
- White, H. (1982). Maximum likelihood estimation of misspecified models. *Econometrics,* **50**, 73-97.
- Wu, M.C. and Carroll, R.J. (1988). Estimation and comparison of changes in the presence of informative right censoring by modeling the censoring process. *Biometrics,* **45**, 939-955.
- Yan, J. and Fine, J. (2004). Estimating equations for association structures. *Statistics in Medicine,* **23**, 859-874.

- Zeger, S.L.. Liang, K.Y., and Self, S.G. (1985). The analysis of binary longitudinal data with time-independent covariates. *Biometrika,* **72**, 31-38.
- Zeger, S.L. and Liang, K.Y. (1986). Longitudinal data analysis for discrte and continuous outcomes. *Biometrics,* **42**, 121-130.
- Zeger, S.L., Liang, K.Y., and Albert, P.S. (1988). Models for longitudinal data: a generalized estimating equation approach. *Biometrics,* **44**, 1049-1060.
- Zhang, W., Leng, C. and Tang, C.Y. (2015). A joint modelling approach for longitudinal studies. *Journal of the Royal Statistical Society: Series B (Statistical Methodology),* **77**, 219-238.
- Zhao, L.P. and Prentice, R.L. (1990). Correlated binary regression using a quadratic exponential model. *Biometrika,* **77**, 642-648.

찾아보기

ㄱ

ㄷ

ㄹ

ㅁ

ㅂ

저자 소개

이근백

경북대학교 통계학과 학사/석사
미국 University of Florida 통계학 박사
미국 Louisiana State University Health Sciences Center-New Orleans 조교수
성균관대학교 통계학과 조교수/부교수/정교수
역서: 스토리가 있는 통계학

경시적 자료분석 – R 활용 –

저　자　이근백
발 행 인　김지영
발 행 처　자유아카데미
주　소　경기도 파주시 회동길 37-42
파주출판도시
전　화　031-955-1321
팩　스　031-955-1322
홈페이지　www.freeaca.com
전자우편　main@freeaca.com (대표)
editor@freeaca.com (편집)
crm@freeaca.com (영업)
등　록　제406-2003-017호, 1980. 7. 12
제1판1쇄　2022년 3월 10일 발행

저자와의 협의하에 인지생략

ISBN 979-11-5808-346-5 93310